诚信为本
坚持准则

操守为重
不做假账

——与学习会计的同学共勉

坚持准则 诚信为本

不做假账 操守为重

本教材第四版曾获首届全国教材建设奖全国优秀教材二等奖

"十四五"职业教育国家规划教材

高等职业教育在线开放课程新形态一体化教材

国家职业教育大数据与会计（会计）专业教学资源库升级改进配套教材

企业财务会计

（第五版）

主　编　孔德兰

副主编　姚军胜

中国教育出版传媒集团

高等教育出版社·北京

内容提要

本教材是“十四五”职业教育国家规划教材，同时也是国家职业教育大数据与会计（会计）专业教学资源库升级改进配套教材。本教材第四版曾获首届全国教材建设奖全国优秀教材二等奖。

本教材是在《企业财务会计》（第四版）的基础上，根据最新的财税法规修订而成。本教材以最新《企业会计准则》为准绳，以初级会计师专业资格考试大纲为参考标准，以会计职业岗位实践能力培养为主线，以工作项目与工作任务为中心组织教材体系，以会计核算岗位典型工作任务为载体，设计并开发 12 个学习情境，涵盖企业日常经济业务的主要会计核算工作，系统介绍企业经济业务的会计确认、计量和披露，实现教材内容与工作过程的无缝对接，突出学生会计职业能力与职业技能的培养，注重职业素质与职业道德的养成，增强学生的岗位适应能力。

为方便教学和自学，本教材同时配套出版了《企业财务会计实训》（第五版）。其内容包括主教材各学习情境知识点回顾、职业判断能力训练、职业实践能力训练、职业拓展能力训练，旨在对学生的知识、能力、素质进行测试与训练。

与本教材配套的数字课程可通过登录“智慧职教”平台，进入“企业财务会计”进行在线学习，也可通过扫描书中二维码观看相关教学视频、动画、案例等，具体操作方式请见书后“郑重声明”页的资源服务提示。

本教材可作为高等职业教育专科、职业教育本科大数据与会计专业及其相关专业的教材，也可供五年制高职、中职学生使用，并可作为社会从业人士的参考读物。

图书在版编目（C I P）数据

企业财务会计 / 孔德兰主编. -- 5版. -- 北京 ：高等教育出版社，2023.8（2024.3 重印）

ISBN 978-7-04-060363-7

Ⅰ. ①企… Ⅱ. ①孔… Ⅲ. ①企业管理－财务会计－高等职业教育－教材 Ⅳ. ①F275.2

中国国家版本馆CIP数据核字(2023)第062778号

企业财务会计(第五版)
QIYE CAIWU KUAIJI

策划编辑 马 一　　责任编辑 马 一　　封面设计 张 志　　版式设计 张 杰
责任绘图 马天驰　　责任校对 张 然　　责任印制 耿 轩

出版发行 高等教育出版社
社 址 北京市西城区德外大街 4 号
邮政编码 100120
印 刷 鸿博昊天科技有限公司
开 本 787 mm × 1092 mm 1/16
印 张 25
字 数 490 千字
插 页 1
购书热线 010-58581118
咨询电话 400-810-0598

网 址 http://www.hep.edu.cn
http://www.hep.com.cn
网上订购 http://www.hepmall.com.cn
http://www.hepmall.com
http://www.hepmall.cn

版 次 2011 年 8 月第 1 版
2023 年 8 月第 5 版
印 次 2024 年 3 月第 3 次印刷
定 价 49.80 元

物 料 号 60363-00

“智慧职教”服务指南

“智慧职教”（www.icve.com.cn）是由高等教育出版社建设和运营的职业教育数字教学资源共建共享平台和在线课程教学服务平台，与教材配套课程相关的部分包括资源库平台、职教云平台和 App 等。用户通过平台注册，登录即可使用该平台。

● 资源库平台：为学习者提供本教材配套课程及资源的浏览服务。

登录“智慧职教”平台，在首页搜索框中搜索“企业财务会计”，找到对应作者主持的课程，加入课程参加学习，即可浏览课程资源。

● 职教云平台：帮助任课教师对本教材配套课程进行引用、修改，再发布为个性化课程（SPOC）。

1. 登录职教云平台，在首页单击“新增课程”按钮，根据提示设置要构建的个性化课程的基本信息。

2. 进入课程编辑页面设置教学班级后，在“教学管理”的“教学设计”中“导入”教材配套课程，可根据教学需要进行修改，再发布为个性化课程。

● App：帮助任课教师和学生基于新构建的个性化课程开展线上线下混合式、智能化教与学。

1. 在应用市场搜索“智慧职教 icve”App，下载安装。

2. 登录 App，任课教师指导学生加入个性化课程，并利用 App 提供的各类功能，开展课前、课中、课后的教学互动，构建智慧课堂。

“智慧职教”使用帮助及常见问题解答请访问 help.icve.com.cn。

总 序

国家职业教育大数据与会计（会计）专业教学资源库项目（以下简称会计专业资源库）于2008年筹建，2010年获教育部正式立项，2013年顺利通过验收。2014年会计专业资源库建设成果获国家级教学成果一等奖。2016年会计专业资源库升级改进项目获教育部立项，并于2019年验收。2008年至2021年，是会计专业资源库建设与会计行业发展不断融合的13年，经历了与全国高职会计专业改革和建设相互借鉴、相互促进的13年，见证并参与了“互联网+”职业教育的高速发展，并将继续与这个变革的时代同步前进。随着《职业教育专业目录（2021年）》《职业教育专业简介》（2022年修订）的发布，会计专业更名为大数据与会计专业，专业数字化转型的要求对资源库的持续建设和更新提出了更高的要求。

会计专业资源库建设主要分为基本建设和升级改进两个阶段。基本建设阶段为2008年至2013年，建成了由“专业中心”“课程中心”（含12门核心课程）、“应用中心”（含能力测试系统、虚拟仿真实训系统）、“素材中心”四个中心组成的一整套普适与特色相结合、元素资源与成型资源相配套的高职会计专业标志性教学资源，为“教学做一体化”教学模式的开展提供了互动、开放、可持续的平台，为会计专业人才培养、培训及自主成长提供了解决方案。升级改进阶段为2013年至2019年，以会计行业由财务会计向管理会计转型、国家“营改增”等财税政策和会计政策重大变化、“互联网+教育”模式变革为背景，按照“一体化设计、结构化课程、颗粒化资源”的建设思路，在原已验收的会计专业资源库的基础上开展了下列建设工作：一是进行资源库一体化设计，明确了“大智移云”时代会计职业岗位能力要求及其所需的知识点和技能点，建立了“会计职业岗位知识技能树”。二是重构课程体系。按照管理会计转型要求，新增了“管理会计基础”等课程，并对成本核算、税费计算与申报等传统课程进行了“管理会计方向”的改建，形成了“以财务会计为基础、以管理会计为重心”的全新课程体系。三是完善颗粒化资源建设。会计专业资源库项目以各课程的“知识点、技能点”为载体，并以最新财税政策和会计准则为依据进行了颗粒化资源建设，使颗粒化资源由原来的3 300余条增加为 10 000 余条。四是注重贯彻立德树人根本任务，德技并修，新增了“中国会计文化”课程，并通过制订课程标准、制作微课、开展会计职业岗位测评等多种渠道进行会计文化、会计职业道德培育。五是开展“互联网＋教育”模式的探索实践和推广应用，形成了适合我国高职会计专业应用的“线上线下混合教学”“翻转课堂”“自主学习”“在线实训”等在线教学模式的典型经验。经过升级改进后的会计专业资源库由“专业中心”“课程中心”“素材中心”“微课中心”“培训中心”和“典型应用中心”组成，用户数量已达到了 5 万余人，为全国高职会计专业教育教学、社会学习者自主学习以及员工培训提供了全面的资源支持。

大数据技术与会计专业的结合，不仅体现了会计行业信息化、智能化、数字化的变迁，更推动了课程体系的改变和课程内涵的改革。为此，会计专业资源库将新增大数据技术基础、财务大数据分析、财务机器人开发与应用、大数据技术在财务中的应用等大数据及其在财务工作中应用的课程，并将传统的财务会计、成本会计、税费计算与申报等课程与财务信息系统、云财务平台、智慧税务系统等结合起来，升级为智能化、信息化、数字化课程。本套教材是会计专业资源库建设项目的重要成果之一，也是资源库课程开发成果和资源整合应用的重要载体。十余年来，它伴随着资源库的建设和会计行业的变迁而几经修订，汲取着高职会计专业建设和课程改革的成果而不断完善，更依托现代信息化技术而日益丰满，形成了以下几点鲜明特色。

第一，课程体系内容创新。2021 年，项目组在持续进行调研分析的基础上，重新定位了高职会计专业的就业领域、就业岗位，将“财务共享中心”“代理记账公司”等新型财务组织的相关岗位任务纳入教学体系，根据会计行业的信息化、智能化、数字化发展特点重新开发一系列基于“大智移云”时代会计岗位群变化的创新教材。本套教材根据高等职业教育大数据与会计专业最新的专业教学标准设计，无论是课程体系还是教学内容，均体现了专业升级所带来的创新。同时，各课程之间按照会计工作总体过程关联化、顺序化，做到逻辑一致，内容相谐，实现了顶层设计下会计职业能力培养的递进衔接。

第二，教材内容相对独立。2011 年第一版教材出版时，项目组在顶层设计上要求各课程组“尽量避免不同课程内容之间的重复”，以保证专业教学的体系化。然而在十余年的教材编写和应用实践中，我们发现由于各学校专业人才培养方案不同，其课程内容组合也有所不同。为此，资源库构建了以会计岗位任务为载体，以各“知识点、技能点”为内容的“会计职业知识树”，倡议和鼓励各资源库应用院校根据各自人才培养的需要构建内容不尽相同的“个性化课程”，实现了资源库“一体化设计、结构化课程”的建设思路。为此，教材在编写中采用了“结构化课程”的编写思路，每门课程的教学内容相对独立，允许一些边界重叠的课程内容有所重复，如“管理会计基础”课程中的“预算管理”“投融资管理”“风险管理”等内容与“企业财务管理”课程中的相关内容有一定的重复。从教材使用者的角度来看，教材内容的独立性更有利于组织“个性化”教学。同时，我们也在进一步设想从教材形式创新上来解决这些问题，如探索开发以“知识点、技能点”命名的活页式教材等。

第三，教材体系针对性强。本套教材立足高职“教学做”一体化教学特色，设计三位一体的教材组成。从“教什么，怎么教”“学什么，怎么学”“做什么，怎么做”三个问题出发，每门课程均编写了“主体教材”“教师手册”（放入资源库平台）、“习题与实训用书”。其中，“主体教材”以“学习者用书”为主要定位，立足“学什么，怎么学”进行编写，是课程教学内容的载体；“教师手册”以“教师用书”为主要定位，立足“教什么，怎么教”进行编写，既是教师进行教学组织实施的载体，也是学生参与课堂活动设计的载体；“习题与实训用书”以“能力训练与测试”为主要定位，立足“做什么，怎么做”，通过职业判断能力训练、职业实践能力训练、职业拓展能力训练三部分训练全面提高学生的职业能力。

第四，配套资源立体化。资源库升级改进配套教材的最大竞争力在于其丰富、立体的配套资源。按照资源库建设的顶层设计要求，在教材编写的同时，各门课程开发了涵盖课程标准、教学实施方案、电子课件、岗位介绍、操作演示、虚拟互动、典型案例、习题试题、票证账表、图片素材、法规政策、教学视频等在内的丰富的教学资源。这些教学资源的建设与教材编写同步而行，相携而成。为了引导学习者充分使用配套资源，打造真正的“自主学习型”教材，本套教材通过在正文中标注二维码的形式，将各项典型资源与教学内容紧密地结合起来，使之浑然一体。学习者还可通过登录“智慧职教”平台，加入相应资源库课程进行学习。如果说资源库数以万计的教学资源是一颗颗散落的明珠，那么本套教材就是将它们有序串接的珠链。我们有理由相信，这套嵌合着数以万计的优质资源的教材将会成为高职大数据与会计专业教学真正意义的数字化、自主学习型的创新教材。

第五，教材教改一体化。作为资源库项目的配套教材，本套教材的编写理念、编写体例、内容框架等均来源于资源库的顶层设计，并与资源库“标准化课程”的建设相配套，因而，本套教材不仅是传统意义上的“教材”，更是以教材为载体，反映了资源库课程建设和教学改革的内涵，教材与教改的一体化设计使本套教材发挥了更大的教学价值。

第六，教材体例职业化。遵循工作过程系统化课程开发理论，教材中的大部分课程采用学习情境式教学单元，体现高职教育职业化、实践化特色。本套教材不再使用传统的章节式体例，而是采用职业含义更加丰富的“学习情境”或“项目任务”搭建教学单元。与传统的章节式体例相比，学习情境式或项目任务式教学单元融合了岗位任务完成所需的“职业环境、岗位要求、典型任务、职业工具和职业资料”，立体化地描述了完成一项典型工作任务的工作过程和工作情境，再现了大量真实的会计职业的票、账、证、表，满足了高等职业教育职业性、实践性要求。

第七，教材装帧精美。本套教材大多数采用四色、双色印刷，并以不同的色块，突出重点概念与技能，通过视觉搭建知识技能结构，给人耳目一新的感觉。同时，还原了会计凭证、账簿、报表的本来面目，增强了教材的真实感、职业感。

本套教材的编写团队即为会计专业资源库项目建设团队。会计专业资源库项目由山西省财政税务专科学校原校长赵丽生教授、山东商业职业技术学院原校长钱乃余教授担任项目负责人，山西省财政税务专科学校赵丽生教授、高翠莲教授、蒋小芸副教授、董京原副教授，江苏财经职业技术学院程淮中教授、浙江金融职业学院孔德兰教授、无锡商业职业技术学院马元兴教授、丽水职业技术学院梁伟样教授、北京财贸职业学院孙万军教授、山东商业职业技术学院张洪波教授、江苏经贸职业技术学院王生根教授、淄博职业学院高丽萍教授、天津职业大学曹军教授、长沙民政职业技术学院张流柱教授等分别担任“中国会计文化”“出纳业务操作”“成本核算与管理”“管理会计基础”“会计职业基础”“企业财务会计”“企业财务管理”“税费计算与申报”“会计综合实训”“会计信息化”“审计实务”“企业会计制度设计”“财务报表分析”“行业会计比较”等课程配套教材主编，并不断修订再版，使其与时俱进，日臻完善。更加可贵的是，十余年的磨砺，培育了这支全国高职大数据与会计专业教育的核心团队，他们是本套教材质量的最重要的保障。在这支团队中，走出了 3 名高职财经名校的校长、3 位国家“万人计划”教学名师，产生了一批高职大数据与会计专业教学改革的行家能手。他们活跃在全国高职院校中，以爱岗敬业的情操、为人师表的修养、创新进取的精神、严谨治学的风格取得了一系列的国家级、省级教学成果，引领并推动着高职大数据与会计专业教育教学改革。

千锤百炼出真知。本套教材的编写伴随着资源库建设历程，历时13年已再版至第四版、第五版，本套教材中多部教材相继入选“十二五”“十三五”“十四五”职业教育国家规划教材。依据《国家教材委员会关于首届全国教材建设奖奖励的决定》(国教材〔2021〕6号)，《中国会计文化》《会计综合实训（第四版）》《出纳业务操作（第三版）》《会计职业基础（第四版）》《企业财务会计（第四版）》《企业财务管理（第三版）》《审计实务（第三版）》共七部教材被评为首届全国教材建设奖全国优秀教材，是教材建设服务为党育人、为国育才的典范。它是资源库建设者的心血与智慧的结晶，也是资源库建设成果的集中体现，既具积累之深厚，又具改革之创新。我们衷心地希望它的出版能够为中国高职大数据与会计专业教学改革探索出一条特色之路，一条成功之路，一条未来之路！

国家职业教育大数据与会计（会计）专业教学资源库项目组

第五版前言

本教材是“十四五”职业教育国家规划教材，同时也是国家职业教育大数据与会计（会计）专业教学资源库升级改进配套教材。《企业财务会计》（第四版）曾获首届全国教材建设奖全国优秀教材二等奖。

本教材自 2011 年出版以来，一直受到广大院校和读者的欢迎。本教材自出版以来，不断推陈出新，分别于 2014 年、2017 年、2019 年进行修订。财政部近年来对我国企业会计准则相关具体准则进行了修订，并发布了部分新准则，主要包括《企业会计准则第 7 号——非货币性资产交换》《企业会计准则第 12 号——债务重组》《企业会计准则第 25 号——保险合同》等。同时，随着我国税收政策的改革，尤其是修订了《中华人民共和国企业所得税法》和《中华人民共和国个人所得税法》，加之财政部对会计专业技术资格考试《初级会计实务考试大纲》和《中级会计实务考试大纲》的修订，需要对教材进行全面更新。本教材是在第四版基础上，对涉及相关具体会计准则、税收政策和其他法律法规变化的相关学习情境进行了修订。

修订后的教材具有如下特点：

第一，落实立德树人根本任务，深化课程思政建设。

本教材贯彻落实党的二十大精神，坚持“育人的根本在于立德。全面贯彻党的教育方针，落实立德树人根本任务，培养德智体美劳全面发展的社会主义建设者和接班人”，遵循新时代高等职业教育人才培养目标和人才培养模式改革要求，坚持为党育人、为国育才。本教材为了加强课程思政教学指导与要求，在每个学习情境的【职业能力目标】中增加了“素养目标”。同时，在每个学习情境中增加了【德技并修】专栏，深度挖掘、提炼财务会计课程所蕴含的思想价值和精神内涵，通过鲜活的企业会计案例与实践，培养和训练学生的会计思维与会计实践操作能力；将财经法规、会计职业道德教育有机融入教材之中，将价值塑造、知识传授和能力培养融为一体，帮助学生了解会计行业的国家战略、法律法规和相关政策，培育经世济民、诚信服务、德法兼修的职业素养。

第二，实现课证融合与课岗对接，体现会计新技术新规范。

本教材立足“职业化特色、对接岗位需求、注重课证融合”，按照基于工作过程的原则，采用学习情境式教学单元，构建理论与实践一体化的教材内容体系。教材以初级会计师专业技术资格考试大纲为标准，以会计职业岗位能力培养为主线，以会计核算岗位典型工作任务为载体，实现教材内容与会计专业技术资格和工作过程的无缝对接。根据会计新技术、会计新准则和最新的财政税务法规变化及时更新相关内容，并同步更新配套教学资源和线上教学资源，保持教材内容与最新的企业会计准则和现行财政税收法规的一致性。

第三，职业化体例设计与图文并茂的编排，符合高职学情特点和职教特色。

本教材注重以学习者为中心，呈现职业化的会计工作情景，采用学习情境式教学单元，突出理论和实践相结合，体现职业教育职业性和实践性特色。教材内容简明，设计新颖，编排合理，图文并茂，案例丰富，育训结合，考核全面，集通俗性、可读性、应用性于一体。教材采用双色印刷，突出重点概念与技能，还原了会计凭证、会计账簿、会计报表的真实面目，增强了教材的真实感和职业感。

第四，建成新形态一体化教材，助推课程智能化教学。

本教材配备有丰富、立体化的数字化教学资源，主要知识点和技能点的教学资源以二维码形式标注在教材的相应位置，便于学习者学习和教师教学使用；已建成“一书一课一空间”的新形态教材 2.0，即一本新形态教材、一门标准化数字课程、一个专门的智能化教与学空间。与教材配套的“企业财务会计”数字课程依据国家职业教育大数据与会计专业教学资源和企业会计核算工作岗位职业标准建设而成，使众多的院校通过本新形态教材及免费共享的资源库课程进行线上线下混合式教学，以项目导向、任务驱动，实施翻转课堂教学改革，助推并强力支撑了“企业财务会计”课程的智能化教学改革。

本教材由国家“万人计划”领军人才、国务院特殊津贴专家、浙江金融职业学院孔德兰教授担任主编，浙江金融职业学院姚军胜担任副主编，共同完成本次教材的修订工作。全国杰出会计工作者、传化集团副总裁杨柏樟教授级高级会计师负责对教材进行技术指导和审定。同时，在修订工作中，得到了有关部门和会计专业指导委员会的大力支持，在此一并表示诚挚的谢意。

由于编者水平有限，书中难免有不当之处，敬请各位专家和读者批评指正。

孔德兰

二〇二三年七月于杭州

第一版前言

目前，高等职业教育由规模迅速扩张阶段进入到规模稳定、注重质量、发展内涵阶段，由探索教育模式阶段进入到模式基本成熟阶段，这迫切需要高职教学重视优质教学资源和网络信息资源的利用，把现代信息技术作为提高教学质量的重要手段，不断推进教学资源库的共建共享，提高优质教学资源库使用率，扩大受益面，实现教育现代化的目标。

2010 年 6 月山西省财政税务专科学校和山东商业职业技术学院联手 11 所高职院校和 20 多个深度合作企业、财政部门、行业协会，共同申报的高等职业教育会计专业教学资源库项目正式立项，标志全国会计专业教学资源库建设工作正式启动。

“企业财务会计”是教育部高等职业教育会计专业教学资源库的建设项目，本课程由国家教学名师、浙江金融职业学院孔德兰教授主持，联合全国 14 所高职院校和相关合作企业共同参与资源库项目的建设。

本书是本项目的重要建设成果之一。本书采用工作过程为导向的教材编写思路，构建理论与实践一体化的情境式教材体系，以学生的职业能力培养为主线，以岗位的典型工作任务为载体，融入相关的专业知识、职业判断与业务操作等相关的知识与技能。本书主要包括【工作任务与学习子情境】、【职业能力目标】、【情境引例】、【工作过程与岗位对照图】、【知识准备】、【案例分析】、【课堂活动】、【职业判断与业务操作】、【典型任务举例】、【想一想】、【本学习情境小结】等项目，并辅以相关图片、视频、动画、案例等丰富的资源库资源，可供学生自主学习与教师教学使用。

本书配有《企业财务会计实训》，内容主要包括【知识点回顾】、【职业判断能力训练】、【职业实践能力训练】、【职业拓展能力训练】等项目。本书同时赠送教师手册，内容主要包括【学习情境设计思路】、【学习子情境划分与课时分配】、【教学内容解析】(主要包括教学重点解析、教学难点解析、操作及操作解析、职业能力培养关键点)、【教学实施方案】、【能力训练手册答案及难点解析】、【考核记录与考核标准】等项目。

《企业财务会计》教材参与院校和教师的具体分工如下：

序号	学习情境	负责院校	参与教师
1	货币资金业务核算	浙江金融职业学院	孔德兰、李华
2	应收款项业务核算	浙江商业职业技术学院	陈强、吴丛慧
3	存货业务核算	丽水职业技术学院	叶慧丹、顾爱春、蒋麟凤
4	在建工程及固定资产业务核算	浙江经济职业技术学院	胡玲敏、韩延龄
5	投资业务核算	昆明冶金高等专科学校	黄培、李维、童晓茜
		四川财经职业学院	刘波、曾海帆、李俊
6	无形资产及其他资产业务核算	宁夏财经职业技术学院	吴晓莉
7	流动负债业务核算	江苏财经职业技术学院	李群、丁佟倩、李坤
8	非流动负债业务核算	广州番禺职业技术学院	张莲苓、林祖乐、黄玑
9	所有者权益业务核算	衡阳财经工业职业技术学院	周宇霞、涂君、蒋丽华
10	收入和费用业务核算	浙江金融职业学院	孔德兰、姚军胜
		宁波职业技术学院	马彬、何明友
11	利润业务核算	浙江经贸职业技术学院	张英
12	财务会计报告编制	山西省财政税务专科学校	郑红梅、常洁
		黄河水利职业技术学院	陈素兰

本书各章节内容均几易其稿，反复斟酌与校对，最后由孔德兰教授统稿。

由于时间仓促以及编者水平有限，书中难免出现错误，欢迎各位读者朋友提出宝贵意见。

孔德兰

二〇一一年四月于杭州

目录

学习情境1

货币资金业务核算

【职业能力目标】

知识目标

○ 理解现金的管理制度，掌握库存现金收入、支出等业务的账务处理流程和核算方法

○ 理解银行存款账户的基本分类及账户用途，掌握送存库存现金、银行转账、银行存款期末对账业务的账务处理流程和核算方法

○ 掌握银行本票、银行汇票等业务的账务处理流程和核算方法

能力目标

○ 能正确地填制与审核支票、银行进账单、增值税专用发票及业务委托书等业务单据

○ 能根据库存现金、银行存款和其他货币资金业务准确地编制记账凭证

○ 能正确编制银行存款余额调节表，登记库存现金日记账、银行存款日记账和总账

素养目标

○ 培养爱岗敬业、忠于职守、尽职尽责的会计职业情操

○ 树立廉洁自律、公私分明、不贪不占、遵纪守法的会计职业操守

【工作任务与学习子情境】

工作任务	学习子情境
库存现金收入业务核算	库存现金业务核算
库存现金支出业务核算	库存现金业务核算
库存现金提取业务核算	库存现金业务核算
送存库存现金业务核算	银行存款业务核算
银行转账业务核算	银行存款业务核算
银行本票业务核算	其他货币资金业务核算
银行汇票业务核算	其他货币资金业务核算
信用卡存款业务核算	其他货币资金业务核算
信用证保证金存款业务核算	其他货币资金业务核算
外埠存款业务核算	其他货币资金业务核算

货币资金是指企业生产经营过程中处于货币形态的资产，包括库存现金、银行存款和其他货币资金，其中其他货币资金由银行本票存款、银行汇票存款、信用卡存款、信用证保证金存款、外埠存款等组成。

学习子情境1.1 库存现金业务核算

【情境引例】

2023 年 6 月 1 日，东方股份有限公司（增值税一般纳税人）的出纳李晓收到销售部门交来的产品零售收入 2 938 元。公司开户银行是中国工商银行江城市庆春支行，基本账户账号 33011809032591，税务登记号 320122488233911。销售发票记账联见表 1-1。（说明：本书以东方股份有限公司经济业务为例。）

表1-1

浙江增值税普通发票

记　账　联

No. 00085292

4200154130　　　　开票日期：2023年06月01日

购买方	名　　称：张丽 纳税人识别号： 地 址、电 话： 开户行及账号：					密码区	（略）	
货物或应税劳务、服务名称	规格型号	单位	数量	单价	金额	税率	税额	
*糖果类食品*糖果 *包装饮用水*矿泉水		千克 箱	100 10	20.00 60.00	2 000.00 600.00	13% 13%	260.00 78.00	
合计					¥2 600.00		¥338.00	
价税合计（大写）	⊗贰仟玖佰叁拾捌元整				（小写）¥2 938.00			
销售方	名　　称：东方股份有限公司 纳税人识别号：913320122488233911 地 址、电 话：江城市庆春路102号 开户行及账号：工行江城市庆春支行 33011809032591					备注	东方股份有限公司 913320122488233911 发票专用章	

收款人：李　晓　　复核：汪小丽　　开票人：李　静　　销售方：（章）

第一联：记账联　销售方记账凭证

【工作过程与岗位对照图】

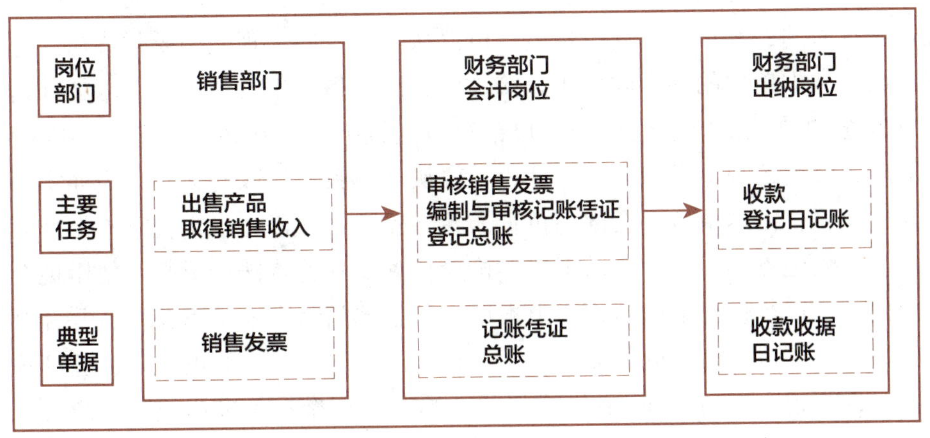

【知识准备】

库存现金是指通常存放于企业财务部门、由出纳人员经管的货币。库存现金是企业流动性最强的资产，企业应当严格遵守国家有关现金管理制度，正确进行现金收支的核算，监督现金使用的合法性与合理性。

根据国务院发布的《中华人民共和国现金管理暂行条例》的规定，现金管理制度主要包括以下内容。

一、现金的使用范围

视频：
现金清查

企业可用现金支付的款项有：职工工资、津贴；个人劳务报酬；根据国家规定颁发给个人的科学技术、文化艺术、体育等各种奖金；各种劳保、福利费用，以及国家规定对个人的其他支出；向个人收购农副产品和其他物资的款项；出差人员必须随身携带的差旅费；结算起点以下的零星支出；中国人民银行确定需要支付现金的其他支出。除上述情况可以用现金支付外，其他款项的支付应通过银行转账结算。

二、现金的限额

现金的限额是指为了保证企业日常零星开支的需要，允许单位留存现金的最高数额。这一限额由开户银行根据单位的实际需要核定，一般按照单位 3～5 天日常零星开支的需要确定，边远地区和交通不便地区开户单位的库存现金限额，可按多于 5 天但不超过 15 天的日常零星开支的需要确定。核定后的现金限额，开户单位必须严格遵守，超过部分应于当日终了前存入银行。需要增加或减少现金限额的单位，应向开户银行申请，由开户银行核定。

三、现金收支的规定

开户单位收入现金应于当日送存开户银行，当日送存确有困难的，由开户银行确定送存时间；开户单位支付现金，可以从本单位库存现金中支付或从开户银行提取，不得从本单位的现金收入中直接支付，即不得“坐支”现金，因特殊情况需要坐支现金的单位，应事先报经开户银行审查批准，并在核定的范围和限额内进行，同时，收支的现金必须入账。开户单位从开户银行提取现金时，应如实写明提取现金的用途，由本单位财会部门负责人签字盖章，并经开户银行审查批准后予以支付。因采购地点不确定、交通不便、抢险救灾及其他特殊情况必须使用现金的单位，应向开户银行提出书面申请，由本单位财会部门负责人签字盖章，并经开户银行审查批准后予以支付。此外，不准用不符合国家统一会计制度规定的凭证顶替库存现金，即不得“白条顶库”；不准谎报用途套取现金；不准用银行账户代替其他单位和个人存入或支取现金；不准将单位收入的现金以个人名义储蓄；不准保留账外公款，即不得“公款私存”，不得设置“小金库”等。银行对于违反上述规定的单位，将按照违规金额的一定比例予以处罚。

【案例分析】

刘丽与朋友共同投资开办了一家玩具公司。成立初期，业务量少，刘丽自己负责出纳工作，同时聘请了代理记账公司帮助记账并编制会计报表。后来公司发展迅速，刘丽无力顾及出纳工作，聘请自己的表妹王梅当出纳。为了节省费用，干脆也不再请代理记账公司，会计（记账）、出纳均由其表妹王梅一人全权负责，甚至连支票印鉴也交给她。起初王梅还遵纪守法，后来就截留收入用于炒股，结果全部套牢。这时，刚好又赶上公司因业务发展急需一笔大额资金，因此东窗事发，公司失去了一次大好机会。

分析思考：请你指出该玩具公司在货币资金管理中存在哪些主要问题？应该如何对货币资金进行管理和控制？

四、库存现金的内部控制

（一）建立库存现金的岗位责任制

企业要建立岗位责任制，明确企业的出纳人员与会计人员的职责分工，避免出现各种弊端和财务漏洞。一般来说，企业的出纳人员只负责有关现金收付及现金日记账的登记工作，不得兼任稽核、会计档案保管和收入、支出、费用及债权债务账目的登记工作，不得由一人办理库存现金的全过程；会计人员只负责记账，不得兼管现金。

（二）实行岗位轮换

企业办理库存现金的业务，应配备合格人员并应定期进行岗位轮换。

（三）执行授权批准制度

企业应当建立严格的库存现金业务的授权批准制度，明确审批人员对库存现金业务的授权批准方式、权限、程序、责任和相关控制措施，规定经办人员办理库存现金业务的职责范围和要求，未经授权的部门和人员一律不得办理库存现金业务。

（四）加强有关印章管理

企业要加强银行预留印鉴的管理，财务专用章由专人保管，个人印章必须由本人或其授权人保管，严禁一人保管支付款项所需的全部印章。

（五）加强与库存现金有关的票据管理

企业应加强与现金有关的票据管理，明确各种与库存现金有关的票据的购买、保管、领用、背书转让、注销等环节的职责权限和程序，并设账簿进行记录，防止空白票据的遗失和被盗。

（六）实施内部稽核，加强监督检查

设置内部稽核单位和人员，对库存现金进行定期盘点核对工作，以保证账款、账账相符，对发现的问题应当及时采取措施。

【课堂活动】

1. 以游戏的形式随机或按照自由组合方式将班级学生分成若干小组（5~6人为一组），不同的小组分别扮演业务经办人员、出纳人员和会计人员等工作岗位角色。

2. 各小组讨论，模拟企业现金提取业务的操作流程，模拟企业预借差旅费业务的操作流程，并分析如何履行本工作岗位的职责。

3. 每个小组推荐一位代表汇报本组任务完成情况，并说明解决相关问题的思路和方法。其他小组同学对其汇报进行评分。

4. 角色互换，完成上述工作。

5. 每个小组将汇报情况形成文字资料，并上交授课教师评阅。

【职业判断与业务操作】

根据本情境引例，业务处理如下：

（1）设置“库存现金”账户。该账户借方登记企业库存现金的增加，贷方登记企业库存现金的减少，期末余额在借方，反映企业期末实际持有的库存现金的金额。企业出纳人员李晓开设库存现金日记账，填写账簿启用登记及交接表，登记期初余额。

（2）记录经济业务。企业会计人员根据审核无误的增值税普通发票，确认产品的零售收入，“库存现金”增加记借方，“主营业务收入”增加记贷方，“应交税费——应交增值税（销项税额）”增加记贷方。会计分录：

借：库存现金　　2 938
　　贷：主营业务收入　　2 600
　　　　应交税费——应交增值税（销项税额）　　338

【典型任务举例】

任务 1-1　2023 年 6 月 2 日，东方股份有限公司销售部门王云因公赴广州出差，预借差旅费 8 000 元，借款单见表 1-2。

表1-2

借　款　单

2023 年 6 月 2 日

部门	销售部	姓名	王云	借款用途	出差
借款金额	人民币（大写）捌仟元整				
实际报销金额		节余金额	现金付讫	审核意见	同意借款 姜丰
		超支金额			
备注：出差地广州			结账日期　年　月　日		

财务主管：张宏　　出纳：李晓　　借款人签章：王云

第一联　付款凭证

任务分析：员工预借差旅费时，“其他应收款”增加记借方，“库存现金”减少记贷方。

借：其他应收款——销售部（王云）　　8 000

　　贷：库存现金　　8 000

任务 1-2　2023 年 6 月 8 日，东方股份有限公司因零星支付需要，由出纳人员李晓开具现金支票从开户银行提取 3 000 元现金，现金支票见表 1-3。

表1-3

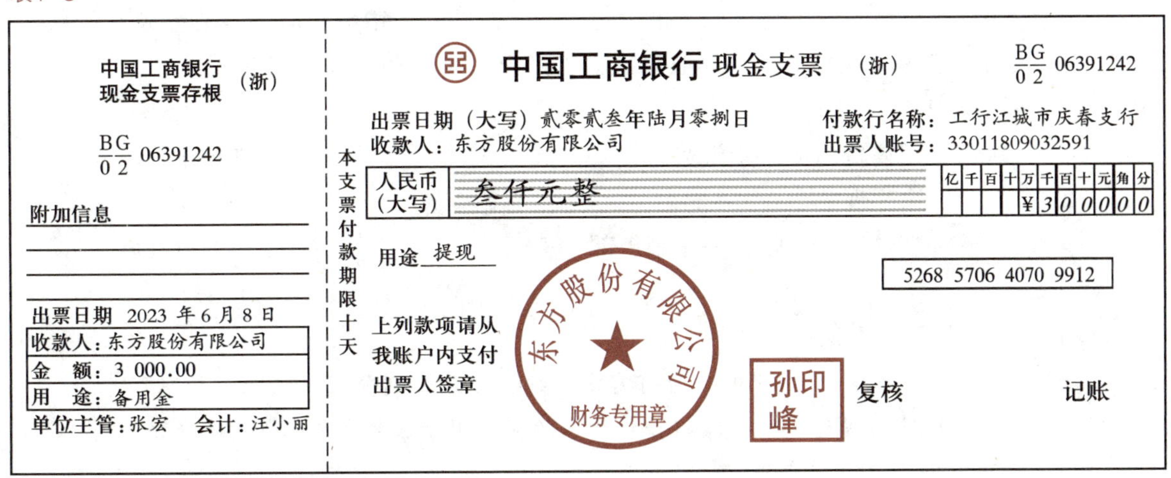

中国工商银行 现金支票存根（浙）

BG 02 06391242

附加信息

出票日期　2023 年 6 月 8 日

收款人：东方股份有限公司

金　额：3 000.00

用　途：备用金

单位主管：张宏　会计：汪小丽

中国工商银行 现金支票（浙）　BG 02 06391242

出票日期（大写）贰零贰叁年陆月零捌日　付款行名称：工行江城市庆春支行

收款人：东方股份有限公司　出票人账号：33011809032591

本支票付款期限十天

人民币（大写）	叁仟元整	亿	千	百	十	万	千	百	十	元	角	分
						¥	3	0	0	0	0	0

用途　提现

5268 5706 4070 9912

上列款项请从我账户内支付

出票人签章　东方股份有限公司 财务专用章　孙印峰

复核　记账

任务分析：企业从银行提取现金，“库存现金”增加记借方，“银行存款”减少记贷方。

借：库存现金　　3 000

　　贷：银行存款　　3 000

任务 1-3 2023 年 6 月 10 日，销售人员王云出差归来报销差旅费，向出纳人员李晓递交“差旅费报销单”。其中往返机票两张，共计 3 800 元；市内交通费 300 元；住宿费 2 400 元；办公邮电费 150 元；伙食补贴 100 元 1 天，共 8 天，共计 800 元。报销总额 7 450 元（见表 1-4）。

表1-4

差旅费报销单

2023 年 6 月 10 日

事由：出差　　　　单据张数：28 张

部门：销售部　　姓名：王云　　职务：销售员　　预借款：8 000 元

起止时间				起止地点	车船费	办公邮电费	住宿费	市内交通	伙食补贴		合计
月	日	月	日						天数	金额	
6	2	6	2	杭州—广州	1 900						1 900
6	2	6	10	广州—广州		150	2 400	300	8	100	3 650
6	10	6	10	广州—杭州	1 900						1 900
合计											¥7 450
人民币（大写）柒仟肆佰伍拾元整									应退（补√）：¥550 元		

部门主管：姜丰　　财务主管：张宏　　会计：汪小丽　　出纳：李晓　　领款人：王云

任务分析： 公司销售人员报销差旅费，按实际报销金额借记“销售费用”账户，按实际借出的现金贷记“其他应收款”账户，实际补付或收回的现金记入“库存现金”账户。

借：销售费用——差旅费　　7 450

　　库存现金　　550

　　贷：其他应收款——销售部（王云）　　8 000

【想一想】

1. 实际业务处理中，为何需要出纳、会计分别登记日记账与总账？
2. 企业是否可以直接将销售收取的现金用于零星业务的支出，为什么？

学习子情境1.2　银行存款业务核算

【情境引例】

2023 年 4 月 10 日，出纳人员李晓将东方股份有限公司一笔销售款 5 590 元，连同现金交款单一并送存银行，现金交款单见表 1–5。

表1–5

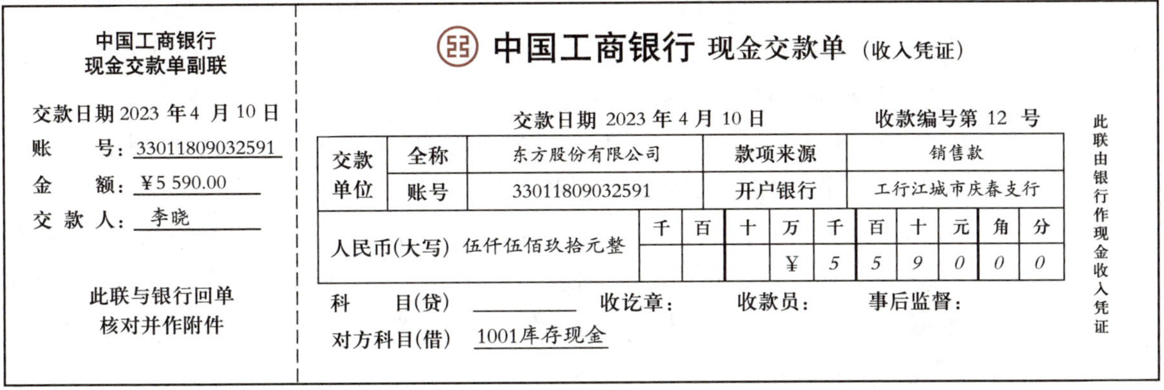

中国工商银行 现金交款单副联

交款日期 2023 年 4 月 10 日

账　　号：33011809032591

金　　额：¥5 590.00

交 款 人：李晓

此联与银行回单核对并作附件

中国工商银行 现金交款单（收入凭证）

交款日期 2023 年 4 月 10 日　　收款编号第 12 号

交款单位	全称	东方股份有限公司	款项来源	销售款									
	账号	33011809032591	开户银行	工行江城市庆春支行									
人民币(大写)	伍仟伍佰玖拾元整		千	百	十	万	千	百	十	元	角	分	
						¥	5	5	9	0	0	0	

科　目(贷)＿＿＿＿　收讫章：　收款员：　事后监督：

对方科目(借) 1001库存现金

此联由银行作现金收入凭证

【工作过程与岗位对照图】

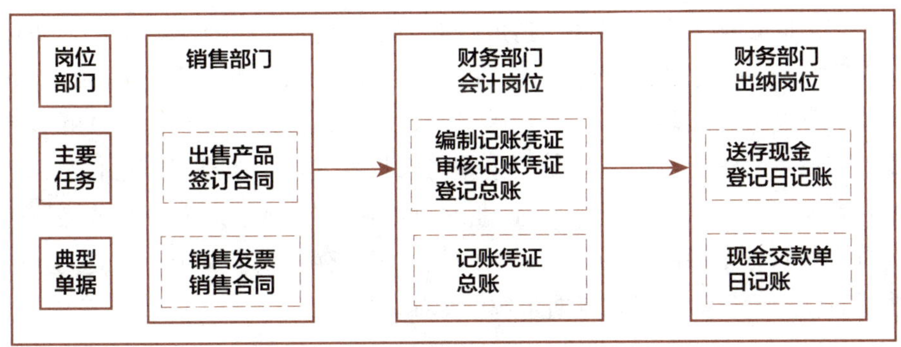

【知识准备】

一、银行存款概述

银行存款是指企业存放在银行或其他金融机构的货币资金。企业应当根据业务需要，按照规定在其所在地银行开设账户，运用所开设的账户，进行存款、取款，以及各种收支转账业务的结算。银行存款的收付应严格执行银行结算制度的规定。

单位开立银行结算账户，需向银行提出申请，填写开户申请书。银行结算账户按用途不同，分为基本存款账户、一般存款账户、专用存款账户和临时存款账户。

（1）基本存款账户是单位的主办账户，单位的转账结算和现金存取均可通过该账户办理。单位只能在银行开立一个基本存款账户。其他银行结算账户的开立必须以基本存款账户的开立为前提。

（2）一般存款账户是单位因借款和其他结算，为享受不同银行的特色服务或分散在一家银行开立账户可能出现的资金风险的需要，可以在基本存款账户开户银行以外的银行营业机构开立账户。一般存款账户没有数量限制，该账户可用于借款转存和归还。可以通过该账户办理转账结算和现金缴存，但不得办理现金支取。

（3）专用存款账户是存款人按照国家法律、行政法规和规章的规定，需要对其特定用途资金进行专项管理和使用的账户，该类账户主要用于办理各项专用资金的收付，支取现金应按照有关具体规定办理。临时存款账户是临时机构或单位因临时性经营活动的需要开立的账户，用于办理临时机构以及临时经营活动发生的资金收付，此类账户可按照国家现金管理的规定支取现金。

企业应设置银行存款总账和银行存款日记账，分别进行银行存款的总分类核算和明细分类核算。企业可按开户银行和其他金融机构、存款种类等设置“银行存款日记账”，根据收、付款凭证，按照业务的发生顺序逐笔登记。每日终了，应结出余额。

二、银行存款余额调节表的编制

视频：
银行对账

“银行存款日记账”应定期与“银行对账单”核对，至少每月核对一次。企业银行存款账面余额与银行对账单余额之间如有差额，一般主要是由计算错误、记账错漏和未达账项等原因引起。其中，未达账项是由于结算凭证在企业与银行之间或收付款银行之间传递需要的时间，造成企业与银行之间入账的时间差，一方收到凭证并已入账，另一方未收到凭证未能入账而形成的账款。发生未达账项的具体情况有四种：一是企业已收款入账，银行尚未收款入账；二是企业已付款入账，银行尚未付款入账；三是银行已收款入账，企业尚未收款入账；四是银行已付款入账，企业尚未付款入账。对于未达账项，企业通过编制“银行存款余额调节表”进行调节，调节后的双方余额应相等。应说明的是，银行存款余额调节表只是为了核对账目，并不能作为调整银行存款账面余额的记账依据。

【案例分析】

深圳某证券营业部财务部设财务经理、会计及出纳三个岗位，按照相关规定由出纳负责保管现金、登记现金及银行存款日记账；由财务经理将银行对账单与银行存款日记账核对后编制银行存款余额调节表。之后由于该营业部总经理调离，新任总经理对营业部情况不熟悉，很多事务需要财务经理协助处理，财务经理因工作繁忙便没有核对8～11月份的银行对账单，也未编制银行存款余额调节表。营业部财务部出纳朱某见财务经理8月份未核对银行对账单，便从9月份开始挪用营业部资金。12月初，财务经理要其将银行对账单拿来核对，以便编制银行存款余额调节表。朱某见事情败露，便于当晚潜逃。第二天，财务经理发现银行对账单与银行存款日记账不符，便向总公司汇报，经过仔细检查，发现朱某从9月份挪用第一笔资金开始，3个月时间累计挪用人民币90万元。

分析思考： 银行存款余额调节表在企业会计核算工作中发挥的主要作用是什么？编制银行存款余额调节表需要特别注意什么事项？

【课堂活动】

1. 以游戏的形式随机或按照自由组合方式将班级学生分成若干小组（5~6人为一组），不同的小组分别扮演银行经办人员、出纳人员和会计人员等工作岗位角色。

2. 各小组讨论，模拟企业向银行申请开立基本存款账户、一般存款账户等基本流程，并分析如何履行本工作岗位的职责。

3. 每个小组推荐一位代表汇报本组任务完成情况，并说明解决相关问题的思路和方法。其他小组同学对其汇报进行评分。

4. 角色互换，完成上述工作。

5. 每个小组将汇报情况形成文字资料，并上交授课教师评阅。

【职业判断与业务操作】

根据本情境引例，业务处理如下：

（1）设置“银行存款”账户。该账户借方登记企业银行存款的增加，贷方登记企业银行存款的减少，期末余额在借方，反映企业期末实际持有的银行存款的金额。企业出纳人员李晓开设银行存款日记账，填写账簿启用登记及交接表，登记期初余额。

（2）记录经济业务。企业出纳人员李晓根据整点无误的票币和填写无误的现金交款单一并送存银行，“银行存款”增加记借方，“库存现金”减少记贷方。会计分录：

借：银行存款　　5 590

　　贷：库存现金　　5 590

【典型任务举例】

任务1-4　2023年4月22日，东方股份有限公司出纳人员李晓持客户杭州顶新有限责任公司签发的用于支付前欠销售款50 000元的转账支票一张，到其开户银行办理进账。

任务分析： 公司收到客户用于支付前欠货款的转账支票，“银行存款”增加记借方，“应收账款”减少记贷方。会计分录：

借：银行存款　　50 000

　　贷：应收账款——杭州顶新有限责任公司　　50 000

任务 1-5　东方股份有限公司于 2023 年 4 月 27 日由出纳人员李晓签发工商银行转账支票支付仓库维修款 10 000 元，交收款人办理转账结算。

任务分析：企业签发转账支票，支付仓库维修款，“在建工程”增加记借方，“银行存款”减少记贷方。会计分录：

借：在建工程　　10 000

　　贷：银行存款　　10 000

【想一想】

1. 企业可以向银行开立哪几类账户？各个账户开立的基本流程和用途有什么不同？

2. 企业编制银行存款余额调节表的主要工作流程是什么？

学习子情境1.3　其他货币资金业务核算

【情境引例】

东方股份有限公司于 2023 年 5 月 5 日向开户银行提交业务委托书申请银行本票 75 000 元，并于 5 月 7 日用于支付向杭州中大电子有限责任公司采购一批钢材的货款 60 000 元，增值税税额 7 800 元。杭州中大电子有限责任公司的开户银行为建行杭州庆春支行，账号为 3123040152012801，银行本票见表 1-6。

表1-6

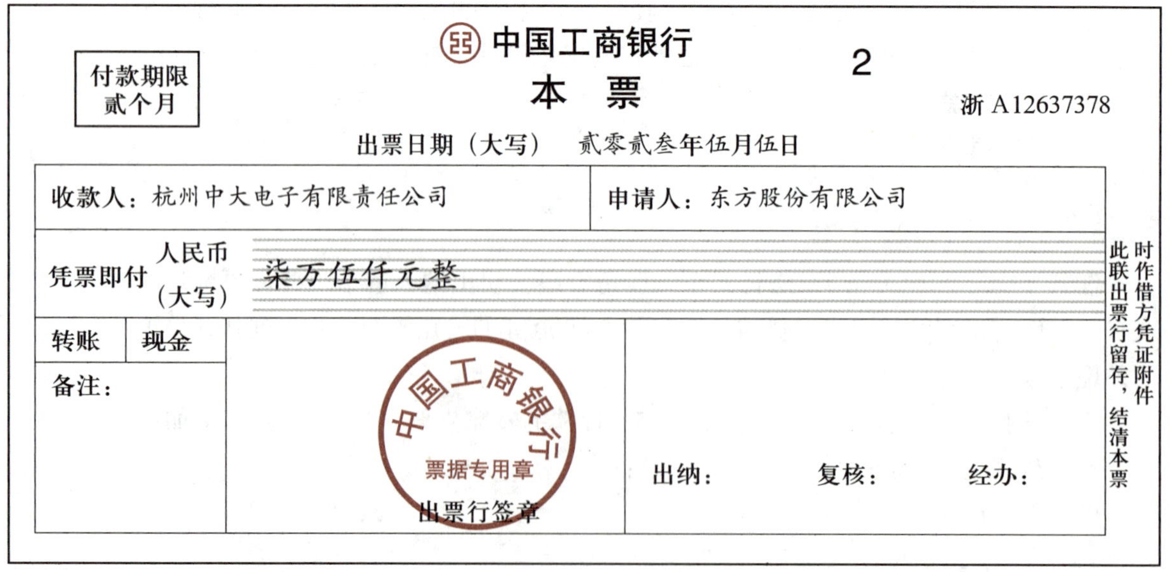

中国工商银行
本　票　　2

付款期限 贰个月

浙 A12637378

出票日期（大写）　贰零贰叁年伍月伍日

收款人：杭州中大电子有限责任公司	申请人：东方股份有限公司
凭票即付 人民币（大写）	柒万伍仟元整
转账　现金	
备注：	出纳：　复核：　经办：

（印章：中国工商银行 票据专用章）出票行签章

此联出票行留存，结清本票时作借方凭证附件

【工作过程与岗位对照图】

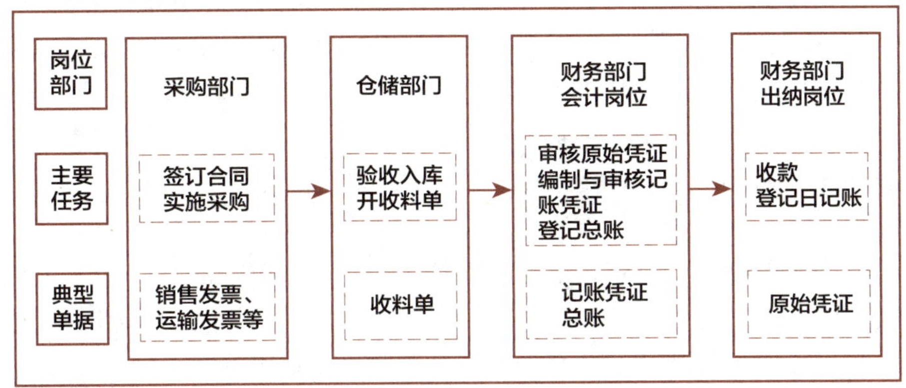

【知识准备】

其他货币资金是指企业除库存现金、银行存款以外的各种货币资金，主要包括银行本票存款、银行汇票存款、信用卡存款、信用证保证金存款、外埠存款等。为了反映和监督其他货币资金的收支和结存情况，企业应当设置“其他货币资金”账户。该账户借方登记其他货币资金的增加数，贷方登记其他货币资金的减少数，期末余额在借方，反映企业实际持有的其他货币资金。本账户应按其他货币资金的种类设置明细账户。

一、银行本票存款

银行本票是指银行签发的，承诺自己在见票时无条件支付确定的金额给收款人或持票人的票据。单位和个人在同一票据交换区域需要支付的各种款项，均可使用银行本票。银行本票可以用于转账，注明“现金”字样的银行本票可以用于支取现金。银行本票分为不定额本票和定额本票两种。定额本票面额为1 000元、5 000元、10 000元和50 000元。申请人使用银行本票，应向银行填写“银行本票申请书”。申请人或收款人为单位的，不得申请签发现金银行本票。出票银行受理银行本票申请书，收妥款项后签发银行本票，在本票上签章后交给申请人。申请人应将银行本票交付给本票上记明的收款人。收款人可以将银行本票背书转让给被背书人。

企业填写“银行本票申请书”并将款项交存银行时，借记“其他货币资金——银行本票”账户，贷记“银行存款”账户；企业持银行本票购货、收到有关发票账单时，借记“材料采购”或“原材料”“库存商品”“应交税费——应交增值税（进项税额）”等账户，贷记“其他货币资金——银行本票”账户。企业收到银行本票，填制进账单到开户银行办理款项入账手续时，根据进账单及销货发票等，借记“银行存款”账户，贷记“主营业务收入”“应交税费——应交增值税（销项税额）”

等账户。

二、银行汇票存款

银行汇票是指由出票银行签发的，由其在见票时按照实际结算金额无条件支付给收款人或者持票人的票据。银行汇票的出票银行为银行汇票的付款人。单位和个人各种款项的结算，均可使用银行汇票。银行汇票可以用于转账，填明“现金”字样的银行汇票也可以用于支取现金。

汇款单位（即申请人）使用银行汇票，应向出票银行填写“银行汇票申请书”，填明收款人名称、汇票金额、申请人名称、申请日期等事项并签章，签章为其预留银行的签章。出票银行受理银行汇票申请书，收妥款项后签发银行汇票，并用压数机压印出票金额，将银行汇票和解讫通知一并交给申请人。申请人应将银行汇票和解讫通知一并交付给汇票上记明的收款人。收款人受理申请人交付的银行汇票时，应在出票金额以内，根据实际需要的款项办理结算，并将实际结算的金额和多余金额准确、清晰地填入银行汇票和解讫通知的有关栏内，到银行办理款项入账手续。

企业填写“银行汇票申请书”，将款项交存银行时，借记“其他货币资金——银行汇票”账户，贷记“银行存款”账户；企业持银行汇票购货、收到有关发票账单时，借记“材料采购”或“原材料”“库存商品”“应交税费——应交增值税（进项税额）”等账户，贷记“其他货币资金——银行汇票”账户；采购完毕有剩余款项时，借记“银行存款”账户，贷记“其他货币资金——银行汇票”账户。企业收到银行汇票，填制进账单到开户银行办理款项入账手续时，根据进账单及销货发票等，借记“银行存款”账户，贷记“主营业务收入”“应交税费——应交增值税（销项税额）”等账户。

三、信用卡存款

信用卡存款是指企业为取得信用卡而存入银行信用卡专户的款项。信用卡是银行卡的一种。信用卡按使用对象分为单位卡和个人卡；按信用等级分为金卡和普通卡；按是否向发卡银行交存备用金分为贷记卡和准贷记卡。贷记卡是指发卡银行给予持卡人一定的信用额度，持卡人可在信用额度内先消费、后还款的信用卡。准贷记卡是指持卡人须先按发卡银行要求交存一定金额的备用金，当备用金账户余额不足支付时，可在发卡银行规定的信用额度内透支的信用卡。

凡在中国境内金融机构开立基本存款账户的单位可申领单位卡。单位卡可申领若干张，持卡人资格由申领单位法定代表人或其委托的代理人书面指定和注销。单位卡账户的资金一律从其基本存款账户转账存入，不得交存现金，不得将销货收入的款项存入其账户。持卡人可持信用卡在特约单位购物、消费，但单位卡不得用于10万元以上的商品交易、劳务供应款项的结算，不得支取现金。特约单位在每日营业终了，应将当日受理的信用卡签购单汇总，计算手续费和净计金额，并填写汇总单和进账单，连同签购单一并送交收单银行办理进账。

企业应填制“信用卡申请表”，连同支票和有关资料一并送存发卡银行，根据银行盖章退回的进账单第一联，借记“其他货币资金——信用卡”账户，贷记“银行存款”账户；企业用信用卡购物或支付有关费用，收到开户银行转来的信用卡存款的付款凭证及所附发票账单，借记“管理费用”等账户，贷记“其他货币资金——信用卡”账户。企业的持卡人不需要继续使用信用卡时，应持信用卡主动到发卡银行办理销户，销卡时单位卡账户余额转入企业基本存款户，不得提取现金，借记“银行存款”账户，贷记“其他货币资金——信用卡”账户。

四、信用证保证金存款

信用证保证金存款是指采用信用证结算方式的企业为开具信用证而存入银行信用证保证金专户的款项。企业向银行申请开立信用证，应按规定向银行提交开证申请书、信用证申请人承诺书和购销合同。

企业应填制“信用证申请表”。将信用证保证金交存银行时，应根据银行盖章退回的“信用证申请表”回单，借记“其他货币资金——信用证保证金”账户，贷记“银行存款”账户；企业接到开证行通知，根据供货单位信用证结算凭证及所附发票账单，借记“材料采购”或“原材料”“库存商品”“应交税费——应交增值税（进项税额）”等账户，贷记“其他货币资金——信用证保证金”账户；将未用完的信用证保证金存款余额转回开户银行时，借记“银行存款”账户，贷记“其他货币资金——信用证保证金”账户。

【案例分析】

湘电股份（600416.SH）发布公告显示，其全资子公司湘电国际贸易有限公司（简称“国贸公司”）因涉嫌诈骗合同开出的3.7亿元信用证，银行已全部贴现，而相关货物国贸公司未能获取。上述合同交易方为上海煦霖国际贸易有限公司（简称“上海煦霖”）。

公告显示，截至目前，国贸公司已就此事起诉上海煦霖，表示上海煦霖自始至终完全知晓货物根本无法交付，仍然通过合同骗取了国贸公司多张国内信用证，应当认定存在信用证欺诈。

《中国经营报》记者在公告中注意到，华融湘江银行以第三人的身份涉及多起国贸公司与上海煦霖的诉讼。据湘电股份披露的诉讼信息显示，国贸公司向华融湘江银行申请开具了多个以上海煦霖为受益人的180天国内信用证，所涉金额约1.04亿元。

分析思考：企业使用信用证作为交易手段，应注意防范哪些风险？

五、外埠存款

外埠存款是指企业为了到外地进行临时或零星采购，而汇往采购地银行开立采购专户的款项。该账户的存款不计利息、只付不收、付完清户，除了采购人员可从中使用少量现金外，一律采用转账结算。

企业将款项汇往外地时，应填写汇款委托书，委托开户银行办理汇款。企业将款项汇往外地开立采购专用账户时，根据汇出款项凭证，编制付款凭证，进行账务处理，借记“其他货币资金——外埠存款”账户，贷记“银行存款”账户；收到采购人员转来供应单位发票账单等报销凭证时，借记“材料采购”或“原材料”“库存商品”“应交税费——应交增值税（进项税额）”等账户，贷记“其他货币资金——外埠存款”账户；采购完毕收回剩余款项时，根据银行的收账通知，借记“银行存款”账户，贷记“其他货币资金——外埠存款”账户。

【课堂活动】

1. 以游戏的形式随机或按照自由组合方式将班级学生分成若干小组（5~6人为一组），不同的小组分别扮演银行经办人员、企业采购人员、出纳人员和会计人员等工作岗位角色。

2. 各小组讨论，模拟企业办理银行汇票、银行本票业务等基本流程，并分析如何履行本工作岗位的职责。

3. 每个小组推荐一位代表汇报本组任务完成情况，并说明解决相关问题的思路和方法。其他小组同学对其汇报进行评分。

4. 角色互换，完成上述工作。

5. 每个小组将汇报情况形成文字资料，并上交授课教师评阅。

【职业判断与业务操作】

根据本情境引例，业务处理如下：

（1）设置“其他货币资金”账户。企业出纳人员李晓开设“其他货币资金”总账账户及其所属“银行本票”明细账户，并填写账簿启用登记及交接表，登记期初余额。

（2）记录经济业务。2023年5月5日，企业向银行申请签发银行本票时，“其他货币资金——银行本票”增加记借方，“银行存款”减少记贷方。会计分录：

借：其他货币资金——银行本票　　　　75 000

　　贷：银行存款　　　　75 000

2023年5月7日，用于支付材料款时，“原材料”“应交税费——应交增值税（进项税额）”账户增加记借方，“其他货币资金——银行本票”账户减少记贷方。同时交回余款，“银行存款”账户增加记借方，“其他货币资金——银行本票”账户减少记贷方。会计分录：

借：原材料　　　　60 000

　　应交税费——应交增值税（进项税额）　　　　7 800

银行存款　　7 200
贷：其他货币资金——银行本票　　75 000

【典型任务举例】

任务 1-6　东方股份有限公司于 2023 年 6 月 3 日向开户银行提交“银行汇票申请书”（见表 1-7）申请银行汇票 120 000 元。6 月 9 日前往成都采购原材料一批，货款 100 000 元，增值税税额 13 000 元。供货方为成都明基有限责任公司，开户行为建行成都市草庐支行，账号为 9402282134291。6 月 12 日，东方股份有限公司收到其开户银行的多余款收账通知。

表1-7

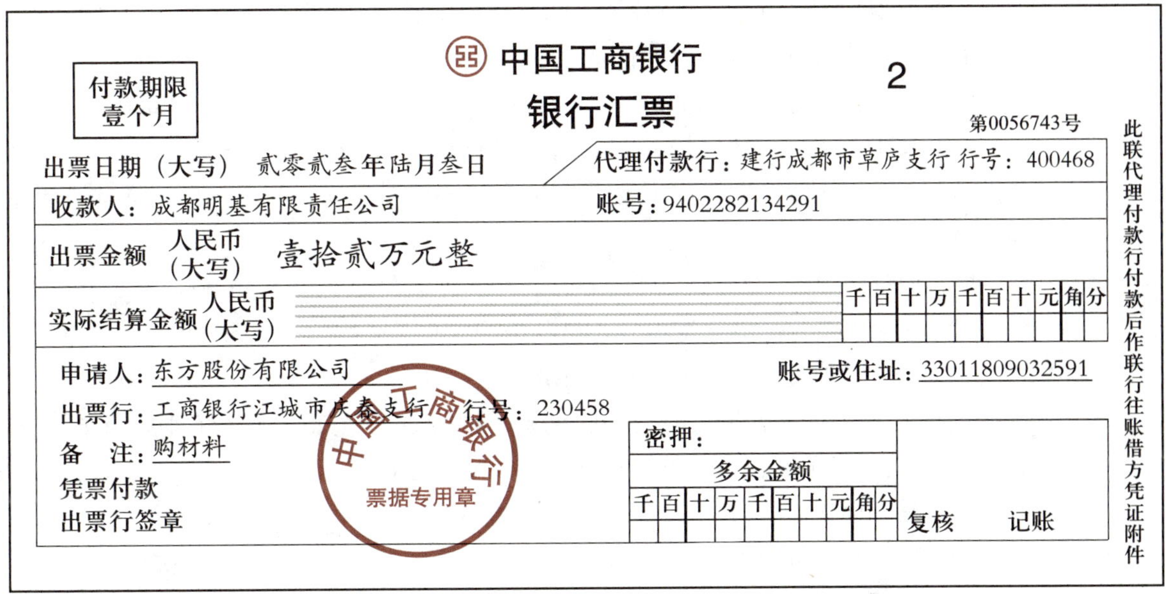

中国工商银行
银行汇票　　2

付款期限 壹个月　　第0056743号

出票日期（大写）贰零贰叁年陆月叁日	代理付款行：建行成都市草庐支行 行号：400468
收款人：成都明基有限责任公司	账号：9402282134291
出票金额 人民币（大写） 壹拾贰万元整	
实际结算金额 人民币（大写）	千 百 十 万 千 百 十 元 角 分
申请人：东方股份有限公司	账号或住址：33011809032591
出票行：工商银行江城市庆春支行 行号：230458	密押：
备　注：购材料	多余金额：千 百 十 万 千 百 十 元 角 分
凭票付款 出票行签章	复核　　记账

中国工商银行 票据专用章

此联代理付款行付款后作联行往账借方凭证附件

任务分析：6 月 3 日，企业向银行申请签发银行汇票时，“其他货币资金——银行汇票”账户增加记借方，“银行存款”账户减少记贷方。会计分录：

借：其他货币资金——银行汇票　　120 000
　　贷：银行存款　　120 000

6 月 9 日，用于支付材料款时，“原材料”“应交税费——应交增值税（进项税额）”账户增加记借方，“其他货币资金——银行汇票”账户减少记贷方。会计分录：

借：原材料　　100 000
　　应交税费——应交增值税（进项税额）　　13 000
　　贷：其他货币资金——银行本票　　113 000

6 月 12 日，收到其开户银行的多余款收账通知，“银行存款”账户增加记借方，

“其他货币资金——银行汇票”账户减少记贷方。会计分录：

借：银行存款 7 000

贷：其他货币资金——银行汇票 7 000

任务 1-7 东方股份有限公司到外地采购材料，2023 年 6 月 10 日开出汇款委托书，委托当地开户银行将采购款 60 000 元汇往采购地银行开立采购专户。6 月 16 日，公司收到采购人员交来的报销单据，其中材料发票列明材料货款 50 000 元，增值税税款 6 500 元，材料已经验收入库。6 月 20 日，东方股份有限公司收到开户银行收款通知，汇出的采购专户存款余额 3 500 元已经汇回，存入公司的银行存款账户。

任务分析：6 月 10 日，委托银行开立异地采购专户，“其他货币资金——外埠存款”账户增加记借方，“银行存款”账户减少记贷方。会计分录：

借：其他货币资金——外埠存款 60 000

贷：银行存款 60 000

6 月 16 日，用于支付材料货款时，“原材料”“应交税费——应交增值税（进项税额）”账户增加记借方，“其他货币资金——外埠存款”账户减少记贷方。会计分录：

借：原材料 50 000

应交税费——应交增值税（进项税额） 6 500

贷：其他货币资金——外埠存款 56 500

6 月 20 日，东方股份有限公司收到开户银行收款通知，“银行存款”账户增加记借方，“其他货币资金——外埠存款”账户减少记贷方。会计分录：

借：银行存款 3 500

贷：其他货币资金——外埠存款 3 500

任务 1-8 东方股份有限公司于 2023 年 6 月 15 日向银行申领信用卡，向银行交存 50 000 元。6 月 30 日，该企业用信用卡向华侨饭店支付招待费 3 000 元。

任务分析：6 月 15 日，向银行申领信用卡，“其他货币资金——信用卡”账户增加记借方，“银行存款”账户减少记贷方。会计分录：

借：其他货币资金——信用卡 50 000

贷：银行存款 50 000

6 月 30 日，支付招待费，“管理费用”账户增加记借方，“其他货币资金——信用卡”账户减少记贷方。会计分录：

借：管理费用 3 000

贷：其他货币资金——信用卡 3 000

任务 1-9 东方股份有限公司 2023 年 6 月 2 日向银行申请开具信用证 2 000 000 元，用于支付境外采购材料价款，企业已向银行缴纳保证金，并收到银行盖章退回的进账单第一联。6月17日，企业收到银行转来的境外销货单位信用证结算凭证以及所附发票账单、海关进口增值税专用缴款书等有关凭证，材料价款1 500 000元，增值税税额为195 000元。6月29日，企业收到银行存款通知，将该境外销货单位开出的信用证余款305 000元已经转回银行账户。

任务分析：6月2日向银行申请开具信用证，“其他货币资金——信用证保证金”账户增加记借方，“银行存款”账户减少记贷方。会计分录：

借：其他货币资金——信用证保证金　　2 000 000

　　贷：银行存款　　2 000 000

6月17日，收到相关的银行结算凭单和业务凭证，“原材料”“应交税费——应交增值税（进项税额）”账户增加记借方，“其他货币资金——信用证保证金”账户减少记贷方。会计分录：

借：原材料　　1 500 000

　　应交税费——应交增值税（进项税额）　　195 000

　　贷：其他货币资金——信用证保证金　　1 695 000

6月29日，收到信用证余款，“银行存款”账户增加记借方，“其他货币资金——信用证保证金”账户减少记贷方。会计分录：

借：银行存款　　305 000

　　贷：其他货币资金——信用证保证金　　305 000

【想一想】

其他货币资金与银行存款有什么不同?

【德技并修】

强化内控监管，保护资金安全

ABC公司营销部每年的资金往来为数十亿元。由于公司产品销路较好，客户想要购货必须先预付货款，而大量客户往往用银行承兑汇票来预付。根据财务工作流程，业务人员收到客户送来的银行承兑汇票后，要先交给会计并由其记账，会计记账后，将银行承兑汇票交给出纳，由出纳或有关人员共同保管，到期时去银行办理收款手续，或者根据需要去银行贴现或背书转让。在营销部会计岗位工作的李某在长达6年的时间里，对于那些近期内没有业务发生或其本身预付款余额能满足其近期业务需要的客户的银行承兑汇票，采用了既不入账，也不交由出纳或有关人员保管的方法，将银行承兑汇票截留在自己手中，并背书转让给自己与他人共同注册的公司，到银行贴现从而套取现金，非法挪用公司货款2 000余万元。公司虽然有《应收款项管理业务流程》定期清查核对的规定，但审核往往流于形式，应收票据的记账与核查表的审核往往由同一个人进行，从而为李某盗用银行承兑汇票留下了可乘之机。

ABC公司未能严格执行会计轮岗制，使得李某在同一工作岗位充分掌握客户及业务活动的详细信息，从而为其实施犯罪行为提供了可能；公司未能实施记账与审核的岗位职责分离，定期清查核对流于形式，失去了内部牵制作用。此外，公司的印章管理及客户关系管理很有可能存在较多的问题。企业应充分认识到建立健全货币资金内控的重要性，提升全员参与内控管理的意识，实行不相容职务的职责分离，执行岗位轮换制，严格票据管理，强化财产清查，严格管控意识，确保企业资金安全。

【情境小结】

1. 库存现金业务核算

业务内容	会计处理
收到零星产品销售收入	借：库存现金 贷：主营业务收入 应交税费——应交增值税（销项税额）
从银行提取现金	借：库存现金［按支票存根记载的金额］ 贷：银行存款

2. 银行存款业务核算

业务内容	会计处理
将现金存入银行	借：银行存款 贷：库存现金
收回应收款项	借：银行存款 贷：应收账款 / 应收票据 / 其他应收款

3. 其他货币资金核算

业务内容		会计处理
银行本票存款	企业申请银行本票	借：其他货币资金——银行本票 贷：银行存款
	持银行本票进行业务结算	借：原材料 / 库存商品等 应交税费——应交增值税（进项税额） 银行存款［多余款项退回］ 贷：其他货币资金——银行本票 银行存款［补付不足款项］

续表

业务内容		会计处理
银行汇票存款	企业申请银行汇票	借：其他货币资金——银行汇票 贷：银行存款
	持银行汇票进行业务结算	借：原材料 / 库存商品等 应交税费——应交增值税（进项税额） 银行存款［多余款项退回］ 贷：其他货币资金——银行汇票 银行存款［补付不足款项］
信用卡存款	企业申请信用卡	借：其他货币资金——信用卡 贷：银行存款
	企业持信用卡购物或支付有关费用	借：管理费用等 贷：其他货币资金——信用卡
	企业注销信用卡	借：银行存款 贷：其他货币资金——信用卡
信用证保证金存款	企业申请信用证	借：其他货币资金——信用证保证金 贷：银行存款
	持信用证办理业务	借：原材料 / 库存商品等 应交税费——应交增值税（进项税额） 贷：其他货币资金——信用证保证金
	收到信用证余款	借：银行存款 贷：其他货币资金——信用证保证金
外埠存款	企业申请异地采购专户	借：其他货币资金——外埠存款 贷：银行存款
	异地采购办理结算	借：原材料 / 库存商品等 应交税费——应交增值税（进项税额） 银行存款［多余款项退回］ 贷：其他货币资金——外埠存款 银行存款［补付不足款项］

学习情境 2

应收款项业务核算

【职业能力目标】

知识目标

- ○ 理解商业汇票结算方式的相关规定，掌握应收票据和应收账款取得、转让和收回业务的账务处理流程和核算方法
- ○ 掌握预付账款和其他应收款业务的账务处理流程和核算方法
- ○ 理解应收款项减值损失的确认与估计方法，掌握计提坏账准备、核销坏账准备业务的账务处理流程和核算方法

能力目标

- ○ 能根据应收票据和应收账款取得、转让和收回业务准确地编制记账凭证，登记明细账和总账
- ○ 能根据预付账款取得、补付不足业务，应收各类赔款与罚款、应收出租包装物租金、应收的各种垫付款项、存出保证金业务准确地编制记账凭证，登记相应的明细账和总账
- ○ 能根据计提坏账准备、核销坏账准备业务准确地编制记账凭证，登记相应的明细账和总账

素养目标

- ○ 树立主人翁意识，积极参与企业应收款管理工作，做好应收款项的信用调查和账款回收工作，提高企业资金使用效率
- ○ 培养诚信为本、操守为重、坚持准则、不做假账的会计职业规范，始终坚持按照法律、法规和国家统一会计制度的要求，实事求是、不偏不倚地进行会计核算

【工作任务与学习子情境】

工作任务	学习子情境
取得应收票据业务核算	应收票据业务核算
转让应收票据业务核算	应收票据业务核算
收回到期票款业务核算	应收票据业务核算
取得应收账款业务核算	应收账款业务核算
转让应收账款业务核算	应收账款业务核算
收回应收账款业务核算	应收账款业务核算
预付账款业务核算	预付账款业务核算
其他应收款业务核算	其他应收款业务核算
计提坏账准备业务核算	应收款项减值业务核算
核销坏账准备业务核算	应收款项减值业务核算

学习子情境2.1　应收票据业务核算

【情境引例】

2022年9月1日，东方股份有限公司（增值税一般纳税人）向江城万国汽车有限责任公司销售产品一批，价款90 000元，增值税税额11 700元，采用商业承兑汇票结算方式结算。公司收到江城万国汽车有限责任公司交来的一张2022年9月1日签发的、2023年2月28日到期的商业承兑汇票（见表2-1），票面金额为101 700元。（江城万国汽车有限责任公司开户行及账号：工行江城惠新路支行，86034612145。）

表2-1

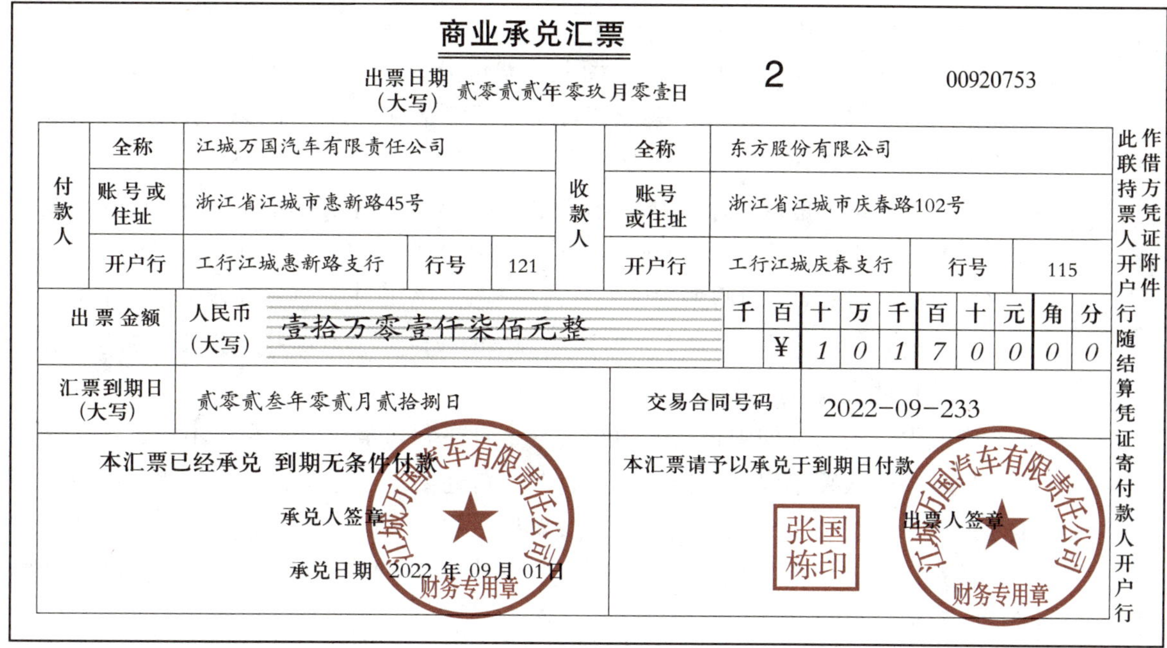

商业承兑汇票

出票日期（大写）贰零贰贰年零玖月零壹日　　2　　00920753

付款人	全称	江城万国汽车有限责任公司		收款人	全称	东方股份有限公司	
	账号或住址	浙江省江城市惠新路45号			账号或住址	浙江省江城市庆春路102号	
	开户行	工行江城惠新路支行	行号 121		开户行	工行江城庆春支行	行号 115

出票金额	人民币（大写）	千	百	十	万	千	百	十	元	角	分
	壹拾万零壹仟柒佰元整		¥	1	0	1	7	0	0	0	0

汇票到期日（大写）	贰零贰叁年零贰月贰拾捌日	交易合同号码	2022-09-233
本汇票已经承兑 到期无条件付款 承兑人签章 承兑日期 2022年09月01日		本汇票请予以承兑于到期日付款 出票人签章	

江城万国汽车有限责任公司 财务专用章　　张国栋印　　江城万国汽车有限责任公司 财务专用章

此联持票人开户行随结算凭证寄付款人开户行作借方凭证附件

【工作过程与岗位对照图】

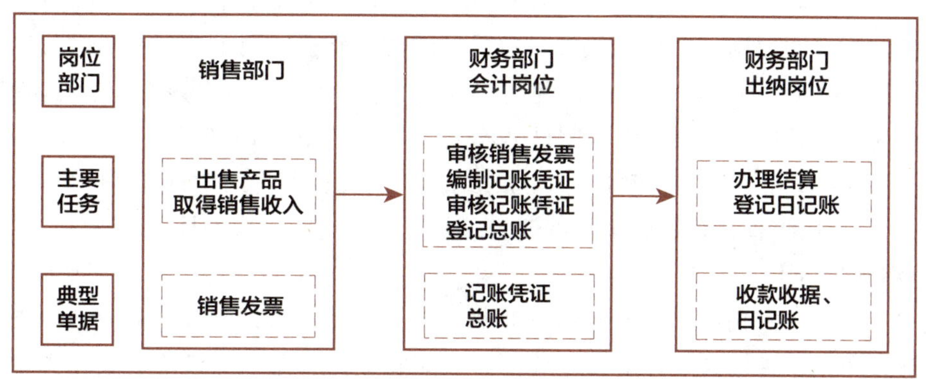

【知识准备】

一、应收票据概述

应收票据是指企业持有的、尚未到期兑现的商业票据。商业票据是一种载有一定付款日期、付款地点、付款金额和付款人的无条件支付证券，也是一种可以由持票人自由转让给他人的债权凭证，因而具有较强的法律约束力。在我国，除商业汇票外，大部分票据如支票、银行本票、银行汇票均为即期票据，可以即刻收款或存入银行成为货币资金，不需要作为应收票据核算。因此，我国的应收票据即指商业汇票。

商业汇票可以按不同标准进行分类：

（1）按照票据承兑人的不同，商业汇票可分为银行承兑汇票和商业承兑汇票。承兑是指汇票付款人承诺在汇票到期日支付汇票金额的行为。银行承兑汇票的承兑人是承兑申请人的开户银行，商业承兑汇票的承兑人是付款人。

（2）按照票据是否带息分类，商业汇票分为带息票据和不带息票据。带息票据是指商业汇票到期时，承兑人除向收款人或被背书人支付票面金额外，还应按票面金额和票据规定的利息率支付自票据生效日起至票据到期日止利息的商业汇票。不带息票据是指商业汇票到期时，承兑人只按票面金额向收款人或被背书人支付款项的票据。

二、应收票据的初始计量

商业汇票的付款期限最长不得超过 6 个月。利息金额相对来说不大，用未来现金流量的现值入账不但计算麻烦，而且其折价还要逐期摊销，过于繁琐，所以根据重要性信息质量要求简化了核算。应收票据一般按其面值予以计量。商业汇票的提示付款期限为自汇票到期日起 10 日。符合条件的商业汇票持票人，可以持未到期的应收票据到银行申请贴现。

三、应收票据到期日的确定

应收票据到期日应按不同的约定方式来确定。如约定按日计算，则应以足日为准，采用票据签发日与到期日“算头不算尾”或“算尾不算头”的方法，按实际天数计算到期日。例如，4 月 20 日开出的 60 天商业汇票，到期日为 6 月 19 日。如约定按月计算，即票据到期日以签发日数月后的对日计算，而不论各月是大月还是小月。例如，4 月 16 日签发、3 个月到期的商业汇票，到期日为 7 月 16 日。如果票据签发日为月末的最后一天，则到期日为若干月后的最后一天。例如，1 月 31 日签发、1 个月到期的商业汇票，到期日为 2 月 28 日或 29 日；若为两个月到期的商业汇票，到期日为 3 月 31 日；若是 3 个月到期的商业汇票，到期日为 4 月 30 日；以此类推。

【案例分析】

甲公司向某中国工商银行申请一张银行承兑汇票，该银行作了必要的审查后受理了该份申请，并依法在票据上签章。甲公司得到这张票据后没有在票据上签章便将该票据直接交付给乙公司作为购货款。乙公司又将此票据背书转让给丙公司以偿债。到了票据上记载的付款日期，丙公司持票据向承兑银行请求付款时，该银行以票据无效为理由拒绝付款。

分析思考：从以上案例显示的情况看，你认为这张汇票有效吗？银行既然在票据上依法签章，它可以拒绝付款吗？应该如何对商业汇票进行管理和控制？

四、账户设置

为了总括核算和监督企业应收票据的发生和到期收回等情况，企业应设置“应收票据”账户，进行应收票据的总分类核算。该账户属资产类，借方登记取得的应收票据的面值；贷方登记到期收回票款或到期前向银行贴现的应收票据的票面余额，或因未能收回票款而转作应收账款的应收票据账面金额；期末借方余额，反映企业持有的商业汇票的票面金额。

为便于管理和分析各种票据的具体情况，企业应当设置“应收票据备查簿”，逐笔登记商业汇票的种类、号数和出票日、票面金额、交易合同号和付款人、承兑人、背书人的姓名或单位名称、到期日、背书转让日、贴现日、贴现率和贴现净额，以及收款日和收回金额、退票情况等资料。商业汇票到期结清票款或退票后，在备查簿中应予注销。

【课堂活动】

1. 以游戏的形式随机或按照自由组合方式将班级学生分成若干小组（5~6人为一组），不同的小组分别扮演业务经办人员、出纳人员和会计人员等工作岗位角色。

2. 各小组讨论，模拟企业销售商品采用商业汇票结算方式结算业务的操作流程，并分析如何履行本工作岗位的职责。每位同学都要参与。

3. 每个小组推荐一位代表汇报本组任务完成情况，并说明解决相关问题的思路和方法。其他小组同学对其汇报进行评分。

4. 角色互换，完成上述工作。

5. 每个小组将汇报情况形成文字资料，并上交授课教师评阅。

【职业判断与业务操作】

根据本情境引例，业务处理如下。

（1）公司收到经江城万国汽车有限责任公司承兑的商业承兑汇票一张，金额为101 700元。

（2）设置“应收票据”账户，记录经济业务。

企业取得商业汇票有两种情况：一是企业因销售商品、产品、提供劳务等而收到的商业汇票，按应收票据的面值，借记“应收票据”账户，按实现的销售收入，贷记“主营业务收入”等账户，按增值税专用发票上注明的增值税额，贷记“应交税费——应交增值税（销项税额）”账户；二是企业收到应收票据以抵偿应收账款时，按应收票据面值，借记“应收票据”账户，贷记“应收账款”账户。

根据本情境引例，公司作如下会计分录：

科目	借方	贷方
借：应收票据	101 700	
贷：主营业务收入		90 000
应交税费——应交增值税（销项税额）		11 700

【典型任务举例】

任务 2-1 接本情境引例，假设 2023 年 2 月 28 日，公司上述应收票据到期收回票面金额 101 700 元，存入银行，托收凭证见表 2-2、表 2-3。

表2-2

中国工商银行托收凭证（受理回单） 1

委托日期：2023 年 2 月 28 日

业务类型	委托收款（☐邮划、☑电划）			委收承付（☐邮划、☐电划）		
付款人	全　称	江城万国汽车有限责任公司	收款人	全　称	东方股份有限公司	
	账　号	86034612145		账　号	33011809032591	
	地　址	浙江省江城市　开户行　工行江城惠新路支行		地　址	浙江省江城市　开户行　工行江城庆春支行	
金额	人民币（大写）	壹拾万零壹仟柒佰元整			千 百 十 万 千 百 十 元 角 分	¥ 1 0 1 7 0 0 0 0
款项内容	货款	托收凭据名称	商业承兑汇票	附寄单证张数	1	
商品发运情况	已发运			合同名称号码	2022-09-233	
备注： 复核　记账	款项收妥日期： 年　月　日			收款人开户银行签章 年　月　日		

中国工商银行江城庆春支行 2023.02.28 受理凭证专用章

此联作收款人开户银行给收款人的受理回单

表2-3

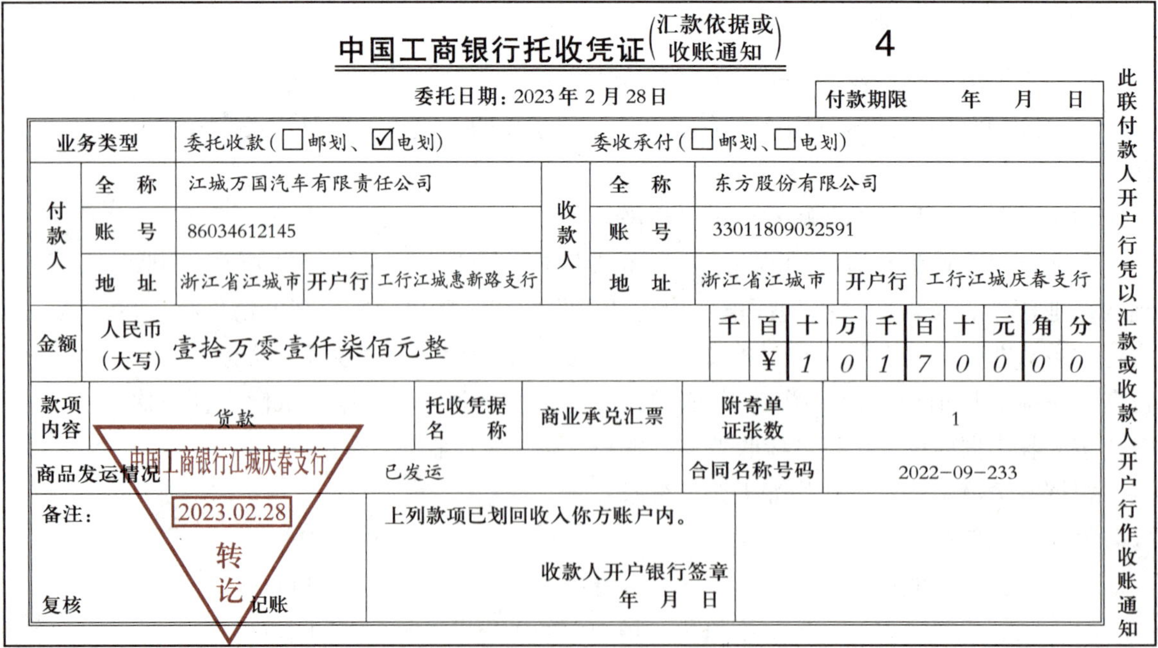

中国工商银行托收凭证（汇款依据或收账通知） 4

委托日期：2023 年 2 月 28 日　　付款期限　年　月　日

业务类型	委托收款（☐邮划、☑电划）			委收承付（☐邮划、☐电划）		
付款人	全　称	江城万国汽车有限责任公司	收款人	全　称	东方股份有限公司	
	账　号	86034612145		账　号	33011809032591	
	地　址	浙江省江城市　开户行　工行江城惠新路支行		地　址	浙江省江城市　开户行　工行江城庆春支行	
金额	人民币（大写）	壹拾万零壹仟柒佰元整			千 百 十 万 千 百 十 元 角 分	¥ 1 0 1 7 0 0 0 0
款项内容	货款	托收凭据名称	商业承兑汇票	附寄单证张数	1	
商品发运情况	已发运			合同名称号码	2022-09-233	
备注： 复核　记账	上列款项已划回收入你方账户内。 收款人开户银行签章 年　月　日					

中国工商银行江城庆春支行 2023.02.28 转讫

此联付款人开户行凭以汇款或收款人开户行作收账通知

任务分析：公司应收票据到期，应分以下情况处理：一是收回应收票据时，应按票据面值借记“银行存款”账户，贷记“应收票据”账户；二是到期不能收回的应收票据，按账面金额转入“应收账款”账户。

根据本任务，公司作如下会计分录：

借：银行存款　　　　101 700

　　贷：应收票据　　　　101 700

任务 2-2　接本情境引例，假设 2022 年 11 月 1 日，公司因急需流动资金，经与中国工商银行协商，此票据贴现给银行，贴现率为 7%，贴现凭证见表 2-4，银行扣除贴现利息后，将贴现款支付给公司，同时公司对此票据的如期偿付承担连带责任。

表2-4

中国工商银行贴现凭证（收账通知）　　4

填写日期：2022 年 11 月 01 日　　第 207895 号

<table>
<tr><td rowspan="3">贴现汇票</td><td>种　类</td><td>商业承兑汇票</td><td>号码</td><td>00920753</td><td rowspan="3">申请人</td><td>名　称</td><td colspan="10">东方股份有限公司</td></tr>
<tr><td>出票日</td><td colspan="3">2022 年 09 月 01 日</td><td>账　号</td><td colspan="10">33011809032591</td></tr>
<tr><td>到期日</td><td colspan="3">2023 年 02 月 28 日</td><td>开户银行</td><td colspan="10">工行江城庆春支行</td></tr>
<tr><td colspan="2">汇票承兑人（或银行）</td><td>名称 江城万国汽车有限责任公司</td><td>账号</td><td>86034612145</td><td>开户银行</td><td>工行江城惠新路支行</td><td colspan="10"></td></tr>
<tr><td colspan="2" rowspan="2">汇票金额</td><td colspan="5" rowspan="2">人民币（大写）壹拾万零壹仟柒佰元整</td><td>千</td><td>百</td><td>十</td><td>万</td><td>千</td><td>百</td><td>十</td><td>元</td><td>角</td><td>分</td></tr>
<tr><td></td><td>¥</td><td>1</td><td>0</td><td>1</td><td>7</td><td>0</td><td>0</td><td>0</td><td>0</td></tr>
<tr><td rowspan="2">贴现率</td><td rowspan="2">7%</td><td rowspan="2">贴现利息</td><td colspan="3">千 百 十 万 千 百 十 元 角 分</td><td rowspan="2">实付贴现金额</td><td>千</td><td>百</td><td>十</td><td>万</td><td>千</td><td>百</td><td>十</td><td>元</td><td>角</td><td>分</td></tr>
<tr><td colspan="3">　 　 　 ¥ 2 3 5 3 2 3</td><td></td><td></td><td>¥</td><td>9</td><td>9</td><td>3</td><td>4</td><td>6</td><td>7</td><td>7</td></tr>
<tr><td colspan="6">上述款项已入你单位账户。
此致
（中国工商银行江城庆春支行 2022.11.01 转讫）
银行盖章
年　月　日</td><td colspan="11">备注：</td></tr>
</table>

此联银行给贴现申请人的收账通知

任务分析：企业收到商业汇票，如在未到期前急需资金，可持未到期的商业汇票经过背书后向其开户银行申请贴现。贴现是指企业将未到期的票据转让给银行，由银行按票据的票面金额扣除贴现日至票据到期日的利息后，将余额付给企业的融资行为，是企业与贴现银行之间就票据权利所作的一种转让。

应收票据贴现额的计算公式如下：

$$贴现利息 = 票据票面金额 \times 贴现率 \times 贴现期 \quad (2.1)$$

$$贴现所得 = 票据票面金额 - 贴现息 \quad (2.2)$$

（1）银行拥有追索权。如果银行对应收票据带有追索权，则是指贴现后的票据，在到期时如果票据承兑人无力向贴现银行支付票款，则申请贴现企业应负偿还票据金额的连带责任。企业持未到期的商业汇票向银行贴现时，应按实际收到的金额（即减去贴现息后的净额），借记“银行存款”等账户，按贴现息部分，借记“财务费用”等账户，按商业汇票的票面金额，贷记“短期借款”账户。

（2）银行不拥有追索权。银行对应收票据无追索权，则应收票据贴现如同应收账款的直接出售，所有的兑现风险和利益在出售时全部转移给银行，票据贴现额与票据账面金额的差额作为财务费用，计入当期损益。

根据任务 2-2，公司向银行申请贴现时：

贴现利息 = 101 700 × 7% × 119/360 = 2 353.23（元）

贴现所得 = 101 700 − 2 353.23 = 99 346.77（元）

取得贴现款时应作会计分录：

借：银行存款　　99 346.77
　　财务费用　　2 353.23
　　贷：应收票据　　101 700

任务 2-3　接任务 2-2，2023 年 2 月 28 日，江城万国汽车有限责任公司无法兑付票款而先由公司代为偿付。

任务分析：已经承兑的商业承兑汇票到期，若承兑人不能兑付票据款，银行将已贴现的商业承兑汇票退还申请贴现企业，同时从申请贴现企业的账户中划回票款。申请贴现企业收到银行退回的票据和支付通知时，按所付本息，借记“短期借款”账户，贷记“银行存款”账户，同时借记“应收账款”账户，贷记“应收票据”账户；如果申请贴现企业的银行存款账户余额不足，银行作逾期贷款处理时，借记“应收账款”账户，贷记“短期借款”账户。

公司应作会计分录如下：

借：短期借款　　101 700
　　贷：银行存款　　101 700
借：应收账款　　101 700
　　贷：应收票据　　101 700

【想一想】

1. 什么是应收票据？它一般在什么情况下使用？

2. 企业持未到期的商业汇票向其开户银行申请贴现，如何计算企业贴现所得？怎样进行应收票据贴现的账务处理？

学习子情境2.2　应收账款业务核算

【情境引例】

2023 年 9 月 8 日，东方股份有限公司向平阳机械有限责任公司销售产品一批，价款 100 000 元，增值税税额 13 000 元，采用托收承付结算方式结算，产品发运时，以转账支票支付代垫运杂费 2 000 元，已向银行办妥托收手续，托收凭证见表 2–5。

表2–5

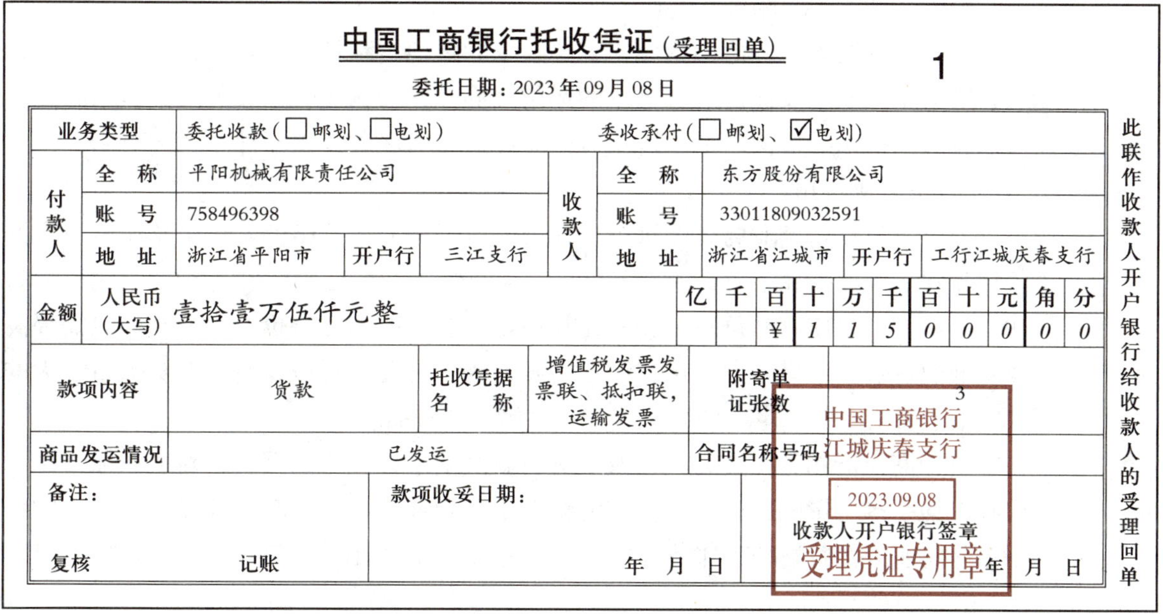

中国工商银行托收凭证（受理回单）　1

委托日期：2023 年 09 月 08 日

业务类型	委托收款（□邮划、□电划）			委收承付（□邮划、☑电划）		
付款人	全　称	平阳机械有限责任公司	收款人	全　称	东方股份有限公司	
	账　号	758496398		账　号	33011809032591	
	地　址	浙江省平阳市　开户行　三江支行		地　址	浙江省江城市　开户行　工行江城庆春支行	
金额	人民币（大写）	壹拾壹万伍仟元整			亿 千 百 十 万 千 百 十 元 角 分	¥ 1 1 5 0 0 0 0 0
款项内容	货款	托收凭据名称	增值税发票发票联、抵扣联，运输发票	附寄单证张数	3	
商品发运情况	已发运			合同名称号码		
备注： 复核　记账		款项收妥日期： 年　月　日		收款人开户银行签章 年　月　日		

中国工商银行江城庆春支行　2023.09.08　受理凭证专用章

此联作收款人开户银行给收款人的受理回单

【工作过程与岗位对照图】

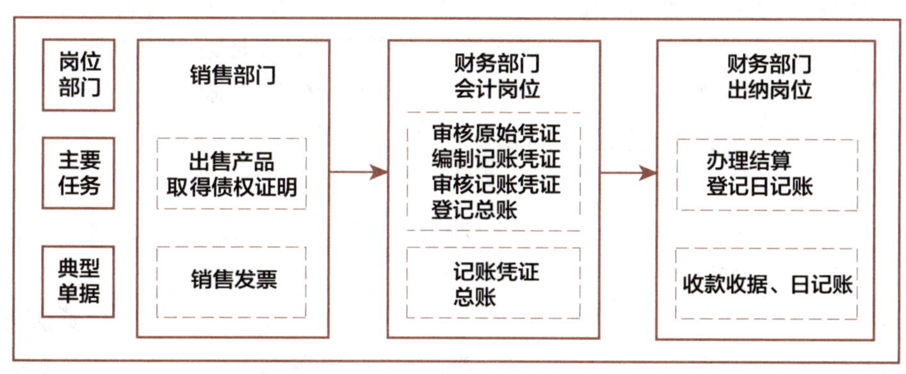

【知识准备】

一、应收账款概述

应收账款，是指企业因销售商品、提供劳务等业务，应向购货单位或接受劳务的单位收取的款项。应收账款主要包括企业销售商品或提供劳务等应向有关债务人收取的价款、增值税税款及代购货单位垫付的包装费、运杂费等。凡不是因销售活动、提供劳务而发生的应收款项，不应列入应收账款，如各种应收取的赔款和罚款、应向职工收取的各种垫付款、应收债务人的利息、应收已宣告分配的股利、企业付出的各种存出保证金和押金、预付款项等。

二、应收账款的初始计量

应收账款的入账价值即指应向客户收取的款项，包括销售货物或提供劳务的价款、增值税税款以及代购货方垫付的运杂费等。在确认应收账款的入账价值时，应考虑有关的折扣、折让因素。折扣包括商业折扣和现金折扣两种。

（一）商业折扣

商业折扣是指企业为了促进销售在商品价目单原定价格的基础上给予购货方的价格扣除。商业折扣通常以百分比表示，如5%、10%及15%等。企业采用商业折扣，一方面可以使商品价目单相对比较稳定，商品的实际售价发生变动时只需提高或降低商业折扣；另一方面可将商业折扣作为一种促销手段，对于购买数量较大的顾客给予价格上的优惠，即采取“薄利多销”的策略。

由于商业折扣是在交易成立及实际付款之前予以扣除，因此，对应收账款和销售收入均不产生影响。在商业折扣的情况下，企业销售商品时，商品价目单上的价格扣除商业折扣后的净额才是真正的销售价格，按此确认销售收入和应收账款。

（二）现金折扣

现金折扣是指企业为了鼓励客户在一定时期内早日偿还货款而给予的一种折扣优待。现金折扣通常按以下方式表示：2/10、1/20、n/30（即10天内付款，给予2%的现金折扣；11～20天付款，给予1%的现金折扣；21～30天付清全部款项，无折扣）。现金折扣对于销货企业称为销货折扣，对于购货企业称为购货折扣。

由于现金折扣在商品销售后发生，现金折扣会影响应收账款的账务处理。对于现金折扣有两种方法：总价法与净价法。

1. 总价法

总价法是将未减去现金折扣前的金额确认为销售收入和应收账款。这种方法把现金折扣理解为鼓励客户提早付款而获得的经济利益。销售方给予客户的现金折扣，从融资角度出发，属于一种理财费用，作为当期财务费用处理。总价法可以较好地反映销售的总过程，但在客户可能享受现金折扣的情况下，会高估应收账款和销售收入。

2. 净价法

净价法与总价法是相对的，是指将减去现金折扣后的金额确认为销售收入和应收账款。这种方法把客户取得现金折扣视为正常现象，认为一般客户都会提前付款，而将由于客户超过折扣期限而多收入的金额，视为提供信贷获得的收入，于收到账款时入账，作为冲减财务费用处理。

例如，企业销售商品价款为 100 000 元（不考虑增值税的销项税额），合同规定现金折扣条件为：2/10、1/20、n/30。假设购货企业 10 天内付款，则在总价法下应收账款入账价值为：100 000 元；在净价法下应收账款的入账价值为：100 000－100 000×2%＝98 000（元）。

目前，我国会计实务中，企业应收账款采用总价法核算，即企业在确定商品销售收入时，不考虑各种预计可能发生的现金折扣。现金折扣在实际发生时计入发生当期财务费用。

【案例分析】

甲企业将收回的还款直接转借给乙企业，并将取得的利息收入转入“小金库”。当甲企业收到外单位还欠款时，不登记银行存款日记账，同时签发相同金额的转账支票，有偿转借给乙企业，对企业付出的银行存款也不登记银行存款日记账，将两笔业务合并，记作：

借：应收账款——乙企业

　　贷：应收账款

收取利息后甲企业不记收入，转入“小金库”。

分析思考：根据国家有关规定，企业间可以互相拆借资金，但有些企业却利用应收账款放贷，将利息收入转入“小金库”，并称为企业间拆借资金。请问应该如何加强对应收账款的管理与控制？

三、账户设置

企业应设置“应收账款”账户用于核算和监督企业应收账款的发生和收回情况。不单独设置“预收账款”账户的企业，预收的账款也在“应收账款”账户核算。“应收账款”账户属于资产类账户，核算企业因销售商品、对外提供劳务等业务，应向购货单位或接受劳务的单位收取的款项。该账户借方登记赊销时发生的应收账款金额；贷方登记客户归还或已结转坏账损失或转作商业汇票结算方式的应收账款金额；期末借方余额，反映企业尚未收回的应收账款。若企业将预收账款合并记入“应收账款”账户核算，“应收账款”账户可能会出现贷方余额，其贷方余额，反映企业预收的账款。该账户应按不同的购货单位或接受劳务的单位设置明细账，进行明细核算。

【课堂活动】

1. 以游戏的形式随机或按照自由组合方式将班级学生分成若干小组（5~6人为一组），不同的小组分别扮演业务经办人员、出纳人员和会计人员等工作岗位角色。

2. 各小组讨论，模拟企业销售商品采用赊销方式结算业务的操作流程，并分析如何履行本工作岗位的职责。每位同学都要参与。

3. 每个小组推荐一位代表汇报本组任务完成情况，并说明解决相关问题的思路和方法。其他小组同学对其汇报进行评分。

4. 角色互换，完成上述工作。

5. 每个小组将汇报情况形成文字资料，并上交授课教师评阅。

【职业判断与业务操作】

根据本情境引例，业务处理如下。

（1）公司销售给平阳机械有限责任公司产品一批，采用托收承付结算方式结算，已向银行办妥托收手续，金额为115 000元。

（2）设置“应收账款”账户，记录经济业务。

企业发生应收账款时，按应收金额，借记“应收账款”账户，按实现的销售收入，贷记“主营业务收入”等账户，按专用发票上注明的增值税额，贷记“应交税费——应交增值税（销项税额）”账户。企业代购货单位垫付的包装费、运杂费，借记“应收账款”账户，贷记“银行存款”等账户。

公司作如下会计分录：

借：应收账款　　115 000

　　贷：主营业务收入　　100 000

　　　　应交税费——应交增值税（销项税额）　　13 000

　　　　银行存款　　2 000

【典型任务举例】

任务2-4　接本情境引例，假设2023年9月28日，公司收到平阳机械有限责任公司的货款115 000元，款项已存入银行。

任务分析：公司收回应收账款时，借记“银行存款”等账户，贷记“应收账款”账户。

借：银行存款　　115 000

　　贷：应收账款　　115 000

说明：如果企业应收账款改用商业汇票结算，在收到承兑的商业汇票时，按账面价值，借记“应收票据”账户，贷记“应收账款”账户。

【想一想】

1. 如何确认应收账款的入账价值？
2. 试比较总价法和净价法。

学习子情境2.3　预付账款业务核算

【情境引例】

2023 年 9 月 12 日，东方股份有限公司按照合同规定开出转账支票一张，预付给新兴股份有限公司购买原材料的款项 120 000 元。

【工作过程与岗位对照图】

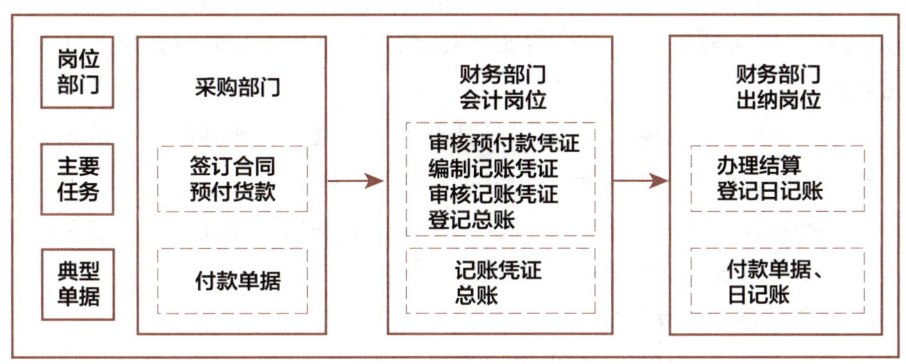

【知识准备】

一、预付账款概述

预付账款，是指企业按照有关合同，预先支付给供货方（包括提供劳务者）的款项，如预付的材料货款、商品采购货款等。预付账款和应付账款一样，都是企业的短期债权，但是两者又有区别。应收账款是企业因销售商品或提供劳务而产生的债权；而预付账款是企业因购货或接受劳务而产生的债权，是预先付给供货方或劳务提供方的款项。故两者应分别进行核算。

【案例分析】

在许多企业中，“预付账款”账户就发挥着“回收站”的作用。企业购买物资，不确认成本，而是暂时存放在“预付账款”账户中作为预付款，日后再作相反会计分录，视同退款。

分析思考：上述企业会计处理的后果是什么？应该如何加强对预付账款的管理与控制。

二、账户设置

为反映企业按照购货合同规定预付给供应单位的款项及结算情况，应设置“预付账款”账户进行核算。“预付账款”账户属于资产类账户，其借方登记企业向供货方预付的货款，贷方登记企业收到所购货物时结转的预付款项，期末借方余额，反映企业实际预付的款项，期末如为贷方余额，反映企业尚未补付的款项。该账户应按供货单位设置明细账，进行明细核算。预付款项情况不多的企业，也可以将预付的款项直接记入“应付账款”账户的借方，不设置“预付账款”账户。通过“应付账款”账户核算预付货款业务，会使应付账款的某些明细账户出现借方余额。在期末编制资产负债表时，若“应付账款”账户所属明细账户有借方余额的，应将该部分借方余额列示在资产负债表的资产方。

【课堂活动】

1. 以游戏的形式随机或按照自由组合方式将班级学生分成若干小组（5~6人为一组），不同的小组分别扮演业务经办人员、出纳人员和会计人员等工作岗位角色。
2. 各小组讨论，模拟企业采购材料采用预付款结算业务的操作流程，并分析如何履行本工作岗位的职责。每位同学都要参与。
3. 每个小组推荐一位代表汇报本组任务完成情况，并说明解决相关问题的思路和方法。其他小组同学对其汇报进行评分。
4. 角色互换，完成上述工作。
5. 每个小组将汇报情况形成文字资料，并上交授课教师评阅。

【职业判断与业务操作】

根据本情境引例，业务处理如下。

（1）预付新兴股份有限公司购买材料款，货款为 120 000 元。

（2）设置“预付账款”账户，记录经济业务。企业因购货而预付的款项，借记“预付账款”账户，贷记“银行存款”账户。

公司作如下会计分录：

借：预付账款　　　　120 000

　　贷：银行存款　　　　120 000

【典型任务举例】

任务 2-5　接本情境引例，假设 2023 年 10 月 8 日，东方股份有限公司收到原材料一批，新兴股份有限公司开来的增值税专用发票上注明价款 120 000 元，增值税税额 15 600 元，材料已验收入库。同时公司开出转账支票向新兴股份有限公司补付剩余货款。

任务分析：公司收到所购物资时，根据发票账单等列明应计入购入物资成本的金额，借记“材料采购”或“原材料”“库存商品”等账户，按增值税专用发票上注明的增值税税额，借记“应交税费——应交增值税（进项税额）”账户，按应付金额，贷记“预付账款”账户。补付的款项，借记“预付账款”账户，贷记“银行存款”账户；退回多付的款项，借记“银行存款”账户，贷记“预付账款”账户。会计分录为：

借：原材料　　　　120 000

　　应交税费——应交增值税（进项税额）　　　　15 600

　　贷：预付账款　　　　120 000

　　　　银行存款　　　　15 600

【想一想】

1. 什么是预付账款？它与应收账款有何区别？
2. 预付账款包括的主要内容有哪些？举例说明预付账款的核算。

学习子情境2.4　其他应收款业务核算

【情境引例】

2023 年 9 月 15 日，东方股份有限公司向江南股份有限公司租入包装物一批，以银行存款向出租方支付押金 4 000 元。

【工作过程与岗位对照图】

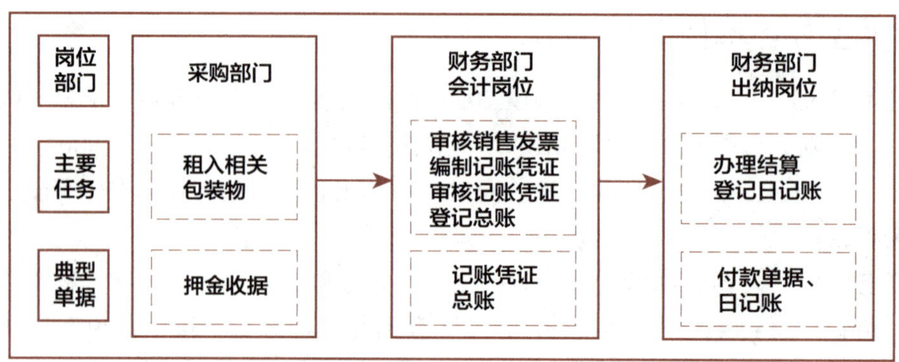

【知识准备】

一、其他应收款概述

其他应收款，是指除应收账款、应收票据、预付账款等以外的其他各种应收、暂付款项。它是企业发生的非购销活动的应收债权。这类应收项目，通常应与应收账款和预付账款等项目分开，以便财务报表的使用者将这些项目与由于购销业务而发生的应收项目识别清楚。它主要包括以下内容：

（1）企业应收保险公司或其他单位和个人的各种赔款；

（2）企业应收的各种罚款；

（3）企业应收的各种存出保证金；

（4）企业应收的出租包装物的租金；

（5）企业应向职工收取的各种垫付的款项；

（6）其他各种应收、暂付款项。

其他应收款所包括的内容是相当繁杂的。在实际生活中，由于一些企业内部管理不严，其他应收款长期得不到清理，致使其他应收款金额巨大。因此，企业必须加强对其他应收款的管理和控制。

【案例分析】

2018 年 4 月 27 日，龙力生物（现“ST 龙力”，002604.SZ）年报披露，公司 6.27 万户投资者迎来了糟糕的一天。

数据显示，2017 年龙力生物巨亏 34.83 亿元，并直接导致当期净资产变为负 2.82 亿元。这意味着，这家曾经顶着“生物燃料第一股”光环的明星企业，已经资不抵债。“预付突增、在建工程不明、其他应收款过高、高企被立案调查、自查后财务变脸”，一位曾经投资过龙力生物的私募人士如是表示。高级会计师刘某解释，其他应收款指的是与公司主营业务无关的款项往来，对象可能是企业也可能是个人，正常经营企业很少存在如此多的其他应收款。对比 2016 年、2017 年两份年报中其他应收款披露的信息，可以清楚地看到无论是账龄还是金额皆存在无法对应的状况。这意味着，仅“其他应收款”一项，龙力生物就“借出”了近 10 亿元，但在被证监会立案调查之前没有披露。

分析思考：其他应收款成了许多特别处理公司的命门，应该如何加强对其他应收款的管理与控制？

二、账户设置

企业为核算和监督其他应收款项的结算情况，应设置“其他应收款”账户。该账户属于资产类账户，核算企业除应收票据、应收账款、预付账款、应收股利、应收利息、长期应收款等以外的其他各种应收及暂付款项。其借方登记企业发生的各种其他应收款的增加；贷方登记企业其他应收款的收回；期末余额一般在借方，反映企业尚未收回的其他应收款。该账户应按其他应收款的项目分类，并按不同的债务人设置明细账，进行明细分类核算。

【课堂活动】

1. 以游戏的形式随机或按照自由组合方式将班级学生分成若干小组（5~6 人为一组），不同的小组分别扮演业务经办人员、出纳人员和会计人员等工作岗位角色。
2. 各小组讨论，模拟企业向职工收取各种垫付款业务的操作流程，并分析如何履行本工作岗位的职责。每位同学都要参与。
3. 每个小组推荐一位代表汇报本组任务完成情况，并说明解决相关问题的思路和方法。其他小组同学对其汇报进行评分。
4. 角色互换，完成上述工作。
5. 每个小组将汇报情况形成文字资料，并上交授课教师评阅。

【职业判断与业务操作】

根据本情境引例，业务处理如下。

（1）公司向江南股份有限公司租入包装物，向出租方支付押金 4 000 元。

（2）设置“其他应收款”账户，记录经济业务。公司发生其他各种应收款项时，借记“其他应收款”账户，贷记有关账户。

公司作如下会计分录：

借：其他应收款——包装物押金（江南股份）　　4 000

　　贷：银行存款　　4 000

【典型任务举例】

任务 2-6　接本情境引例，假设 2023 年 10 月 14 日，租入包装物按期退回，公司收到出租方退还的押金 4 000 元，已存入银行。

任务分析：公司租入的包装物按期退回，应借记“银行存款”账户，贷记“其他应收款”账户，会计分录如下：

借：银行存款　　4 000

　　贷：其他应收款——包装物押金（江南股份）　　4 000

【想一想】

1. 什么是其他应收款？它包括的主要内容有哪些？
2. 举例说明其他应收款的核算。

学习子情境2.5　应收款项减值业务核算

【情境引例】

根据公司坏账准备计提政策计提坏账准备。东方股份有限公司按月估计减值损失，计提减值准备。坏账准备计提方法为应收款项余额百分比法，以月末应收账款和其他应收款账面余额为基数，按历史损失率 5% 估计资产减值。2023 年 9 月 30 日，公司应收账款期末余额为 215 000 元，已提坏账准备 9 250 元，其他应收款期末余额 20 500 元，已提坏账准备 685 元。坏账准备计提表见表 2-6。

表2-6　坏账准备计提表

2023 年 9 月 30 日　　单位：元

项目	期末余额	计提比例	已提金额	本期计提金额
应收账款	215 000	5%	9 250	1 500
其他应收款	20 500	5%	685	340
合计				1 840

会计：张宏　　复核：汪小丽　　制单：张雨

【工作过程与岗位对照图】

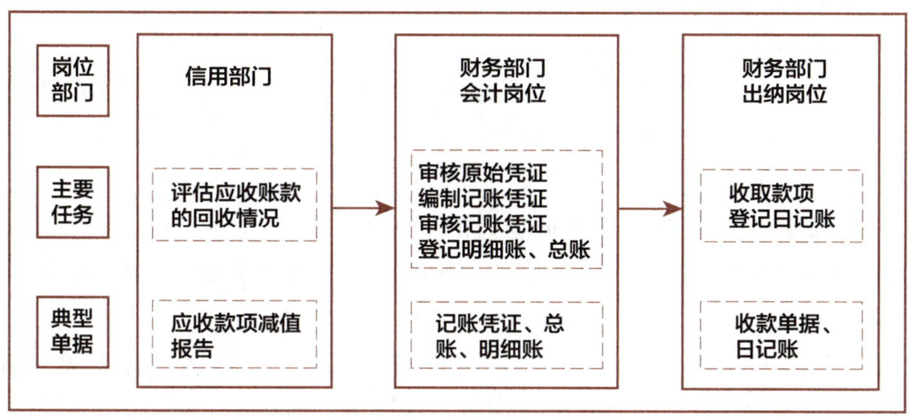

【知识准备】

一、应收账款减值损失的确认

企业应当在资产负债表日对应收账款的账面价值进行检查，有客观证据表明该应收账款发生减值的，应当确认减值损失，计提坏账准备。

表明应收账款发生减值的客观证据，是指应收账款初始确认后实际发生的、对该应收账款的预计未来现金流量有影响，且企业能够对该影响进行可靠计量的事项。应收账款发生减值的客观证据主要包括：债务人发生严重财务困难；债务人违反了合同条款，如发生违约或逾期等；债权人出于经济或法律等方面因素的考虑，对发生财务困难的债务人做出让步；债务人很可能倒闭或进行其他财务重组。但对已确认为坏账的应收账款，并不意味着企业放弃其追索权，一旦重新收回，应及时入账。

二、应收账款减值损失的计量

一般企业对于单项金额重大的应收款项，应当单独进行减值测试。有客观证据表明其发生了减值的，应当根据其未来现金流量现值低于账面价值的差额，确认减值损失，计提坏账准备。

对于单项金额非重大的应收账款可以单独进行减值测试，确定减值损失，计提坏账准备；也可以与经单独测试后未减值的应收账款一起按类似信用风险特征划分为若干组合，再按这些应收账款组合在资产负债表日余额的一定比例计算确定减值损失，计提坏账准备。根据应收账款组合余额的一定比例计算确定的坏账准备，应当反映各项目实际发生的减值损失，即各项组合的账面价值超过其未来现金流量现值的金额。

企业应当根据以前年度与之相同或相类似的、具有类似信用风险特征的应收账款组合的实际损失率为基础，结合现时情况确定本期各项组合计提坏账准备的比例，据此计算本期应计提的坏账准备。

当期坏账准备可按以下公式计算：

当期应提取（或调整）的坏账准备
=当期按应收账款计算应提坏账准备金额 −（或 +）
调整前"坏账准备"账户的贷方（或借方）余额 （2.3）

企业可以选用的应收款项减值损失的估计方法有三种：应收款项余额百分比法、账龄分析法和个别认定法。应收款项减值损失的估计方法一经确定，不得随意变更。

（1）应收款项余额百分比法。应收款项余额百分比法即根据期末应收款项余额和估计的坏账率，估计应收款项减值损失，计提坏账准备的方法。坏账损失率可以参照以往的数据资料确定。

其基本计算公式为：

当期按照应收款项计算坏账准备期末余额 = 期末应收款项余额 × 估计的坏账率 （2.4）

假如某公司 2023 年应收账款的余额为 1 600 000 元，根据经验和资料，公司提取坏账损失的比例为 5%。请计算该公司年末应估计的坏账损失。

当期按照应收款项计算坏账准备期末余额 = 1 600 000 × 5% = 80 000（元）

即 2023 年年末公司 1 600 000 元的应收账款中估计有 80 000 元可能会发生坏账损失，企业应将应收账款的账面价值减记至 1 520 000 元（1 600 000 − 80 000）。

（2）账龄分析法。账龄分析法即根据应收账款账龄的长短以及当前的具体情况，估计坏账损失的方法。账龄是指客户所欠账款逾期的时间。通常情况下，账龄长短与发生坏账的可能性是成正比的。

采用账龄分析法，应先将企业应收账款按账龄长短划分为若干区段，计列各个区段上应收账款的金额，并为每一个区段估计一个坏账损失的百分比，在此基础上，进行坏账损失的估计。表 2-7 为某企业 2023 年 12 月 31 日的应收账款账龄分析及坏账估算表。

表2-7 应收账款账龄分析及坏账估算表

单位：元

应收账款账龄	应收账款期末余额	估计坏账率 /%	估计坏账金额
未过信用期	600 000	1	6 000
过期 1 个月	500 000	2	10 000
过期 2 个月	250 000	3	7 500

续表

应收账款账龄	应收账款期末余额	估计坏账率 /%	估计坏账金额
过期 3 个月	150 000	5	7 500
过期 3 个月以上	100 000	8	8 000
合计	1 600 000		39 000

在账龄分析法下，该企业估计的坏账金额总计为 39 000 元。值得注意的是账龄分析法中对“账龄”计算的新规定。采用账龄分析法计提坏账准备时，收到债务单位当期偿还的部分债务后，对账龄的确定是：一是剩余的应收账款不应改变其账龄；二是存在多笔应收账款且账龄不同的情况下，应当逐笔认定收到的是哪一笔应收账款；三是确实无法认定的，按照先发生先收回的原则确定。

应收款项余额百分比法和账龄分析法，有助于企业进一步了解应收款项的可变现值，是计提坏账准备时使用较多的方法。但也存在一定的缺陷，即各会计期间所计提的坏账损失费用与当期收入并无直接联系，不利于正确计算各期损益。

（3）个别认定法。个别认定法即根据每一应收账款的情况来估计坏账损失的方法。在采用账龄分析法、余额百分比法等方法的同时，能否采用个别认定法，应当视具体情况而定。如果某项应收款项的可收回性与其他各项应收款项存在明显的差别（如债务单位所处的特定地区等），导致该项应收款项如果按照与其他应收款项同样的方法计提坏账准备，将无法真实地反映其可收回金额的，可对该项应收款项采用个别认定法计提坏账准备。在同一会计期间内运用个别认定法的应收款项应从用其他方法计提坏账准备的应收款项中剔除。

【案例分析】

蓝天公司 2023 年 5 月销售给南林公司一批货物，应收账款总额为 1 000 万元。2023 年 12 月接南林公司通知，获知南林公司已经破产，蓝天公司将该应收款项全部确认为坏账损失。假设南林公司的破产财产极少且蓝天公司未对该应收账款计提坏账准备。

分析思考：蓝天公司对上述应收账款的会计处理是否正确？应该如何对上述应收账款进行相应的会计处理？

三、账户设置

企业应设置“坏账准备”账户和“信用减值损失”账户核算和监督应收款项的减值情况。“坏账准备”属于资产类账户，是“应收账款”“预付账款”“其他应收款”“长期应收款”账户的备抵账户，核算应收款项的坏账准备的计提、转销等情况。其贷方登记当期计提的坏账准备金额，以及收回已转销的坏账损失；借方登记实际发生的坏账损失金额和冲减的坏账准备金额；该账户期末贷方余额，反映企业已计提但尚未转销的坏账准备。应特别注意，平时“坏账准备”账户可能出现借方余额也可能出现贷方余额，但“坏账准备”账户年末余额一定为贷方余额，并且等于本年估计的坏账损失。该账户可按应收款项的类别进行明细核算。

“信用减值损失”账户属于损益类账户，反映企业按照《企业会计准则第22号——金融工具确认和计量》（财会〔2017〕7号）的要求计提的各项金融工具信用减值准备所确认的信用损失。企业应按照信用减值损失的项目进行明细核算。期末，企业应将“信用减值损失”账户余额转入“本年利润”账户后无余额。

【课堂活动】

1. 以游戏的形式随机或按照自由组合方式将班级学生分成若干小组（5~6人为一组），不同的小组分别扮演业务经办人员、出纳人员和会计人员等工作岗位角色。

2. 各小组讨论，模拟企业应收款项减值业务的操作流程，并分析如何履行本工作岗位的职责。每位同学都要参与。

3. 每个小组推荐一位代表汇报本组任务完成情况，并说明解决相关问题的思路和方法。其他小组同学对其汇报进行评分。

4. 角色互换，完成上述工作。

5. 每个小组将汇报情况形成文字资料，并上交授课教师评阅。

【职业判断与业务操作】

根据本情境引例，业务处理如下。

（1）2023年9月30日，根据公司坏账准备计提政策计提坏账准备。

（2）设置“坏账准备”“信用减值损失”账户，记录经济业务。资产负债表日，有客观证据证明应收账款发生减值的，按应减记的金额，借记“信用减值损失——计提的坏账准备”账户，贷记“坏账准备”账户。本期应计提的坏账准备大于其账面余额的，应按其差额计提；应计提的坏账准备小于其账面余额的差额做相反的会计分录。公司作如下会计分录：

借：信用减值损失——计提的坏账准备　　　　1 840

　　贷：坏账准备　　　　　　　　　　　　　　　1 840

【典型任务举例】

任务2-7　2023年9月20日，东方股份有限公司核销应收江城商贸城货款6 000元。相关决议如表2-8、表2-9所示。

表2-8

关于核销因江城商贸城破产造成坏账损失的请示

董事会：

2022 年 3 月江城商贸城从我公司购买 WKF 进口轴承，欠货款 6 000 元。我公司多次去电和派人催收，但江城商贸城均以无款偿还为由而拒付。今年 6 月初，我公司接到江城市法院通知，江城商贸城因亏损严重已宣告破产。我公司作为债权人会议成员，派人参加了破产清算工作。9 月 10 日破产清算工作终结，根据《中华人民共和国企业破产法》规定的清偿程序，江城商贸城财产只够支付职工工资欠款、欠缴的税金和归还部分银行贷款，对一般债务已无力偿付。原欠我公司的货款 6 000 元确定为坏账损失，故申请坏账核销。

当否，请董事会讨论批示。

附：江城商贸城破产财产分配方案复印件（略）

业务员：（略）

销售经理：（略）

财务经理：（略）

2023 年 9 月 15 日

表2-9

东方股份有限公司八届八次董事会决议

东方股份有限公司于 2023 年 9 月 18 日在公司会议室召开董事会会议。应参加会议董事为 6 人，实际参加会议董事 6 人，符合公司章程规定，会议有效。与会董事就本公司坏账核销、对外担保事宜，经过讨论以举手表决方式，以 6 票赞成，0 票反对，审议通过了以下决议：

1. 公司客户江城商贸城因严重亏损破产，根据其破产财产分配方案，无力偿还一般债务，将其账面所欠货款 6 000 元作为坏账核销。

2. 向控股子公司江城机电有限公司提供借款担保 50 万元。

本决议符合《中华人民共和国公司法》的规定。

出席会议的董事签名（略）

2023 年 9 月 18 日

任务分析：对于确实无法收回的应收款项，按管理权限报经批准后作为坏账，转销应收款项，借记“坏账准备”账户，贷记“应收账款”等账户。

借：坏账准备 6 000

  贷：应收账款——江城商贸城 6 000

任务2-8 2023年9月25日，收到2022年公司已经转销的佳平汽车有限公司坏账30 000元，已存入银行。

任务分析： 已确认并转销的应收款项以后又收回的，应按实际收回的金额，借记“应收账款”等账户，贷记“坏账准备”账户；同时，借记“银行存款”账户，贷记“应收账款”等账户。或者直接借记“银行存款”账户，贷记“坏账准备”等账户。

借：银行存款 30 000

  贷：坏账准备 30 000

【想一想】

1. 什么是坏账损失？坏账损失如何确定？
2. 企业可以选用的应收款项减值损失的估计方法有哪几种？如何运用？

【德技并修】

违规计提减值损失得不偿失

2021年5月30日晚间，上海电气集团股份有限公司（简称上海电气）发布关于公司重大风险的提示公告。公告显示：公司合并报表范围内的控股子公司上海电气通讯技术有限公司（简称通讯公司），上海电气持有其40%股权，应收账款普遍逾期，存在大额应收账款无法收回的风险。截至公告日，通讯公司应收账款余额为86.72亿元，通讯公司在商业银行的借款余额为12.52亿元，上海电气向通讯公司提供的股东借款金额合计为77.66亿元，均存在重大损失风险。此公告为通讯公司向客户要账未果后才予以发布的提示公告，意味着86亿多元的应收账款打了水漂，导致公司净利润大幅减少，对公司本期利润和期后利润将产生重大不利影响。

会计信息质量的谨慎性要求企业对交易或者事项进行会计确认、计量、记录和报告时应持谨慎态度，不应高估资产或者收益、低估负债或者费用。谨慎性会计信息质量要求企业定期对应收款采用预期信用损失模型计提信用减值损失，而不是实际发生损失时才进行处理。广大财务人员要面对经济活动中的各种不确定性在会计处理上保持谨慎小心的态度，要充分估计可能的风险和损失，采取恰当的会计处理，把风险损失缩小或限制在最小的范围内。

【情境小结】

1. 应收票据业务核算

业务内容	会计处理
取得应收票据	借：应收票据 　　贷：主营业务收入 　　　　应交税费——应交增值税（销项税额）
到期应收票据	到期收回票据款： 借：银行存款 　　贷：应收票据 到期付款人无力支付票据款： 借：应收账款［按商业汇票的票面金额］ 　　贷：应收票据
转让应收票据	借：材料采购、原材料或库存商品［应计入取得物资成本的金额］ 　　应交税费——应交增值税（进项税额） 　　贷：应收票据［按商业汇票的票面金额］ 如有差额，借记或贷记“银行存款”等账户
贴现应收票据	银行不拥有追索权： 借：银行存款［按实际收到的金额］ 　　财务费用［贴现息部分］ 　　贷：应收票据［按商业汇票的票面金额］ 银行拥有追索权： 借：银行存款［按实际收到的金额］ 　　财务费用［贴现息部分］ 　　贷：短期借款［按商业汇票的票面金额］

2. 应收账款业务核算

业务内容	会计处理
取得应收账款	借：应收账款 　　贷：主营业务收入 　　　　应交税费——应交增值税（销项税额）
收回应收账款	借：银行存款 　　贷：应收账款 或： 借：应收票据 　　贷：应收账款

3. 预付账款业务核算

业务内容	会计处理
预付货款	借：预付账款 　　贷：银行存款
收到预订物资	借：材料采购/原材料/库存商品等［根据发票账单等列明的应计入 　　购入物资成本的金额］ 　　应交税费——应交增值税（进项税额） 　　贷：预付账款［应付金额］
补付货款	借：预付账款 　　贷：银行存款 退回多付的货款作相反会计分录

4. 其他应收款业务核算

业务内容	会计处理
预支出差费用	借：其他应收款等［按实际借出的现金］ 　　贷：库存现金
收到交回的剩余款	借：库存现金［按实际收回的现金］ 　　管理费用［按应报销的金额］ 　　贷：其他应收款［按实际借出的现金］
补报不足的费用	借：管理费用［按应报销的金额］ 　　贷：其他应收款［按实际借出的现金］ 　　　　库存现金［按实际补付的现金］

5. 应收款项减值业务核算

业务内容	会计处理
计提坏账准备	借：信用减值损失——计提的坏账准备 　　贷：坏账准备 冲销坏账准备作相反的会计分录
坏账损失确认	借：坏账准备 　　贷：应收账款等
坏账收回	借：银行存款 　　贷：坏账准备 或： 借：应收账款 　　贷：坏账准备 借：银行存款 　　贷：应收账款

学习情境 3

存货业务核算

【职业能力目标】

知识目标

- ○ 掌握原材料的取得、领用、出售、清查及期末计价业务的账务处理流程和基本会计核算方法
- ○ 掌握不同情况下领用包装物及低值易耗品摊销的账务处理流程和基本会计核算方法
- ○ 掌握库存商品的入库、销售、清查及期末计价等业务的账务处理流程和基本会计核算方法

能力目标

- ○ 能准确地审核收料单、领料单、出库单和入库单等业务单据
- ○ 能根据原材料、周转材料、库存商品业务准确地编制记账凭证
- ○ 能准确地登记原材料、周转材料和库存商品等明细账和总账

素养目标

- ○ 通过原材料实际成本法和计划成本法相关知识学习，培养具备求真务实、刻苦钻研的品质
- ○ 通过存货清查和减值的账务处理的学习，树立加强对存货风险防控的职业意识
- ○ 树立主人翁意识，积极参与单位存货管理工作，做好存货分类管理，将存货数量保持在合理水平，节约资金成本，提高存货使用效率

【工作任务与学习子情境】

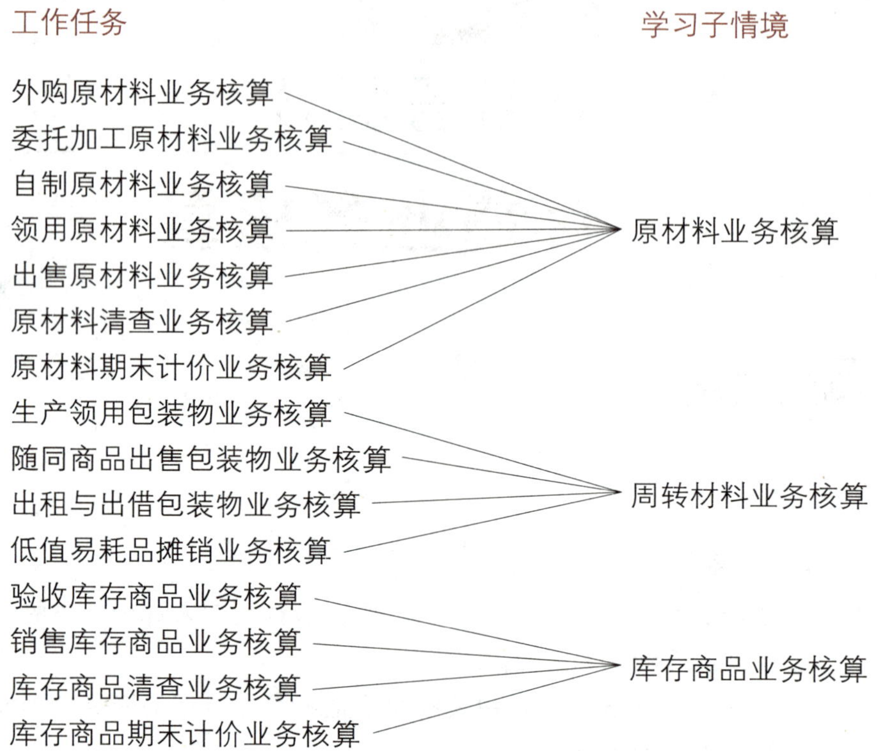

存货是指企业在日常活动中持有以备出售的产成品或商品、处在生产过程中的在产品、在生产过程或提供劳务过程中耗用的材料和物料等。企业的存货通常包括各类原材料、包装物、低值易耗品、委托加工物资、商品、在产品、半成品、产成品，以及委托代销商品等。存货是企业的一项重要流动资产，在企业资产总额中占有很大的比重。存货的正确确认与计量对企业的财务状况、经营成果具有重大影响。

学习子情境3.1 原材料业务核算

【情境引例】

东方股份有限公司（增值税一般纳税人）原材料核算采用实际成本法。2023年9月6日，仓库送来收料单（见表3-1），验收华润有限责任公司发来的甲材料10 000千克。同日，承付华润有限责任公司托收款11 845元，其中货款10 000元，可抵扣增值税 1 300 元；运输费 500 元，可抵扣增值税 45 元。（见表 3-2～表 3-6）。

表3-1

收　料　单

材料账户：原材料　　　　编　　号：1201

材料类别：原料及主要材料　　　　收料仓库：1号仓库

供应单位：华润有限责任公司　　2023 年 9 月 6 日　　发票号码：03359655

材料编号	材料名称	规格	计量单位	数量		实际价格			
				应收	实收	单价	发票金额	运费	合计
001	甲材料		千克	10 000	10 000	1	10 000	500	10 500
备注									

③记账联

采购员：　　检验员：孙　奇　　记账员：王一明　　保管员：王佳一

表3-2

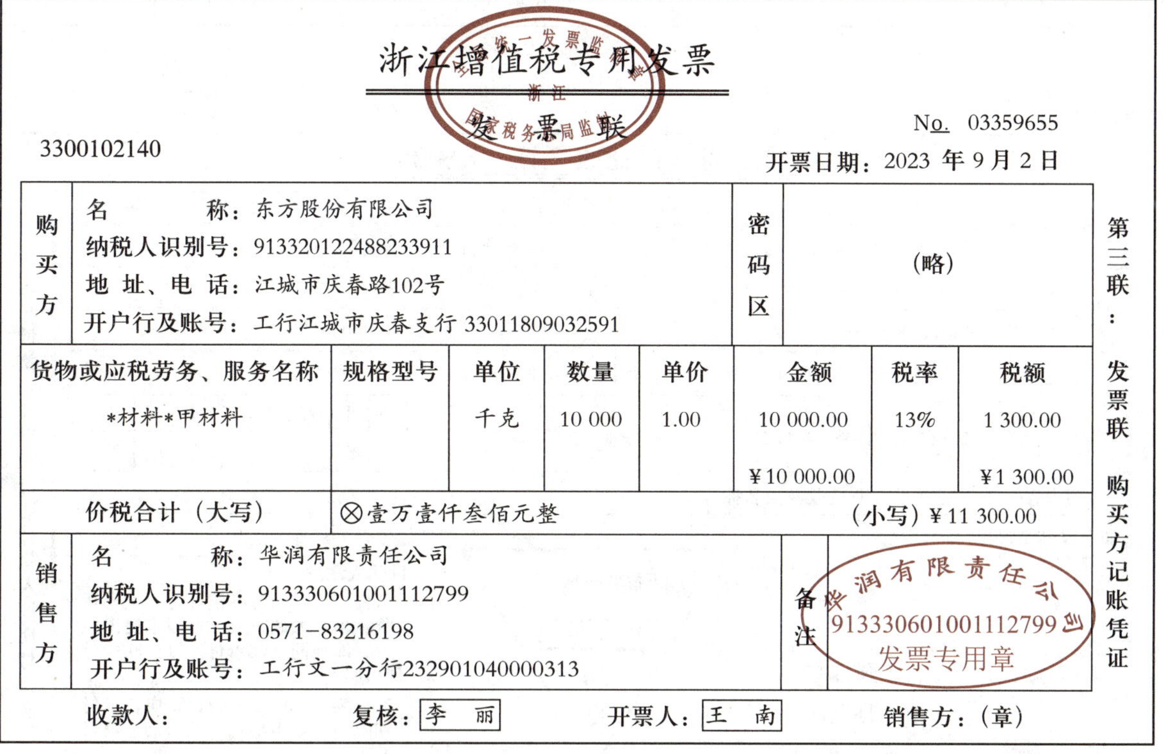

浙江增值税专用发票

发票联

3300102140　　No. 03359655

开票日期：2023 年 9 月 2 日

购买方	名　　称：东方股份有限公司 纳税人识别号：913320122488233911 地 址、电 话：江城市庆春路102号 开户行及账号：工行江城市庆春支行 33011809032591	密码区	（略）

货物或应税劳务、服务名称	规格型号	单位	数量	单价	金额	税率	税额
*材料*甲材料		千克	10 000	1.00	10 000.00	13%	1 300.00
					¥10 000.00		¥1 300.00
价税合计（大写）	⊗壹万壹仟叁佰元整				（小写）¥11 300.00		

销售方	名　　称：华润有限责任公司 纳税人识别号：913330601001112799 地 址、电 话：0571-83216198 开户行及账号：工行文一分行232901040000313	备注	华润有限责任公司 913330601001112799 发票专用章

收款人：　　复核：李　丽　　开票人：王　南　　销售方：（章）

第三联：发票联　购买方记账凭证

表3-3

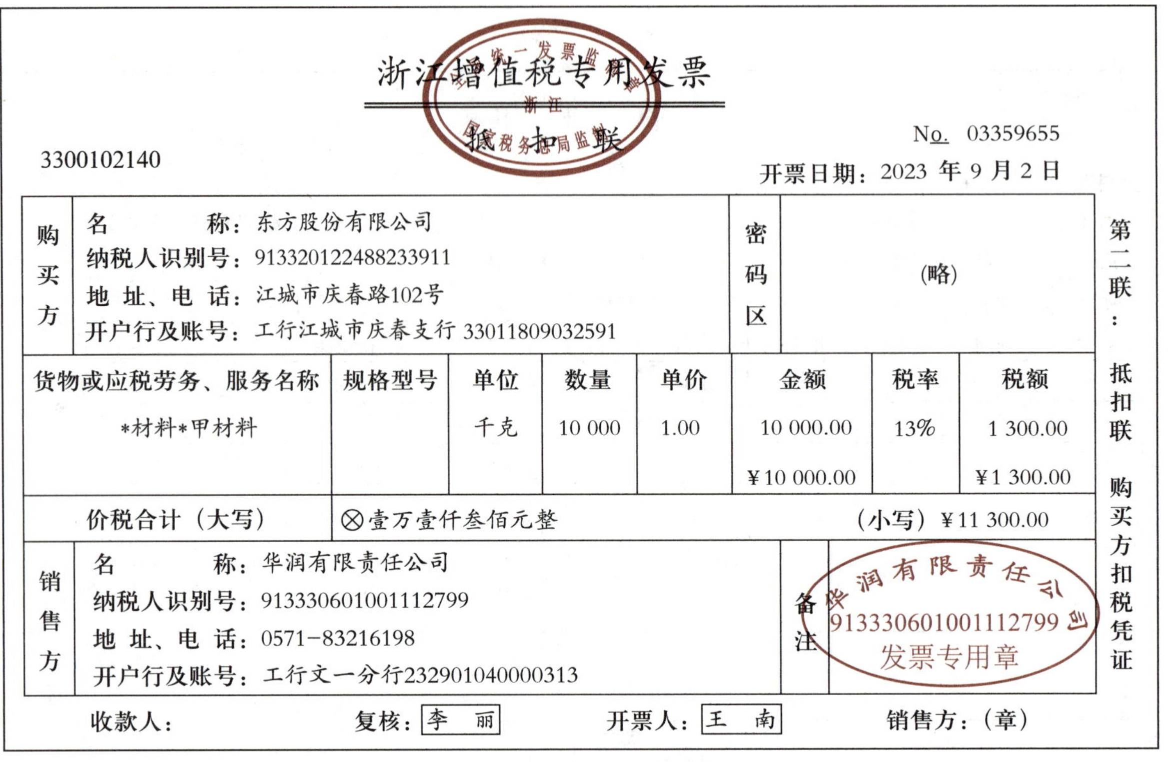

浙江增值税专用发票

抵扣联

3300102140

No. 03359655

开票日期：2023 年 9 月 2 日

购买方	名称：东方股份有限公司 纳税人识别号：913320122488233911 地址、电话：江城市庆春路102号 开户行及账号：工行江城市庆春支行 33011809032591				密码区	(略)	
货物或应税劳务、服务名称	规格型号	单位	数量	单价	金额	税率	税额
*材料*甲材料		千克	10 000	1.00	10 000.00	13%	1 300.00
					¥10 000.00		¥1 300.00
价税合计（大写）	⊗壹万壹仟叁佰元整				（小写）¥11 300.00		
销售方	名称：华润有限责任公司 纳税人识别号：913330601001112799 地址、电话：0571-83216198 开户行及账号：工行文一分行232901040000313				备注	华润有限责任公司 913330601001112799 发票专用章	

收款人： 复核：李丽 开票人：王南 销售方：（章）

第二联：抵扣联 购买方扣税凭证

表3-4

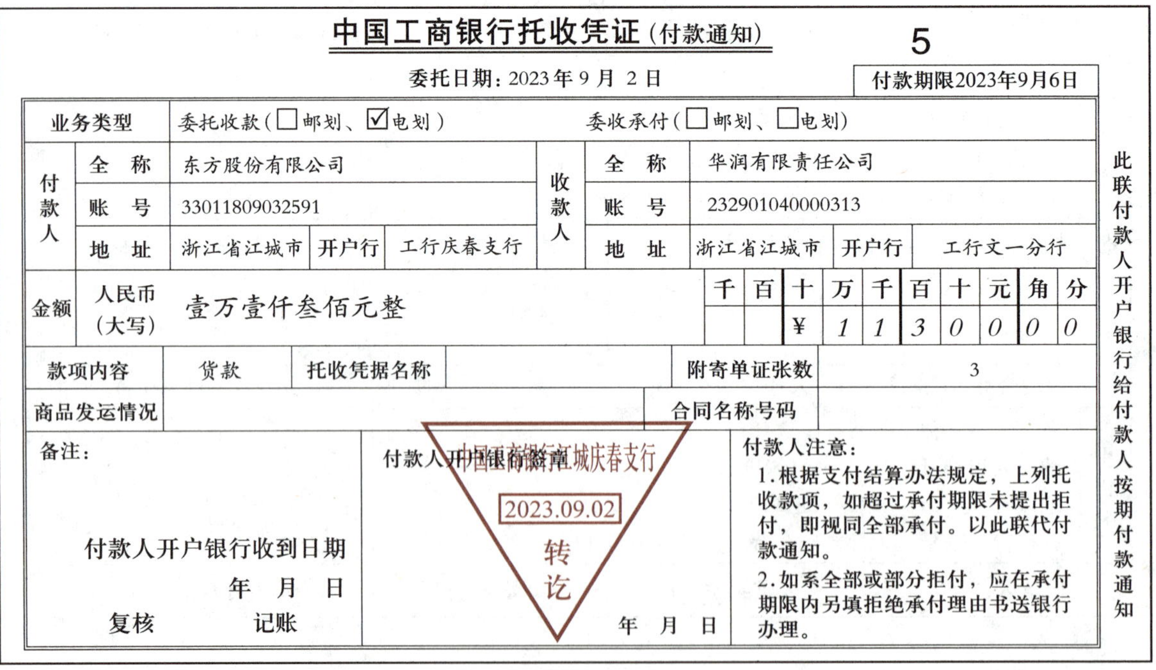

中国工商银行托收凭证（付款通知） 5

委托日期：2023 年 9 月 2 日 付款期限2023年9月6日

业务类型	委托收款（□邮划、☑电划）			委收承付（□邮划、□电划）		
付款人 全称	东方股份有限公司		收款人 全称	华润有限责任公司		
付款人 账号	33011809032591		收款人 账号	232901040000313		
付款人 地址	浙江省江城市	开户行：工行庆春支行	收款人 地址	浙江省江城市	开户行：工行文一分行	
金额	人民币（大写）壹万壹仟叁佰元整			千百十万千百十元角分：¥ 1 1 3 0 0 0 0		
款项内容	货款	托收凭据名称		附寄单证张数	3	
商品发运情况				合同名称号码		

备注：

付款人开户银行收到日期 年 月 日

复核 记账

付款人开户银行签章 中国工商银行江城庆春支行 2023.09.02 转讫 年 月 日

付款人注意：
1.根据支付结算办法规定，上列托收款项，如超过承付期限未提出拒付，即视同全部承付。以此联代付款通知。
2.如系全部或部分拒付，应在承付期限内另填拒绝承付理由书送银行办理。

此联付款人开户银行给付款人按期付款通知

表3-5

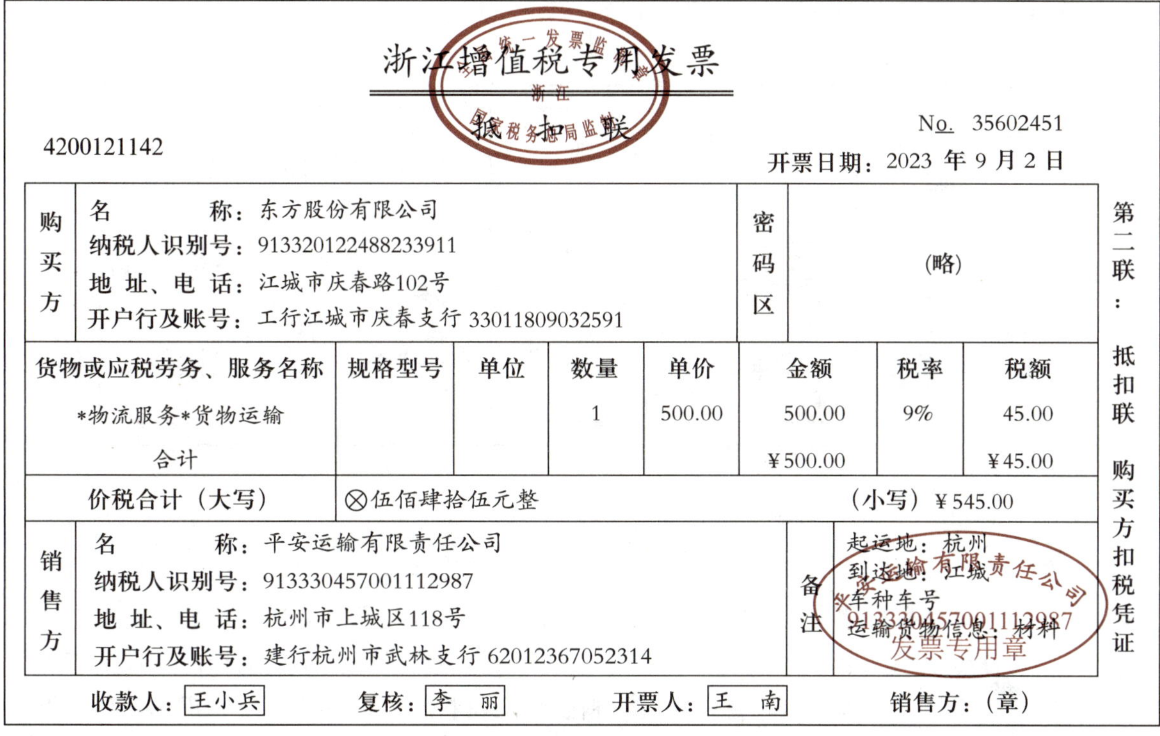

浙江增值税专用发票

抵扣联

4200121142

No. 35602451

开票日期：2023 年 9 月 2 日

购买方	名　　称：东方股份有限公司 纳税人识别号：913320122488233911 地 址、电 话：江城市庆春路102号 开户行及账号：工行江城市庆春支行 33011809032591	密码区	(略)				
货物或应税劳务、服务名称	规格型号	单位	数量	单价	金额	税率	税额
*物流服务*货物运输			1	500.00	500.00	9%	45.00
合计					¥500.00		¥45.00
价税合计（大写）	⊗伍佰肆拾伍元整				（小写）¥545.00		
销售方	名　　称：平安运输有限责任公司 纳税人识别号：913330457001112987 地 址、电 话：杭州市上城区118号 开户行及账号：建行杭州市武林支行 62012367052314	备注	起运地：杭州 到达地：江城 车种车号 运输货物信息：材料				

收款人：王小兵　复核：李 丽　开票人：王 南　销售方：（章）

第二联：抵扣联 购买方扣税凭证

表3-6

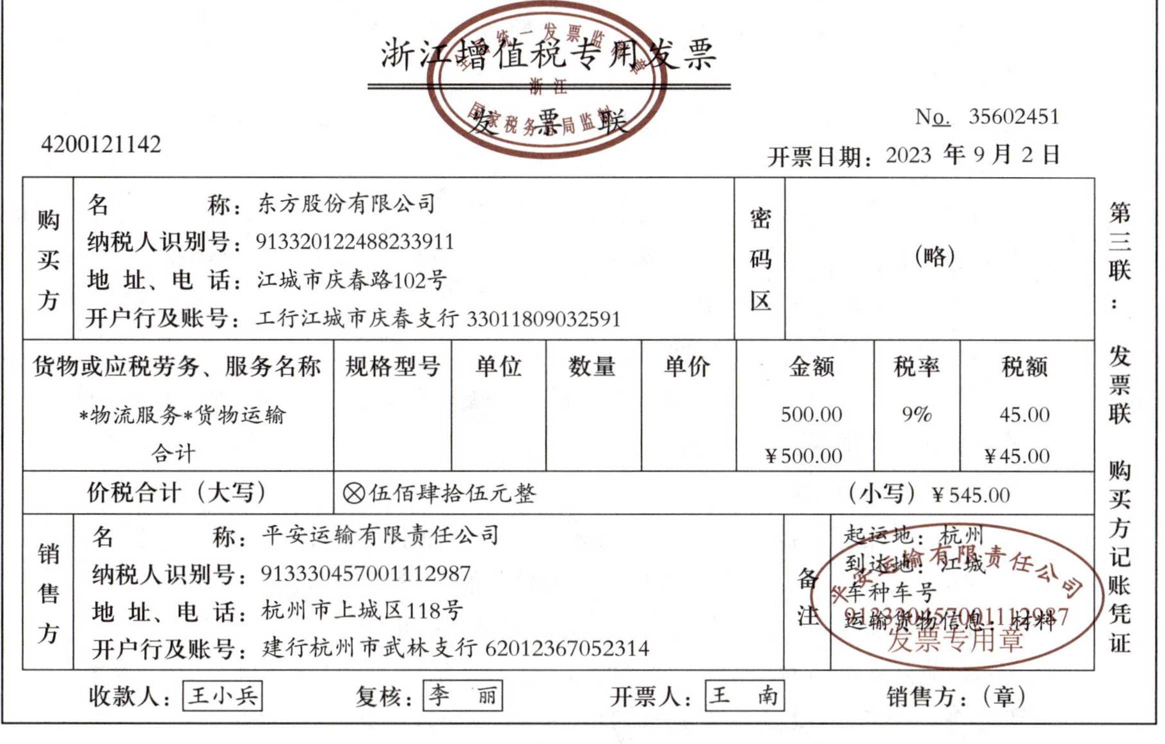

浙江增值税专用发票

发票联

4200121142

No. 35602451

开票日期：2023 年 9 月 2 日

购买方	名　　称：东方股份有限公司 纳税人识别号：913320122488233911 地 址、电 话：江城市庆春路102号 开户行及账号：工行江城市庆春支行 33011809032591	密码区	(略)				
货物或应税劳务、服务名称	规格型号	单位	数量	单价	金额	税率	税额
*物流服务*货物运输					500.00	9%	45.00
合计					¥500.00		¥45.00
价税合计（大写）	⊗伍佰肆拾伍元整				（小写）¥545.00		
销售方	名　　称：平安运输有限责任公司 纳税人识别号：913330457001112987 地 址、电 话：杭州市上城区118号 开户行及账号：建行杭州市武林支行 62012367052314	备注	起运地：杭州 到达地：江城 车种车号 运输货物信息：材料				

收款人：王小兵　复核：李 丽　开票人：王 南　销售方：（章）

第三联：发票联 购买方记账凭证

【工作过程与岗位对照图】

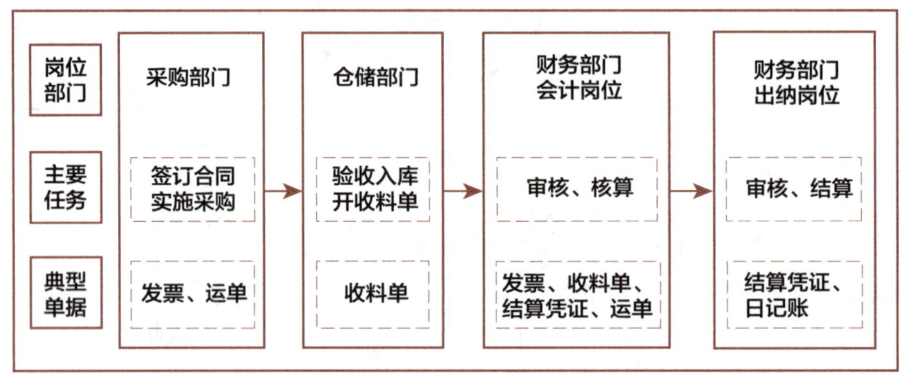

【知识准备】

原材料是指企业在生产过程中经过加工改变其形态或性质并构成产品主要实体的各种原料、主要材料和外购半成品，以及供生产耗用但不构成产品实体的辅助材料。原材料具体包括原料及主要材料、辅助材料、外购半成品、修理用备件、燃料等。原材料日常核算分为按实际成本计价的核算和按计划成本计价的核算。

一、外购原材料业务核算

外购原材料的成本一般包括购买价款、相关税费、运输费、装卸费、保险费，以及其他可直接归属于材料采购的费用。具体包括：

（1）买价，指企业购入的材料或商品的发票账单上列明的价款，但不包括按规定可以抵扣的增值税税额；

（2）运杂费，包括运输费、装卸费、保险费、包装费、仓储费等，不包括增值税专用发票上可抵扣的增值税税额；

（3）运输途中的合理损耗；

（4）入库前的挑选整理费用；

（5）其他税金，是指关税、消费税、资源税和不能从增值税销项税额中抵扣的增值税进项税额等。

（一）采用实际成本核算

企业采用实际成本计价是指每种存货的日常收、发、存核算均按实际成本计价。其特点是从收、发凭证到明细分类核算和总分类核算，全部按实际成本计价。它适用于规模较小、存货品种较少、采购业务不多的企业。

企业外购材料时，由于采购地点、交接货方式和结算方式的不同，使材料入库和货款支付在时间上不一定完全同步，因此，会计核算也各不相同。

1. 料已到，款已付

“料已到，款已付”指发票账单的到达、付款与材料验收入库发生在同一日的购进业务。企业在支付货款、材料验收入库后，应根据结算凭证、发票账单和收料单等确定的材料成本，借记“原材料”账户，根据取得的增值税专用发票上注明的可抵扣增值税进项税额及运费中可以抵扣的进项税额，借记“应交税费——应交增值税（进项税额）”账户，按照实际支付的款项，贷记“银行存款”等账户。

2. 料未到，款已付

“料未到，款已付”是指先付款或开出并承兑的商业汇票，材料以后到达或验收入库的业务。企业应根据结算凭证、发票账单等，按购进材料的实际成本借记“在途物资”账户，按可以抵扣的增值税进项税额，借记“应交税费——应交增值税（进项税额）”账户，按实际支付的或应支付的货款贷记“银行存款”“其他货币资金”或“应付票据”等账户；待材料到达验收入库后，再根据收料单，借记“原材料”账户，贷记“在途物资”账户。

3. 料已到，款未付

“料已到，款未付”是指材料先到达并已验收入库，发票账单等结算凭证以后到达付款的采购业务。平时到货入库时，可暂不做账务处理，等到发票账单到达付款后，再视同“料已到，款已付”方式进行账务处理。如果已入库材料月末仍未收到发票账单，则应按材料的暂估价值，借记“原材料”账户，贷记“应付账款”账户，以便正确反映存货及负债情况。下月月初用红字作同样的记账凭证（或相反的记账凭证）冲回，等到实际付款时再作料已到款已付处理。

（二）采用计划成本核算

企业按计划成本计价是指每种存货的日常收、发、存核算都按预先确定的计划成本计价。其特点是预先确定每种存货的计划成本，平时所有收发凭证、总账和明细分类账按存货的计划成本计价，存货的实际成本与计划成本的差异，通过“材料成本差异”账户进行核算。月度终了，通过分配材料成本差异，将发出存货的计划成本调整为实际成本。计划成本计价法通常适用于存货品种较多、收发业务频繁的企业。

在计划成本计价法下，企业购入原材料，必须通过“材料采购”账户，以确定材料成本差异。

1. 料已到，款已付与料未到，款已付业务

“料已到，款已付”与“料未到，款已付”业务与实际成本计价相同，但在核算方法上存在差别。企业在支付货款或签发商业汇票时，应根据有关发票账单等，按原材料的实际采购成本借记“材料采购”账户，按所列的增值税额，借记“应交税费——应交增值税（进项税额）”账户，按两者合计金额，贷记“银行存款”“应付票据”或“其他货币资金”等账户。原材料验收入库时，按计划成本借记“原材

料”账户，贷记“材料采购”账户。月末结转材料成本差异时，对超支差异借记“材料成本差异”账户，贷记“材料采购”账户；对节约差异借记“材料采购”账户，贷记“材料成本差异”账户。

2. 料已到，款未付业务

“料已到，款未付”业务的处理与实际成本法相类似，即业务发生后，月内暂不进行账务处理，等到发票账单到达后，再按“料已到，款已付”处理；若月末仍未收到发票账单，则应按原材料的计划成本暂估入账，借记“原材料”账户，贷记“应付账款”账户。下月月初，用红字（或相反）的会计分录将暂估价冲销，待发票账单到达付款时再作账务处理。

二、委托加工原材料业务核算

企业购入的原材料需要进行再加工或改制，有时因受本企业工艺设备条件的限制或从经济合理性出发，也可委托外单位进行加工。

（一）发出委托加工材料核算

企业发给外单位加工物资时，应按物资的实际成本借记“委托加工物资”账户，贷记“原材料”账户（也可在月末汇总后一次性处理）。

（二）支付加工费用、运杂费和相关税金核算

作为一般纳税人的企业，在支付加工费和往返运杂费时，应借记“委托加工物资”和“应交税费——应交增值税（进项税额）”账户，贷记“银行存款”等账户。如果加工物资属于非增值税应税项目，或者属于免缴增值税项目，或者不能取得增值税发票，或者是小规模纳税人企业，在支付加工费及增值税时，则应将相关的增值税计入加工物资成本。

若该委托加工物资需要缴纳消费税，应由受托方在向委托方交货时代收代缴消费税。委托方对支付的消费税，应区别不同情况处理：如果委托加工的应税消费品收回后直接用于销售的，将支付的消费税计入应税消费品的成本，借记“委托加工物资”账户，贷记“银行存款”等账户；如果委托加工的应税消费品收回后用于继续加工应税消费品的，支付的消费税税款可以抵扣销售环节应缴纳的消费税，借记“应交税费——应交消费税”账户，贷记“银行存款”等账户。

（三）加工完成回收加工物资核算

企业收回的委托加工物资实际成本包括拨付加工的原材料成本、支付的加工费、加工物资的往返运杂费、应负担的相关税金和合理损耗等。加工收回并验收入库的物资及剩余材料，应按加工收回物资及剩余材料的实际成本，借记“原材料”等账户，贷记“委托加工物资”账户。

三、自制原材料业务核算

自制的原材料主要是指企业经过一定生产过程加工并已检验合格交付仓库的各种材料。自制的原材料验收入库，借记“原材料”账户，贷记“生产成本——基本

生产成本”账户。

四、领用原材料业务核算

（一）采用实际成本核算

企业每次购进材料时，由于进货地点、批量、单价、运输工具的不同，使购进同一材料的实际成本也往往不同。因此，在每次发出材料时，需要确定按哪一批材料的实际成本计价。在实际成本计价法下，企业可根据不同情况，合理选择个别计价法、先进先出法、加权平均法等方法进行材料发出的计价。材料发出的计价方法一经确定，不得随意变更。

1. 个别计价法

个别计价法又称个别认定法。采用这一方法是假设材料具体项目的实物流转与成本流转相一致，按照各种材料逐一辨认各批发出材料和期末材料所属的购进批别或生产批别，分别按其购入或生产时所确定的单位成本计算各批发出材料和期末材料成本的方法。采用这种方法，对发出材料的成本和期末结存材料的成本计算准确，符合实际情况，但采用这种方法实务操作的工作量繁重、困难较大。

个别认定法一般适用于那些容易识别、材料品种数量少、单位成本较高、同类产品但存在较大差异的材料计价。

2. 先进先出法

先进先出法是假定先购进的材料先发出或先收到的材料先耗用，并根据这种假定的成本流程对发出材料和期末结存材料进行计价的方法。具体做法是收入材料时，逐笔登记收入材料的数量、单价和金额；发出材料时，按照先进先出的原则逐笔登记材料的发出成本和结存金额。这种计价方法的特点是使材料的账面结存成本接近于近期市场价格。

先进先出法可以随时结转材料的发出成本，有利于加强材料的管理。但先进先出法比较繁琐，如果材料收发业务较多，单价不稳定，则工作量较大。在物价持续上涨时，它会使期末材料成本接近于市价，而使发出材料成本较低，导致利润偏高。

3. 加权平均法

在企业实务中，加权平均法包括月末一次加权平均法和移动加权平均法两种。

（1）月末一次加权平均法。月末一次加权平均法是指以本月全部进货数量加上月初材料数量作为权数，去除本月全部进货成本加上月初材料成本，计算出材料的加权平均单位成本，以此为基础计算本月发出材料的成本和期末结存材料成本的一种方法。计算公式为：

$$\text{材料加权平均单价}=\frac{\text{期初库存材料实际成本}+\text{本期收入材料实际成本}}{\text{期初库存材料的数量}+\text{本期收入材料的数量}} \quad (3.1)$$

$$本月月末库存材料成本 = 月末库存材料的数量 \times 材料加权平均单价 \tag{3.2}$$

$$\begin{aligned}本月发出材料的成本 &= 本月发出材料的数量 \times 材料加权平均单价 \\ &= 期初库存材料的成本 + 本期收入材料的成本 - 月末库存材料的成本\end{aligned} \tag{3.3}$$

（2）移动加权平均法。移动加权平均法是指在每次收入材料后，以每次收入材料前的结存数量和该次收入材料数量为权数，计算移动加权平均单位成本，作为在下次进货前计算各次发出材料成本依据的一种方法。计算公式为：

$$材料移动加权平均单价 = \frac{本次进货前库存材料成本 + 本次收入材料实际成本}{本次进货前库存材料的数量 + 本次收入材料的数量} \tag{3.4}$$

$$本次发出材料成本 = 本次发出材料的数量 \times 本次发出材料前材料的移动加权平均单价 \tag{3.5}$$

$$本月月末库存材料成本 = 月末库存材料的数量 \times 本月月末材料移动加权平均单价 \tag{3.6}$$

企业领用原材料的业务比较频繁、次数多、数量大，为了简化核算，可以在月末根据“领料单”或“限额领料单”中有关领料的单位、部门等加以归类，编制“发料凭证汇总表”，据以编制记账凭证，登记入账。各企业可选用上述方法之一计算发出材料的实际成本，同时应根据材料发出的原因和不同用途进行会计处理。直接用于产品生产和辅助生产的材料，记入“生产成本”账户；车间管理部门一般耗用的材料，记入“制造费用”账户；企业行政管理部门领用的材料，记入“管理费用”账户；专设销售机构耗用的材料，记入“销售费用”账户等。

（二）采用计划成本核算

原材料按计划成本计价，在处理发出业务时并不存在计算确定发出材料单位成本的问题，只需按事先制定的计划单位成本，乘以发出材料数量，计算出发出材料的计划成本。但在月末须将发出材料的计划成本调整为实际成本，将材料成本差异额在发出材料和结存材料之间进行分配。有关计算公式如下：

$$发出材料的实际成本 = 发出材料的计划成本 + 发出材料应分摊的材料成本差异 \tag{3.7}$$

$$发出材料应分摊的材料成本差异 = 发出材料的计划成本 \times 材料成本差异率 \tag{3.8}$$

式中：材料成本差异率是材料成本差异额与计划成本的比率，一般应按材料类别分别计算；对于生产用量大的材料，也可按材料品种计算。计算公式为：

$$本月材料成本差异率 = \frac{月初结存材料成本差异 + 本月收入材料成本差异}{月初结存材料计划成本 + 本月收入材料计划成本} \times 100\% \tag{3.9}$$

本公式计算时，超支差异用“+”表示，节约差异用“−”表示。

在计划成本计价法下，发出原材料均按计划成本计价，并按材料用途记入各成本费用账户（会计处理与实际成本法相似）。然后根据计算的本月发出材料应负担的成本差异，将发出材料的计划成本调整为实际成本。发出材料应负担的超支差异应借记“生产成本”“制造费用”“管理费用”“销售费用”等账户，贷记“材料成本差异”账户；发出材料应负担的节约差异分录相反。

【案例分析】

王小军是刚毕业的会计专业学生，受聘到丰源有限责任公司担任材料核算会计。该公司现有材料257种，原来采用实际成本计价，由于公司以往会计核算不规范，在发出材料时是按估计成本转作生产成本，导致材料的实际成本与账面成本出现较大差异。为此，王小军想将材料改用计划成本计价。

分析思考：原材料采用计划成本计价有什么优点？王小军应如何操作？

五、出售原材料业务核算

原材料是企业为进行产品生产而购进的，当企业因处置多余材料等原因出售原材料时，作其他业务处理。出售原材料时，按实际收到的款项，借记“银行存款”账户，按原材料出售收入，贷记“其他业务收入”账户，按增值税发票所列的增值税税额，贷记“应交税费——应交增值税（销项税额）”账户。月末根据领料单编制的发料凭证汇总表，结转成本，借记“其他业务成本”账户，贷记“原材料”账户。

六、原材料清查业务核算

原材料清查是指通过对原材料的实地盘点，确定原材料的实有数量，并与账面资料相核对，从而确定原材料实存数与账存数是否相符的一种专门方法。由于原材料品种很多、收发频繁，在日常收发、计量、计算上可能出现差错，还可能发生损坏变质以及盗窃等情况，造成盘盈、盘亏或毁损等账实不符的情况。为了保证各项原材料登记的准确性，保护各项原材料的安全完整，企业应定期或不定期对原材料进行清查。

原材料清查采用实地盘点法。原材料清查按照清查的对象和范围不同，分为全面清查和局部清查；按清查的时间不同，分为定期清查与不定期清查。

（一）原材料盘盈的核算

由于原材料盘盈没有账面记录，所以如果产生了盘盈，应在账簿上予以补记，按原材料的计划成本或估计价值，借记“原材料”账户，贷记“待处理财产损溢——待处理流动资产损溢”账户；原材料盘盈一般是由于收发计量或核算上的差错所造成的，应冲减管理费用。在按管理权限报经批准后，借记“待处理财产损溢——待处理流动资产损溢”账户，贷记“管理费用”账户。

（二）原材料盘亏及毁损的核算

原材料的盘亏和毁损，先按其账面成本，借记“待处理财产损溢——待处理流动资产损溢”账户，贷记“原材料”账户，再按管理权限报经批准后，按发生的原因和相应的处理决定，分别进行转销。具体处理方法见表 3-7。

表3-7

原因	账务处理原则
定额内损耗	批准后记入“管理费用”账户
由责任人或保险公司赔偿的部分	记入“其他应收款”账户
属于计量收发差错和管理不善造成的	先扣除残料价值、可收回保险赔偿和过失人的赔偿后，将净损失记入“管理费用”账户
属于自然灾害或意外事故造成的	先扣除残料价值、可收回保险赔偿后，将净损失记入“营业外支出”账户

七、原材料期末计价业务核算

《企业会计准则第 1 号——存货》规定，期末存货计价应当按成本与可变现净值孰低原则计价。成本与可变现净值孰低计价，是指期末存货按照实际成本与可变现净值之中的较低者计价的方法。存货可变现净值是指在正常生产经营过程中，存货的估计售价减去至完工时估计将要发生的成本及销售所必须支付的预计税金及费用后的价值。存货实际成本高于其可变现净值的，应当计提存货跌价准备，计入当期损益。

（一）可变现净值的确定

企业应当定期或者至少于每年年末，对存货进行全面清查，在取得存货遭受毁损、全部或部分存货过时、销售价格低于成本等对存货可变现净值有直接影响的确凿证据时，可计算确定存货的可变现净值。对不同原材料的可变现净值，应采取不同的方式确定：

（1）用于出售的材料等直接用于出售的商品存货，其可变现净值等于存货的估计售价减去估计的销售费用及相关税金。

（2）需要经过加工的材料存货，用其生产的产成品的可变现净值高于成本的，该材料仍然应当按照成本计量；材料价格的下降表明产成品的可变现净值低于成本的，该材料应当按照可变现净值计量。可变现净值等于产成品的估计售价减去至完工估计将要发生的成本，再减去估计的销售费用及相关税金。

（二）比较成本与可变现净值孰低

企业可将原材料中每一项原材料的成本与可变现净值进行比较，均取较低者确定每项原材料的期末价值。对于数量多、单价较低的原材料，可按照原材料类别或原材料总额进行成本与可变现净值比较。

若原材料成本小于可变现净值，则本期不存在存货跌价损失；若原材料成本大于可变现净值，则本期的存货跌价损失为成本与可变现净值之间的差额。

（三）计算本期应计提或冲销存货跌价准备

在连续计提存货跌价准备的情况下，每期应计提的存货跌价准备按下列公式计算：

$$\text{本期应计提的存货跌价准备} = \text{本期计算的存货跌价损失} - \text{“存货跌价准备”账户贷方余额} \quad (3.10)$$

若计算结果为正数，则本期应计提存货跌价准备；若计算结果为负数，则本期应冲销存货跌价准备。

（四）计提或冲销存货跌价准备的会计处理

根据本期应计提的存货跌价准备金额，借记“资产减值损失”账户，贷记“存货跌价准备”账户。若计算的结果为冲销数，则根据本期应冲销的存货跌价准备金额，借记“存货跌价准备”账户，贷记“资产减值损失”账户。

【课堂活动】

1. 按照自由组合方式将班级学生分成若干小组（5~6 人为一组），不同的小组分别扮演采购人员、仓库管理人员、生产部门人员、会计人员和出纳人员等工作岗位角色。
2. 各小组讨论，模拟企业采购材料业务的操作流程，模拟企业领用材料业务的操作流程，并分析如何履行本工作岗位的职责。
3. 每个小组推荐一名代表汇报本组任务完成情况，并说明解决相关问题的思路和方法，其他小组同学对其汇报进行评分。
4. 角色互换，完成上述任务。
5. 每个小组将汇报情况形成文字资料，并上交授课教师评阅。

【职业判断与业务操作】

根据本情境引例，业务处理如下。

（1）设置账户。具体如下：

设置“原材料”账户。该账户用于核算企业库存的各种原料及主要材料、辅助材料、外购半成品（外购件）、修理用备件（备品备件）、包装材料、燃料等的实际成本。该账户的借方登记企业验收入库原材料的实际成本；贷方登记领用发出材料的实际成本；余额在借方，表示期末库存原材料的实际成本。若企业采用计划成本计价，借方登记验收入库的材料的计划成本，贷方登记发出材料的计划成本，月末借方余额反映库存材料的计划成本。

设置“在途物资”账户。该账户用于核算企业已经支付货款但尚未运抵验收入库的材料或商品的实际成本。该账户的借方登记企业购入在途物资的实际成本，贷方登记在途物资运抵并验收入库的实际成本，期末借方余额表示企业购入尚未运抵的材料或商品的实际成本。

若企业按计划成本计价，则需设置“材料采购”“材料成本差异”账户。

设置“材料采购”账户。该账户用于反映企业购入各种原材料的采购成本。该账户的借方登记外购材料的实际成本，贷方登记验收入库材料的计划成本。月末将实际成本大于计划成本的超支差异（借方余额），结转到“材料成本差异”账户的借方，将实际成本小于计划成本的节约差异（贷方余额）结转到“材料成本差异”账户的贷方，月末余额在借方，表示已取得但尚未运达企业或尚未验收入库的在途材料的实际采购成本。

设置“材料成本差异”账户。“材料成本差异”账户用来核算企业各种原材料的实际成本与计划成本之间的差异。该账户的借方登记材料采购业务中发生的超支差异及分配发出材料应负担的节约差异；贷方登记节约差异及已分配发出材料应负担的超支差异；期末余额表示各类材料实际成本与计划成本的差异，借方余额表示超支净差异，贷方余额表示节约净差异。

（2）计算外购原材料的成本。

外购甲材料的成本 = 10 000 + 500 = 10 500（元）

可抵扣的增值税进项税额 = 1 300 + 500 × 9% = 1 345（元）

（3）记录经济业务。企业会计人员根据审核无误的收料单、增值税专用发票（发票联）、银行结算凭证编制记账凭证，“原材料”账户增加记借方，“应交税费——应交增值税（进项税额）”账户增加记借方，“银行存款”账户减少记贷方。会计分录如下：

借：原材料　　10 500
　　应交税费——应交增值税（进项税额）　　1 345
　　贷：银行存款　　11 845

【典型任务举例】

任务 3-1　2023 年 4 月 2 日，东方股份有限公司向华润有限责任公司购买甲材料 10 000 千克，每千克 1 元，增值税税率 13%，签发一张转账支票（见表 3-8）支付货款。材料尚未运到。

表3-8

中国工商银行 转账支票存根（浙）
$\frac{BG}{02}$ 06391242
附加信息
出票日期　2023 年 4 月 2 日
收款人：华润有限责任公司
金　额：¥11 300.00
用　途：支付材料款
单位主管：张宏　会计：汪小丽

任务分析：该业务属于实际成本法下的"料未到，款已付"情况，所以结算凭证到达即付款时，"在途物资"账户增加记借方，"应交税费——应交增值税（进项税额）"账户增加记借方，"银行存款"账户减少记贷方。

借：在途物资　　10 000

　　应交税费——应交增值税（进项税额）　　1 300

　　贷：银行存款　　11 300

材料验收入库时，根据收料单，借记"原材料"账户，贷记"在途物资"账户。

借：原材料　　10 000

　　贷：在途物资　　10 000

任务 3-2　2023 年 4 月 28 日，东方股份有限公司向华润有限责任公司购买甲材料 10 000 千克，每千克 1 元，增值税税率 13%。原材料于当日已验收入库，但到 4 月 30 日发票仍未到，款未付。

任务分析：该业务属于实际成本法下的"料已到，款未付"情况，此时已验收入库的材料可暂时不用做任何账务处理。到 4 月 30 日发票仍未到，则 4 月 30 日应暂估入账，5 月 1 日红字冲回，待发票账单到达并付款时视同"料已到，款已付"情况做账务处理。会计分录为：

4 月 28 日，暂不做账务处理。

4 月 30 日，暂估入账：

借：原材料　　10 000

　　贷：应付账款——暂估入账　　10 000

5 月 1 日，红字冲回：

借：原材料　　　　　　　　　　　　　　　　　　10 000

　　贷：应付账款——暂估入账　　　　　　　　　　　10 000

任务 3-3　假设东方股份有限公司原材料核算采用计划成本法，4 月 6 日，仓库送来收料单，验收华润有限责任公司发来的甲材料 10 000 千克，同日，承付华润有限责任公司托收款 11 300 元，其中货款 10 000 元，材料计划价格是 0.90 元 / 千克。

任务分析：该业务的原材料是按计划成本核算的，款已付时，根据增值税专用发票和结算凭证，会计分录为：

借：材料采购　　　　　　　　　　　　　　　　　10 000

　　应交税费——应交增值税（进项税额）　　　　　1 300

　　贷：银行存款　　　　　　　　　　　　　　　　11 300

根据收料单，按计划成本记入“原材料”账户的借方。会计分录为：

借：原材料　　　　　　　　　　　　　　　　　　9 000

　　贷：材料采购　　　　　　　　　　　　　　　　9 000

同时或在月末时，按实际成本与计划成本之间的超支差异结转到“材料成本差异”账户借方，会计分录为：

借：材料成本差异　　　　　　　　　　　　　　　1 000

　　贷：材料采购　　　　　　　　　　　　　　　　1 000

任务 3-4　2023 年 4 月 8 日，东方股份有限公司委托南方有限责任公司加工轴承一批。发出丙材料成本为 40 000 元，应支付的加工费为 10 000 元，增值税 1 300 元。4 月 15 日，收到增值税专用发票，以转账支票付款，并于当日收回轴承。相关原始凭证见表 3-9、表 3-10。

表3-9

领　料　单

字第 2701 号

领料单位：南方有限责任公司　　　　用途：委托加工　　　　2023年 4 月 8 日

品名	规格型号	单位	数量		单价	金额
			请领	实领		
丙材料		千克	10 000	10 000	4	40 000
备注	委托南方有限责任公司加工					

领料部门负责人 李小平　　领料人 张美华　　会计　　发料人 李大海

表3-10

委托加工收料单

材料账户：轴承　　　　　　　　　　　　　　　　　　　编号：014
材料类别：原材料及主要材料　　　　　　　　　　　　　收料仓库：1号仓库
加工单位：南方有限责任公司　　2023 年 4 月 15 日　　发票号码：003321

材料编号	材料名称	规格	计量单位	数量		实际成本			
				应收	实收	材料成本	加工费	运　费	合计
003	轴承		个	1 000	1 000	40 000	10 000		50 000
备注	轴承加工完毕，验收入库								

采购员　　　　检验员 赵安康　　　　记账员　　　　保管员 王　明

任务分析：企业发给外单位加工物资时，会计人员根据领料单按物资的实际成本借记“委托加工物资”账户，贷记“原材料”账户（也可在月末汇总后一次性处理）。

借：委托加工物资　　　　　　　　　　　　40 000
　　贷：原材料——丙材料　　　　　　　　　　40 000

出纳人员根据审核批准的加工费增值税专用发票开出转账支票付款。会计人员根据增值税专用发票、转账支票存根，编制如下会计分录：

借：委托加工物资　　　　　　　　　　　　10 000
　　应交税费——应交增值税（进项税额）　　1 300
　　贷：银行存款　　　　　　　　　　　　　　11 300

加工收回并验收入库的物资及剩余的材料，应按加工收回物资及剩余材料的实际成本，借记“原材料”等账户，贷记“委托加工物资”账户。

该委托加工物资的成本 = 40 000 + 10 000 = 50 000（元）

仓库部门根据验收入库的材料填制委托加工收料单，将其中一联传递给会计部门，会计人员编制如下会计分录：

借：原材料　　　　　　　　　　　　　　　50 000
　　贷：委托加工物资　　　　　　　　　　　　50 000

任务 3-5　2023 年 4 月 16 日，由东方股份有限公司自制的原材料丁材料验收入库。成本 3 000 元。

任务分析：自制的原材料验收入库，“原材料”账户增加记借方，“生产成本——基本生产成本”账户记贷方。

借：原材料——丁材料　　　　　　　　　　　　　　　3 000

　　贷：生产成本——基本生产成本（丁材料）　　　　　　　3 000

任务 3-6 东方股份有限公司的丙材料按实际成本核算，2023 年 12 月丙材料购入、领用、结存资料如表 3-11 所示。请分别采用先进先出法、全月一次加权平均法、移动加权平均法计算发出材料和结存材料成本。

表3-11

最高储量：

最低储量：

原材料　明细账

本账页数	
本户页数	

编号：_____ 规格：_____　　　　单位 千克　名称 丙材料

2023年		凭证		摘要	借方			贷方			结存		
月	日	种类	号数		数量	单价	百十万千百十元角分	数量	单价	百十万千百十元角分	数量	单价	百十万千百十元角分
12	1			承前页							300	20	600000
	2	（略）		购入	2 000	21	4200000				2300		
	10	（略）		领用				500			1800		
	15	（略）		购入	1 000	22	2200000				2800		
	21	（略）		领用				2 000			800		
	28	（略）		购入	1 000	21	2100000				1800		
	31			本月合计	4 000		8500000	2 500			1800		

任务分析：

（1）以先进先出法计算。

12 月 10 日发出丙材料的实际成本 = 20 × 300 + 21 × 200 = 10 200（元）

12 月 21 日发出丙材料的实际成本 = 21 × 1 800 + 22 × 200 = 42 200（元）

12 月发出丙材料的实际成本 = 10 200 + 42 200 = 52 400（元）

12 月末结存丙材料的实际成本 = 6 000 + 85 000 − 52 400 = 38 600（元）

（2）以全月一次加权平均法计算。

12 月丙材料的加权平均单价 $=\dfrac{6\ 000+85\ 000}{300+4\ 000}=21.16$（元 / 千克）

月末库存丙材料成本 = 21.16 × 1 800 = 38 088（元）

本月发出丙材料成本 = 6 000 + 85 000 − 38 088 = 52 912（元）

（3）以移动加权平均法计算。

第一批收入丙材料后的加权平均单价 $=\dfrac{6\ 000+42\ 000}{2\ 000+300}=20.87$（元 / 千克）

第一批发出丙材料的实际成本 = 20.87 × 500 =10 435（元）

$$\begin{array}{l}\text{第一批丙材料发出后}\\\text{结存丙材料的实际成本}\end{array}=6\ 000+42\ 000-10\ 435=37\ 565\text{（元）}$$

$$\text{第二批收入丙材料后的加权平均单价}=\frac{37\ 565+22\ 000}{1\ 800+1\ 000}=21.27\text{（元/千克）}$$

$$\text{第二批发出丙材料的实际成本}=21.27\times 2\ 000=42\ 540\text{（元）}$$

$$\begin{array}{l}\text{第二批丙材料发出后}\\\text{结存丙材料的实际成本}\end{array}=37\ 565+22\ 000-42\ 540=17\ 025\text{（元）}$$

$$\text{第三批收入丙材料后的加权平均单价}=\frac{17\ 025+21\ 000}{800+1\ 000}=21.125\text{（元/千克）}$$

$$\text{本月发出丙材料实际成本}=10\ 435+42\ 540=52\ 975\text{（元）}$$

$$\text{丙材料月末结存的实际成本}=6\ 000+85\ 000-52\ 975=38\ 025\text{（元）}$$

任务 3-7 2023 年 4 月 30 日，东方股份有限公司采用计划成本法核算原材料，本月甲材料期初余额的计划成本为 35 000 元，材料成本差异为贷方余额 800 元，本月购进甲材料的实际成本为 63 800 元，计划成本为 65 000 元，本月发出甲材料的计划成本为 80 000 元，结转当月领用原材料的成本。

任务分析：先计算材料成本差异率，确定发出材料应负担的材料成本差异，根据计算结果填制发料凭证汇总表，再根据不同部门领用原材料，按计划成本借记成本费用类账户，贷记“原材料”账户。再将材料成本差异进行调整，使计划成本调整为实际成本，据以编制记账凭证。具体业务流程如下：

（1）计算材料成本差异率。会计人员依据材料采购明细账和相关账户提供的资料计算材料成本差异率，见表 3-12。

表3-12 材料成本差异计算表

2023 年 4 月 30 日 金额单位：元

类别	月初结存		本月收入		合计			成本差异率
	计划成本	实际成本	计划成本	实际成本	计划成本合计	实际成本合计	成本差异	
甲材料	35 000	34 200	65 000	63 800	100 000	98 000	−2 000	−2%

$$\text{材料成本差异率}=\frac{-800-1\ 200}{35\ 000+65\ 000}\times 100\%=-2\%$$

$$\text{发出材料应分摊的成本差异}=80\ 000\times(-2\%)=-1\ 600\text{（元）}$$

（2）填制发料凭证汇总表。会计人员根据领料单及计算的结果填制发料凭证汇总表，见表 3-13。

表3-13 发料凭证汇总表

2023 年 4 月 金额单位：元

账户	领用部门及用途	甲材料		
		计划成本	差异率	差异额
生产成本——基本生产成本	A 产品	50 000		−1 000
	B 产品	20 000		−400
	小计	70 000		−1 400
制造费用	一车间	6 000		−120
管理费用		4 000		−80
合计		80 000	−2%	−1 600

主管： 会计： 复核：张建军 记账： 制单：王华

（3）会计人员根据发料凭证汇总表记录经济业务。成本费用类账户增加记借方，“原材料”账户减少记贷方。

借：生产成本——基本生产成本（A 产品） 50 000
　　　　　——基本生产成本（B 产品） 20 000
　　制造费用——一车间 6 000
　　管理费用 4 000
　　贷：原材料——甲材料 80 000

（4）对材料成本差异进行调整，记录经济业务。发出材料节约差异记“材料成本差异”账户借方，调减成本费用类账户记贷方。

借：材料成本差异——甲材料 1 600
　　贷：生产成本——基本生产成本（A 产品） 1 000
　　　　　　　——基本生产成本（B 产品） 400
　　　　制造费用——一车间 120
　　　　管理费用 80

任务 3-8 2023 年 4 月 30 日，东方股份有限公司出售多余原材料乙材料 20 千克，不含税售价 700 元，增值税税率 13%，成本 600 元，以现金收讫。

任务分析：

（1）出售原材料时，按实际收到的款项，借记“库存现金”账户，按原材料出售收入，贷记“其他业务收入”账户，按增值税发票所列的增值税额，贷记“应交税费——应交增值税（销项税额）”账户。

借：库存现金 791

　　贷：其他业务收入　　　　　　　　　　　　　　　　700

　　　　应交税费——应交增值税（销项税额）　　　　　　91

（2）月末根据领料单编制的发料凭证汇总表，结转成本。借记“其他业务成本”账户，贷记“原材料”账户。

借：其他业务成本　　　　　　　　　　　　600

　　贷：原材料　　　　　　　　　　　　　　　　600

任务 3-9　2023 年年末由仓库保管员、会计主管等人对材料进行盘点，盘点结果是甲材料盘盈 20 千克，丙材料盘亏 10 千克。相关单据见表 3-14、表 3-15。

表3-14　　　　　　　　　　盘　存　单

单位名称：东方股份有限公司　　　　　　　　　　盘点时间：2023 年 12 月 31 日

财产类别：材料　　　　　　　　　　　　　　　　存放地点：一号仓库

序号	类别名称	计量单位	单价	实存		账存		备注
				数量	金额	数量	金额	
1	甲材料	千克	1	1 020	1 020	1 000	1 000	
2	丙材料	千克	20	1 990	39 800	2 000	40 000	

保管人：孙小海　　　　　　　　　　　　　　　　盘点人：王萍

表3-15

材料盘点溢（缺）报告单

库号：1　　　　　　　　　2023 年 12 月 31 日

名称	规格型号	单位	单价	账面数	实有数	盘盈数		盘亏数		盈亏原因
						数量	金额	数量	金额	
甲材料		千克	1	1 000	1 020	20	20			计量差错
丙材料		千克	20	2 000	1 990			10	200	管理不当 变质报废
进项税额		元							26	
审批意见	盘盈冲减管理费用；变质报废部分，由仓库保管员赔偿。　李勇进　12.31　同意　叶军									

部门主管　　　　　　　保管员　李大海　　　　　　　复查人　赵安康

任务分析：

（1）核算原材料的盘盈。甲材料盘盈是由于收发计量的差错所造成的，应冲减管理费用，在按管理权限报经批准后，借记“待处理财产损溢”账户，贷记“管理费用”账户。

批准前会计分录为：

借：原材料——甲材料　　20

　　贷：待处理财产损溢——待处理流动资产损溢　　20

批准后会计分录为：

借：待处理财产损溢——待处理流动资产损溢　　20

　　贷：管理费用　　20

（2）核算原材料的盘亏及毁损。原材料的盘亏和毁损，先按其账面成本，借记“待处理财产损溢——待处理流动资产损溢”账户，贷记“原材料”账户。再根据管理不当变质的原因，经批准后按亏损的金额和进项税额，借记“其他应收款”账户，按亏损的金额贷记“待处理财产损溢”账户，按需转出的进项税额贷记“应交税费——应交增值税（进项税额转出）”账户。

批准前会计分录为：

借：待处理财产损溢——待处理流动资产损溢　　200

　　贷：原材料——丙材料　　200

批准后由保管人员赔偿，在未收到赔偿款时会计分录为：

借：其他应收款——李大海　　226

　　贷：待处理财产损溢——待处理流动资产损溢　　200

　　　　应交税费——应交增值税（进项税额转出）　　26

任务 3-10　东方股份有限公司 2022 年开始计提存货跌价准备，A 材料 2022 年年末账面实际成本为 20 000 元，当年可变现净值为 19 000 元，2023 年 A 材料未发生变动，年末账面实际成本仍为 20 000 元，当年可变现净值为 19 800 元。

任务分析：当 A 材料的可变现净值低于成本时，先计算本期 A 材料跌价损失和本期应计提的 A 材料跌价准备金额，2022 年按应计提的存货跌价准备金额，借记“资产减值损失”账户，贷记“存货跌价准备”账户。2023 年按应冲销的存货跌价准备金额，做与上述相反的分录。

2022 年存货跌价损失 = 20 000 − 19 000 = 1 000（元）

2022 年应计提的存货跌价准备 = 1 000 − 0 = 1 000（元）

2023 年存货跌价损失 = 20 000 − 19 800 = 200（元）

2023 年应冲销的存货跌价准备 = 200 − 1 000 = −800（元）

2022 年年末，会计分录为：

借：资产减值损失　　1 000

　　贷：存货跌价准备　　1 000

2023 年年末，会计分录为：

借：存货跌价准备　　800

　　贷：资产减值损失　　800

【想一想】

1. 甲企业是增值税一般纳税人，本期购入一批原材料，则该原材料的实际成本包括哪些？

2. 原材料按实际成本法核算和计划成本法核算有什么不同？

学习子情境3.2　周转材料业务核算

【情境引例】

东方股份有限公司周转材料核算采用实际成本法。12 月 7 日，生产车间生产 A 产品领用包装物 100 个，其实际成本 360 元。

【工作过程与岗位对照图】

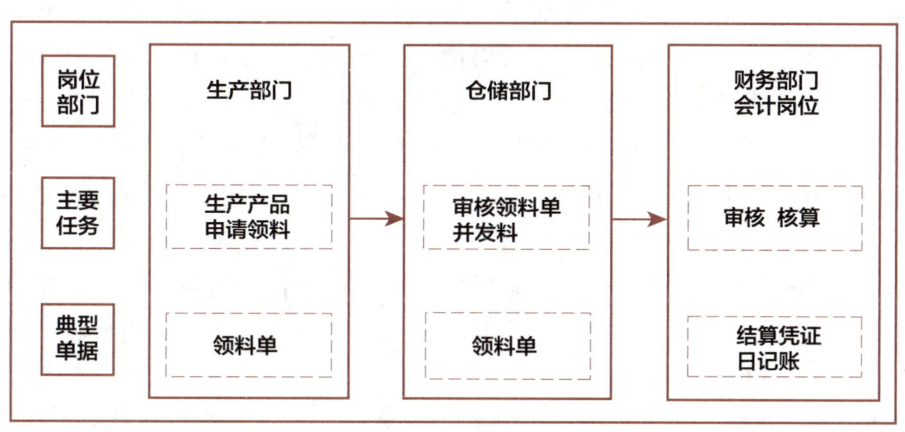

【知识准备】

周转材料是指企业能够多次使用，不符合固定资产定义，逐渐转移其价值但仍然保持原有形态，不确认为固定资产的材料。企业的周转材料主要包括包装物和低值易耗品，以及建筑施工企业的钢模板、木模板、脚手架和其他周转材料。其中，包装物是指为了包装本企业商品而储备的各种包装容器，如桶、箱、瓶、坛、袋等；低值易耗品是指不符合固定资产标准的各种用具物品，如一般工具、专用工具、替换设备、管理用具、劳动保护用品、其他用具等。

为了反映和监督周转材料的增减变化及其价值损耗、结存等情况，企业应当设置“周转材料”账户进行核算。周转材料可以采用实际成本核算，也可以采用计划成本核算，其核算方法与原材料相似。

一、生产领用包装物业务核算

生产领用的包装物，多数属于内包装，成为产品不可分割的组成部分，这种包装物一般不单独计价，直接计入产品成本，随同产品销售不再收回。账务处理为借记“生产成本”账户，贷记“周转材料”账户。

二、随同商品出售包装物业务核算

（1）随同商品出售且不单独计价的包装物。随同商品出售不单独计价的包装物，在商品销售环节领用，领用时作为销售费用处理，借记“销售费用”账户，贷记“周转材料”账户。

（2）随同商品出售且单独计价的包装物，一方面应反映其销售收入，计入其他业务收入，同时按所售商品的增值税税率计算增值税销项税额，即借记“银行存款”等账户，贷记“其他业务收入”和“应交税费——应交增值税（销项税额）”账户；另一方面应反映其实际销售成本，计入其他业务成本，借记“其他业务成本”账户，贷记“周转材料”账户。

三、出租与出借包装物业务核算

出租、出借包装物的价值通常于领用时采用一次转销法进行摊销。价值较大的包装物也可以采用五五摊销法进行摊销。出租包装物取得租金收入作为企业的其他业务收入，租金收入按税法规定，随产品销售计征增值税，即借记“银行存款”等账户，贷记“其他业务收入”“应交税费——应交增值税（销项税额）”账户。出租包装物的摊销价值作为企业的其他业务成本，借记“其他业务成本”账户，贷记“周转材料——在库包装物”账户。若出租的过程中有押金收入，则借记“银行存款”账户，贷记“其他应付款”账户。出借包装物由于没有收入，应将出借包装物的成本记入“销售费用”账户，即借记“销售费用”账户，贷记“周转材料——在库包装物”账户。

在采用一次转销法摊销包装物价值时，出租、出借包装物一经发出，其价值就在账面上注销，以后收回已使用过的出租、出借包装物时，即使尚可继续使用，也不再作价入账。为了加强对收回包装物的实物管理，应设置备查簿进行登记。

【案例分析】

2023 年 4 月税务部门按规定对浙江明键仪表公司进行税务稽查，税务检查人员审阅该公司 2022 年 3 月领料凭证时发现有 1 张科室领用 10 台电扇的领料单。记账凭证的会计分录为：借记“管理费用”账户 4 260 元，贷记“原材料——修理用备件”账户 4 260 元。因该公司的低值易耗品除少数几种采用一次摊销法外，其余都采用五五摊销法，电扇不属于修理用的“备件”性质，企业纳入“原材料”账户进行核算，混淆了原材料与低值易耗品的界限。税务检查人员认为属于应分次或分期摊销的低值易耗品错按原材料进行核算，将本应分次计入成本费用的价值一次性计入，则对企业的纳税会产生影响。

分析思考： 原材料和低值易耗品有什么区别？举例说明哪些物品属于低值易耗品？

四、低值易耗品摊销业务核算

企业的低值易耗品摊销方法有一次转销法和五五摊销法，应当按不同低值易耗品的价值大小、使用期限长短以及每月领用数额的均衡性等情况分别确定具体的摊销方法。

（一）一次转销法

采用一次转销法摊销低值易耗品，在领用低值易耗品时，将其价值一次性地全部计入有关资产成本或者当期损益，主要适用于价值较低或极易损坏的低值易耗品的摊销。采用一次转销法，在领用低值易耗品时，将其全部价值计入有关的成本费用，借记“制造费用”“管理费用”等有关账户，贷记“周转材料——在库低值易耗品”账户。

一次转销法简便易行，但低值易耗品的价值虽然一次转为成本费用，而它的实物形态并未随其价值转移而消失。这样势必出现账外资产，不利于实物管理，企业可以设置低值易耗品备查簿进行日常管理。

（二）五五摊销法

五五摊销法，是指在领用低值易耗品时将其成本的 50% 计入当期成本费用，在低值易耗品报废时再将其剩余价值计入成本费用的摊销方法。该方法有利于加强对低值易耗品的管理，主要适用于使用期限较长、单位价值较高的低值易耗品的摊销。采用五五摊销法，企业在领用低值易耗品时，要将领用低值易耗品成本从“在库低值易耗品”账户转到“在用低值易耗品”账户，借记“周转材料——在用低值易耗品”账户，贷记“周转材料——在库低值易耗品”账户；计算出应转销的低值易耗品价值时，借记有关成本费用账户，贷记“周转材料——低值易耗品摊销”账户。

【课堂活动】

1. 按照自由组合方式将班级学生分成若干小组（5~6 人为一组），不同的小组分别扮演销售人员、仓库管理人员、生产部门人员、会计人员和出纳人员等工作岗位角色。
2. 各小组讨论，模拟企业领用周转材料业务的操作流程，模拟企业出售周转材料业务的操作流程，并分析如何履行本工作岗位的职责。
3. 每个小组推荐一名代表汇报本组任务完成情况，并说明解决相关问题的思路和方法，其他小组同学对其汇报进行评分。
4. 角色互换，完成上述任务。
5. 每个小组将汇报情况形成文字资料，并上交授课教师评阅。

【职业判断与业务操作】

根据本情境引例，业务处理如下。

（1）设置账户。设置“周转材料”账户，它是一个资产类账户，核算企业周转材料的计划成本或实际成本。其借方登记验收入库的周转材料成本，贷方登记发出或报废核销的周转材料的成本，期末借方余额表示库存周转材料的计划成本或实际成本。“周转材料”账户应当按周转材料的种类，分别“在库包装物”“在用包装物”和“包装物摊销”进行明细分类核算。

（2）记录经济业务。企业会计人员根据审核无误的领料单编制记账凭证，“生产成本——基本生产成本（A 产品）”账户增加记借方，“周转材料——在库包装物”账户减少记贷方。会计分录：

借：生产成本——基本生产成本（A 产品） 360
　　贷：周转材料——在库包装物 360

【典型任务举例】

任务 3-11 12 月 1 日，东方股份有限公司一车间为生产甲产品而领用包装木箱，木箱成本为 30 000 元。

任务分析：企业为生产而领用包装物，“生产成本”账户增加记借方，“周转材料——在库包装物”账户减少记贷方。

借：生产成本——基本生产成本（甲产品） 30 000
　　贷：周转材料——在库包装物（木箱） 30 000

任务 3-12 东方股份有限公司销售 A 产品同时领用包装铁桶 100 只，每只成本 20 元，该包装物不单独计价。

任务分析：随同商品出售不单独计价的包装物，按包装物的成本结转，借记“销售费用”账户，贷记“周转材料——在库包装物”账户。

借：销售费用 2 000
　　贷：周转材料——在库包装物（铁桶） 2 000

任务 3-13 12 月 2 日，东方股份有限公司随同产品出售领取包装木箱，成本 40 000 元，售价 45 000 元，增值税税率 13%，款项记已收到。

任务分析：随同商品出售且单独计价的包装物，按收取的款项借记“银行存款”账户，增加收入记入“其他业务收入”账户贷方，按增值税税率计算的增值税销项税额记入“应交税费——应交增值税（销项税额）”账户贷方。

借：银行存款 50 850
　　贷：其他业务收入 45 000
　　　　应交税费——应交增值税（销项税额） 5 850

月末可按周转材料的成本借记“其他业务成本”账户，贷记“周转材料——在库包装物”账户。

借：其他业务成本　　40 000

　　贷：周转材料——在库包装物（木箱）　　40 000

任务 3-14　东方股份有限公司随产品销售出租新包装箱 10 个，每个成本 50 元，押金按每个 60 元收取，存入银行。10 日后收回包装箱，租金 226 元（其中增值税 26 元）从押金中扣除，余款以现金退回。包装物成本于领用时一次转销。

任务分析：出租包装物按成本结转包装物成本，成本增加记“其他业务成本”账户借方，“周转材料——在库包装物”账户减少记贷方。

借：其他业务成本　　500

　　贷：周转材料——在库包装物（包装箱）　　500

收取押金，则“银行存款”账户增加记借方，“其他应付款”账户增加记贷方。

借：银行存款　　600

　　贷：其他应付款——存入保证金　　600

扣除租金并退还押金时，“其他应付款”账户减少记借方，“其他业务收入”账户增加记贷方，“应交税费——应交增值税（销项税额）”账户增加记贷方，“库存现金”账户减少记贷方。

借：其他应付款——存入保证金　　600

　　贷：其他业务收入　　200

　　　　应交税费——应交增值税（销项税额）　　26

　　　　库存现金　　374

任务 3-15　东方股份有限公司随产品销售出借包装铁桶 20 只，每只成本 20 元，押金按每只 25 元收取存入银行。10 日后铁桶收回，押金通过银行汇出。

任务分析：企业出借包装物由于没有收入，应根据出借包装物的成本借记“销售费用”账户，贷记“周转材料——在库包装物”账户。

借：销售费用　　400

　　贷：周转材料——在库包装物（铁桶）　　400

收取押金，“银行存款”账户增加记借方，“其他应付款”账户增加记贷方。

借：银行存款　　500

　　贷：其他应付款——存入保证金　　500

10 日后退还该批包装物押金时，“银行存款”账户减少记贷方，“其他应付款”账户减少记借方。

借：其他应付款——存入保证金　　500

　　贷：银行存款　　500

任务 3-16　12 月 4 日，东方股份有限公司管理部门领用一批低值易耗品，成本为 3 600 元，采用一次摊销法。

任务分析：企业在采用一次摊销法领用低值易耗品时，按领用低值易耗品所有成本，增加“管理费用”账户记借方，减少“周转材料——在库低值易耗品”账户记贷方。

借：管理费用　　3 600
　　贷：周转材料——在库低值易耗品　　3 600

任务 3-17　12 月 31 日，东方股份有限公司生产车间领用专用工具一批，其实际成本 36 000 元，采用五五摊销法。

任务分析：企业在领用低值易耗品时，如采用五五摊销法，要按照领用低值易耗品的实际成本，借记“周转材料——在用低值易耗品”账户，贷记“周转材料——在库低值易耗品”账户。

借：周转材料——在用低值易耗品　　36 000
　　贷：周转材料——在库低值易耗品　　36 000

领用时，摊销 50% 的低值易耗品价值，借记“制造费用”账户，贷记“周转材料——低值易耗品摊销”账户。

借：制造费用　　18 000
　　贷：周转材料——低值易耗品摊销　　18 000

【想一想】

1. 什么是周转材料？请举例说明。
2. 什么情况下包装物被领用时其成本记入“销售费用”账户？为什么？

学习子情境3.3　库存商品业务核算

【情境引例】

东方股份有限公司库存商品核算采用实际成本法，2022 年 12 月 31 日，仓库送来产品入库单（见表 3-16），验收生产车间完工的 A 产品 10 000 件，成本计算单（见表 3-17）显示的单位生产成本为 13.70 元 / 件，总成本为 137 000 元。

表3-16

产品入库单

产品类别：A产品　　　2022年12月31日　　　编　号：123

生产车间：一车间　　　　　　　　　　　　　仓　库：01

产品编号	产品名称	规格	计量单位	数量		实际价格	
				应收	实收	单位成本	总成本
001	A产品		件	10 000	10 000	13.70	137 000
备注							

③记账联

采购员：　　检验员：张小光　　记账员：王　明　　保管员：王　文

表3-17　产品成本计算单

本月完工：10 000 件

产品名称：A 产品　　2022 年 12 月 31 日　　月末在产品：1 000 件

摘要	直接材料	直接人工	制造费用	合计
月初在产品成本	17 400	6 000	9 000	32 400
本月生产费用	91 200	15 450	20 700	127 350
生产费用合计	108 600	21 450	29 700	159 750
月末在产品成本	18 100	1 950	2 700	22 750
完工产品总成本	90 500	19 500	27 000	137 000

【工作过程与岗位对照图】

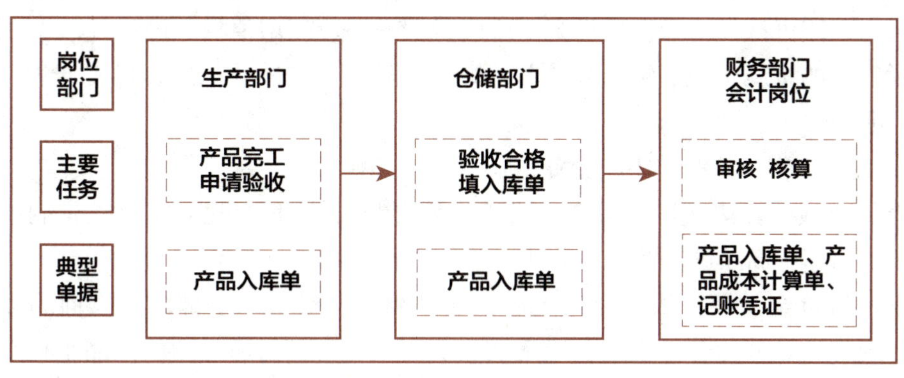

【知识准备】

库存商品，在工业企业中主要指产成品，在商品流通企业中主要指外购或委托加工并验收入库准备销售的各种商品。产成品又称完工产品，是指已经完成全部生产过程并已验收入库，符合标准规格和条件，可以作为商品对外销售的产品。

一、验收库存商品业务核算

（一）工业企业验收入库商品核算

工业企业的产成品一般应按实际成本进行核算。在这种情况下，产成品的收入、发出和销售，平时只记数量不记金额；月度终了，计算生产完工验收入库产成品的实际成本。会计人员根据编制的完工产品成本计算单和仓库转来的产品入库单，做产品入库的会计分录，借记“库存商品”账户，贷记“生产成本”账户。

（二）商品流通企业验收入库商品核算

商品流通企业的业务经营分为购进和销售两大阶段。根据“库存商品”账户记录方法的不同，可以把商品核算方法分为数量金额核算法和金额核算法两类。数量金额核算法将商品的增减变动及结存情况，同时以实物量和价值量进行核算，包括数量进价金额核算法和数量售价金额核算法两种。金额核算法对商品的增减变动及结存情况只以价值量进行核算，一般不进行数量核算，包括进价金额核算法和售价金额核算法两种。

商品流通企业应当根据本企业商品经营的特点和商品管理的要求，采用适当的商品核算方法。本书主要介绍数量进价金额核算法和售价金额核算法。

1. 数量进价金额核算法（批发企业适用）

商品流通企业购入商品的实际成本包括商品的进价成本和采购费用。采购过程中发生的运输费、保险费、装卸费，以及其他可归属于存货采购成本的费用等，应当计入商品成本，也可先进行归集，期末根据所购商品的存销情况进行分摊。

商品购进业务的核算类似于材料购进的核算。按商品的采购成本借记“库存商品”账户，按可抵扣的增值税借记“应交税费——应交增值税（进项税额）”账户，按实际支付的货款贷记“银行存款”等账户。若商品未验收入库，可先通过“在途物资”账户。

2. 售价金额核算法（零售企业适用）

售价金额核算法又称“售价记账实物负责制”，这是在建立实物负责制的基础上按售价对库存商品进行核算的方法。

采用售价金额核算法的商品流通企业必须将所经营的全部商品按商品经营的品种和地点，划分为若干柜组，确定实物负责人，由其对所经营的商品承担全部责任。库存商品总账和明细账都按商品的销售价格记账，库存商品明细账按实物负责人分户，只记售价金额不记实物数量。在这种核算法下需设置“库存商品”账户和

“商品进销差价”账户。

商品购入时，按购入商品的含税售价借记“库存商品”账户，按可抵扣的增值税税额借记“应交税费——应交增值税（进项税额）”账户，按实际支付的款项贷记“银行存款”等账户，按其差额贷记“商品进销差价”账户。

二、销售库存商品业务核算

（一）工业企业销售库存商品业务核算

为了反映商品销售业务，企业应设置“库存商品”“主营业务成本”等账户。

企业一般按实际成本法核算产成品成本，对发出的产成品，可以采用先进先出法、加权平均法、个别计价法等方法确定其实际成本（与材料的发出计价方法相同）。产成品的核算方法一经确定，不得随意变更，如需变更，应在附注中予以说明。

（二）商品流通企业销售库存商品业务核算

1. 数量进价金额核算法

企业销售库存商品的业务操作与工业企业相同，只是计算销售商品的成本在每一季度的前两个月可采用毛利率法匡算，季末最后月份采用先进先出法、加权平均法等计算，保证商品销售成本最终计算的正确性。

毛利率法是根据计划毛利率和本期实际销售额（销售净额）匡算出本期销售毛利，并据以计算发出存货成本和期末存货成本的方法。计算公式为：

视频：库存商品的核算

$$\text{本期商品销售成本}=\text{本期商品销售收入}\times[1-\text{上期（本期）计划毛利率}] \quad (3.11)$$

2. 售价金额核算法

销售商品时，按含税售价借记“银行存款”账户，贷记“主营业务收入”账户。期末结转已销商品成本时，按含税售价借记“主营业务成本”账户，贷记“库存商品”账户。

月末应将当月的销售收入进行价税分离，将含税销售收入分解为不含税商品销售收入和销项税额，并将增值税部分从“主营业务收入”账户中转出，借记“主营业务收入”账户，贷记“应交税费——应交增值税（销项税额）”账户。价税分离公式为：

$$\text{商品销售收入}=\frac{\text{当月含税销售收入}}{1+\text{增值税税率（13\%）}} \quad (3.12)$$

由于销售商品已按售价结转成本，此时商品的售价中包含了商品的采购成本和进销差价。只有将商品进销差价从按售价结转的销售成本中剔除，才能反映真实的商品销售成本。为此，需要在月末计算商品进销差价率，确认已销商品实现的进销差价，据以调整商品销售成本，同时转销已实现的商品进销差价，借记“商品进销差价”账户，贷记“主营业务成本”账户。计算公式为：

$$\text{商品进销差价率}=\frac{\text{期初库存商品进销差价}+\text{本期购进商品进销差价}}{\text{期初库存商品售价}+\text{本期购进商品售价}}\times 100\% \quad (3.13)$$

$$\text{本期已销商品应分摊的进销差价}=\text{本期商品销售收入}\times\text{商品进销差价率} \quad (3.14)$$

$$\text{本期已销商品的实际成本}=\text{本期商品销售收入}-\text{本期已销商品应分摊的进销差价} \quad (3.15)$$

$$\text{期末结存商品应保留的进销差价}=\text{期初库存商品进销差价}+\text{本期购进商品进销差价}-\text{本期已销商品应分摊的进销差价} \quad (3.16)$$

$$\text{期末结存商品的实际成本}=\text{期末结存商品售价}-\text{期末结存商品应保留的进销差价} \quad (3.17)$$

三、库存商品清查业务核算

库存商品清查业务的核算比照原材料清查业务的核算进行处理。

【案例分析】

甲公司是一家生产电子产品的上市公司，为增值税一般纳税人。公司的会计政策是按单项存货、按年计提存货跌价准备。12 月 31 日，甲公司下列存货出现减值迹象，为此，甲公司进行了减值测试，测试情况如下：

（1）A 产品库存 300 台，单位成本为 15 万元，市场销售价格为每台 18 万元，预计发生平均运杂费等销售税费为每台 1 万元。未签订不可撤销的销售合同。A 产品存货跌价准备期初无余额。

（2）D 原材料 400 千克，单位成本为 2.25 万元，市场销售价格为每千克 1.2 万元。现有 D 原材料可用于生产 400 台 C 产品，预计加工成 C 产品还需每台投入成本 0.38 万元。未签订不可撤销的销售合同。

分析思考：

1. 分析判断上述资料中 A 产品是否需要计提跌价准备，并说明理由。

2. 关于 D 原材料，甲公司的会计人员认为其成本高于市场销售价格，应该计提跌价准备，但总会计师认为不应该计提，请判断谁的说法正确，并说明理由。

四、库存商品期末计价业务核算

库存商品期末计价业务的核算比照原材料清查期末计价业务的核算进行处理，但库存商品可变现净值分别由下列不同情形确定。

（1）产成品、商品等直接用于出售的商品存货，没有销售合同约定的，其可变现净值为正常生产经营过程中，产成品或商品一般销售价格（即市场销售价格）减去估计的销售费用和相关税费后的金额。

（2）产成品、商品等是为执行销售合同或者劳务合同而持有的存货，其可变现净值净值应当以合同价格，而不是估计售价减去估计的销售费用和相关税费等后的金额确定。

【课堂活动】

1. 按照自由组合方式将班级学生分成若干小组（5~6 人为一组），不同的小组分别扮演销售人员、仓库管理人员、生产部门人员、会计人员和出纳人员等工作岗位角色。

2. 各小组讨论，模拟企业完工产品入库业务的操作流程，模拟企业销售商品业务的操作流程，并分析如何履行本工作岗位的职责。

3. 每个小组推荐一名代表汇报本组任务完成情况，并说明解决相关问题的思路和方法，其他小组同学对其汇报进行评分。

4. 角色互换，完成上述任务。

5. 每个小组将汇报情况形成文字资料，并上交授课教师评阅。

【职业判断与业务操作】

根据本情境引例，业务处理如下。

（1）设置账户。“库存商品”账户，用以核算验收入库商品的实际成本。该账户的借方登记验收入库商品的实际成本，贷方登记发出商品的实际成本，借方余额反映期末库存商品的实际成本。“库存商品”应当按商品的品名、规格等分户设置明细账，进行明细分类核算。如商品品种较多，还可以按商品大类分设账户，设置库存商品二级账，进行分大类核算。

“生产成本”账户，用来归集和分配企业在产品生产过程中发生的各项生产费用。该账户的借方登记产品生产过程中发生的直接材料费用、直接人工费用和分配的制造费用，贷方登记转出完工入库产成品的实际生产成本，期末余额在借方，表示尚未完工的在产品生产成本。为了具体核算每一成本计算对象的实际生产成本，该账户应按产品品种或类别设置明细账，并按成本项目设置专栏进行明细分类核算。

（2）计算完工产品的成本。企业自制的完工产品的成本构成内容包括直接材料、直接人工和制造费用三部分生产费用。

（3）记录完工产品入库业务。一般在月末，根据会计人员编制的完工产品成本计算单和仓库转来的产品入库单，做产品入库的会计分录，借记“库存商品”账户，贷记“生产成本”账户。会计分录为：

借：库存商品——A 产品　　　　137 000

　贷：生产成本——基本生产成本（A 产品）　　　　137 000

【典型任务举例】

任务 3-18 东方股份有限公司当月共完工入库 A 产品 800 件，其成本为 9 600 元。

任务分析：本业务属于典型的工业企业完工产品验收入库业务，会计人员应根据产品入库单和产品成本计算单等原始凭证，增加记“库存商品”账户借方，减少记“生产成本”账户贷方。

借：库存商品——A 产品　　9 600
　　贷：生产成本——基本生产成本（A 产品）　　9 600

任务 3-19 东方股份有限公司当月共销售 A 产品 200 件，其成本为 2 400 元。

任务分析：本业务属于因销售而发出库存商品的业务，一方面使库存商品减少，应贷记“库存商品”账户；同时，也会使企业的产品经营成本费用增加，应借记“主营业务成本”账户。

借：主营业务成本　　2 400
　　贷：库存商品——A 产品　　2 400

任务 3-20 东方股份有限公司下属子公司——有为公司是一家商品批发企业，5 月 7 日从甲公司购进 A 商品一批，总进价 50 000 元，增值税税额 6 500 元，当日公司以银行存款支付货款，5 月 10 日商品验收入库。本月共销售 A 商品获得收入 600 000 元，采用毛利率法计算并结转当月 A 商品销售成本，一季度 A 商品毛利率为 20%。公司增值税税率 13%。

任务分析：该业务是商品批发企业购进商品、销售商品及结转成本的业务，可采用数量进价金额核算法。5 月 7 日，购进商品属于“料未到、款已付”的情况可按实际成本和应付进项税额分别记入“在途物资”账户借方和“应交税费——应交增值税（进项税额）”账户借方，按实际支付的价款记入“银行存款”账户的贷方。

借：在途物资　　50 000
　　应交税费——应交增值税（进项税额）　　6 500
　　贷：银行存款　　56 500

5 月 10 日，产品入库，“库存商品”账户增加记借方，“在途物资”账户减少记贷方。

借：库存商品　　50 000
　　贷：在途物资　　50 000

销售商品按实收数借记“银行存款”账户，按不含税收入贷记“主营业务收入”账户，按应计的销项税额贷记“应交税费——应交增值税（销项税额）”账户。

借：银行存款　　678 000
　　贷：主营业务收入　　600 000

应交税费——应交增值税（销项税额）　　78 000

结转成本时，采用毛利率法计算的成本借记“主营业务成本”账户，贷记“库存商品”账户。

月末结转成本时，已销商品成本 = 600 000 ×（1 − 20%）= 480 000（元）

借：主营业务成本　　480 000

　　贷：库存商品　　480 000

任务 3-21　12 月 31 日，东方股份有限公司对 A 产品进行盘点，盘亏 300 件，单位成本 13 元，共计 3 900 元，为生产 A 产品购进原材料的进项税额为 400 元。经查，属于当年火灾造成的毁损。全部损失中，由保管员王佳一承担 900 元的责任，由市保险公司赔偿 2 000 元，其余由企业自行承担。

任务分析：该业务属于存货的清查任务，而且是盘亏的情况。此时，应根据盘亏的具体原因进行会计处理。由过失人赔偿的 900 元，应记入“其他应收款”账户的借方，由保险公司赔偿的 2 000 元，也记入“其他应收款”账户的借方。余下部分由企业承担，因为是意外损失，所以记入“营业外支出”账户借方。该业务应注意，毁损的库存商品应转出为生产该商品购入原材料的进项税额。

借：其他应收款——王佳一　　900

　　　　　　　——保险公司　　2 000

　　营业外支出——非常损失　　1 400

　　贷：待处理财产损溢——待处理流动资产损溢　　3 900

　　　　应交税费——应交增值税（进项税额转出）　　400

任务 3-22　12 月 31 日，东方股份有限公司 A 产品的账面价值为 100 000 元，因市场价格下跌，预计可变现净值为 97 500 元，本公司 A 产品未计提存货跌价准备。

任务分析：该业务属于存货的期末计价业务，按企业会计准则规定，企业在期末应对存货进行减值测试。经测试表明存货已发生了减值，一方面使存货跌价准备增加 2 500 元，另一方面使资产减值损失增加 2 500 元。

借：资产减值损失　　2 500

　　贷：存货跌价准备　　2 500

【想一想】

1. 库存商品期末计价时，若销售合同订购的数量大于企业持有的库存商品的数量，则库存商品的可变现净值如何确定？

2. 数量进价金额核算法与售价金额核算法的账务处理有什么不同？

【德技并修】

獐子岛“扇贝跑路” 欲盖弥彰终尝苦果

獐子岛集团曾是我国农业产业化的重点龙头企业，素有“海上大寨”“海底银行”之称。2018年2月，獐子岛集团在《关于底播虾夷扇贝2017年终盘点情况的公告》宣布对底播虾夷扇贝存货进行核销处理，对底播虾夷扇贝存货计提跌价准备，两项合计计提6.29亿元，原因是“降水量大幅下降，导致海域内营养盐补充不足”“养殖规模过大，局部超出养殖容量”。2020年2月，獐子岛集团发布公告《关于2019年度计提资产减值准备及核销部分资产的公告》，称“预计核销存货成本及计提存货跌价准备合计金额27 768.22万元”。接连几次扇贝绝收的公告让獐子岛集团深陷财务造假的舆论风波，后更因信息披露违法违规，遭到证监会立案调查。2020年6月，獐子岛集团发布了证监会对獐子岛集团的《行政处罚决定书》和《市场禁入决定书》的公告，公告中披露了2016年和2017年獐子岛集团对业绩的虚报造假行为和对公司及其高层的处罚决定。

獐子岛集团历次“扇贝跑路”的故事，通过大量随意的存货跌价准备和存货减值计提与转回反复调节利润，上演着上市公司常见的两年亏损一年盈利的保壳游戏，违背了会计信息的真实性。党的二十大报告指出“弘扬诚信文化，健全诚信建设长效机制。”2023年1月，财政部发布《会计人员职业道德规范》，要求广大财务人员在会计工作中要“坚持诚信，守法奉公；坚持准则，守则敬业；坚持学习，守正创新。”因此，会计人员应保持足够的执业谨慎，秉持独立、客观、公正的职业规范，不受他人驱使，不为利益所惑，坚守会计人的底线，杜绝弄虚作假。

【情境小结】

1. 原材料业务核算

业务内容		会计处理
外购原材料（实际成本法）	料已到，款已付	借：原材料 　　应交税费——应交增值税（进项税额） 　　贷：银行存款等
	料未到，款已付	**款已付时：** 借：在途物资 　　应交税费——应交增值税（进项税额） 　　贷：银行存款 / 其他货币资金 / 应付票据等 **验收入库时：** 借：原材料 　　贷：在途物资

续表

<table>
<tr><th colspan="3">业务内容</th><th>会计处理</th></tr>
<tr><td>外购原材料（实际成本法）</td><td colspan="2">料已到，款未付</td><td>料到时暂不入账；
单到付款时视同料已到，款已付处理；
若月末单仍未到，款未付，则暂估入账：
借：原材料［按合同价估计］
　　贷：应付账款
下月初作相反会计分录或红字冲回：
借：应付账款
　　贷：原材料
等单到付款时，视同料已到，款已付</td></tr>
<tr><td rowspan="2">外购原材料（计划成本法）</td><td colspan="2">料已到、款已付和料未到、款已付</td><td>借：材料采购［按实际成本］
　　应交税费——应交增值税（进项税额）
　　贷：银行存款 / 其他货币资金等
验收入库时：
借：原材料［按计划成本］
　　贷：材料采购［按计划成本］
结转差异:［或相反］
借：材料采购［实际成本与计划成本的差额］
　　贷：材料成本差异</td></tr>
<tr><td colspan="2">料已到，款未付</td><td>料到时暂不入账；
单到付款时视同料已到，款已付处理；
若月末单仍未到，款未付，则暂估入账；
借：原材料［按计划成本］
　　贷：应付账款
下月初作相反分录或红字冲回：
借：应付账款
　　贷：原材料［按计划成本］
等单到付款时，视同料已到，款已付</td></tr>
<tr><td rowspan="5">委托加工物资</td><td colspan="2">拨付委托加工物资</td><td>借：委托加工物资
　　贷：原材料 / 库存商品</td></tr>
<tr><td colspan="2">支付加工费、增值税</td><td>借：委托加工物资
　　应交税费——应交增值税（进项税额）
　　贷：银行存款等</td></tr>
<tr><td rowspan="2">缴纳消费税</td><td>用于直接销售</td><td>借：委托加工物资
　　贷：银行存款等</td></tr>
<tr><td>用于连续生产</td><td>借：应交税费——应交消费税
　　贷：银行存款等</td></tr>
<tr><td colspan="2">收回委托加工物资</td><td>借：原材料等
　　贷：委托加工物资［上述委托加工物资的合计金额］</td></tr>
</table>

续表

<table>
<tr><th colspan="2">业务内容</th><th>会计处理</th></tr>
<tr><td colspan="2">自制原材料</td><td>借：原材料
贷：生产成本——基本生产成本</td></tr>
<tr><td rowspan="2">领用原材料</td><td>实际成本法</td><td>借：生产成本［按实际成本］
制造费用等［按实际成本］
贷：原材料</td></tr>
<tr><td>计划成本法</td><td>借：生产成本［按计划成本］
制造费用／管理费用／销售费用等［按计划成本］
贷：原材料［按计划成本］
借：生产成本［按差额］
制造费用／管理费用／销售费用等
贷：材料成本差异［或相反分录］</td></tr>
<tr><td colspan="2">出售多余原材料</td><td>借：银行存款等
贷：其他业务收入［按售价］
应交税费——应交增值税（销项税额）
结转成本：
借：其他业务成本［按实际成本］
贷：原材料</td></tr>
<tr><td rowspan="2">原材料清查</td><td>盘盈</td><td>借：原材料
贷：待处理财产损溢——待处理流动资产损溢
借：待处理财产损溢——待处理流动资产损溢
贷：管理费用</td></tr>
<tr><td>盘亏</td><td>借：待处理财产损溢——待处理流动资产损溢
贷：原材料
借：其他应收款［过失人或保险公司赔偿］
管理费用［收发计量差错等］
营业外支出［自然灾害或意外事故］
贷：待处理财产损溢——待处理流动资产损溢
应交税费——应交增值税（进项税额转出）［非正常损失造成的进项税额］</td></tr>
<tr><td rowspan="2">原材料期末计价</td><td>计提存货跌价准备</td><td>借：资产减值损失［本期应计提的跌价准备］
贷：存货跌价准备</td></tr>
<tr><td>冲销存货跌价准备</td><td>借：存货跌价准备［本期应冲销的跌价准备］
贷：资产减值损失</td></tr>
</table>

2. 周转材料业务核算

业务内容		会计处理
包装物的核算	生产领用包装物	借：生产成本［按包装物实际成本］ 　　贷：周转材料——在库包装物
	随同商品出售不单独计价	借：销售费用［按包装物实际成本］ 　　贷：周转材料——在库包装物
	随同商品出售单独计价	借：银行存款等 　　贷：其他业务收入［按包装物售价］ 　　　　应交税费——应交增值税（销项税额） 借：其他业务成本［按包装物实际成本］ 　　贷：周转材料——在库包装物
	出租包装物	收取租金及结转成本处理同随同商品出售并单独计价包装物收取押金： 借：银行存款等［按收取的押金］ 　　贷：其他应付款 　　　　应交税费——应交增值税（销项税额） 　　退还做相反处理
	出借包装物	同随同商品出售但不单独计价包装物
低值易耗品摊销的核算	一次转销法	借：制造费用、管理费用等［按低值易耗品全部成本］ 　　贷：周转材料——在库低值易耗品
	五五摊销法	领用时： 借：周转材料——在用低值易耗品［按全部成本］ 　　贷：周转材料——在库低值易耗品 借：制造费用、管理费用等［按一半成本］ 　　贷：周转材料——低值易耗品摊销 报废时： 借：制造费用 / 管理费用等［按一半成本］ 　　贷：周转材料——低值易耗品摊销 借：周转材料——低值易耗品摊销［按全部成本］ 　　贷：周转材料——在库低值易耗品

3. 库存商品业务核算

业务内容	会计处理
出售产成品	借：主营业务成本 　　贷：库存商品

续表

<table>
<tr><th colspan="2">业务内容</th><th>会计处理</th></tr>
<tr><td colspan="2">产品完工入库</td><td>借：库存商品
　　贷：生产成本</td></tr>
<tr><td rowspan="2">商品流通企业库存商品核算</td><td>数量进价金额核算法</td><td>借：库存商品［按实际购买成本］
　　应交税费——应交增值税（进项税额）
　　贷：银行存款等</td></tr>
<tr><td>售价金额核算法</td><td>借：库存商品［按售价］
　　应交税费——应交增值税（进项税额）
贷：银行存款［按实际支付价款］
　　商品进销差价［按差额］</td></tr>
</table>

学习情境 4

在建工程及固定资产业务核算

【职业能力目标】

知识目标

- 掌握自营工程、出包工程业务账务处理流程，掌握在建工程业务的会计核算方法
- 掌握取得固定资产、固定资产后续支出、固定资产处置、固定资产期末计价等业务账务处理流程和会计核算方法
- 掌握固定资产计提折旧的原则、计算方法和会计核算方法

能力目标

- 能正确识别和审核固定资产采购发票、运输费用凭证、保险单据、安装费用凭证、工程验收报告、租赁协议等业务单据
- 能根据固定资产取得业务、固定资产折旧计提业务、固定资产处置业务、固定资产清查业务、固定资产期末计价业务所涉及的原始凭证准确编制记账凭证
- 登记相关明细账和总账

素养目标

- 通过固定资产折旧方法的学习，树立主动学习、不墨守成规的意识，及时跟进国家最新出台的法律法规，不断更新专业知识，提升专业技能
- 通过固定资产购置相关知识学习，培养具备资产配置的长期规划意识，保障企业固定资产安全

【工作任务与学习子情境】

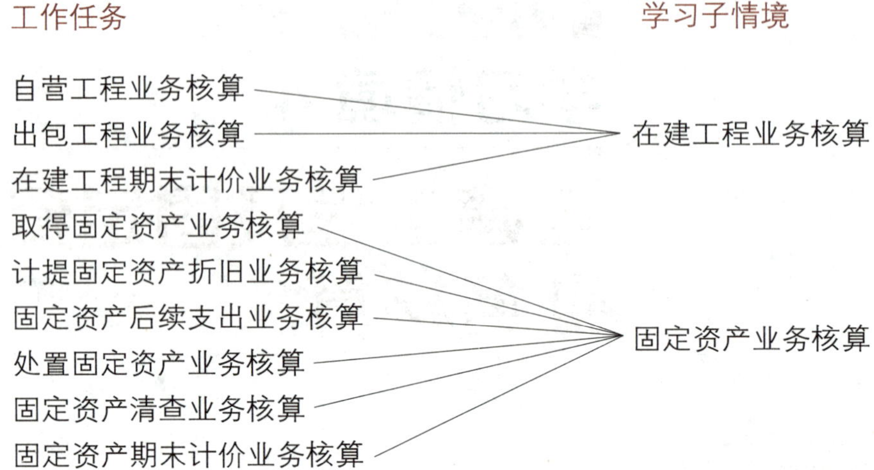

固定资产是指同时具有下列特征的有形资产：① 为生产商品、提供劳务、出租或经营管理而持有的；② 使用寿命超过一个会计年度。

学习子情境4.1　在建工程业务核算

【情境引例】

东方股份有限公司（增值税一般纳税人），注册资金 2 000 万元，经营钢材制品的生产与销售。公司于 2023 年 11 月，决定建造一座生产车间，建造工程采用出包工程方式出包给大光建筑公司承建。2023 年 12 月 15 日，按照合同规定向大光建筑公司预付工程款 218 万元（含税）。大光公司增值税税率 9%。

【工作过程与岗位对照图】

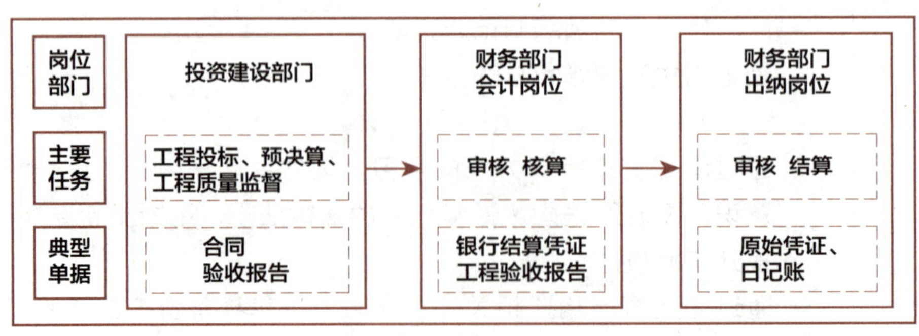

【知识准备】

企业可根据生产经营的特殊需要，利用自有的人力、物力条件自行建造固定资产，包括自己制造生产经营所需的机器设备等，自行建造房屋、建筑物、各种设施，以及进行大型机器设备安装工程等。自行建造固定资产的成本，由建造该项资产达到预定可使用状态前所发生的必要支出构成，包括工程用物资成本、人工成本、缴纳的相关税费、应予资本化的借款费用，以及应分摊的间接费用等。

企业自行建造固定资产包括自营建造和出包建造两种方式，主要通过“工程物资”和“在建工程”账户进行核算。“在建工程”按工程项目进行明细核算，工程建造期间发生可直接归属于某项工程的成本直接记入相应明细账户。

一、自营工程业务核算

自营工程是指企业自行组织工程物资采购、自行组织施工人员从事工程施工。除施工企业外，其他行业的企业较少采用自营方式建造固定资产。自营建造固定资产的核算，包括购入工程物资、投入建设和工程完工转入固定资产三个步骤。

第一，企业为建造固定资产准备的各种物资应当按照实际支付的买价、运输费、保险费等相关税费作为实际成本。工程完工后，剩余的工程物资转为本企业存货的，按其实际成本或计划成本进行结转。工程建造期间发生的工程物资盘亏、报废及毁损，其成本减去残料价值以及保险公司、过失人等赔款后的净损失，计入所建工程项目的成本；盘盈的工程物资或处置净收益，冲减所建工程项目的成本。工程完工后发生的工程物资盘盈、盘亏、报废、毁损，计入当期营业外收支。

第二，建造固定资产领用工程物资、原材料或库存商品，应按其实际成本转入所建工程成本。自营方式建造固定资产应负担的职工薪酬、辅助生产部门为之提供的水、电、修理、运输等劳务，以及其他必要支出等也应计入所建工程项目的成本。符合资本化条件的，应计入所建造固定资产成本的借款费用，按照《企业会计准则第 17 号——借款费用》的有关规定处理。

工程达到预定可使用状态前因进行试运转所发生的净支出，计入工程成本。在建工程项目在达到预定可使用状态前所取得的试运转过程中形成的、能够对外销售的产品，其发生的成本计入在建工程成本；销售或转为库存商品时，按实际销售收入或按预计售价冲减工程成本。

第三，工程完工达到预定可使用状态时，从“在建工程”账户转入“固定资产”账户。

二、出包工程业务核算

出包工程是指企业采用招标等方式将工程项目出包给建造商，由建造商组织施工的建筑工程和安装工程。企业采用出包方式进行的固定资产工程，其工程的具体支出主要由建造商核算。在出包工程方式下，主要通过“在建工程”账户核算企业支付给承包单位的工程价款以及建设期间的资本化借款利息。

企业应按合理估计的工程进度和合同规定结算的进度款，借记“在建工程”“应交税费——应交增值税（进项税额）”账户，贷记“银行存款”等账户。工程完工，收到承包单位账单并补付工程价款时，借记“在建工程”账户，贷记“银行存款”账户。

结算建设期间的资本化借款利息时，借记“在建工程”账户，贷记“长期借款”账户。

工程完工验收合格交付使用时，按实际发生的全部支出，借记“固定资产”账户，贷记“在建工程”账户。

【案例分析】

2023 年年初，东方股份有限公司为扩大生产规模需要部分新设备，这些设备需要投入的资金多，企业一时又很难筹集这么多的资金，经过广泛的调查研究，公司决定采取从中国工商银行借入资金方式解决问题。生产部门、设备管理部门和财务部门联合起草了一份报告，上报总经理。其报告主要内容如下：

“公司拟从中国工商银行借入 2 年期年利率为 10% 的借款（该借款为到期一次还本付息方式），用于购买生产用固定资产设备一台。2023 年 7 月 1 日，公司收到购入设备，并用银行存款支付设备价款 840 000 元，该设备安装调试期间发生安装调试费 160 000 元，于 2023 年 12 月 31 日投入使用。”

分析思考：

1. 以长期借款购入设备，在设备投入使用前后，应如何对借款利息进行账务处理？

2. 安装工程由谁组织？与自营相比，出包核算有什么特点？

三、在建工程期末计价业务核算

企业应当定期或者至少于每年年度终了，对在建工程进行全面检查，如果有证据表明在建工程已经发生了减值，应当计提减值准备。存在下列一项或若干项情况的，应当计提在建工程减值准备：

（1）长期停建并且预计在未来 3 年内不会重新开工的在建工程；

（2）所建项目无论在性能上，还是在技术上已经落后，并且给企业带来的经济利益具有很大的不确定性；

（3）其他足以证明在建工程已经发生减值的情形。

企业应当设置“在建工程减值准备”账户，用来核算企业提取的在建工程减值准备。该账户属于资产类账户，是在建工程的备抵类账户，在资产负债表上，在建工程项目应按扣除“在建工程减值准备”账户余额列示。该账户的贷方登记计提的在建工程减值准备；借方登记已计提减值准备的在建工程的价值以后又得以恢复的金额而冲减原已计提的减值准备金额。企业发生在建工程减值时，借记“资产减值损失——计提在建工程减值准备”账户，贷记“在建工程减值准备”账户；如已计提减值准备的在建工程价值又得以恢复，原已经计提的减值准备在以后期间不得转回。该账户期末贷方余额反映企业已计提但尚未转销的在建工程减值准备。

【课堂活动】

1. 以游戏的形式随机或按照自由组合方式将班级学生分成若干小组（5~6人为一组），不同的小组分别扮演业务经办人员、出纳人员和会计人员等工作岗位角色。

2. 各小组讨论，模拟企业在建工程业务的操作流程，并分析如何履行本工作岗位的职责。每位同学都要参与。

3. 每个小组推荐一位代表汇报本组任务完成情况，并说明解决相关问题的思路和方法。其他小组同学对其汇报进行评分。

4. 角色互换，完成上述工作。

5. 每个小组将汇报情况形成文字资料，并上交授课教师评阅。

【职业判断与业务操作】

根据本情境引例，业务处理如下：

（1）设置“在建工程”账户。开设在建工程总账账户及其明细账户，填写账簿启用登记及交接表，登记期初余额。

（2）记录经济业务。12 月 15 日，企业会计人员根据审核无误的银行转账支票存根，确认工程支出，“在建工程”账户增加记借方，“银行存款”账户减少记贷方。

借：在建工程——生产车间　　2 000 000
　　应交税费——应交增值税（进项税额）　　180 000
　　贷：银行存款　　2 180 000

【典型任务举例】

任务 4-1　2023 年 5 月，东方股份有限公司为了方便职工停车，同时考虑到成本节约，决定自己采购材料，组织公司员工建造一个简易的停车棚。有关业务资料如下：

（1）5 月 8 日，购入工程物资一批，验收入库，价款为 6 000 元，支付的增值税进项税额为 780 元，款项以银行存款支付。

任务分析：企业自营工程过程中，采购工程物资，会计人员根据采购发票、运输单、验收单等原始凭证，编制记账凭证。“工程物资”账户增加记借方，“应交税费——应交增值税（进项税额）”账户增加记借方，“银行存款”账户减少记贷方。

借：工程物资 6 000

应交税费——应交增值税（进项税额） 780

贷：银行存款 6 780

（2）5 月 10 日，工程领用生产用原材料一批，材料成本为 1 000 元。

任务分析：企业自营工程过程中，领用原材料，会计人员根据出库单等原始凭证，编制记账凭证。“在建工程”账户增加记借方，“原材料”账户减少记贷方。

借：在建工程——停车棚 1 000

贷：原材料 1 000

（3）5 月 10 日至 6 月 10 日，工程先后领用工程物资 5 000 元。

任务分析：企业自营工程过程中，领用工程物资，会计人员根据出库单等原始凭证，编制记账凭证。“在建工程”账户增加记借方，“工程物资”账户减少记贷方。

借：在建工程——停车棚 5 000

贷：工程物资 5 000

（4）工程建设期间，辅助生产车间为工程提供有关的劳务支出为 1 350 元。

任务分析：企业自营工程过程中，辅助生产车间人员提供劳务支出，会计人员根据工资分配表等原始凭证，编制记账凭证。“在建工程”账户增加记借方，“生产成本——辅助生产成本”账户减少记贷方。

借：在建工程——停车棚 1 350

贷：生产成本——辅助生产成本 1 350

（5）工程建设期间发生工程人员职工薪酬 3 000 元。

任务分析：企业自营工程过程中，核算工程人员工资，会计人员根据工资分配表、工资结算单等原始凭证，编制记账凭证。“在建工程”账户增加记借方，“应付职工薪酬”账户增加记贷方。

借：在建工程——停车棚 3 000

贷：应付职工薪酬 3 000

（6）6 月 10 日，完工并交付使用。

任务分析：工程结束，对工程验收，工程达到预定可使用状态，会计人员根据工程验收报告等原始凭证，编制记账凭证。“固定资产”账户增加记借方，“在建工程”账户减少记贷方。

借：固定资产——停车棚 10 350

贷：在建工程——停车棚 10 350

任务 4-2 2023 年 8 月，东方股份有限公司决定建造一座生产车间，建造工程采用出包工程方式出包给银河建筑公司承建，银河建筑公司增值税税率为 9%。

具体业务如下：

（1）8 月 1 日，按照合同规定向银河建筑公司预付工程款 1 090 000 元。

任务分析：签发银行转账支票，支付第一批工程价款。会计人员根据转账支票存根等原始凭证，编制记账凭证。“在建工程”账户增加记借方，“银行存款”账户减少记贷方。

借：在建工程——生产车间　　1 000 000
　　应交税费——应交增值税（进项税额）　　90 000
　　贷：银行存款　　1 090 000

（2）12 月 31 日，工程经验收合格并办理了竣工决算手续，工程总成本为 1 780 000 元，通过银行转账补付工程款。

任务分析：工程结束，对工程验收，工程达到预定可使用状态，签发银行转账支票，补付工程价款。会计人员根据转账支票存根等原始凭证，编制记账凭证。“在建工程”账户增加记借方，“银行存款”账户减少记贷方。

借：在建工程——生产车间　　780 000
　　应交税费——应交增值税（进项税额）　　70 200
　　贷：银行存款　　850 200

同时，会计人员根据工程验收报告等原始凭证，编制记账凭证。“固定资产”账户增加记借方，“在建工程”账户减少记贷方。

借：固定资产——生产车间　　1 780 000
　　贷：在建工程——生产车间　　1 780 000

任务 4-3　东方股份有限公司每年对在建工程进行全面检查时，具体情况如下：

（1）2022 年 12 月 31 日，发现一项以前年度开工的自营工程已经长期停建，而且预计在未来 3 年内不会重新开工。这项工程的账面价值为 400 000 元，估计可收回金额为 300 000 元。

任务分析：在对企业的在建工程进行全面检查时，有证据表明该项工程发生减值，企业应计提减值准备。“资产减值损失”账户增加记借方，“在建工程减值准备”账户增加记贷方。

借：资产减值损失——计提在建工程减值准备　　100 000
　　贷：在建工程减值准备　　100 000

（2）2023 年 12 月 31 日，上述自营工程价值得以部分恢复，估计可回收的金额为 380 000 元。

任务分析：在对企业的在建工程进行全面检查时，有证据表明该项工程价值得以部分恢复。按照《企业会计准则》规定，原已经计提的减值准备在以后期间不得转回。

【想一想】

企业是否应当定期或者至少于每年年度终了，对工程物资进行全面检查，如果有证据表明工程物资已经发生了减值，是否应当计提减值准备？

学习子情境4.2 固定资产业务核算

【情境引例】

东方股份有限公司2023年10月15日购入机床2台。固定资产验收单见表4-1。

表4-1

固定资产验收单

No. 00087562

2023年10月15日　　　　金额单位：元

<table>
<tr><td>资产编号</td><td>资产名称</td><td>型号规格或结构面积</td><td>计量单位</td><td>数量</td><td>设备价值或工程造价</td><td>设备基础及安装费用</td><td>附加费用</td><td>合计</td></tr>
<tr><td></td><td>线切割机床</td><td>DK77160</td><td>台</td><td>2</td><td>37 200</td><td></td><td></td><td>37 200</td></tr>
<tr><td colspan="2">资产来源</td><td></td><td colspan="2">耐用年限</td><td></td><td rowspan="4">主要附属设备</td><td colspan="2">1</td></tr>
<tr><td colspan="2">制造厂</td><td></td><td colspan="2">估计残值</td><td></td><td colspan="2">2</td></tr>
<tr><td colspan="2">制造日期及编号</td><td></td><td colspan="2">基本折旧率</td><td></td><td colspan="2">3</td></tr>
<tr><td colspan="2">工程项目或使用部门</td><td></td><td colspan="2">复杂系数</td><td></td><td colspan="2">4</td></tr>
</table>

本单分送财务部门、交接双方上级资产管理部门

【工作过程与岗位对照图】

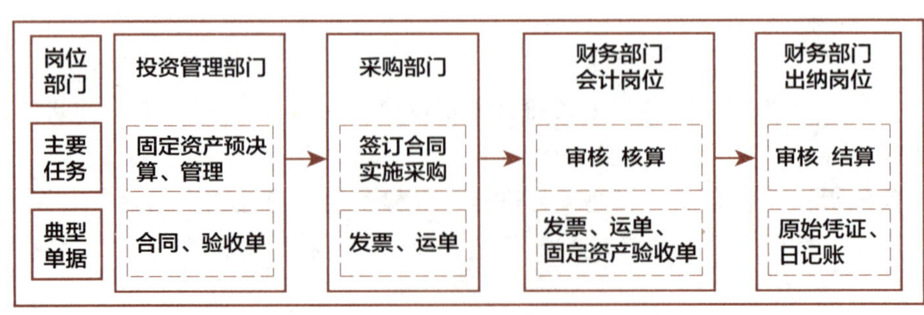

【知识准备】

一、固定资产的特征和分类

（一）固定资产的特征

固定资产指同时具有下列特征的有形资产：① 为生产商品、提供劳务、出租或经营管理而持有的；② 使用寿命超过一个会计年度。

从固定资产的定义看，固定资产具有以下三个特征：

（1）固定资产是有形资产。固定资产具有实物特征，是看得见、摸得着的，如一幢房屋、一台机器、一辆汽车。这一特征将固定资产与无形资产区别开来。

（2）为生产商品、提供劳务、出租或经营管理而持有。企业持有固定资产是为了生产商品、提供劳务、出租或经营管理，即企业持有的固定资产是企业的劳动工具或手段，而不是用于出售的商品。

（3）使用寿命超过一个会计年度。固定资产一般单位价值较高，使用期限较长，对于一些满足固定资产定义但单位价值较低、使用期限较短的固定资产应作为低值易耗品核算。企业在对固定资产进行核算时，应根据自身情况制定适合于本企业的固定资产价值标准。

（二）固定资产的分类

固定资产种类很多，根据不同的分类标准，可以分成不同的类别。企业应当选择适当的分类标准，将固定资产进行分类，以满足经营管理的需要。

（1）固定资产按经济用途分类，可以分为生产用固定资产和非生产用固定资产。

（2）固定资产按使用情况分类，可分为使用中的固定资产、未使用的固定资产和不需用的固定资产。固定资产按使用情况进行分类，有利于企业掌握固定资产的使用情况，便于比较分析固定资产的利用效率，挖掘固定资产的使用潜力，促进固定资产的合理使用，同时也便于企业准确、合理地计提固定资产折旧。

（3）固定资产按所有权分类，可分为自有固定资产和租入固定资产。自有固定资产是指企业拥有的可供企业自由支配使用的固定资产；租入固定资产是指企业采用租赁方式从其他单位租入的固定资产。

（4）固定资产按经济用途和使用情况等综合分类，可分为生产经营用固定资产、非生产经营用固定资产、租出固定资产、不需用固定资产、未使用固定资产、土地租入固定资产。

二、取得固定资产业务核算

一般情况下，企业固定资产的购建是由专门的设备采购部门或基建部门负责，购建达到可使用状态后由资产保管部门、资产使用部门共同验收。固定资产验收合格后，资产保管部门和使用部门的验收人员在固定资产验收单上签字。固定资产验

视频：
固定资产
处置核算

收单一般一式三份，一份由使用部门留存，一份交财务部进行相应的账务处理，一份交资产管理部门填写固定资产卡片和固定资产卡片登记簿，落实使用责任人。固定资产管理部门负责对固定资产的管理，对固定资产进行统一分类编号，建立固定资产卡片，设置固定资产实物台账，对固定资产的使用落实到使用人。固定资产卡片一般一式两份，一份由使用部门登记保管，另一份由财会部门保管。为防止固定资产卡片丢失，固定资产管理部门还应设立“固定资产卡片登记簿”，逐一登记卡片的开设和注销情况。为了分类反映固定资产的使用、保管和增减变动情况，并控制固定资产卡片，财务部门还应按固定资产类别设置固定资产的二级账。

固定资产取得的主要来源是购买和建造，接受投资者投入、捐赠、盘盈也会导致固定资产的增加。

（一）外购固定资产业务的核算

外购固定资产分为不需要安装的固定资产和需要安装的固定资产两类。购入不需要安装的固定资产，按购买价款、进口关税和其他税费计算确定的原始价值，借记“固定资产”“应交税费——应交增值税（进项税额）”等账户，贷记“银行存款”等账户。购入需要安装的固定资产，实际支付的买价、运输费、装卸费、专业人员服务费和其他相关税费等以及安装过程中发生的人工费用、材料费用先通过“在建工程”账户核算，借记“在建工程”“应交税费——应交增值税（进项税额）”等账户，贷记“银行存款”等账户。待安装完毕达到预定可使用状态时，再由“在建工程”账户转入“固定资产”账户，借记“固定资产”账户，贷记“在建工程”账户。

若企业为增值税一般纳税人，则企业购进机器、设备等固定资产的进项税额以及支付运输费发生的进项税额不纳入固定资产成本核算，可以在销项税额中抵扣。

以一笔款项购入多项没有单独标价的固定资产，应当按照各项固定资产的公允价值比例对总成本进行分配，分别确定各项固定资产的成本。如果以一笔款项购入的多项资产中还包括固定资产以外的其他资产，也应按类似的方法予以处理。

（二）投资者投入固定资产业务的核算

投资者投入的固定资产，应在办理了固定资产移交手续之后，按投资合同或协议约定的价值，作为入账价值，但合同或协议约定的价值不公允的除外。

（三）接受捐赠固定资产业务的核算

企业接受捐赠的固定资产，应按受赠资产的公允价值及相关税费借记“固定资产”“应交税费——应交增值税（进项税额）”等账户，贷记“营业外收入”“银行存款”“应交税费”等账户。

三、计提固定资产折旧业务核算

（一）固定资产折旧的影响因素

固定资产折旧是固定资产在使用过程中，由于磨损和其他经济原因而逐渐转移的价值。影响固定资产折旧的因素包括固定资产原值、预计净残值、使用寿命和折旧方法四个方面。企业应合理地确定固定资产使用寿命和预计净残值，并选择合理的折旧方法，经股东大会或董事会、经理（厂长）会议或类似机构批准，作为计提折旧的依据。

固定资产的原值是指固定资产的初始购建成本，是固定资产的入账价值。固定资产原值是计算固定资产折旧的基础。

预计净残值是指在计算折旧额时，要考虑到固定资产废弃时还有残值。固定资产原值减去预计净残值后的差额为固定资产应提折旧总额。

使用寿命是指企业使用固定资产的预计期间，或者该固定资产所能生产产品或提供劳务的数量。企业确定固定资产使用寿命时，不仅要考虑固定资产的有形损耗，还要考虑固定资产的无形损耗。有形损耗是指固定资产由于使用和自然侵蚀而引起的使用价值和价值的损失。无形损耗是指由于科学技术进步等原因而引起固定资产的价值损失。在知识经济条件下，随着研究和创新的步伐日趋加快，固定资产无形损耗对固定资产折旧的影响越来越大。

（二）固定资产折旧的方法

企业应根据与固定资产有关的经济利益的预期实现方式，合理选择固定资产折旧方法。可选用的折旧方法包括年限平均法、工作量法、双倍余额递减法和年数总和法等。固定资产的折旧方法一经确定，不得随意变更。

企业应当对所有固定资产计提折旧。但是，已提足折旧仍继续使用的固定资产和单独计价入账的土地除外。因进行大修理而暂时停用的固定资产以及未使用的、不需用的固定资产也应计提折旧。

1. 年限平均法

年限平均法又称直线法，是指将固定资产的应计提折旧额均衡地分摊到固定资产预计使用寿命内的一种方法。采用这种方法计算的每期折旧额均相等。

计算公式如下：

$$\text{年折旧率} = (1 - \text{预计净残值率}) / \text{预计使用寿命（年）} \times 100\% \quad (4.1)$$

$$\text{月折旧率} = \text{年折旧率} / 12 \quad (4.2)$$

$$\text{月折旧额} = \text{固定资产原价} \times \text{月折旧率} \quad (4.3)$$

某项固定资产在一定期间的折旧额与该项固定资产原值的比率，称为个别折旧率。企业的固定资产种类多、数量大，因此在会计实务工作中，一般是根据固定资产的类别，对于每一类固定资产确定使用寿命和预计净残值率，进而确定这一类固定资产的分类折旧率和月折旧额。

年限平均法易于理解，计算简便，因而被广泛使用。但是，这种方法不考虑固定资产各个期间的使用程度如何，均一律等额计提折旧，不够合理。因此，各期使用程度或损耗程度大致相同的固定资产较为适合采用这种方法。

2. 工作量法

工作量法，是根据实际工作量计算每期应提折旧额的一种方法。这种方法弥补了年限平均法只重使用时间、不考虑使用强度的缺点。

计算公式如下：

$$单位工作量折旧额 = [固定资产原价 \times (1 - 预计净残值率)]/预计总工作量 \quad (4.4)$$

$$某项固定资产月折旧额 = 该项固定资产当月工作量 \times 单位工作量折旧额 \quad (4.5)$$

工作量法以固定资产的实际使用情况作为计提折旧的依据，在固定资产的价值损耗与其产出相关性较大的情况下，采用这种方法较为合理。这种方法的局限性在于对固定资产所能提供服务的数量有时难以较准确地确 定。

3. 双倍余额递减法

双倍余额递减法，是指在不考虑固定资产预计净残值的情况下，根据每期期初固定资产原值减去累计折旧后的金额和双倍的直线法折旧率计算固定资产折旧的一种方法。采用这种方法计算折旧额时，由于每年年初固定资产净值没有扣除预计净残值，所以在计算固定资产折旧额时，应在其折旧年限到期前两年内，将固定资产净值扣除预计净残值后的余额平均摊销，也就是说最后两年按照年限平均法计提折旧。

计算公式如下：

$$年折旧率 = 2/预计使用寿命(年) \times 100\% \quad (4.6)$$

$$月折旧率 = 年折旧率/12 \quad (4.7)$$

$$月折旧额 = 每月月初固定资产账面净值 \times 月折旧率 \quad (4.8)$$

4. 年数总和法

年数总和法，又称年限合计法，是指将固定资产的原值减去预计净残值后的余额，乘以一个以固定资产尚可使用寿命为分子、以预计使用寿命逐年数字之和为分母的逐年递减的分数计算每年的折旧额。

计算公式如下：

$$年折旧率 = (预计使用寿命 - 已使用年限)/[预计使用寿命 \times (预计使用寿命 + 1)/2] \times 100\% \quad (4.9)$$

或者

$$年折旧率 = 尚可使用年限/预计使用寿命的年数总和 \times 100\% \quad (4.10)$$

$$月折旧率 = 年折旧率 \div 12 \quad (4.11)$$

$$月折旧额 = (固定资产原价 - 预计净残值) \times 月折旧率 \quad (4.12)$$

双倍余额递减法和年数总和法是加速折旧的方法，各期所计提折旧呈递减趋势，其理论依据是，随着固定资产的使用，其效能将逐渐降低，所能带来的经济利益也将逐渐减少，而各种维修费却会增加。因此，采用加速折旧法更符合收入与费用配比原则，而且能使各期负担的固定资产使用成本（折旧费和维修费）趋于均衡。此外，在固定资产使用早期多提折旧，对于避免或降低无形损耗带来的损失，无疑是比较谨慎的做法。

（三）固定资产折旧业务会计处理

固定资产应当按月计提折旧，计提的折旧应通过“累计折旧”账户核算，并根据用途计入相关资产的成本或者当期损益。企业自行建造固定资产过程中使用的固定资产，其计提的折旧应记入“在建工程”账户；生产车间所使用的固定资产，其计提的折旧应记入“制造费用”账户；管理部门所使用的固定资产，其计提的折旧应记入“管理费用”账户；销售部门所使用的固定资产，其计提的折旧应记入“销售费用”账户；经营租出的固定资产，其应提的折旧额应记入“其他业务成本”账户；不需用和未使用固定资产，其提的折旧额应记入“管理费用”账户。

当月增加的固定资产，当月不提折旧，从下月起计提折旧；当月减少或者停用的固定资产，当月仍提折旧，从下月起停止计提折旧。因此，企业各月计算提取折旧时，可以在上月计提折旧的基础上，对上月固定资产的增减情况进行调整后计算当月应计提的折旧额。

当月固定资产应计提的折旧额 = 上月固定资产计提的折旧额 + 上月增加固定资产应计提的折旧额 − 上月减少固定资产应计提的折旧额　（4.13）

四、固定资产后续支出业务核算

固定资产后续支出是指固定资产使用过程中发生的更新改造支出、修理费用等。固定资产的后续支出若符合固定资产确认条件的，称为资本化后续支出，应当计入固定资产成本。固定资产的后续支出若不符合固定资产确认条件的，称为费用化后续支出，应当计入当期损益。

（一）资本化后续支出核算

固定资产改建、扩建或改良，是在原有固定资产规模的基础上，通过追加固定资产投资而改良或增加固定资产的总体规模。固定资产改建、扩建或改良支出通常会导致：① 固定资产的使用年限延长；② 固定资产的生产能力提高；③ 产品质量提高；④ 产品生产成本降低；⑤ 使产品品种、性能、规格等发生良好的变化；⑥ 企业经营管理环境或条件改善。固定资产改建、扩建或改良支出若符合固定资产的确认条件，则应当将其支出计入固定资产账面价值，但增记后的固定资产账面价值不能超过固定资产的可收回金额。

某项固定资产进行改建、扩建或改良时，先将固定资产的原值、已计提累计折旧和固定资产减值准备账面余额转销，即将固定资产账面价值转入“在建工程”账户。其账务处理为借记“在建工程”“累计折旧”“固定资产减值准备”账户，贷记

“固定资产”账户。

固定资产改建、扩建或改良过程中发生的支出若符合固定资产确认条件，则通过“在建工程”账户归集。其账务处理为借记“在建工程”“应交税费——应交增值税（进项税额）”账户，贷记“银行存款”“应付职工薪酬”“原材料”等相关账户。如在改建、扩建或改良过程中发生变价收入，应抵减在建工程成本，借记“银行存款”等相关账户，贷记“在建工程”账户。

改建、扩建或改良工程完工达到预定可使用状态，将“在建工程”账户账面价值转入“固定资产”账户，借记“固定资产”账户，贷记“在建工程”账户。

改建、扩建或改良过程中的固定资产，因已转入在建工程，因此不计提折旧。待改建、扩建完成达到预定可使用状态，转入固定资产核算时，再根据重新确定的固定资产价值、折旧方法和尚可使用年限，于次月起按月计提折旧。

（二）费用化后续支出业务的核算

固定资产使用过程中，由于磨损各组成部分耐用程度不同，可能导致固定资产的局部损坏，为了维护固定资产的正常运转和使用，企业会对固定资产进行必要的维护和修理。固定资产维修只是确保固定资产的正常使用，并没有使得固定资产未来经济利益流入增加。因此，与固定资产有关的修理费用等后续支出，不符合固定资产确认条件的，应当根据不同情况分别在发生时计入当期管理费用或销售费用。

企业生产车间（部门）和行政管理部门等发生的固定资产修理费用等后续支出记入“管理费用”账户；企业专设销售机构发生的与专设销售机构相关的固定资产修理费用等后续支出，记入“销售费用”账户。

【案例分析】

东方股份有限公司扩大生产规模需要部分新设备，这些设备需要的投资较多，企业一时又很难筹集这么多的资金，公司决定采取融资租入方式解决资金紧张问题。生产部门、设备管理部门和财务部门联合起草了一份报告，上报总经理。其报告主要内容如下：

“公司拟准备以融资租入方式取得生产用固定资产设备一台。租赁合同的全部租赁费 150 000 元，分两年支付，每年各付 50%。企业以银行存款支付运输费 500 元，保险费 2 500 元，安装调试费 15 000 元。”

分析思考：在法律上，公司在租赁期并没有获得租赁固定资产的所有权，会计应对其如何处理？

五、处置固定资产业务核算

企业出售、转让、报废固定资产或发生固定资产毁损，应当将处置收入扣除账面价值和相关税费后的金额计入当期损益。固定资产处置一般通过“固定资产清理”账户进行核算。

企业因出售、报废或毁损、对外投资、非货币性资产交换、债务重组等处置固定资产，其会计处理一般经过以下几个步骤：

第一，固定资产转入清理。固定资产转入清理时，按固定资产账面价值，借记“固定资产清理”账户，按已计提的累计折旧，借记“累计折旧”账户，按已计提的减值准备，借记“固定资产减值准备”账户，按固定资产原价，贷记“固定资产”账户。

第二，发生清理费用的处理。固定资产清理过程中发生的有关费用以及应支付的相关税费，借记“固定资产清理”“应交税费——应交增值税（进项税额）”账户，贷记“银行存款”等账户。

第三，出售收入和残料等的处理。企业收回出售固定资产的价款、残料价值和变价收入等，应冲减清理支出。按实际收到的出售价款以及残料变价收入等，借记“银行存款”“原材料”等账户，贷记“固定资产清理”“应交税费——应交增值税（销项税额）”等账户。

第四，保险赔偿的处理。企业计算或收到的应由保险公司或过失人赔偿的损失，应冲减清理支出，借记“其他应收款”“银行存款”等账户，贷记“固定资产清理”账户。

第五，清理净损益的处理。固定资产清理完成后的净损失，属于生产经营期间正常的处置损失，借记“资产处置损益”账户，贷记“固定资产清理”账户；属于自然灾害等非正常原因造成的损失，借记“营业外支出——非常损失”账户，贷记“固定资产清理”账户。固定资产清理完成后的净收益，借记“固定资产清理”账户，贷记“资产处置损益”或“营业外收入——非流动资产处置利得”账户。

六、固定资产清查业务核算

企业应定期或不定期对固定资产进行清查，如发现实际存在的固定资产数量与账面数量不等的情况，要及时进行账务处理。

固定资产实存数量大于账面数量，会计上称为固定资产盘盈。固定资产出现由于企业无法控制的因素而造成盘盈的可能性极小甚至是不可能的，企业出现的固定资产盘盈一般是以前会计期间少计、漏计而产生的，因此在《企业会计准则第 4 号——固定资产》中，将盘盈固定资产视为会计差错更正进行会计处理。按盘盈固定资产的公允价值，借记“固定资产”账户，贷记“以前年度损益调整”账户。

固定资产实存数量小于账面数量，会计上称为固定资产盘亏。企业在财产清查中盘亏的固定资产，通过“待处理财产损溢——待处理固定资产损溢”账户核算。发现盘亏，在未报经批准处理时，按盘亏固定资产的账面价值，借记“待处理财产损溢——待处理固定资产损溢”账户，按已计提的累计折旧，借记“累计折旧”账户，按已计提的减值准备，借记“固定资产减值准备”账户，按盘亏固定资产账面余额，贷记“固定资产”账户。待报经批准处理后，借记“其他应收款”“营业外支出——盘亏损失”账户，贷记“待处理财产损溢——待处理固定资产损溢”账户。

七、固定资产期末计价业务核算

视频：固定资产减值业务核算

为了客观、真实、准确地反映期末固定资产的实际价值，企业在编制资产负债表时，应合理地确定固定资产的期末价值。

固定资产减值是指资产可收回金额低于其账面价值。固定资产可回收金额，是根据资产的公允价值减去处置费用后的净额，与资产预计未来现金流量的现值，两者之间较高者确定。资产可回收金额低于其账面价值的差额为资产减值损失，计入当期损益。资产减值损失一经确认，在以后会计期间不得转回。

【案例分析】

东方股份有限公司一条液晶平板电视机生产线在2022年12月31日发生了永久性损害，不再具有使用价值和转让价值。该公司按其账面价值100万元全额计提了固定资产减值准备。至该公司2022年财务会计报告批准报出日，该固定资产永久性损害未经税务部门确认。东方股份有限公司认为，固定资产发生永久性损害这一事实在会计期末已经存在，因此，按其账面价值全额确认了固定资产减值损失，并从当期应纳税所得额中扣除。

分析思考：分析、判断上述事项中，东方股份有限公司确认固定资产永久性损害、从当期应纳税所得额中扣除确认的固定资产永久性损害的会计处理是否正确，并说明理由。

（一）固定资产减值迹象的判断

如果资产当期大幅度下跌，其跌幅明显高于因时间的推移或者正常使用而预计的下跌；企业经营所处的经济、技术或者法律等环境以及资产所处的市场在当期或者在近期发生重大变化，从而对企业产生不利影响；市场利率或者其他市场投资报酬率在当期已经提高，从而影响企业计算资产未来现金流量现值的折现率，导致资产可回收金额大幅度降低；有证据表明资产已经陈旧或者其实体已经损坏；资产已经被闲置、终止使用或者计划提前处置；企业内部报告的证据表明资产的经济绩效已经低于预期，如资产所创造的净现金流量或者营业利润（或者亏损）远远低于（或者高于）预计金额；其他表明资产可能已经发生减值的迹象。

（二）固定资产可收回金额的计量

根据资产减值准则的要求，企业存在减值迹象的，应当进行减值测试，估计其可收回金额，并将可收回金额与账面价值进行比较，以确定资产减值是否存在。

资产的可收回金额低于其账面价值的，应当将资产的账面价值减记至可收回金额，减记的金额确认为资产减值损失，计入当期损益，同时计提相应的资产减值准备。其账务处理为借记“资产减值损失——计提的固定资产减值准备”账户，贷记“固定资产减值准备”账户。

固定资产减值损失一经确认，在以后会计期间不得转回。已计提减值准备的固定资产，应当按照固定资产的账面价值以及尚可使用寿命重新计算确定折旧率和折旧额。

【课堂活动】

1. 以游戏的形式随机或按照自由组合方式将班级学生分成若干小组（5~6人为一组），不同的小组分别扮演业务经办人员、出纳人员和会计人员等工作岗位角色。

2. 各小组讨论，模拟企业固定资产取得、计提折旧、固定资产后续支出、固定资产处置、期末计价等业务的操作流程，并分析如何履行本工作岗位的职责。每位同学都要参与。

3. 每个小组推荐一位代表汇报本组任务完成情况，并说明解决相关问题的思路和方法。其他小组同学对其汇报进行评分。

4. 角色互换，完成上述工作。

5. 每个小组将汇报情况形成文字资料，并上交授课教师评阅。

【职业判断与业务操作】

根据本情境引例，业务处理如下：

（1）设置“固定资产”账户。企业会计人员设置固定资产登记簿，填制固定资产卡片。

（2）正确计算和确定固定资产的原始价值。

（3）记录经济业务。企业会计人员根据审核无误的购货发票，确认固定资产的入账价值，“固定资产”账户增加记借方，“银行存款”账户减少记贷方。会计分录：

借：固定资产	37 200	
应交税费——应交增值税（进项税额）	4 836	
贷：银行存款		42 036

【典型任务举例】

任务 4-4 （1）2023 年 11 月 5 日，东方股份有限公司根据生产需要购置需要安装的线割机床一台，机床价款 240 000 元，增值税 31 200 元，款项已付。

任务分析： 企业购买需要安装的固定资产，“在建工程”账户增加记借方，“银行存款”账户减少记贷方。

借：在建工程	240 000	
应交税费——应交增值税（进项税额）	31 200	

贷：银行存款 271 200

（2）开出银行转账支票一张，支付设备安装费 2 000 元，增值税 180 元。

任务分析：支付设备安装费，“在建工程”账户增加记借方，“银行存款”账户减少记贷方。

借：在建工程 2 000

应交税费——应交增值税（进项税额） 180

贷：银行存款 2 180

（3）固定资产安装完毕，交付使用。

任务分析：固定资产安装完毕，交付使用，“固定资产”账户增加记借方，“在建工程”账户减少记贷方。

借：固定资产 242 000

贷：在建工程 242 000

任务 4-5 东方股份有限公司对 2023 年 12 月购入的一台入账价值为 100 000 元的设备采用双倍余额递减法计提折旧，预计使用寿命 5 年，预计净残值率为 5%。

任务分析：该设备从 2024—2028 年的折旧额计算如下：

年折旧率 = 2/5 × 100% = 40%

2024 年折旧额 = 100 000 × 40% = 40 000（元）

2025 年折旧额 =（100 000 − 40 000）× 40% = 24 000（元）

2026 年折旧额 =（100 000 − 40 000 − 24 000）× 40% = 14 400（元）

从 2027 年起改按平均年限法计提折旧：

2027 年年初该机器设备的净值 = 100 000 − 40 000 − 24 000 − 14 400

= 21 600（元）

2027 年 / 2028 年折旧额 =（21 600 − 100 000 × 5%）÷ 2 = 8 300（元）

任务 4-6 东方股份有限公司对 2023 年 12 月购入的一台入账价值为 100 000 元的设备采用年数总和法计提折旧，预计使用寿命 5 年，预计净残值率为 4%。

任务分析：该设备从 2024—2028 年的折旧额计算如下：

2024 年折旧额 =（100 000 − 4 000）× 5/15 = 32 000（元）

2025 年折旧额 =（100 000 − 4 000）× 4/15 = 25 600（元）

2026 年折旧额 =（100 000 − 4 000）× 3/15 = 19 200（元）

2027 年折旧额 =（100 000 − 4 000）× 2/15 = 12 800（元）

2028 年折旧额 =（100 000 − 4 000）× 1/15 = 6 400（元）

任务 4-7 2023 年 12 月 31 日，东方股份有限公司计提本月份固定资产折旧见表 4-2（按月初提供的资料计提）。

表4-2

固定资产折旧计算表

2023 年 12 月份　　　　单位：元

使用部门	固定资产项目	上月折旧额	上月增加固定资产		上月减少固定资产		本月折旧额	分配费用
			原值	折旧额	原值	折旧额		
A车间	房屋及建筑物	10 000					10 000	制造费用
	机器设备	15 000	20 000	150			15 150	
	其他设备	900					900	
	小计	25 900	20 000	150			26 050	
B车间	房屋及建筑物	10 000	40 000	126.67			10 126.67	制造费用
	机器设备	12 000					12 000	
	小计	22 000	40 000	126.67			22 126.67	
行政管理部门	房屋及建筑物	12 000					12 000	管理费用
	运输工具	4 000			40 000	600	3 400	
	其他设备	5 000			3 000	47.50	4 952.50	
	小计	21 000			43 000	647.50	20 352.50	
销售部门	其他设备	2 000					2 000	销售费用
经营租出	机器设备	3 000					3 000	其他业务成本
合计		73 900	60 000	276.67	43 000	647.50	73 529.17	

制表：张红　　　　复核：刘进东

任务分析：当月增加的固定资产，当月不提折旧，从下月起计提折旧；当月内减少或者停用的固定资产，当月仍提折旧，从下月起停止计提折旧。因此，根据企业当月的固定资产折旧计算表，“制造费用”“管理费用”“销售费用”“其他业务成本”账户增加记借方，“累计折旧”账户增加记贷方。

借：制造费用——A 车间　　26 050

　　　　　　——B 车间　　22 126.67

　　管理费用　　20 352.50

　　销售费用　　2 000

其他业务成本　　3 000

贷：累计折旧　　73 529.17

任务 4-8 （1）2023 年 6 月 1 日，东方股份有限公司因现有车库难以满足职工车辆停放需求，决定对现有车库进行改、扩建，以扩大车辆容纳能力。该车库原账面余额为 600 000 元，已计提累计折旧 172 800 元，未计提减值准备。

任务分析：固定资产改、扩建支出属资本化支出，会计人员将固定资产转入改良工程。"在建工程""累计折旧"账户增加记借方，"固定资产"账户减少记贷方。

借：在建工程——车库　　427 200

累计折旧　　172 800

贷：固定资产　　600 000

（2）改、扩建工程采用出包方式，出包给万工建筑公司承建。按合同规定，6 月 10 日支付改、扩建工程总价款 500 000 元的 60%，增值税税率 9%，取得增值税专用发票，其余款项待竣工验收合格时付清。

任务分析：预付工程价款，"在建工程"账户增加记借方，"银行存款"账户减少记贷方。

借：在建工程——车库　　300 000

应交税费——应交增值税（进项税额）　　27 000

贷：银行存款　　327 000

（3）9 月 10 日，车库改、扩建工程竣工，达到预定可使用状态，东方股份有限公司支付了剩余工程款。新车库预计使用年限为 20 年，净残值率为 4%。折旧方法仍采用年限平均法。

任务分析：车库改、扩建工程达到预定可使用状态，按照合同约定，支付剩余工程款。"在建工程"账户增加记借方，"银行存款"账户减少记贷方。

借：在建工程——车库　　200 000

应交税费——应交增值税（进项税额）　　18 000

贷：银行存款　　218 000

同时，车库改、扩建工程经验收达到预定可使用状态，结转工程成本。"固定资产"账户增加记借方，"在建工程"账户减少记贷方。

借：固定资产——车库　　927 200

贷：在建工程——车库　　927 200

任务 4-9 （1）2023 年 12 月 21 日，东方股份有限公司报废货车一辆，相关单据如表 4-3~表 4-5 所示。

表4-3　固定资产卡片（正）

号码：100185

名称	货车	资产编号	2-10068
型号（结构）		规格	吨位 2.2
制（建）造厂	北京汽车厂	出厂时间	2012 年
使用单位	铸造车间	出厂编号	
资金来源		折旧年限	10 年
列账凭证		启用年月	2013 年 12 月
附件或附属物		固定资产原价	124 000 元
		年折旧率	
调拨转移记录		预计净残值	6 200 元
报废清理记录		备注	折旧方法：工作量法
中间停用记录			

表4-4　折旧记录（背）

折旧方法：工作量法

原值：124 000 元　预计净残值：　6 200 元　预计工作里程：50 万公里　每公里折旧额：0.235 6									
年份	年工作量	月折旧额	年折旧额	累计折旧额	年份	年工作量	月折旧额	年折旧额	累计折旧额
2014	55 000		12 958	12 958	2019	50 000		11 780	74 214
2015	55 000		12 958	25 916	2020	45 000		10 602	84 816
2016	55 000		12 958	38 874	2021	45 000		10 602	95 418
2017	50 000		11 780	50 654	2022	45 000		10 602	106 020
2018	50 000		11 780	62 434	2023	40 000		9 424	115 444

表4-5 固定资产报废申请书

申报单位：东方股份有限公司　　　　厂固定资产资产编号：2-10068

名称	货车	出厂时间		出厂编号	
型号、规格	吨位：2.2	投产时间	2013 年 12 月	单位	辆
制造厂		使用单位	铸造车间		
原值（元）	124 000	净值（元）	8 556		
已折旧（元）	115 444	残值（元）	6 200		
报废原因：	该货车已使用 10 年，已到报废时间 报告人：赵海 2023.12.05				
资产管理部门意见	同意报废 2023 年 12 月 21 日		厂部意见	同意报废 2023 年 12 月 21 日	

任务分析：车辆报废，固定资产转入清理，“固定资产清理”“累计折旧”账户增加记借方，“固定资产——货车”账户减少记贷方。

借：固定资产清理　　8 556

　　累计折旧　　115 444

　　贷：固定资产——货车　　124 000

（2）用现金支付清理费用 1 000 元，增值税 60 元。

任务分析：车辆报废，支付清理费，“固定资产清理”账户增加记借方，“库存现金”账户减少记贷方。

借：固定资产清理　　1 000

　　应交税费——应交增值税（进项税额）　　60

　　贷：库存现金　　1 060

（3）将报废的货车出售给回收公司，取得不含税收入 30 000 元，增值税税率 13%。

任务分析：车辆报废，取得报废收入，会计人员根据进账单，“银行存款”账户增加记借方，“固定资产清理”账户减少记贷方、“应交税费——应交增值税（销项税额）”账户增加记贷方。

借：银行存款　　33 900

　　贷：固定资产清理　　30 000

　　　　应交税费——应交增值税（销项税额）　　3 900

（4）对货车报废业务进行结算。固定资产清理损益计算表如表 4-6 所示。

表4-6　固定资产清理损益计算表

2023 年 12 月 21 日

清理项目	货车	清理原因	报废
“固定资产清理”账户借方发生额		“固定资产清理”账户贷方发生额	
清理支出内容	金额	清理收入内容	金额
固定资产净值	8 556	固定资产报废残值	30 000
清理支出	1 000		
借方合计	9 556	贷方合计	30 000
固定资产清理 净收益 ~~净损失~~	金额：20 444 元	大写：贰万零肆佰肆拾肆元整	

复核：刘进东　　　　制单：张一鸣

任务分析： 计算固定资产清理损益，“固定资产清理”账户增加记借方，“资产处置损益”账户增加记贷方。

借：固定资产清理　　20 444

　　贷：资产处置损益　　20 444

任务 4-10　2023 年 12 月 31 日对企业的全部固定资产进行盘查，盘盈一台 7 成新的机器设备，该设备同类产品市场价格为 100 000 元，企业所得税税率为 25%，企业按照净利润的 10% 提取法定盈余公积金。

任务分析： 企业年末盘盈一台设备，“固定资产”账户增加记借方，“以前年度损益调整”账户增加记贷方。

借：固定资产　　70 000

　　贷：以前年度损益调整　　70 000

同时，编制调整分录。

借：以前年度损益调整　　70 000

　　贷：应交税费——应交所得税　　17 500

　　　　盈余公积　　5 250

　　　　利润分配——未分配利润　　47 250

任务 4-11　2023 年 12 月 31 日，东方股份有限公司在固定资产清查中，发现盘亏一台电子设备，其账面原值 53 000 元，已提折旧 35 000 元。经调查系已作报废，但尚未进行账务处理，无残值，经批准计入营业外支出。

任务分析： 根据固定资产盘点表，结转盘亏固定资产的账面价值，借方记“待处理财产损溢”“累计折旧”账户，贷方记“固定资产”账户。

借：待处理财产损溢——待处理固定资产损溢　　18 000
　　累计折旧　　35 000
　　贷：固定资产　　53 000

经批准计入营业外支出，借方记“营业外支出——盘亏损失”账户，贷方记“待处理财产损溢”账户。

借：营业外支出——盘亏损失　　18 000
　　贷：待处理财产损溢——待处理固定资产损溢　　18 000

任务 4-12　2023 年 12 月 31 日，东方股份有限公司某机器设备存在减值现象，其生产的产品不合格率较高。该机器设备原值 100 万元，预计使用寿命 10 年，预计净残值率为 10%，已使用 5 年，未计提过减值准备。如果将该设备转让，转让净所得估计为 20 万元，若继续使用该设备，预计未来现金流量的现值为 40 万元。假定剩余使用寿命和净残值不变。

任务分析：期末对固定资产进行减值测试，计算应计提的固定资产减值准备。该机器设备的可收回金额为转让净所得和预计未来现金流量现值中较高者，即为 40 万元。

截至 12 月 31 日，该设备累计已提折旧为：

累计已提折旧 = 100 ×（1 − 10%）÷ 10 × 5 = 45（万元）

该设备账面价值为 55 万元（100 − 45），高于该设备可收回金额 40 万元，应计提 15 万元的减值准备。

会计人员根据计算结果，借方记“资产减值损失——计提的固定资产减值准备”账户，贷方记“固定资产减值准备”账户。

借：资产减值损失——固定资产减值损失　　150 000
　　贷：固定资产减值准备　　150 000

【想一想】

1. 企业是否必须设立固定资产总账、明细账和固定资产卡片？

2. 采用不同的方法对固定资产计提折旧，分别会对企业的资产、费用、利润有何影响？

3. 企业购入固定资产如何作增值税会计处理？

【德技并修】

固定资产加速折旧优惠政策　促进企业转型升级

固定资产加速折旧政策是针对企业在企业所得税纳税申报时进行折旧扣除的一项税收优惠措施。企业的固定资产由于技术进步等原因，确需加速折旧的，可以缩短折旧年限或者采取加速折旧的方法。包括：① 由于技术进步，产品更新换代较快的固定资产；② 常年处于强震动、高腐蚀状态的固定资产。财税〔2014〕75 号规定：对所有行业企业 2014 年 1 月 1 日后新购进的专门用于研发的仪器、设备，单位价值超过 100 万元的，可缩短折旧年限或采取加速折旧的方法。企业缩短折旧年限的，最低折旧年限不得低于企业所得税法实施条例第六十条规定折旧年限的 60%；采取加速折旧方法的，可采取双倍余额递减法或者年数总和法。财税〔2012〕27 号文针对软件产业和集成电路产业制定了专门的加速折旧政策；财税〔2020〕31 号文针对海南自由贸易港也出台了针对性的加速折旧政策……

财政部、国家税务总局颁布面向全行业、特定行业和特定地区的固定资产加速折旧所得税处理政策，不断扩大固定资产加速折旧政策的优惠范围和优惠力度，在降负减税、拉动投资、促进产业升级等方面发挥了重要作用。首先，加速折旧政策对于盈利企业而言，是推动盈利企业及重置固定资产、更新换代产品的重要举措，体现了财税政策的精准性；其次，加速折旧政策可以有效刺激固定资产的生产、消费和投资，客观上起到了拉动投资、刺激生产的经济效果；再者，加速折旧政策不改变国家的整体税收但相当于推迟了企业缴纳所得税的时间，降低了企业税负，有利于缓解企业短期资金压力，增强企业的融资能力，促进固定资产更新与产业转型升级。

【情境小结】

1. 在建工程业务核算

业务内容		会计处理
自营工程	购买工程物资	借：工程物资 　　应交税费——应交增值税（进项税额） 　　贷：银行存款
	工程领用生产用原材料	借：在建工程 　　贷：原材料
	工程领用工程物资	借：在建工程 　　贷：工程物资
	工程建设期间发生工程人员薪酬	借：在建工程 　　贷：应付职工薪酬
	工程达到预定可使用状态	借：固定资产 　　贷：在建工程

续表

业务内容		会计处理
出包工程	支付工程款	借：在建工程 应交税费——应交增值税（进项税额） 贷：银行存款
	工程达到预定可使用状态	借：固定资产 贷：在建工程
在建工程期末计价		借：资产减值损失——计提在建工程减值准备 贷：在建工程减值准备［按在建工程可回收金额低于其账面价值的差额］

2. 固定资产业务核算

业务内容			会计处理
固定资产取得	外购不需安装固定资产		借：固定资产 应交税费——应交增值税（进项税额） 贷：银行存款
	外购需要安装固定资产	支付购置价款	借：在建工程［按买价加运杂费及相关税费金额］ 应交税费——应交增值税（进项税额） 贷：银行存款
		支付安装费	借：在建工程［按实际支出金额］ 应交税费——应交增值税（进项税额） 贷：银行存款
		交付使用	借：固定资产 贷：在建工程
计提固定资产折旧			借：制造费用 / 管理费用 / 销售费用等 贷：累计折旧
固定资产后续支出	固定资产改建、扩建或改良支出	将固定资产转入改、扩建工程	借：在建工程 累计折旧 固定资产减值准备 贷：固定资产
		支付工程价款	借：在建工程［按实际支出金额］ 应交税费——应交增值税（进项税额） 贷：银行存款 / 应付职工薪酬 / 原材料等
		改、扩建工程达到预定可使用状态	借：固定资产 贷：在建工程

续表

<table>
<tr><th colspan="2">业务内容</th><th>会计处理</th></tr>
<tr><td>固定资产后续支出</td><td>固定资产修理</td><td>借：管理费用 / 销售费用 / 制造费用等
　　应交税费——应交增值税（进项税额）
　　贷：银行存款
　　　　原材料
　　　　应付职工薪酬等</td></tr>
<tr><td rowspan="5">处置固定资产业务</td><td>将出售、报废固定资产转入清理</td><td>借：固定资产清理
　　累计折旧
　　固定资产减值准备
　　贷：固定资产</td></tr>
<tr><td>支付固定资产清理费用</td><td>借：固定资产清理
　　应交税费——应交增值税（进项税额）
　　贷：银行存款</td></tr>
<tr><td>取得固定资产处置收入</td><td>借：银行存款 / 原材料等
　　贷：固定资产清理
　　　　应交税费——应交增值税（销项税额）</td></tr>
<tr><td>结算固定资产清理净损益</td><td>净收益：
借：固定资产清理
　　贷：资产处置损益 / 营业外收入——非流动资产处置利得
净损失：
借：资产处置损益 / 营业外支出——非常损失
　　贷：固定资产清理</td></tr>
<tr><td colspan="2">固定资产盘亏业务</td><td>盘亏时：
借：待处理财产损溢——待处理固定资产损溢
　　累计折旧
　　固定资产减值准备
　　贷：固定资产
经批准处理时：
借：其他应收款［保险赔款或责任人赔款］
　　营业外支出——盘亏损失
　　贷：待处理财产损溢——待处理固定资产损溢</td></tr>
<tr><td colspan="2">固定资产盘盈业务</td><td>借：固定资产
　　贷：以前年度损益调整</td></tr>
<tr><td colspan="2">固定资产发生减值</td><td>借：资产减值损失——固定资产减值损失
　　贷：固定资产减值准备［按固定资产可回收金额低于其账面价值的差额］</td></tr>
</table>

学习情境 5

投资业务核算

【职业能力目标】

知识目标

- 了解投资业务的划分依据及类别
- 理解以公允价值计量且其变动计入当期损益的金融资产、以摊余成本计量的金融资产、以公允价值计量且其变动计入其他综合收益的金融资产、长期股权投资的确认条件
- 掌握以公允价值计量且其变动计入当期损益的金融资产、以摊余成本计量的金融资产、以公允价值计量且其变动计入其他综合收益的金融资产、长期股权投资业务的账务处理流程和核算方法

能力目标

- 能正确地填制与审核款项支付申请单、证券交割单、各类与投资活动相关的计算表等业务单据
- 能根据交易性金融资产、以摊余成本计量的金融资产、以公允价值计量且其变动计入其他综合收益的金融资产、长期股权投资业务准确地编制记账凭证，登记相关明细账、总账

素养目标

- 培养证券投资风险管理意识，严格遵守资本市场的相关法律法规，促进社会和谐与团结
- 培养爱岗敬业、主动参与、团结协作的意识，参与证券投资部门投资项目可行性评估工作，树立投资风险意识

【工作任务与学习子情境】

工作任务	学习子情境
金融资产的概念及分类 取得交易性金融资产业务的核算 交易性金融资产的现金股利与利息业务核算 交易性金融资产持有期间公允价值变动的业务核算 处置交易性金融资产业务核算 转让金融商品应交增值税的处理	以公允价值计量且其变动计入当期损益的金融资产的核算
取得以摊余成本计量的金融资产业务核算 以摊余成本计量的金融资产利息调整业务核算 处置以摊余成本计量的金融资产业务核算	以摊余成本计量的金融资产的核算
取得以公允价值计量且其变动计入其他综合收益的金融资产业务核算 以公允价值计量且其变动计入其他综合收益的金融资产利息调整业务核算 以公允价值计量且其变动计入其他综合收益的金融资产持有期间公允价值变动的业务核算 处置以公允价值计量且其变动计入其他综合收益的金融资产业务核算	以公允价值计量且其变动计入其他综合收益的金融资产的核算
长期股权投资概述 长期股权投资的初始计量 长期股权投资的后续计量 长期股权投资核算方法转换与处置 长期股权投资减值	长期股权投资的核算

投资是企业为增加财富或谋求其他利益，而将其资产让渡给其他单位从而获得另一项资产的行为。企业的投资分为广义和狭义的投资。广义的投资包括债权性投资、权益性投资、期货投资、房地产投资、固定资产投资等。狭义的投资一般包括权益性投资和债权性投资。

学习子情境5.1　以公允价值计量且其变动计入当期损益的金融资产的核算

【情境引例】

2023 年 6 月 20 日，东方股份有限公司委托某证券公司从上海证券交易所购入 A 上市公司股票 100 万股，并将其划分为以公允价值计量且其变动计入当期损益的金融资产。该笔股票投资在购买日的公允价值为 1 000 万元，另支付相关交易费用金额为 2.8 万元（未取得增值税专用发票）。相关单据见表 5–1、表 5–2。

表5–1

东方股份有限公司款项支付申请单

时间：2023 年 06 月 20 日

申请使用部门：投资部	
申请支付单位：财务部	
支付账号：33011809032591　　支付方式：转账	
款项支付事项：通过证券市场购买A公司股票	
支付金额（大写）：壹仟零贰万捌仟元整	小写：¥10 028 000.00
备注	

经办人：黄兴　　部门主管：李俊　　审核：刘一　　审批：林峰

表5–2

上海证券中央登记结算公司

日期：2023 年 06 月 20 日　　过户交割单　　买

股东编号	××	成交证券	A
电脑编号	××	成交数量	1 000 000
公司名称	东方股份有限公司	成交价格	10
申报编号	1234	成交金额	10 000 000
申报时间	14:32:10	佣　金	28 000
成交时间	14:32:12	过户费	略
上次余额		印花税	
本次成交		应付金额	
本次余额	10 000（手）	附加费用	10 028 000
本次库存		实收金额	

（印章：××证券有限公司 业务专用章）

经办单位：××证券公司　　客户签章：东方股份有限公司

【工作过程与岗位对照图】

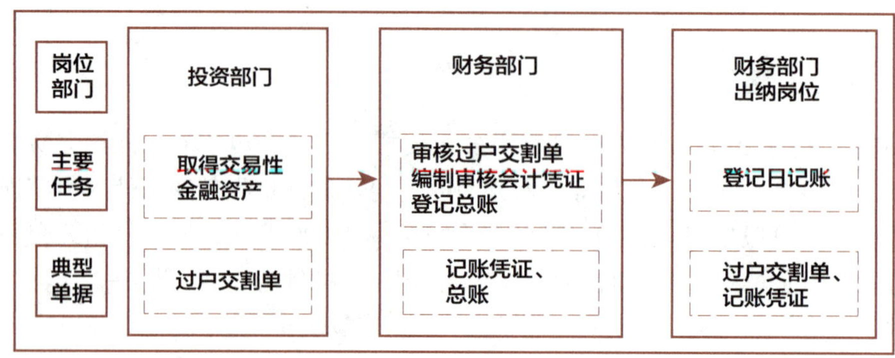

【知识准备】

一、金融资产的概念及分类

（一）金融资产的概念

金融资产，是指企业持有的现金、其他方的权益工具以及符合下列条件之一的资产：

（1）从其他方收取现金或其他金融资产的合同权利。例如，银行存款、应收账款等。预付账款不属于金融资产。

（2）在潜在有利条件下，与其他方交换金融资产或金融负债的合同权利。例如，买入看涨期权或看跌期权。

（二）金融资产分类的标准

企业应当根据企业管理金融资产的业务模式和金融资产的合同现金流量特征，将金融资产进行分类。

1. 企业管理金融资产的业务模式

企业管理金融资产的业务模式，是指企业如何管理其金融资产以产生现金流量。业务模式决定企业所管理金融资产现金流量的来源是收取合同现金流量、出售金融资产还是两者兼有。

2. 金融资产的合同现金流量特征

金融资产的合同现金流量特征，是指金融工具合同约定的、反映相关金融资产经济特征的现金流量属性。如果一项金融资产在特定日期产生的合同现金流量仅为对本金和以未偿付本金金额为基础的利息的支付（即符合“本金加利息的合同现金流量特征”），则该金融资产的合同现金流量特征与基本借贷安排一致。

（三）金融资产的具体分类

1. 以摊余成本计量的金融资产

金融资产同时符合下列条件的，应当分类为以摊余成本计量的金融资产：

（1）企业管理该金融资产的业务模式是以收取合同现金流量为目标。

（2）该金融资产的合同条款规定，在特定日期产生的现金流量，仅为对本金和未偿付本金金额为基础的利息支付。

例如，银行向企业客户发放的固定利率贷款；普通债券；企业正常商业往来形成的应收账款。

2. 以公允价值计量且其变动计入其他综合收益的金融资产

以公允价值计量且其变动计入其他综合收益的金融资产应同时满足下列条件：

（1）企业管理该金融资产的业务模式既以收取合同现金流量为目标，又以出售该金融资产为目标。

（2）该金融资产的合同条款规定，在特定日期产生的现金流量，仅为对本金和未偿付本金金额为基础的利息的支付。

3. 以公允价值计量且其变动计入当期损益的金融资产

除前两种金融资产以外的金融资产，应当分类为以公允价值计量且其变动计入当期损益的金融资产。例如：企业持有的股票、基金等投资产品通常应当分类为以公允价值计量且其变动计入当期损益的金融资产（简称“交易性金融资产”）。

二、取得交易性金融资产业务的核算

企业取得交易性金融资产，应当按照该金融资产取得时的公允价值，借记“交易性金融资产——成本”账户，按照发生的交易费用，借记“投资收益”账户，发生交易费用取得增值税专用发票的，按其注明的增值税进项税额，借记“应交税费——应交增值税（进项税额）”账户，按照实际支付的金额，贷记“银行存款”等账户。

企业取得交易性金融资产所支付价款中包含了已宣告但尚未发放的现金股利或已到付息期但尚未领取的债券利息，应当单独确认为应收项目。

三、交易性金融资产的现金股利与利息业务核算

企业持有交易性金融资产期间对于被投资单位宣告发放的现金股利，或企业在资产负债表日按分期付息、一次还本债券投资的票面利率计算的利息收入，应当确认为应收项目，并计入投资收益。

企业在持有交易性金融资产的期间，确认被投资单位宣告发放的现金股利，或在资产负债表日按分期付息、一次还本债券投资的票面利率计算的利息收入，借记“应收股利”或“应收利息”账户，贷记“投资收益”账户。

四、交易性金融资产持有期间公允价值变动的业务核算

资产负债表日，交易性金融资产应当按照公允价值计量，公允价值与账面余额

之间的差额计入当期损益。

企业应当在资产负债表日按照交易性金融资产公允价值高于其账面余额的差额，借记“交易性金融资产——公允价值变动”账户，贷记“公允价值变动损益”账户；公允价值低于其账面余额的差额作相反的会计分录，借记“公允价值变动损益”账户，贷记“交易性金融资产——公允价值变动”账户。

五、处置交易性金融资产业务核算

企业出售交易性金融资产，应当按照实际收到的金额，借记“银行存款”等账户，按照该金融资产的账面余额的成本部分，贷记“交易性金融资产——成本”账户，按照该金融资产的账面余额的公允价值变动部分，贷记或借记“交易性金融资产——公允价值变动”账户，按照其差额，贷记或借记“投资收益”账户。

六、转让金融商品应交增值税的处理

金融商品转让按照卖出价扣除买入价（不需要扣除已宣告未发放现金股利和已到付息期未领取的利息）后的余额作为销售额计算增值税，即转让金融商品按盈亏相抵后的余额为销售额。

转让金融资产当月月末，如产生转让收益，则按应纳税额，借记“投资收益”等账户，贷记“应交税费——转让金融商品应交增值税”账户；如产生转让损失，则按可结转下月抵扣税额，借记“应交税费——转让金融商品应交增值税”账户，贷记“投资收益”等账户。

年末，如果“应交税费——转让金融商品应交增值税”账户有借方余额，应借记“投资收益”等账户，贷记“应交税费——转让金融商品应交增值税”账户，将“应交税费——转让金融商品应交增值税”账户的借方余额转出（本年度的金融资产转让损失不可转入下年度继续抵减转让金融资产的收益）。

【案例分析】

东方股份有限公司 2023 年 9 月 1 日以 100 000 元的价格购入新华公司的股票 20 000 股，另支付手续费 100 元，公司将其划分为交易性金融资产，并根据 2023 年 12 月 31 日的公允价值 6 元 / 股，确认了当期利润 20 000 元。小张在东方股份有限公司财务处实习，认为公司并未将该股票出售而且也未收到相应的股利，所以当期应该没有利润可以确认。

分析思考：你如何理解该项业务的会计处理？

【课堂活动】

1. 以游戏的形式随机或按照自由组合方式将班级学生分成若干小组（5~6 人为一组），不同的小组分别扮演投资部经办人员、审核人员，财务部门出纳人员和会计人员等工作岗位角色。

2. 各小组讨论，模拟企业交易性金融资产业务的操作流程，并分析如何履行本工作岗位的职责。每位同学都要参与。

3. 每个小组推荐一位代表汇报本组任务完成情况，并说明解决相关问题的思路和方法。其他小组同学对其汇报进行评分。

4. 角色互换，完成上述工作。

5. 每个小组将汇报情况形成文字资料，并上交授课教师评阅。

【职业判断与业务操作】

实训目标：根据本学习子情境引例，熟练掌握交易性金融资产业务的核算方法。

操作步骤：

（1）设置“交易性金融资产”账户。“交易性金融资产”账户，用于核算企业为交易目的所持有的股票投资、债券投资、基金投资等交易性金融资产的公允价值。该账户的借方登记交易性金融资产的取得成本、资产负债表日其公允价值高于账面余额的差额等；贷方登记资产负债表日其公允价值低于账面余额的差额，以及企业出售交易性金融资产时结转的成本和公允价值变动损益；期末余额在借方，表示期末企业持有的交易性金融资产的公允价值。企业应按照交易性金融资产的类别和品种，分别设置“成本”“公允价值变动”等明细账户。

（2）设置“公允价值变动损益”账户。“公允价值变动损益”账户用于核算企业交易性金融资产等公允价值变动而形成的应计入当期损益的利得和损失。该账户的贷方登记资产负债表日企业持有的交易性金融资产等的公允价值高于账面价值的差额；借方登记资产负债表日企业持有的交易性金融资产等的公允价值低于账面价值的差额；期末，应将本账户的余额转入“本年利润”账户，结转后本账户没有余额。

（3）记录经济业务。按取得该笔股票的公允价值记入“交易性金融资产——成本”账户，按发生的交易费用，借记“投资收益”账户，按已到付息期但尚未领取的利息或已宣告但尚未发放的现金股利，借记“应收利息”或“应收股利”账户，按实际支付的金额，贷记“银行存款”账户。会计分录：

借：交易性金融资产——成本　　10 000 000

　　投资收益　　28 000

　　贷：银行存款　　10 028 000

【典型任务举例】

东方股份有限公司 2023 年发生交易性金融资产业务如下：

任务 5-1　东方股份有限公司 4 月 1 日购入乙公司股票，将其划分为以公允价值计量且其变动计入当期损益的金融资产，支付价款 101 万元，其中含已宣告尚未发放的现金股利1万元，另支付交易费用5万元，取得增值税专用发票上注明的增值税税额为0.3万元。乙公司股权登记日为4月2日，股利发放日为4月20日。

任务分析： 取得交易性金融资产时，按取得的公允价值记入“交易性金融资产——成本”账户，按发生的交易费用，借记“投资收益”账户，支付价款中包含的已宣告尚未发放的现金股利借记“应收股利”账户，按准予抵扣的进项税额借记“应交税费——应交增值税（进项税额）”账户，按实际支付的金额，贷记“银行存款”账户。

（1）4月1日，购入股票时：

借：交易性金融资产——成本　　1 000 000
　　应收股利　　10 000
　　投资收益　　50 000
　　应交税费——应交增值税（进项税额）　　3 000
　　贷：银行存款　　1 063 000

（2）4月20日，收到股利时：

借：银行存款　　10 000
　　贷：应收股利　　10 000

任务5-2　6月30日，乙公司股票的公允价值为110万元。

任务分析： 乙公司股票公允价值发生变化时，投资方需要将交易性金融资产的账面价值调整为公允价值，公允价值上升时应借记“交易性金融资产——公允价值变动”账户，贷记“公允价值变动损益”账户。

借：交易性金融资产——公允价值变动　　100 000
　　贷：公允价值变动损益　　100 000

任务5-3　8月5日，乙公司宣告分派现金股利，东方股份有限公司应收现金股利2万元。该股利于8月15日发放。

任务分析： 乙公司宣告分派现金股利时，投资方应确认股利收益，借记“应收股利”账户，贷记“投资收益”账户。收到股利时，应借记“银行存款”账户，贷记“应收股利”账户。

（1）8月5日，宣告分派现金股利时：

借：应收股利　　20 000
　　贷：投资收益　　20 000

（2）8月15日，收到股利时：

借：银行存款　　20 000
　　贷：应收股利　　20 000

任务5-4　12月31日，乙公司股票公允价值为70万元。2024年1月10日东方股份有限公司出售所持乙公司全部股份，总售价 120 万元，转让金融商品适用增值税税率为 6%。

任务分析：乙公司股票公允价值发生变化时，投资方需要将交易性金融资产的账面价值调整为公允价值，公允价值下降时应借记“公允价值变动损益”账户，贷记“交易性金融资产——公允价值变动”账户；处置金融资产时，应确认交易性金融资产的处置损益，记入“投资收益”账户，同时确认转让金融资产应交增值税。

（1）2023 年 12 月 31 日，确认乙公司股票公允价值变动：

借：公允价值变动损益　　400 000

　　贷：交易性金融资产——公允价值变动　　400 000

（2）2024 年 1 月 10 日，出售股票：

借：银行存款　　1 200 000

　　交易性金融资产——公允价值变动　　300 000

　　贷：交易性金融资产——成本　　1 000 000

　　　　投资收益　　500 000

（3）2024 年 1 月 10 日转让交易性金融资产应交增值税 =［售价 − 买价（不得剔除包含的已宣告未发放股利及已到期未收到的利息］÷（1 + 6%）× 6% =（120 − 101）÷（1 + 6%）× 6% = 1.075 5（万元）。

借：投资收益　　10 755

　　贷：应交税费——转让金融商品应交增值税　　10 755

【想一想】

1. 交易性金融资产在处置前，其公允价值与账面余额之间的差额是否可以计入当期损益？为什么？

2. 取得交易性金融资产时，支付的价款中包含的已宣告但尚未发放的现金股利或者已到付息期但尚未领取的利息应如何处理？为什么？

学习子情境5.2　以摊余成本计量的金融资产的核算

【情境引例】

东方股份有限公司于 2023 年 1 月 1 日以 103 900 元（含交易费用）的价格购入 ABC 股份有限公司 2023 年 1 月 1 日发行的三年期到期还本付息债券，债券年利率为 5.4%，面值为 100 000 元，利息于每半年的资产负债表日计算计提，到期一次还本付息，相关资料见表 5-3、表 5-4。

表5-3

公司债券交易协议

经洽谈达成以下协议：东方股份有限公司以 103 900 元购入 ABC 股份有限公司发行的公司债券，该债券为 ABC 股份有限公司于 2023 年 1 月 1 日发行，面值 10 万元，票面利率 5.4%，债券到期一次还本付息。

其他法律事宜略。

……

甲企业（公章）：东方股份有限公司
法人代表（签章）：孙峰
2023 年 1 月 1 日

乙企业（公章）：ABC 股份有限公司
法人代表（签章）：张华
2023 年 1 月 1 日

表5-4

东方股份有限公司款项支付申请单

时间：2023 年 01 月 01 日

申请使用部门：投资部	
申请支付单位：财务部	
支付账号：33011809032591	支付方式：转账
款项支付事项：购买ABC股份有限公司债券	
支付金额（大写）：壹拾万叁仟玖佰元整	小写：￥103 900.00
备注	

经办人：黄兴　　部门主管：李俊　　审核：刘一　　审批：林峰

【工作过程与岗位对照图】

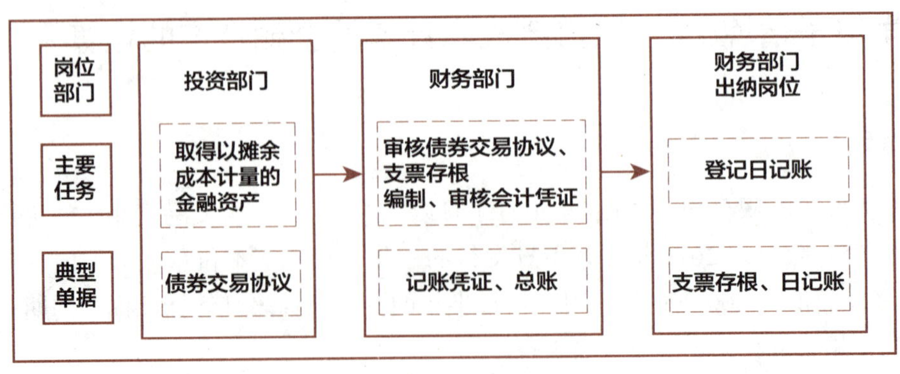

【知识准备】

金融资产同时符合下列条件的，应当分类为以摊余成本计量的金融资产：

（1）企业管理该金融资产的业务模式是以收取合同现金流量为目标。

（2）该金融资产的合同条款规定，在特定日期产生的现金流量，仅为对本金和未偿付本金金额为基础的利息支付。

例如：银行向企业客户发放的固定利率贷款、普通债券、企业正常商业往来形成的应收账款。

【案例分析】

华夏公司是一家综合性商贸集团公司，注册资金人民币 6 000 万元，资产总值为 9 500 万元，下属有一个控股的汽车销售公司和一个大型超市，投资比例均在 55% 以上。2023 年年初在投资顾问的建议下，公司又以一部分闲置资金购入二级市场的股票，该股票可随时在证券市场交易；购入万达公司发行的五年期债券；购入国家发行的三年期的国债。以上投资每年都可获得相应的回报。

分析思考：

1. 华夏公司以上所进行的活动属于什么活动？
2. 该项活动有什么特点，对企业的经营活动有什么影响？

一、取得以摊余成本计量的金融资产业务核算

以摊余成本计量的金融资产应当按取得的公允价值和相关交易费用之和作为初始确认金额。支付的价款中包含的已到付息期但尚未领取的债券利息，应单独确认为应收项目。企业取得以摊余成本计量的金融资产时，关键是确定投资成本。账务处理是：按该投资的面值，借记“债权投资——成本”账户，按支付的价款中包含的已到付息期但尚未领取的利息，借记“应收利息”账户，按实际支付的金额，贷记“银行存款”等账户，按其差额，借记或贷记“债权投资——利息调整”账户。

二、以摊余成本计量的金融资产利息调整业务核算

以摊余成本计量的金融资产在持有期间应当按照摊余成本和实际利率确认利息收入，计入投资收益。

摊余成本指以摊余成本计量的金融资产的初始确认金额扣除偿还的本金，加上或减去采用实际利率法将初始确认金额与到期日金额之间的差额进行摊销形成的累计摊销额，扣除该金融资产发生的减值损失或无法收回的金额（仅适用于金融资产）。

实际利率，是指将金融资产或金融负债在预计存续期的估计未来现金流量，折现为该金融资产账面余额或该金融负债摊余成本所使用的利率。

资产负债表日，应当计算应收利息和利息收入，公式如下：

应收利息 = 以摊余成本计量的金融资产面值 × 票面利率 × 期限　　（5.1）

$$\text{利息收入} = \text{期初金融资产账面摊余成本（即账面价值）} \times \text{实际利率} \times \text{期限} \quad (5.2)$$

以摊余成本计量的金融资产为分期付息、一次还本债券投资的，应按票面利率计算确定的应收未收利息，借记“应收利息”账户，按以摊余成本计量的金融资产摊余成本和实际利率计算确定的利息收入，贷记“投资收益”账户，按其差额，借记或贷记“债权投资——利息调整”账户。

以摊余成本计量的金融资产为一次还本付息债券投资的，应于资产负债表日按票面利率计算确定的应收未收利息，借记“债权投资——应计利息”账户，按以摊余成本计量的金融资产摊余成本和实际利率计算确定的利息收入，贷记“投资收益”账户，按其差额，借记或贷记“债权投资——利息调整”账户。

三、处置以摊余成本计量的金融资产业务核算

出售以摊余成本计量的债权投资，应按实际收到的金额，借记“银行存款”等账户，按其账面余额，贷记“债权投资——成本、应计利息”账户，贷记或借记“债权投资——利息调整”账户，按其差额，贷记或借记“投资收益”账户。已计提信用减值准备的，还应同时结转债权投资减值准备。

【课堂活动】

1. 以游戏的形式随机或按照自由组合方式将班级学生分成若干小组（5~6人为一组），不同的小组分别扮演投资部经办人员、审核人员，财务部门出纳人员和会计人员等工作岗位角色。
2. 各小组讨论，模拟企业以摊余成本计量的金融资产业务的操作流程，并分析如何履行本工作岗位的职责。每位同学都要参与。
3. 每个小组推荐一位代表汇报本组任务完成情况，并说明解决相关问题的思路和方法。其他小组同学对其汇报进行评分。
4. 角色互换，完成上述工作。
5. 每个小组将汇报情况形成文字资料，并上交授课教师评阅。

【职业判断与业务操作】

实训目标：根据本学习子情境引例，熟练掌握以摊余成本计量的金融资产业务的核算方法。

操作步骤：

（1）设置“债权投资”账户，用于核算以摊余成本计量的金融资产的取得、利息处理及以摊余成本计量的金融资产的处置。取得以摊余成本计量的金融资产时记入该账户的借方；处置以摊余成本计量的金融资产时记入该账户的贷方；资产负债

表日，按实际利率计算的利息收入与按票面利率计算的应收利息之间的差额记入该账户的借方或贷方。该账户期末借方余额，反映企业以摊余成本计量的金融资产的摊余成本。该账户可按以摊余成本计量的金融资产的类别和品种，分别设置“成本”“利息调整”“应计利息”等明细账户进行明细核算。

（2）记录经济业务。按取得债券的面值记入“债权投资——成本”账户，按支付的价款中包含的已宣告但尚未发放的债券利息，借记“应收利息”账户，按实际支付的金额，贷记“银行存款”账户，按其差额，借记或者贷记“债权投资——利息调整”账户。会计分录如下：

2023 年 1 月 1 日，购入债券：

借：债权投资——成本　　100 000
　　债权投资——利息调整　　3 900
　　贷：银行存款　　103 900

【典型任务举例】

东方股份有限公司 2023—2027 年发生的有关摊余成本计量的金融资产经济业务如下：

任务 5-5　2023 年 1 月 3 日，东方股份有限公司购入乙公司 2023 年 1 月 1 日发行的 5 年期固定利率债券，该债券每年付息一次，最后一年偿还本金并付最后一次利息，票面年利率 12%，债券面值 1 000 元。东方股份有限公司按 1 050 元（含交易费用）的溢价价格购入 800 张，票款以银行存款付讫。东方股份有限公司将其分类为以摊余成本计量的金融资产。

任务分析：企业取得的以摊余成本计量的金融资产时，按其面值借记“债权投资——成本”账户，按支付的价款中包含的已到付息期尚未领取的利息，借记“应收利息”账户，按其支付的价款，贷记“银行存款”账户，按借贷平衡差额，借或贷记“债权投资——利息调整”账户。

（1）2023 年 1 月 3 日，购入乙公司债券：

借：债权投资——成本　　800 000
　　　　　　——利息调整　　40 000
　　贷：银行存款　　840 000

（2）2023 年 1 月 3 日，债权投资的摊余成本 = 800 000 + 40 000 = 840 000（元）。

任务 5-6　2023 年 12 月 31 日，确认乙公司债券实际利息收入。

任务分析：以摊余成本计量的金融资产应按实际利率确认利息收入。确认分期付息、到期还本债券的利息收入时，按票面利率计算确定的应收未收利息，借记“应收利息”账户，按摊余成本和实际利率计算确定的利息收入贷记“投资收益”账户，按借贷方差额，借记或贷记“债权投资——利息调整”账户。

（1）确认利息收入时：

令实际利率为 i，则：840 000 = 800 000 ×（P/F，i，5）+ 96 000 ×（P/A，i，5），经插值法求解，可得：实际利率 i = 10.66%。

利息收入 = 摊余成本 × 实际利率

= 840 000 × 10.66%

= 89 544（元）

借：应收利息　　96 000

　　贷：债权投资——利息调整　　6 456

　　　　投资收益　　89 544

（2）收到债券利息时：

借：银行存款　　96 000

　　贷：应收利息　　96 000

（3）2023 年 12 月 31 日债权投资的摊余成本 = 840 000 − 6 456 = 833 544（元）

任务 5-7　2024 年 12 月 31 日，确认乙公司债券实际利息收入。

任务分析：以摊余成本计量的金融资产应按实际利率确认利息收入，确认分期付息、到期还本债券的利息收入时，按票面利率计算确定的应收未收利息，借记“应收利息”账户，按摊余成本和实际利率计算确定的利息收入贷记“投资收益”账户，按借贷方差额，借记或贷记“债权投资——利息调整”账户。

（1）确认利息收入时：

借：应收利息　　96 000

　　贷：债权投资——利息调整　　7 144.21

　　　　投资收益　　88 855.79（833 544 × 10.66%）

（2）收到债券利息时：

借：银行存款　　96 000

　　贷：应收利息　　96 000

（3）2024 年 12 月 31 日债权投资的摊余成本 = 833 544 − 7 144.21 = 826 399.79（元）

任务 5-8　2025 年 12 月 31 日，确认乙公司债券实际利息收入。

任务分析：同任务 5-7。

（1）确认利息收入时：

借：应收利息　　96 000

　　贷：债权投资——利息调整　　7 905.78

　　　　投资收益　　88 094.22（826 399.79 × 10.66%）

（2）收到债券利息时：

借：银行存款 96 000

　　贷：应收利息 96 000

（3）2025年12月31日债权投资的摊余成本＝826 399.79－7 905.78＝818 494.01（元）

任务5-9 2026年12月31日，确认乙公司债券实际利息收入。

任务分析：同任务5-7。

（1）确认利息收入时：

借：应收利息 96 000

　　贷：债权投资——利息调整 8 748.54

　　　　投资收益 （818 494.01×10.66%）87 251.46

（2）收到债券利息时：

借：银行存款 96 000

　　贷：应收利息 96 000

（3）2026年12月31日债权投资的摊余成本＝818 494.01－8 748.54＝809 745.47（元）

任务5-10 2027年12月31日，确认乙公司债券实际利息收入并收回本金及最后一期的利息。

任务分析：以摊余成本计量的金融资产到期，实际收回本息时，按实际收到的金额借记“银行存款”账户，按其账面余额贷记“债权投资——成本、应计利息”账户，借或贷记“债权投资——利息调整”账户，按借贷方差额，借或贷记“投资收益”账户。

（1）确认利息收入时：

借：应收利息 96 000

　　贷：债权投资——利息调整 9 745.47

　　　　投资收益 86 254.53

（2）收回债券本息时：

借：银行存款 896 000

　　贷：债权投资——成本 800 000

　　　　应收利息 96 000

【想一想】

企业以不同的价格购入长期债券（划分为以摊余成本计量的金融资产），其决定因素是什么？利息调整的实质是什么？

学习子情境5.3　以公允价值计量且其变动计入其他综合收益的金融资产的核算

【情境引例】

东方股份有限公司于2023年1月1日以1 200万元的价格购入三鑫股份有限公司同日发行的面值1 000万元、票面利率10%、五年内到期、每年年末付息一次的债券，公司将其划分为以公允价值计量且其变动计入其他综合收益的金融资产，相关资料见表5-5、表5-6。

表5-5

公司债券交易协议

经洽谈达成以下协议：东方股份有限公司以1 200万元购入三鑫股份有限公司发行的公司债券，该债券为三鑫公司于2023年1月1日发行，面值1 000万元，票面利率10%，每年年末付息，到期还本。

其他法律事宜略。

……

甲企业（公章）：东方股份有限公司　　　　乙企业（公章）：三鑫股份有限公司

法人代表（签章）：孙峰　　　　法人代表（签章）：季海

2023年1月1日　　　　2023年1月1日

表5-6

东方股份有限公司款项支付申请单

时间：2023年01月01日

申请使用部门：投资部	
申请支付单位：财务部	
支付账号：33011809032591　　支付方式：转账	
款项支付事项：购买三鑫股份有限公司债券	
支付金额（大写）：壹仟贰佰万元整	小写：￥12 000 000.00
备注	

经办人：黄兴　　部门主管：李俊　　审核：刘一　　审批：林峰

【工作过程与岗位对照图】

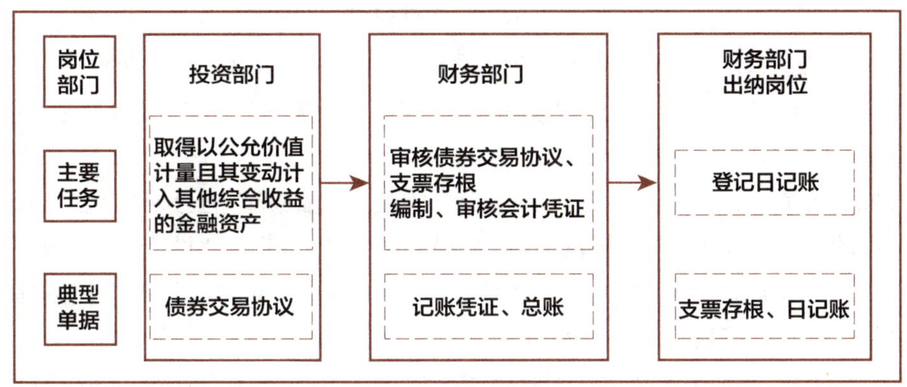

【知识准备】

金融资产同时满足下列条件的，应当划分为以公允价值计量且其变动计入其他综合收益的金融资产。

（1）企业管理该金融资产的业务模式既以收取合同现金流量为目标，又以出售该金融资产为目标。

（2）该金融资产的合同条款规定，在特定日期产生的现金流量，仅为对本金和未偿付本金金额为基础的利息的支付。

【案例分析】

东方股份有限公司从公开市场购入华夏股份公开发行的债券 10 000 份，管理层决定在持债期间收取固定的债券利息，同时在恰当有利的时机择机出售。

分析思考： 根据企业会计准则的相关规定，上述公司所持有的华夏股份发行的债券应归为哪类金融资产核算？

一、取得以公允价值计量且其变动计入其他综合收益的金融资产业务核算

以公允价值计量且其变动计入其他综合收益的金融资产应当按取得的公允价值和相关交易费用之和作为初始确认金额。支付的价款中包含的已到付息期但尚未领取的债券利息，应单独确认为应收项目。账务处理是：按该投资的面值，借记“其他债权投资——成本”账户，按支付的价款中包含的已到付息期但尚未领取的利息，借记“应收利息”账户，按实际支付的金额，贷记“银行存款”等账户，按其差额，借记或贷记“其他债权投资——利息调整”账户。

二、以公允价值计量且其变动计入其他综合收益的金融资产利息调整业务核算

以公允价值计量且其变动计入其他综合收益的金融资产在持有期间应当按照摊余成本和实际利率确认利息收入，计入投资收益。

资产负债表日，应当计算应收利息和利息收入，公式如下：

$$应收利息 = 以公允价值计量且其变动计入其他综合收益的金融资产面值 \times 票面利率 \times 期限 \quad (5.3)$$

$$利息收入 = 期初金融资产账面摊余成本 \times 实际利率 \times 期限 \quad (5.4)$$

以公允价值计量且其变动计入其他综合收益的金融资产的摊余成本为不包括公允价值变动明细科目的账面价值。

以公允价值计量且其变动计入其他综合收益的金融资产为分期付息、一次还本债券投资的，应按票面利率计算确定的应收未收利息，借记“投资收益”账户，按其摊余成本和实际利率计算确定的利息收入，贷记“投资收益”账户，按其差额，借记或贷记“其他债权投资——利息调整”账户。

以公允价值计量且其变动计入其他综合收益的金融资产为一次还本付息债券投资的，应于资产负债表日按票面利率计算确定的应收未收利息，借记“其他债权投资——应计利息”账户，按其摊余成本和实际利率计算确定的利息收入，贷记“投资收益”账户，按其差额，借记或贷记“其他债权投资——利息调整”账户。

三、以公允价值计量且其变动计入其他综合收益的金融资产持有期间公允价值变动的业务核算

资产负债表日，以公允价值计量且其变动计入其他综合收益的金融资产的公允价值高于其账面余额的差额，借记“其他债权投资——公允价值变动”账户，贷记“其他综合收益——其他债权投资公允价值变动”账户。公允价值低于其账面余额的差额作相反的会计分录。

确定以公允价值计量且其变动计入其他综合收益的金融资产发生减值的，应按减记的金额，借记“信用减值损失”账户，贷记“其他综合收益——信用减值准备”账户。

四、处置以公允价值计量且其变动计入其他综合收益的金融资产业务核算

出售以公允价值计量且其变动计入其他综合收益的金融资产，应按实际收到的金额，借记“银行存款”等账户，按其账面余额，贷记“其他债权投资——成本、应计利息”账户，贷记或借记“其他债权投资——公允价值变动、利息调整”账户；按应从其他综合收益中转出的公允价值累计变动额，借记或贷记“其他综合收益——其他债权投资公允价值变动”账户；按应从其他综合收益转出的信用减值准备累计金额，贷记或借记“其他综合收益——信用减值准备”账户，按其差额，贷记或借记“投资收益”账户。

【课堂活动】

1. 将全班同学分成若干小组（5~6人为一组），不同的小组分别扮演投资经办人员、出纳人员、稽核人员、财务主管、投资核算人员等工作岗位角色。

2. 各小组讨论，模拟企业以公允价值计量且其变动计入其他综合收益的金融资产业务的操作流程并分析如何履行本工作岗位的职责。

3. 每个小组推荐一位代表汇报本组任务完成情况，并说明解决相关问题的思路和方法。其他小组同学对其汇报进行评分。

4. 角色互换，完成上述工作。

5. 每个小组将汇报情况形成文字资料，并上交授课教师评阅。

【职业判断与业务操作】

实训目标：根据本学习子情境引例，熟练掌握以公允价值计量且其变动计入其他综合收益的金融资产取得业务的核算方法。

操作步骤：

（1）设置“其他债权投资”账户。企业财务部门负责投资核算的会计按其类别和品种，分别“成本”“利息调整”“应计利息”“公允价值变动”等开设明细账，填写账簿启用登记及交接表。

（2）计算其他债权投资的投资成本。

投资成本 = 买价 + 相关税费 =1 200（万元）。

（3）记录经济业务。投资核算员依据审核无误的原始凭证确认“其他债权投资”增加 1 200 万元，“银行存款”减少 1 200 万元。会计分录如下：

借：其他债权投资——成本　　10 000 000

　　　　　　　　——利息调整　　2 000 000

　贷：银行存款　　12 000 000

【典型任务举例】

任务 5-11　2023 年 1 月 1 日，东方股份有限公司支付价款 1 000 万元（含交易费用）从上海证券交易所购入 A 公司同日发行的 5 年期公司债券 12 500 份，债券票面价值总额为 1 250 万元，票面年利率为 4.72%，于年末支付本年度债券利息（即每年利息为 59 万元），本金在债券到期时一次性偿还。东方股份有限公司根据其管理该债券的业务模式和该债券的合同现金流量特征，将该债券分类为以公允价值计量且其变动计入其他综合收益的金融资产。假定不考虑所得税、减值损失等因素。

任务分析：东方股份有限公司应按该投资的面值，借记“其他债权投资——成本”账户，按实际支付的金额，贷记“银行存款”等账户，按其差额，贷记“其他债权投资——利息调整”账户（单位：万元）。

借：其他债权投资——成本　　1 250

贷：银行存款 1 000

其他债权投资——利息调整 250

任务 5-12 2023 年 12 月 31 日，确认 A 公司债券实际利息收入、收到债券利息。

任务分析：东方股份有限公司应按照实际利率法确认利息收入，借记“应收利息”账户，贷记“投资收益”账户，借贷方差额记入“其他债权投资——利息调整”账户。收到利息时，借记“银行存款”账户，贷记“应收利息”账户。

（1）确认利息收入（单位：万元）。

计算该债券的实际利率：$59\times(P/A,\ r,\ 5)+1\ 250\times(P/F,\ r,\ 5)=1\ 000$，倒求折现率的，利用插值法可得 10%。

借：应收利息 59

其他债权投资——利息调整 41

贷：投资收益 100

（2）收到利息时：

借：银行存款 59

贷：应收利息 59

任务 5-13 2023 年 12 月 31 日，A 公司债券的公允价值为 1 200 万元（不含利息）。东方股份有限公司确认 A 公司债券公允价值变动（单位：万元）。

任务分析：12 月 31 日前，该债券的账面余额 =1 250−250+41=1 041（万元），资产负债表日公允价值为 1 200 万元，上升了 159 万元。

借：其他债权投资——公允价值变动 159

贷：其他综合收益——其他债权投资公允价值变动 159

任务 5-14 2024 年 12 月 31 日，确认 A 公司债券实际利息收入，收到债券利息（单位：万元）。

任务分析：

借：应收利息 59

其他债权投资——利息调整 45

贷：投资收益 104

借：银行存款 59

贷：应收利息 59

任务 5-15 2024 年 12 月 31 日，A 公司债券的公允价值为 1 300 万元（不含利息）。东方股份有限公司确认 A 公司债券公允价值变动（单位：万元）。

任务分析：

借：其他债权投资——公允价值变动 55

贷：其他综合收益——其他债权投资公允价值变动 55

任务 5-16　2025 年 12 月 31 日，确认 A 公司债券实际利息收入，收到债券利息（单位：万元）。

任务分析：

借：应收利息　59

　　其他债权投资——利息调整　50

　　贷：投资收益　109

借：银行存款　59

　　贷：应收利息　59

任务 5-17　2025 年 12 月 31 日，A 公司债券的公允价值为 1 250 万元（不含利息）。东方股份有限公司确认 A 公司债券公允价值变动（单位：万元）。

任务分析：

借：其他综合收益——其他债权投资公允价值变动　100

　　贷：其他债权投资——公允价值变动　100

任务 5-18　2026 年 12 月 31 日，确认 A 公司债券实际利息收入，收到债券利息（单位：万元）。

任务分析：

借：应收利息　59

　　其他债权投资——利息调整　54

　　贷：投资收益　113

借：银行存款　59

　　贷：应收利息　59

任务 5-19　2026 年 12 月 31 日，A 公司债券的公允价值为 1 200 万元（不含利息）。东方股份有限公司确认 A 公司债券公允价值变动（单位：万元）。

任务分析：

借：其他综合收益——其他债权投资公允价值变动　104

　　贷：其他债权投资——公允价值变动　104

任务 5-20　2027 年 1 月 20 日，通过上海证券交易所出售了 A 公司债券 12 500 份，取得价款 1 260 万元（单位：万元）。

任务分析：

借：银行存款　1 260

　　其他债权投资——利息调整　60

　　其他综合收益——其他债权投资公允价值变动　10

　　贷：其他债权投资——成本　1 250

　　　　　　　　　　——公允价值变动　10

　　　　投资收益　70

【想一想】

1. 以公允价值计量且其变动计入其他综合收益的金融资产有何特点？怎样区分以公允价值计量且其变动计入其他综合收益的金融资产与其他对外投资？

2. 以公允价值计量且其变动计入其他综合收益的金融资产与交易性金融资产、以摊余成本计量的金融资产在初始计量和后续计量方面有何区别？

学习子情境5.4　长期股权投资的核算

【情境引例】

2022 年 2 月 1 日，东方股份有限公司董事会通过决议，从西华股份有限公司购入其所持飞翔有限责任公司 20% 的股份。2 月 10 日，东方股份有限公司已按股权转让协议划转款项，并办妥投资有关手续。取得投资后，东方股份有限公司对飞翔有限责任公司无控制、共同控制或重大影响，且飞翔有限责任公司的股份无活跃市场，公允价值无法可靠计量，相关资料见表 5-7 至表 5-10。

表5-7

东方股份有限公司第一届董事会第五次会议决议（节选）

会议日期：2022 年 2 月 1 日

会议地址：公司五楼会议室

与会董事：李军等 7 人

根据公司业务发展需要，公司董事会审议并通过了《关于购买飞翔有限责任公司股份的议》，并决定：

1. 在遵循公司对外投资内部控制有关制度的前提下，经投资部门予以充分论证后，同意从西华股份有限公司购入其所持飞翔有限责任公司 20% 的股份。

2. 本公司购买飞翔有限责任公司股份符合公司发展战略，并将长期持有。

以上决议公司全体董事一致通过。

董事会成员签字：李军等

东方股份有限公司

2022 年 2 月 1 日

表5-8

东方股份有限公司款项支付申请单

时间：2022 年 2 月 10 日

申请使用部门：投资部	
申请支付单位：财务部	
支付账号：33011809032591 支付方式：转账	
款项支付事项：从西华股份有限公司购入其所持飞翔有限责任公司20%的股份。	
支付金额（大写）：人民币壹仟肆佰万元整	小写：￥14 000 000.00

经办人：黄兴　　部门主管：李俊　　审核：刘一　　审批：林峰

表5-9

股权转让协议（节选）

受让方：东方股份有限公司

转让方：西华股份有限公司

转让方与受让方经过充分协商，在平等自愿的基础上，就转让方飞翔有限责任公司的股权转让给受让方事宜，达成以下协议：

一、转让方西华股份有限公司将其持有的飞翔有限责任公司的 20% 股权，以人民币 1 400 万元的价格转让给受让方东方股份有限公司。

二、受让方东方股份有限公司以其持有的股份，按照公司章程的规定，享有相应的责、权、利。飞翔有限责任公司已宣告的 2021 年度现金股利 200 万元，由受让方东方股份有限公司按照持股比例享有 30 万元。

三、本协议自双方签字盖章后生效。本协议生效后，由公司尽快完成相关的工商登记变更手续。

四、本协议一式三份，转让方、受让方各执一份，并报工商登记机关备案一份。

受让方：东方股份有限公司
法人代表：孙峰 孙峰
账号：工行江城市庆春支行33011809032591
电话：84647272
地址：江城市
签约日期：2022 年 2 月 10 日

转让方：西华股份有限公司
法人代表：吴明虎 吴明虎
账号：建设银行新蓝支行 415555666697136
电话：867336823
地址：新都市果子路 62 号
签约日期：2022 年 2 月 10 日

表5-10

股东持股证明书

东方股份有限公司：

截至 2022 年 2 月 10 日，根据股东名册记载，贵公司持有本公司股份总额的 20%。

飞翔有限责任公司

2022 年 2 月 10 日

【工作过程与岗位对照图】

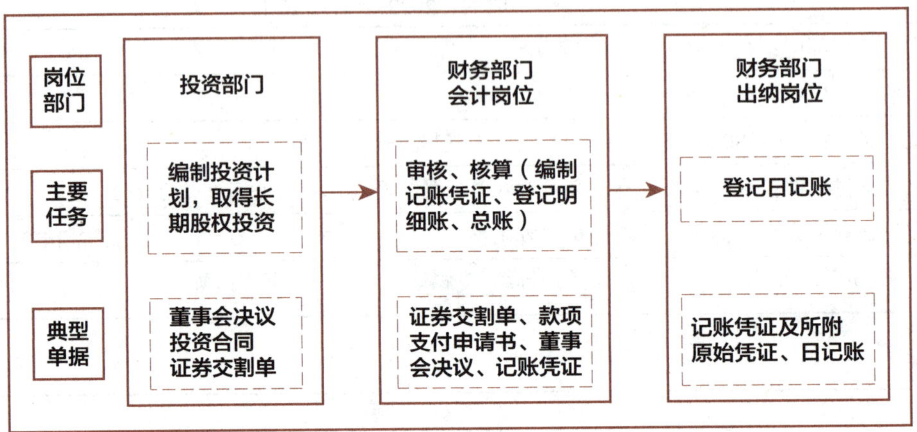

【知识准备】

一、长期股权投资概述

（一）长期股权投资的含义

长期股权投资是指企业持有的对其子公司、合营企业及联营企业的权益性投资。

（二）长期股权投资的三种类型

一是投资企业能够对被投资单位实施控制的权益性投资，即对子公司投资。控制，是指投资方拥有对被投资方的权力，通过参与被投资方的相关活动而享有可变回报，并且有能力运用对被投资方的权力影响其回报金额。

二是投资企业与其他合营方一同对被投资单位实施共同控制的权益性投资，即对合营企业投资。共同控制，是指按照合同约定对某项经济活动所共有的控制，仅在与该项经济活动相关的重要财务和生产经营决策需要分享控制权的投资方一致同意时存在。

三是投资企业对被投资单位具有重大影响的权益性投资，即对联营企业投资。重大影响，是指对一个企业的财务和经营政策有参与决策的权力，但并不决定这些政策。企业能够对被投资单位施加重大影响的，被投资单位为本企业的联营企业。实务中，重大影响通常体现为在被投资单位的董事会或类似权力机构中派有代表，通过在被投资单位生产经营决策制定过程中的发言权实施重大影响。

长期股权投资不同类型比较如表 5-11 所示。

表5-11　长期股权投资不同类型比较

类型	一般判断标准	企业关系	后续计量方法
控制	持股比例在 50% 以上	母子公司关系	成本法
共同控制	以合同、章程为基础	合营企业关系	权益法
重大影响	持股比例在 20%~50% 之间	联营企业关系	权益法

【案例分析】

华西乳制品公司目前所生产的乳制品，品质优良，深受广大消费者喜爱，市场销路好。但由于产能有限，加之所产乳制品所需的原材料供应渠道单一等原因，产量一直上不去，不能保证市场需求，由此导致市场占有份额偏低，企业经济效益近几年未出现明显增长。企业管理层根据企业目前状况，决定抓住现有的良好机遇，增加产能，提高产品的市场占有率。

分析思考：若你是企业的管理者，你可能会选择以下哪个途径呢？一是直接投资新建生产线和原材料供应基地。二是采取控股的方式控制原材料生产企业，保证优质乳源的供应，并通过持股的方式控制或影响其他企业，达到提高产能、提高产品市场占有率的目的。

二、长期股权投资的初始计量

企业合并以外其他方式取得的长期股权投资，其初始计量方法如下：

（1）以支付现金方式取得的长期股权投资，应当按照实际支付的购买价款作为初始投资成本，包括购买过程中支付的手续费等必要支出，但所支付价款中包含的被投资单位已宣告但尚未发放的现金股利或利润应作为“应收股利”单独核算，不计入取得长期股权投资的成本。

（2）以发行权益性证券方式取得的长期股权投资，其成本为所发行权益性证券的公允价值，但不包括应自被投资单位收取的已宣告但尚未发放的现金股利或利润。

（3）投资者投入的长期股权投资，应当按照投资合同或协议约定的价值作为初始投资成本，但合同或协议约定的价值不公允的除外。所谓投资者投入的长期股权投资，是指投资者以其持有的对第三方的投资作为出资投入企业。

三、长期股权投资的后续计量

（一）长期股权投资的成本法

成本法是指长期股权投资的账面价值除初始投资或追加投资外一般不会随被投资单位所有者权益的变动而发生变动。

长期股权投资准则规定，投资方持有的对子公司投资应当采用成本法核算，投资方为投资性主体且子公司不纳入其合并财务报表的除外。

（二）长期股权投资的权益法

权益法是指除初始投资或追加投资增加长期股权投资的账面价值外，长期股权投资的账面价值随被投资单位所有者权益的变动而变动。

长期股权投资准则规定，应当采用权益法核算的长期股权投资包括两类：一是对合营企业投资；二是对联营企业投资。

权益法下长期股权投资的核算程序：

（1）取得长期股权投资或追加投资时，初始投资成本大于投资时应享有被投资单位可辨认净资产公允价值份额的，不调整长期股权投资的初始投资成本；初始投资成本小于投资时应享有被投资单位可辨认净资产公允价值份额的，其差额计入当期损益（营业外收入），同时调整（增）长期股权投资的成本。

（2）资产负债表日（一般为年末），投资企业按照享有的被投资单位实现的净收益的份额（以资产、负债的公允价值为基础计算），确认投资收益并调整（增）长期股权投资的账面价值（损益调整）。若被投资单位发生净亏损（以资产、负债的公允价值为基础计算），投资企业应确认投资损失并调整（减）长期股权投资的账面价值（损益调整），但以长期股权投资的账面价值以及其他实质上构成对被投资单位净投资的长期权益减记至零为限，投资企业负有承担额外损失义务的除外。

（3）资产负债表日（一般为年末），被投资单位其他综合收益增加（减少）引起所有者权益变动的，投资方应按持股比例计算应享有的份额，调整长期股权投资的账面价值（其他综合收益）并确认为其他综合收益。

（4）除净损益、其他综合收益和利润分配外的其他原因导致被投资单位其他所有者权益变动中应享有的份额，投资方应按被投资单位接受投资后所有者权益其他变动额及持股比例计算应享有或应分担的份额，调整长期股权投资的账面价值（其他权益变动）并确认资本公积（其他资本公积）。

（5）被投资单位宣告发放现金股利时，投资方按持股比例计算应得的份额，冲减长期股权投资的账面价值（损益调整）。被投资单位分派的股票股利，投资企业不作账务处理，但应于除权日注明所增加的股数，以反映股份的变化情况。

四、长期股权投资核算方法转换与处置

（一）成本法转换为权益法

视频：长期股权投资成本法取得和持有的核算

因处置投资导致对被投资单位的影响能力由控制转为具有重大影响或是与其他投资方一起实施共同控制的情况下：

首先应按处置或收回投资的比例结转应终止确认的长期股权投资成本。

然后在此基础上，应当比较剩余的长期股权投资成本与按照剩余持股比例计算原投资时应享有被投资单位可辨认净资产公允价值的份额，属于投资作价中体现的商誉部分，不调整长期股权投资的账面价值；属于投资成本小于应享有被投资单

位可辨认净资产公允价值份额的，在调整长期股权投资成本的同时应调整留存收益（属于当期的调整“营业外收入”）。

对于原取得投资时至处置投资时（转为权益法核算）之间被投资单位实现净损益中投资方应享有的份额，一方面应当调整长期股权投资的账面价值，同时，对于原取得投资时至处置投资当期期初被投资单位实现的净损益（扣除已宣告发放的现金股利和利润）中应享有的份额，调整留存收益，对于处置投资当期期初至处置投资之日被投资单位实现的净损益中享有的份额，调整当期损益；在被投资单位其他综合收益变动中应享有的份额，在调整长期股权投资账面价值的同时，应当计入其他综合收益；除净损益、其他综合收益和利润分配外的其他原因导致被投资单位其他所有者权益变动中应享有的份额，在调整长期股权投资账面价值的同时，应当计入资本公积（其他资本公积）。

（二）权益法转换为成本法

因追加投资原因导致原持有的对联营企业或合营企业的投资转变为对子公司投资的，长期股权投资账面价值的调整应当按照企业合并有关规定处理。

（三）长期股权投资的处置

处置长期股权投资时，应相应结转与所售股权相对应的账面价值，一般情况下，出售所得价款与处置长期股权投资账面价值的差额，计入投资收益。

投资方全部处置权益法核算的长期股权投资时，原权益法核算的相关其他综合收益应当在终止采用权益法核算时采用与被投资单位直接处置相关资产和负债相同的基础进行会计处理；因被投资方其他所有者权益变动而确认的所有者权益（资本公积），应当在终止采用权益法核算时全部转入当期投资收益。

投资方部分处置权益法核算的长期股权投资时，剩余股权仍采用权益法核算的，原权益法下核算的相关其他综合收益应当采用与被投资单位直接处置相关资产和负债相同的基础进行会计处理并按比例结转；因被投资方其他所有者权益变动而确认的所有者权益（资本公积），应当在终止采用权益法核算时按比例转入当期投资收益。

五、长期股权投资减值

长期股权投资在按照规定进行核算确定其账面价值的基础上，如果存在减值迹象的，应当按照相关准则进行减值测试并计提减值准备。企业对子公司、合营企业及联营企业的长期股权投资在资产负债表日的可收回金额低于其账面价值的，应将该股权投资的账面价值减记至可收回金额。企业对被投资单位不具有控制、共同控制或重大影响、在活跃市场中没有报价、公允价值不能可靠计量的长期股权投资，应当将该股权投资在资产负债表日的账面价值与按照类似金融资产当时市场收益率对未来现金流量折现确定的现值之间的差额，确认为减值损失。长期股权投资减值准备在提取之后，不允许转回。

【课堂活动】

1. 将全班同学分成若干小组（5~6 人为一组），不同的小组分别扮演投资经办人员、出纳人员、稽核人员、财务主管、投资核算人员等工作岗位角色。

2. 各小组讨论，模拟企业长期股权投资业务的操作流程，并分析如何履行本工作岗位的职责。

3. 每个小组推荐一位代表汇报本组任务完成情况，并说明解决相关问题的思路和方法。其他小组同学对其汇报进行评分。

4. 角色互换，完成上述工作。

5. 每个小组将汇报情况形成文字资料，并上交授课教师评阅。

【职业判断与业务操作】

实训目标：根据本学习子情境引例，熟悉掌握成本法下取得长期股权投资业务的核算。

操作步骤：

（1）设置“长期股权投资”账户。企业财务部门负责投资核算的会计人员按长期股权投资的对象，在成本法下设置“成本”等明细账；在权益法下设置“成本”“损益调整”“其他权益变动”“其他综合收益”等明细账，并填写账簿启用登记及交接表。

（2）计算长期股权投资的投资成本。通过分析引例中对飞翔有限责任公司投资的有关原始凭证，可以确定该项已宣告但尚未发放的现金股利为 30 万元，长期股权投资的成本为 1 370 万元。

（3）记录经济业务。投资核算员根据审核无误的原始凭证确定长期股权投资增加 1 370 万元，应收股利增加 30 万元，银行存款减少 1 400 万元。会计分录：

借：长期股权投资——飞翔公司（成本）　　13 700 000
　　应收股利——飞翔公司　　300 000
　　贷：银行存款　　14 000 000

【典型任务举例】

任务 5-21 2022 年 3 月 1 日，东方股份有限公司收到飞翔有限责任公司发放的现金股利 30 万元。

任务分析： 该任务涉及 1 张单据，表明东方股份有限公司收到飞翔有限责任公司发放的现金股利 30 万元。

借：银行存款　　　　　　　　　　　　　　　　　　　　300 000

　　贷：应收股利　　　　　　　　　　　　　　　　　　　　300 000

任务 5-22 2022 年 3 月 20 日，东方股份有限公司董事会通过决议，从公开市场购入万通股份 3 000 万股，万通股份经评估可辨认净资产的公允价值为 40 000 万元。3 月 25 日，取得万通股份有限公司 3 000 万股股份，持股比例为 30%，用银行存款支付购股款 15 075 万元。

任务分析：根据“买入交割凭证”东方股份有限公司对万通股份的初始投资成本为 15 075 万元。资产评估报告表明万通股份有限公司在购买日的可辨认净资产的公允价值为 40 000 万元，东方股份有限公司按照持股比例 30% 享有 12 000 万元。根据企业会计准则规定，应按照 15 075 万元作为该项长期股权投资的入账价值。

借：长期股权投资——万通股份（成本）　　　　　　　150 750 000

　　贷：银行存款　　　　　　　　　　　　　　　　　　　150 750 000

任务 5-23 2022 年年末，万通股份有限公司提供的有关资料显示其在 2022 年实现净利润为 1 200 万元。长期股权投资损益计算表如表 5-12 所示。

表5-12

长期股权投资损益计算表

2022 年 12 月 31 日

投资项目	持股数量/股	持股比例	被投资单位当年利润（亏损-）/元	按公允价值调整后当年利润/元	投资损益/元
万通股份	30 000 000	30%	12 000 000	12 000 000	3 600 000
合计					3 600 000

投资经理：李俊　　财务经理：刘一　　记账：马平　　制表：李兰

任务分析：在权益法核算下，投资企业按照享有的被投资单位实现的净损益的份额（以资产、负债的公允价值为基础计算），确认投资收益并调整长期股权投资的账面价值（损益调整）。

借：长期股权投资——万通股份（损益调整）　　　　　3600 000

　　贷：投资收益　　　　　　　　　　　　　　　　　　　3600 000

任务 5-24 2022 年年末，万通股份有限公司提供的有关资料显示其在 2022 年除净损益、其他综合收益以外的其他权益变动为 100 万元。长期股权投资其他权益变动计算表如表 5-13 所示。

表5-13

长期股权投资其他权益变动计算表

2022 年 12 月 31 日

投资项目	持股数量/股	持股比例	核算方法	被投资单位其他权益变动/元	其他资本公积/元
万通股份	30 000 000	30%	权益法	1 000 000	300 000
合计					300 000

投资经理：李俊　　财务经理：刘一　　记账：马平　　制表：李兰

任务分析：在权益法核算下，被投资单位除实现净损益外所有者权益其他变动，投资方应按被投资单位接受投资后所有者权益其他变动额及持股比例计算应享有或应分担的份额，调整长期股权投资的账面价值（其他权益变动）并确认资本公积（其他资本公积）。

借：长期股权投资——万通股份（其他权益变动）　　300 000

　　贷：资本公积——其他资本公积　　300 000

任务 5-25　2023 年 2 月 17 日，飞翔有限责任公司宣告发放 2022 年度现金股利 450 万元，股利发放日为 2023 年 3 月 2 日。相关资料如表 5-14、表 5-15 所示。

表5-14

现金股利派发通知单　　120156号

东方股份有限公司：

根据本公司股东会决议，决定向 2022 年年末在册全体股东派发 2022 年度现金股利人民币肆佰伍拾万元（含税），贵公司持股比例为 20%，总计应派发现金股利人民币玖拾万元整。

飞翔有限责任公司

2023 年 2 月 17 日

表5-15

长期股权投资应收现金股利计算表

2023 年 02 月 17 日

项目	购入日期	持股数量/股	持股比例	派发现金股利/元	应收现金股利/元	股利发放时间
飞翔公司	2022.2.10		20%	4 500 000	900 000	2023.3.2
合计					900 000	

投资经理：李俊　　财务经理：刘一　　记账：马平　　制表：李兰

任务分析：在成本法核算下，长期股权投资持有期间被投资单位宣告分派利润或现金股利时，投资方按应享有的份额确认为当期投资收益。

借：应收股利　　900 000

　　贷：投资收益　　900 000

任务 5-26　2023 年 3 月 2 日，东方股份有限公司收到飞翔有限责任公司派发的现金股利 90 万元。

任务分析：东方股份有限公司收到飞翔有限责任公司支付的现金股利，银行存款增加 90 万元，应收股利减少 90 万元。

借：银行存款　　900 000

　　贷：应收股利　　900 000

任务 5-27　2023 年 3 月 16 日，万通股份有限公司宣告发放 2022 年度现金股利每股 0.1 元，股利发放日为 2023 年 4 月 1 日。东方股份有限公司按股数，应派发 300 万元。

任务分析：在权益法核算下，被投资单位宣告发放现金股利时，投资方按持股比例计算应得的份额，冲减长期股权投资的账面价值（损益调整）。

借：应收股利　　3 000 000

　　贷：长期股权投资——万通股份（损益调整）　　3 000 000

任务 5-28　2023 年 4 月 1 日，东方股份有限公司收到万通股份有限公司派发的现金股利 300 万元。

任务分析：东方股份有限公司收到万通股份有限公司支付的现金股利，银行存款增加 300 万元，应收股利减少 300 万元。

借：银行存款　　3 000 000

　　贷：应收股利　　3 000 000

任务 5-29　万通股份有限公司因自然灾害导致资产巨额损失，出现财务危机，股票价格出现非暂时性的严重下跌。2023 年 12 月 31 日，东方股份有限公司对持有万通股份进行减值测试，可收回金额为 12 000 万元，对其计提长期股权投资减值准备。长期股权投资减值计算表如表 5-16 所示。

表5-16

长期股权投资减值计算表

2023 年 12 月 31 日

投资项目	股份数量/股	持股比例	账面价值/万元	可收回金额/万元	减值金额/万元
万通股份	30 000 000	30%	15 165	12 000	3 165
合计					3 165

投资经理：李俊　　财务经理：刘一　　记账：马平　　制表：李兰

任务分析：资产负债表日，东方股份有限公司持有的万通股份账面价值为 15 165（15 075＋360－300＋30）万元，可收回金额为 12 000 万元，所以应计提 3 165（15 165－12 000）万元的资产减值损失。

借：资产减值损失　　31 650 000

　　贷：长期股权投资减值准备　　31 650 000

任务 5-30　2024 年 2 月 3 日，东方股份有限公司董事会决定通过公开市场出售所持 500 万股万通股份。2 月 5 日，以每股 3.2 元的价格出售 500 万股，实际取得出售收入 1 592 万元。

任务分析："卖出交割凭证"表示本次出售 500 万股万通股份，取得银行存款 1 592 万元，出售部分的账面价值为 2 000（2 527.5－527.5）万元，或者 [（15 165－3 165）÷ 6]＝2 000（万元）。

借：银行存款　　15 920 000

　　长期股权投资减值准备　　5 275 000

　　投资收益　　4 080 000

　　贷：长期股权投资——万通股份（成本）　　25 125 000

　　　　——万通股份（损益调整）　　100 000

　　　　——万通股份（其他权益变动）　　50 000

根据长期股权投资准则规定，将之前因其他权益变动记入"资本公积——其他资本公积"账户的 30 万元，按照所售股份的比例，转入"投资收益"账户。

借：资本公积——其他资本公积　　50 000

　　贷：投资收益　　50 000

【想一想】

1. 长期股权投资有何特点？怎样区分长期股权投资与《企业会计准则第22号——金融工具确认和计量》中规范的金融资产？

2. 长期股权投资权益法核算下，取得投资时，如何确定初始投资成本与可辨认净资产公允价值？

3. 在成本法与权益法核算下，针对被投资单位当年实现的净利润，投资单位的会计处理有何不同？

4. 比较长期股权投资成本法和权益法在取得、被投资单位实现净损益、被投资单位除净损益外其他权益变动、被投资单位宣告发放现金股利及处置等环节的账务处理。

【德技并修】

告别跨界回归初心，专注主业正本清源

2020年11月，暴风集团从A股谢幕，0.28元的收盘价以及不到1亿元的市值，成为暴风集团惨淡经营的注脚。回望2015年公司上市时，暴风集团风光无限，公司提出“全球DT（Data Technology）大娱乐”战略，并通过跨界并购的方式持续扩张产业布局。如今来看，压垮暴风集团的“最后一根稻草”，即是源于对英国体育版权公司的海外并购。更深层次追溯，暴风集团的崩塌，或早在公司追求大生态、盲目跨界并购之时，便已埋下祸根。同样结局的案例不计其数。比如，曾经高调的乐视超级电子生态，从视频网站到手机，从智能家居到新能源汽车，其早年抢先布局的项目生态，也逃不开失败的结局。

随着监管部门的力度加大，不少上市公司选择“瘦身健体”，剥离副业，聚焦主业，挖掘内部潜力，回归初心本源。比如，2020年维维股份为进一步聚焦主业的总体战略规划，将其主业聚焦于粮食和豆奶两大领域，经营表现重回正轨；TCL集团于2020年2月更名为“TCL科技”，剥离智能终端及配套业务转而聚焦科技产业发展，进而由多元化转为专业化经营，取得了明显的效果。

从投资理论角度来讲，多元化投资可以分散风险，但从历史经验和社会现象来看，过于分散的多元化投资，其副业多因资金、精力、盈利等原因而变得虎头蛇尾，多以失败而告终。资本市场沧桑变迁，对于上市公司群体而言，通过跨界并购实现“锦上添花”固然美好，但经营运作冷暖自知，相较于追逐热门行业、热点题材谋求短期效益，专注主业才能真正助推企业行稳致远。

【情境小结】

1. 以公允价值计量且其变动计入当期损益的金融资产核算

业务内容	会计处理
取得交易性金融资产的核算	借：交易性金融资产——成本［公允价值］ 投资收益［发生的交易费用］ 应交税费——应交增值税（进项税额） 应收股利［已宣告但尚未发放的现金股利］ 应收利息［已到付息期但尚未领取的利息］ 贷：银行存款等
现金股利与利息业务的核算	借：应收股利/应收利息 贷：投资收益
交易性金融资产持有期间公允价值变动的业务核算	公允价值高于其账面余额的差额 借：交易性金融资产——公允价值变动 贷：公允价值变动损益 公允价值低于其账面余额的差额 借：公允价值变动损益 贷：交易性金融资产——公允价值变动
处置交易性金融资产业务的核算	借：银行存款［实际收到金额］ 借或贷：投资收益 贷：交易性金融资产——成本 贷或借：交易性金融资产——公允价值变动
交易性金融资产期末计价业务的核算	公允价值高于其账面余额的差额 借：交易性金融资产——公允价值变动 贷：公允价值变动损益 公允价值低于其账面余额的差额 借：公允价值变动损益 贷：交易性金融资产——公允价值变动

2. 以摊余成本计量的金融资产核算

业务内容	会计处理
取得以摊余成本计量的金融资产业务的核算	借：债权投资——成本［面值］ 应收利息［已宣告但尚未发放的债券利息］ 借或贷：债权投资——利息调整［差额］ 贷：银行存款

续表

业务内容	会计处理
以摊余成本计量的金融资产利息调整业务的核算	借：应收利息［分期付息、一次还本方式］ 　　债权投资——应计利息［一次还本付息债券投资］ 借或贷：债权投资——利息调整 　　贷：投资收益
处置以摊余成本计量的金融资产业务的核算	借：银行存款［实际收到金额］ 借或贷：投资收益 　　贷：债权投资——成本、应计利息 贷或借：债权投资——利息调整

3. 以公允价值计量且其变动计入其他综合收益的金融资产的核算

业务内容	会计处理
取得以公允价值计量且其变动计入其他综合收益的金融资产	借：其他债权投资——成本［面值］ 　　应收利息 借或贷：其他债权投资——利息调整［差额］ 　　贷：银行存款［买价＋相关税费］
期末，计提债券利息并按实际利率法确认利息收入	借：其他债权投资——应计利息［面值 × 票面利率 × 期限］ 　　贷：投资收益［期初账面余额 × 实际利率］ 借或贷：其他债权投资——利息调整［差额］
期末，核算公允价值变动	借：其他债权投资——公允价值变动［变动额］ 　　贷：其他综合收益——其他债权投资公允价值变动［变动额］ 或相反分录
出售以公允价值计量且其变动计入其他综合收益的金融资产	借：银行存款［售价－相关税费］ 借或贷：其他综合收益——其他债权投资公允价值变动［售前公允价值累计变动额］ 　　贷：其他债权投资——成本、应计利息［取得成本］ 借或贷：其他债权投资——公允价值变动、利息调整［售前公允价值累计变动额］ 　　投资收益［赚取的收益］

4. 长期股权投资核算

<table>
<tr><th colspan="2">业务内容</th><th>会计处理</th></tr>
<tr><td rowspan="5">成本法</td><td>取得长期股权投资</td><td>借：长期股权投资——成本
应收股利
贷：银行存款</td></tr>
<tr><td>被投资单位宣告分配现金股利</td><td>借：应收股利
贷：投资收益</td></tr>
<tr><td>收到被投资单位分配的现金股利</td><td>借：银行存款
贷：应收股利</td></tr>
<tr><td>若长期股权投资减值，计提长期股权投资减值准备</td><td>借：资产减值损失
贷：长期股权投资减值准备</td></tr>
<tr><td>处置长期股权投资</td><td>借：银行存款
长期股权投资减值准备
贷：长期股权投资——成本
应收股利
借或贷：投资收益</td></tr>
<tr><td rowspan="3">权益法</td><td>取得长期股权投资</td><td>若初始投资成本＞享有可辨认净资产公允价值
借：长期股权投资——成本
应收股利
贷：银行存款
若初始投资成本＜享有可辨认净资产公允价值
借：长期股权投资——成本
应收股利
贷：银行存款
营业外收入</td></tr>
<tr><td>按持股比例确认应享有被投资单位净损益</td><td>净损益按公允价值调整后，若盈利：
借：长期股权投资——损益调整
贷：投资收益
净损益按公允价值调整后，若亏损：
借：投资收益
贷：长期股权投资——损益调整</td></tr>
<tr><td>按持股比例确认被投资单位其他综合收益变动</td><td>借：长期股权投资——其他综合收益
贷：其他综合收益
或相反分录</td></tr>
</table>

续表

<table>
<tr><th colspan="2">业务内容</th><th>会计处理</th></tr>
<tr><td rowspan="5">权益法</td><td>按持股比例确认被投资单位其他权益变动</td><td>借：长期股权投资——其他权益变动
　　贷：资本公积——其他资本公积
或相反分录</td></tr>
<tr><td>被投资单位宣告分配现金股利</td><td>借：应收股利
　　贷：长期股权投资——损益调整</td></tr>
<tr><td>收到被投资单位分配的现金股利</td><td>借：银行存款
　　贷：应收股利</td></tr>
<tr><td>若长期股权投资减值</td><td>借：资产减值损失
　　贷：长期股权投资减值准备</td></tr>
<tr><td>处置长期股权投资，
计提长期股权投资减值准备</td><td>借：银行存款
　　长期股权投资减值准备
　　贷：长期股权投资——成本
借或贷：长期股权投资——损益调整
　　　　长期股权投资——其他权益变动
　　　　长期股权投资——其他综合收益
　　　　投资收益
同时，结转资本公积与其他综合收益：
借：资本公积——其他资本公积
　　其他综合收益
　　贷：投资收益
或相反分录</td></tr>
<tr><td>成本法转换为权益法</td><td colspan="2">首先，按处置或收回投资的比例结转应终止确认的长期股权投资成本。
然后，比较剩余的长期股权投资成本与按剩余持股比例计算原投资时应享有被投资单位可辨认净资产公允价值的份额；若前者大于后者，不调整长期股权投资账面价值；若前者小于后者，根据差额调整长期股权投资账面价值和留存收益。
借：长期股权投资
　　贷：盈余公积
　　　　利润分配——未分配利润
最后，对于原取得投资时至处置投资时（转为权益法核算）之间被投资单位实现净损益中投资方应享有的份额，一方面应当调整长期股权投资的账面价值，同时，对于原取得投资时至处置投资当期期初被投资单位实现的净损益（扣除已宣告发放的现金股利和利润）中应享有的份额，调整留存收益，对于处置投资当期期初至处置投资之日被投资单位实现的净损益中享有的份额，调整当期损益；在被投资单位其他综合收</td></tr>
</table>

续表

业务内容	会计处理
成本法转换为权益法	益变动中应享有的份额，在调整长期股权投资账面价值的同时，应当计入其他综合收益；除净损益、其他综合收益和利润分配外的其他原因导致被投资单位其他所有者权益变动中应享有的份额，在调整长期股权投资账面价值的同时，应当计入资本公积（其他资本公积）。 借：长期股权投资 　　贷：投资收益（处置当期期初至处置日之间净损益份额）（或借方） 　　　　资本公积——其他资本公积（其他权益变动份额）（或借方） 　　　　其他综合收益（其他综合收益）（或借方） 　　　　盈余公积（原投资日至处置当期期初之间净损益份额） 　　　　利润分配——未分配利润（原投资日至处置当期期初之间净损益份额）
权益法转换为成本法	因追加投资原因导致原持有的对联营企业或合营企业的投资转变为对子公司投资的，长期股权投资账面价值的调整应当按照企业合并有关规定处理

学习情境 6

无形资产及其他资产业务核算

【职业能力目标】

知识目标

- ○ 理解无形资产的管理制度，掌握无形资产取得、摊销、出租、处置和期末计价业务的账务处理流程和基本会计核算方法
- ○ 理解长期待摊费用的核算内容，掌握长期待摊费用的发生、摊销的业务处理

能力目标

- ○ 能够根据无形资产取得、摊销、出租、处置和期末计价业务准确地编制记账凭证
- ○ 登记无形资产及长期待摊费用相关账户明细账和总账

素养目标

- ○ 通过无形资产会计处理的学习，树立科技兴国、匹夫有责的家国情怀，培养勇于探索的创新意识，专注于知识学习和专业能力的提升
- ○ 培养爱岗敬业、主动参与、团结协作的意识，具备无形资产核算岗位人员的基本素养

【工作任务与学习子情境】

工作任务	学习子情境
无形资产取得业务核算 无形资产摊销业务核算 无形资产处置业务核算 无形资产期末计价业务核算	无形资产业务核算
发生长期待摊费用业务核算 长期待摊费用摊销业务核算	其他资产业务核算

无形资产是指企业拥有或者控制的没有实物形态的可辨认非货币性资产，如专利权、非专利技术、商标权、著作权、土地使用权、特许权等。长期待摊费用是指企业已经发生但应由本期和以后各期负担的、分摊期限在一年以上的各项费用。

学习子情境6.1　无形资产业务核算

【情境引例】

2023年3月1日，东方股份有限公司从江城市国土资源局购入土地使用权一项，支付价款300万元，该土地使用年限为50年。相关原始单据见表6-1、表6-2。

表6-1

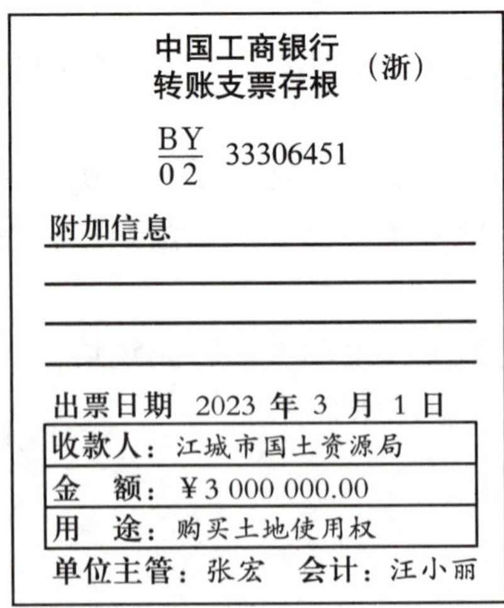

中国工商银行
转账支票存根　（浙）

BY/02　33306451

附加信息

出票日期　2023年3月1日

收款人：江城市国土资源局
金　额：¥3 000 000.00
用　途：购买土地使用权
单位主管：张宏　会计：汪小丽

表6-2

中华人民共和国国有土地使用证

土地使用权人	东方股份有限公司		
座落	沪杭区经济开发区下沙路10-120		
地号	2110024100310	图号	
地类（用途）	工业用地	取得价格（大写）	叁佰万元整
使用权类型	划拨	终止日期	2073 年 3 月 1 日
使用权面积	3 396平方米	江城市人民政府（章） 江城市人民政府 2023 年 3 月 1 日	

【工作过程与岗位对照图】

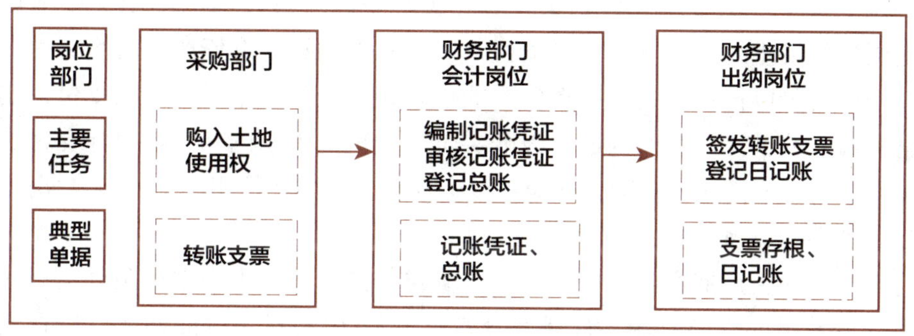

【知识准备】

无形资产是指企业拥有或者控制的没有实物形态的可辨认非货币性资产，如专利权、非专利技术、商标权、著作权、土地使用权、特许权等。无形资产具有无实体性、可辨认性、非货币性、长期性和经营性等特征。

一、无形资产的类别

（1）按经济内容分类，无形资产分为专利权、商标权、非专利技术、著作权、土地使用权和特许权等。

（2）按有无期限分类，无形资产分为有期限无形资产和无期限无形资产。前者是指法律规定了有效期的无形资产，如专利权、商标权等；后者是指没有规定其有效期限的无形资产，如非专利技术等。

（3）按取得来源分类，无形资产可分为外来无形资产和自创无形资产。前者是指从企业外部取得的无形资产，包括企业通过外购、接受捐赠、政府补助、非货币性资产交易、债务重组，以及企业合并等方式取得的无形资产；后者是指企业自行研制开发的无形资产。

二、无形资产的确认与计量

（一）无形资产的确认

无形资产包括专利权、商标权、非专利技术、著作权、土地使用权和特许权等，但并不意味着企业拥有的专利权、商标权、非专利技术、著作权、土地使用权和特许权都可以确认为无形资产核算。按企业会计准则规定，只有经济利益很可能流入企业且成本能够可靠计量的无形资产才能确认为无形资产。企业在判断无形资产产生的经济利益是否很可能流入时，应当对无形资产在预计使用寿命内可能存在的各种经济因素作出合理估计，并且应当有明确证据支持。

（二）无形资产的计量

企业取得的无形资产应当按照成本确认入账价值。无形资产的成本按来源不同分别予以确定：

1. 外购的无形资产

视频：无形资产取得核算——自行研发无形资产

外购无形资产的成本，包括买价、相关税费以及直接为归属于使该项资产达到预定用途所发生的其他支出。增值税一般纳税人购买无形资产取得增值税专用发票，其增值税可以抵扣。购买无形资产的价款超过正常信用条件延期支付，实质上具有融资性质的，无形资产的成本以购买价款的现值为基础确定。实际支付的价款与购买价款的现值之间的差额，除应予以资本化外应当在信用期间计入当期损益。

2. 自形的开发无形资产

自行开发的无形资产，其成本包括自满足开发阶段支出资本化条件后至达到预定用途前所发生的支出总额（含开发阶段支出）。但是对于以前期间已经费用化的支出不再调整。

3. 政府补助取得的无形资产

政府补助取得的无形资产，应当按公允价值计量，公允价值不能可靠取得的，按照名义金额计量。

三、无形资产取得业务核算

为了总括地反映企业无形资产的取得成本，企业应当设置“无形资产”“研发支出”等账户，并按照无形资产项目专利权、商标权、非专利技术、著作权、土地使用权和特许权等进行明细核算。

【案例分析】

为培训企业管理部门员工，2023 年 2 月 12 日长城公司从软件公司购入一套企业财务软件，价值 24 万元，会计杜芳将其列为固定资产入账，并从 3 月开始计提折旧。

分析思考：你能指出该家公司在软件入账中是否有问题？应如何对该软件进行处理？

四、无形资产摊销业务核算

无形资产摊销是指无形资产应在使用寿命内系统、合理地摊销。企业会计准则对无形资产的摊销范围作了空间与时间上的规定。从空间上看，使用寿命有限的无形资产应进行摊销，使用寿命不确定的无形资产不应进行摊销；从时间上看，企业摊销无形资产，应当自无形资产可供使用时起至不再作为无形资产确认时止。

企业应当于取得无形资产时分析判断其使用寿命。无形资产的使用寿命为有限的，应当估计该使用寿命的年限或者构成使用寿命的产量等类似计量单位数量；无法预见无形资产为企业带来经济利益期限的，应当视为使用寿命不确定的无形资产。

企业应当在每个会计期间对使用寿命不确定的无形资产进行复核。如果有证据表明无形资产的使用寿命是有限的，应当个别估计其使用寿命。

无形资产应摊销金额是指无形资产成本扣除预计残值后的金额。已计提减值准备的无形资产，还应扣除已计提的无形资产减值准备累计金额。

企业选择的无形资产摊销方法，应当反映与该项无形资产有关的经济利益的预期实现方式。无法可靠确定预期实现方式的，应当采用直线法摊销。

五、无形资产处置业务核算

企业处置无形资产，应当将取得的价款扣除该无形资产账面价值以及出售相关税费后的差额计入资产处置损益。

六、无形资产期末计价业务核算

无形资产的期末计价与固定资产基本相同。企业应当在资产负债表日判断无形资产是否存在可能发生的减值迹象（使用寿命不确定的无形资产，无论是否存在减值迹象，每年都应当进行减值测试），如果存在减值迹象的，应当估计其可收回金额，减记的金额确认为无形资产减值损失，计入当期损益。无形资产减值损失一经确认，在以后会计期间不得转回。

无形资产减值损失确认后，减值无形资产的摊销应当在未来期间做相应调整，以使该无形资产在剩余使用寿命内，系统地分摊调整后的无形资产账面价值（扣除预计净残值）。即计提无形资产减值准备后，应当按照该无形资产账面价值以及剩余使用寿命并采用原来的摊销方法重新确定月摊销额，对以前已计提的累计摊销不作调整。

【课堂活动】

1. 将班级学生分成若干小组（4~5 人为一组），每个小组在上课前先查阅有关无形资产的具体内容，并举出实例。加深对无形资产的了解。
2. 各小组针对其他小组的案例进行分析，判断无形资产的归属。

3. 不同的小组分别扮演业务经办人员、出纳人员和会计人员等工作岗位角色，演示企业无形资产取得业务的核算流程。

4. 每小组推荐一位代表汇报本组任务完成情况，并说明解决相关问题的思路和方法。其他小组对其进行打分。

5. 每小组上交文字汇报资料，交由授课老师评阅。

【职业判断与业务操作】

根据本情境引例，业务处理如下。

（1）设置“无形资产”账户。企业开出转账支票购入土地使用权，签发转账支票。

（2）计算无形资产成本。无形资产成本包括购买价款、相关税费以及直接归属于使该项资产达到预定用途所发生的其他支出。

（3）记录经济业务。

借：无形资产——土地使用权　　3 000 000

　贷：银行存款　　3 000 000

【典型任务举例】

任务 6-1　3 月 2 日，东方股份有限公司自行研究开发一项新产品专利技术，在研究开发过程中发生材料费 4 000 万元、人工工资 1 000 万元，以及其他费用 3 000 万元，总计 8 000 万元，其中符合资本化条件的支出为 5 000 万元，期末，该项专利技术已经达到预定用途。

任务分析：公司在研发过程中发生的支出，满足资本化条件的，应借记“研发支出——资本化支出”账户，不满足资本化条件的，应借记“研发支出——费用化支出”账户，贷记“原材料”“银行存款”“应付职工薪酬”等账户。期末按费用化总额转入“管理费用”账户，当研究开发项目达到预定用途形成无形资产的，按资本化总额转入“无形资产”账户。

借：研发支出——费用化支出　　30 000 000

　　　　　——资本化支出　　50 000 000

　贷：原材料　　40 000 000

　　　应付职工薪酬　　10 000 000

　　　银行存款　　30 000 000

借：管理费用　　30 000 000

　　无形资产——专利技术　　50 000 000

　贷：研发支出——费用化支出　　30 000 000

　　　　　　　——资本化支出　　50 000 000

任务 6-2　3 月 18 日，东方股份有限公司获得国家无偿划拨的土地使用权。该土地使用权的公允价值为 1 200 万元，使用年限为 30 年。

任务分析： 公司在接受国家行政划拨的土地使用权时，应按土地使用权的公允价值，借记“无形资产——土地使用权”账户，贷记“递延收益”账户；在以后各期平均分配递延收益时，借记“递延收益”账户，贷记“营业外收入”账户。

借：无形资产——土地使用权　　12 000 000
　　贷：递延收益　　12 000 000
借：递延收益　　400 000
　　贷：营业外收入——政府补助　　400 000

任务 6-3　3 月 31 日采用直线法摊销土地使用权，该土地使用权原值 3 000 000 元，预计使用年限 50 年。

任务分析： 公司按月计提无形资产摊销，借记“管理费用”账户，贷记“累计摊销”账户。

每月应摊销的金额 = 3 000 000 ÷ 50 ÷ 12 = 5 000（元）

借：管理费用　　5 000
　　贷：累计摊销　　5 000

任务 6-4　4 月 30 日，东方股份有限公司将拥有的一项非专利技术出售。开具的增值税专用发票注明价款 800 万元，增值税税额 48 万元，款已收妥入账。该非专利技术的账面余额为 700 万元，累计摊销额 350 万元，已计提的减值准备为 200 万元。

任务分析： 企业出售无形资产时，按实际取得价款，借记“银行存款”账户，按出售无形资产的账面原值，贷记“无形资产”账户，按计提摊销额，借记“累计摊销”账户，按计提减值额，借记“无形资产减值准备”账户，按应交增值税，贷记“应交税费——应交增值税（销项税额）”账户，按照实际取得价款与无形资产账面价值及相关税金的差额，贷记“资产处置损益”账户。

借：银行存款　　8 480 000
　　累计摊销　　3 500 000
　　无形资产减值准备　　2 000 000
　　贷：无形资产　　7 000 000
　　　　应交税费——应交增值税（销项税额）　　480 000
　　　　资产处置损益　　6 500 000

【想一想】

1. 实际业务处理中，外购和自行研发的无形资产处理有何区别？
2. 企业是否可以将自行研发的无形资产直接入账？

学习子情境6.2 其他资产业务核算

【情境引例】

2023年3月1日，东方股份有限公司采用经营租赁方式租入营业用房一间。租赁合同规定，租期为5年，房屋装修及修理费由租入方负责。东方股份有限公司租入后开始装修，用银行存款支付装修费12万元，在租赁期内平均摊销。

【工作过程与岗位对照图】

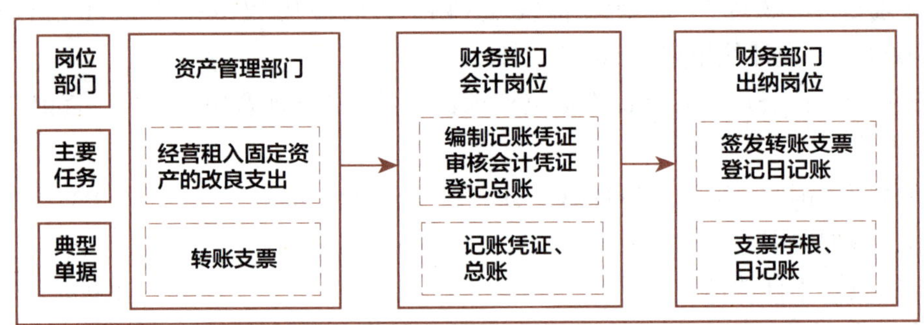

【知识准备】

其他资产是指除货币资金、交易性金融资产、应收及预付款项、存货、长期股权投资、固定资产、无形资产等以外的资产，如长期待摊费用等。

长期待摊费用是指企业已经发生但应由本期和以后各期负担的，分摊期限在一年以上的各项费用，如以经营租赁方式租入的固定资产发生的改良支出等。

企业应设置“长期待摊费用”账户对此类项目进行核算，企业发生的长期待摊费用，借记“长期待摊费用”账户，贷记“原材料”“银行存款”等账户；摊销长期待摊费用，借记“管理费用”“销售费用”等账户，贷记“长期待摊费用”账户；“长期待摊费用”账户期末借方余额，反映企业尚未摊销完毕的长期待摊费用。“长期待摊费用”账户可按费用项目进行明细核算。

【案例分析】

王华所在公司租赁了华丰公司一幢写字楼，租入后，按照公司需要对其进行装修，装修完共发生费用80万元，会计将这笔支出列为管理费用。

分析思考： 你能指出该家公司在租入固定资产的装修费用处理上存在的问题吗？应该如何进行处理？

【课堂活动】

1. 将班级学生分成若干小组（10人为一组），每个小组在上课前先查阅有关公司筹建的具体内容，并开始模拟筹建一个公司。

2. 小组成员分别扮演业务经办人员、出纳人员和会计人员、经理等工作岗位角色，演示经营租入固定资产改良支出的业务流程和会计核算。

3. 每小组推荐一位代表汇报本组任务完成情况，并说明解决相关问题的思路和方法。其他小组对其进行打分。

4. 每小组上交文字汇报资料，交由授课老师评阅。

【职业判断与业务操作】

根据本情境引例，业务处理如下。

（1）设置“长期待摊费用”账户，核算企业经营租入固定资产改良的各项支出。

（2）计算每个月的摊销额：

月摊销额＝120 000÷5÷12＝2 000（元）

（3）记录经济业务，会计分录：

借：长期待摊费用——租入固定资产改良支出　　120 000

　　贷：银行存款　　120 000

借：管理费用　　2 000

　　贷：长期待摊费用——租入固定资产改良支出　　2 000

【典型任务举例】

任务6-5　2023年4月1日，东方股份有限公司对其以经营租赁方式新租入的办公楼进行装修，发生以下有关支出：领用生产用材料80 000元，购进该批原材料时支付的增值税进项税额为13 600元；辅助生产车间为该装修工程提供的劳务支出为30 000元；有关人员工资等职工薪酬14 400元。11月30日，该办公楼装修完工，达到预定可使用状态并交付使用，按租赁期10年开始进行摊销。

任务分析：

（1）装修领用原材料时，“长期待摊费用”账户增加记借方，“原材料”账户减少记贷方。

借：长期待摊费用　　80 000

　　贷：原材料　　80 000

（2）辅助生产车间为装修工程提供劳务时，“长期待摊费用”账户增加记借方，

“生产成本——辅助生产成本”账户减少记贷方。

借：长期待摊费用　　30 000

　　贷：生产成本——辅助生产成本　　30 000

（3）确认工程人员职工薪酬时，“长期待摊费用”账户增加记借方，“应付职工薪酬”账户减少记贷方。

借：长期待摊费用　　14 400

　　贷：应付职工薪酬　　14 400

（4）12 月摊销装修支出时，“管理费用”账户增加记借方，“长期待摊费用”账户减少记贷方。

月摊销额 =（80 000 + 30 000 + 14 400）÷ 10 ÷ 12 = 1 036.67（元）

借：管理费用　　1 036.67

　　贷：长期待摊费用　　1 036.67

【想一想】

企业是否可以将租入固定资产的改良支出直接计入当期损益？

【德技并修】

华为公司的技术研发不只为了“活下来”

根据《2021 年欧盟产业研发投入记分牌》报告，华为公司研发投入在全球企业中位居第二。在全球经济萎靡的环境下，以“活下来”为第一要务的华为，其所交出的技术创新成绩单让人热血沸腾。2021 年，华为公司投入研发费用 1 427 亿元（人民币，下同），占销售收入的 22.4%；近十年累计投入的研发费用超过 8 450 亿元；截至 2021 年年底，在全球共持有有效授权专利超 11 万件，90% 以上专利为发明专利；2021 年，在欧洲申请专利排名第一，获得授权的专利数量首次进入前五；继续不惜重金广招天下英才，2021 年公司研发人员达到 10.7 万名，约占公司总人数的 54.8%。不难看出，在前所未有的极端困境中，华为公司不但“活下来”了，而且不改其创新初心，一如既往地加大研发投入，在夯实技术底座、构筑长期竞争力上奋勇前行。华为公司的技术创新继续在为国家和社会创造未来、继续在民族自信的道路上越走越远，走得铿锵有力、掷地有声。

当今世界，科技创新成为影响和改变世界格局的关键变量。党的二十大报告指出，“必须坚持科技是第一生产力、人才是第一资源、创新是第一动力，深入实施科教兴国战略、人才强国战略、创新驱动发展战略，开辟发展新领域新赛道，不断塑造发展新动能新优势。”在千帆竞发的国际赛道上，谁牵住了科技创新这个“牛鼻子”，谁就能把握先机、抢占优势、赢得主动。抓科技就是抓发展，谋创新就是谋未来。企业应加快实现高水平科技自立自强，打造高质量发展科技创新引擎，不断挖掘深度、拓展广度、提升高度，把握大势、抢占先机、迎难而上，为全面建设社会主义现代化国家筑牢科技支撑，以科技创新之光照亮中华民族伟大复兴之路。

【情境小结】

1. 无形资产业务核算

业务内容	会计处理
外购取得的无形资产	借：无形资产 　　应交税费——应交增值税（进项税额） 　　贷：银行存款
自行研发的无形资产	借：无形资产 　　贷：研发支出
无形资产摊销	借：管理费用 　　贷：累计摊销
出售无形资产	借：银行存款 　　累计摊销 　　无形资产减值准备 　　贷：无形资产 　　　　应交税费——应交增值税（销项税额） 　　　　资产处置损益
计提无形资产减值准备	借：资产减值损失 　　贷：无形资产减值准备

2. 长期待摊费用业务核算

业务内容	会计处理
发生长期待摊费用	借：长期待摊费用 　　贷：银行存款
长期待摊费用的摊销	借：管理费用 　　贷：长期待摊费用

学习情境 7

流动负债业务核算

【职业能力目标】

知识目标

- ○ 了解流动负债包括的主要内容
- ○ 掌握短期借款取得、计算及本息归还的账务处理流程和核算方法
- ○ 掌握应付票据、应付账款、合同负债和其他应付款业务的账务处理流程和核算方法
- ○ 掌握职工薪酬的确认及发放业务的账务处理流程和核算方法
- ○ 掌握增值税、消费税及其他相关税费的账务处理流程和核算方法

能力目标

- ○ 能准确地填制与审核借款利息费用计算表、增值税专用发票、收料单、工资结算单、工资结算汇总表、税收缴款书等业务单据
- ○ 能根据短期借款、应付款项、应付职工薪酬、应交税费业务准确地编制记账凭证
- ○ 登记流动负债相关账户的明细账和总账

素养目标

- ○ 通过短期借款、应付账款、合同负债等相关知识学习，培养具备合法信贷的金融理财能力
- ○ 通过应交税费相关知识学习，培养依法纳税的社会责任感

【工作任务与学习子情境】

工作任务	学习子情境
借入短期借款业务核算 短期借款利息计提及支付业务核算 偿还短期借款业务核算	短期借款业务核算
应付票据业务核算 应付账款业务核算 合同负债业务核算 其他应付款业务核算	应付款项业务核算
确认应付职工薪酬业务核算 发放应付职工薪酬业务核算	应付职工薪酬业务核算
增值税业务核算 消费税业务核算 其他税费业务核算	应交税费业务核算

流动负债是指预计在一个正常营业周期中清偿，或者主要为交易目的而持有，或者自资产负债表日起一年内（含一年）到期应予以清偿，或者企业无权自主地将清偿推迟至资产负债表日后一年以上的负债。流动负债主要包括短期借款、应付票据、应付账款、合同负债、应付职工薪酬、应交税费、其他应付款和一年内到期的非流动负债等。

学习子情境7.1　短期借款业务核算

【情境引例】

东方股份有限公司2023年1月1日向银行借入一笔生产经营用短期借款，共计180 000元，期限为6个月，年利率为6%。根据借款合同，银行已将款项划拨到账（见表7-1）。

表7-1

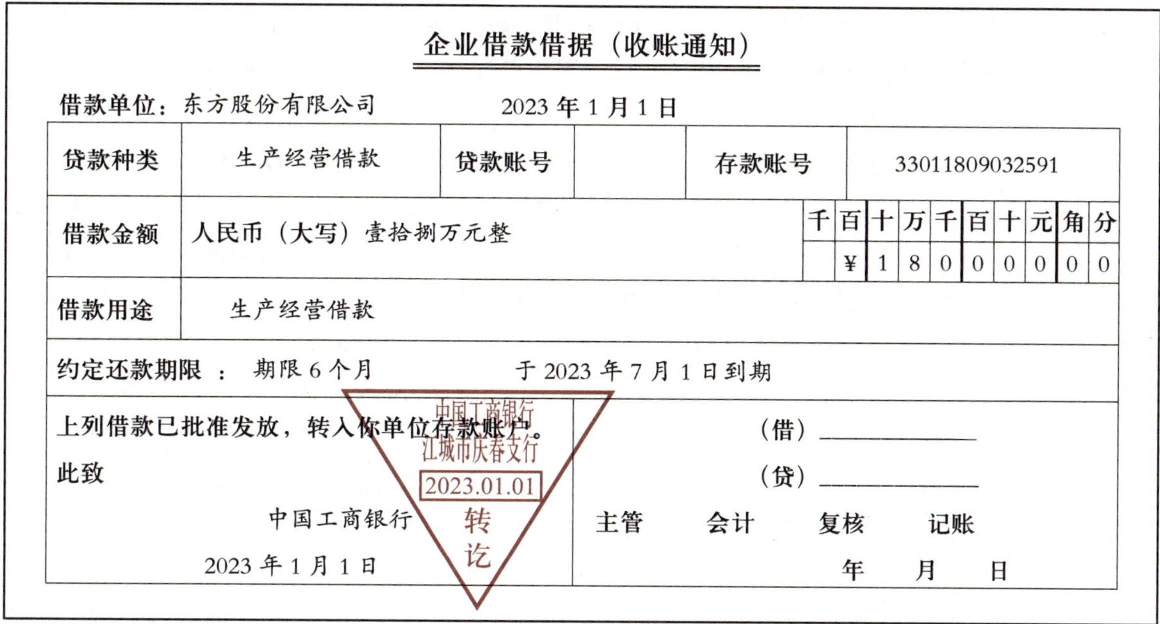

企业借款借据（收账通知）

借款单位：东方股份有限公司　　　　2023 年 1 月 1 日

贷款种类	生产经营借款	贷款账号		存款账号	33011809032591
借款金额	人民币（大写）壹拾捌万元整	千 百 十 万 千 百 十 元 角 分	¥ 1 8 0 0 0 0 0 0		
借款用途	生产经营借款				
约定还款期限	期限 6 个月　　于 2023 年 7 月 1 日到期				

上列借款已批准发放，转入你单位存款账户。
此致
中国工商银行
2023 年 1 月 1 日

（中国工商银行江城市庆春支行 2023.01.01 转讫）

（借）
（贷）
主管　会计　复核　记账
年　月　日

【工作过程与岗位对照图】

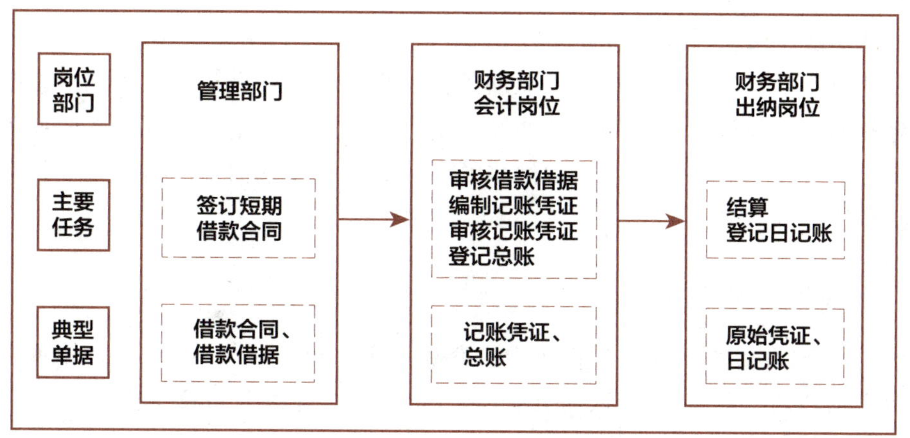

【知识准备】

短期借款是指企业向银行或其他金融机构等借入的期限在一年以下（含一年）的各种借款。

一、短期借款的特点

短期借款主要用于弥补企业临时性经营周转或季节性等原因出现的资金不足。短期借款期限较短，归还短期借款时，不仅要归还借款本金，还应支付相应的利息。企业的短期借款必须按合法手续借入，并按规定用途使用，在使用中必须遵守各项法律、法规和财经纪律。企业发生的短期借款业务一般都需要经过批准借款、签订借款合同或协议、取得借款、计算利息、偿还借款等一系列程序。

【案例分析】

长城计算机公司的会计王芳与亨达外贸公司的业务员刘岩是好朋友，刘岩的叔叔是证券公司的负责人，因此刘岩一直想借此关系买卖股票获利。一日刘岩在与王芳的交谈中谈及此事，王芳记在心上。因为王芳所在的计算机公司刚从银行借入一笔 20 万元的短期借款，王芳想趁此机会把这笔款项借给刘岩炒股票，赚到的钱由刘岩与王芳及其他会计等有关人员私分。二人一拍即合。于是王芳把单位的 20 万元短期周转借款借给刘岩炒股，并记入“其他应收款”账户，结果全部套牢。这时，刚好赶上审计人员前来查账，长城计算机公司因此受到了处罚。

分析思考：你能指出该家计算机公司在使用短期借款中存在的主要问题吗？应该如何对企业短期借款的借入及使用进行管理？

二、短期借款的核算

为了核算和监督企业短期借款的取得、偿还和结存情况，企业应当设置“短期借款”账户。该账户贷方登记借入的短期借款本金数额，借方登记偿还的短期借款本金数额，期末余额在贷方，表示尚未偿还的短期借款。本账户可按债权人、借款种类和币种设置明细账，进行明细分类核算。短期借款的核算涉及取得借款、借款利息和到期偿还借款三方面内容。

视频：短期借款业务核算——借入本金和利息结算业务

企业应当设置短期借款总账和短期借款明细账，分别进行企业短期借款的总分类核算和明细分类核算。短期借款明细账由会计人员根据记账凭证，按照业务发生时间登记。月度终了，短期借款明细账的余额应当与短期借款总账的余额核对，做到账账相符。

【课堂活动】

1. 按照自由组合方式将班级学生分成若干小组（5~6 人为一组），不同的小组分别扮演业务经办人员、出纳人员和会计人员等工作岗位角色。

2. 各小组讨论，模拟企业向银行借款业务的操作流程，模拟企业偿还短期借款业务的操作流程，并分析如何履行本工作岗位的职责。每位同学都要参与。

3. 每个小组推荐一位代表汇报本组任务完成情况，并说明解决相关问题的思路和方法。其他小组同学对其汇报进行评分。

4. 角色互换，完成上述工作。

5. 每个小组将汇报情况形成文字资料，并上交授课教师评阅。

【职业判断与业务操作】

根据本情境引例，业务处理如下。

（1）设置“短期借款”账户。企业会计人员开设短期借款总账和明细账，填写账簿启用登记及交接表，登记期初余额。

（2）计算短期借款利息。企业的短期借款应按期结算或支付利息。短期借款利息一般按单利计算，计算公式为：

$$\text{短期借款利息} = \text{借款本金} \times \text{借款期限} \times \text{借款利率} \tag{7.1}$$

$$\begin{aligned}\text{短期借款月利息} &= \text{短期借款本金} \times \text{年利率} \div 12 \\ &= \text{短期借款本金} \times \text{月利率}\end{aligned} \tag{7.2}$$

在实际工作中，银行一般于每季度末收取短期借款利息，企业的短期借款利息一般采用月末预提的方式进行。企业应当在资产负债表日按照计算确定的短期借款利息费用，借记“财务费用”账户，贷记“应付利息”账户；实际支付利息时，根据已预提的利息，借记“应付利息”账户，根据当期应计利息，借记“财务费用”账户，根据应付利息总额，贷记“银行存款”账户。

如企业借入的短期借款利息是按月支付的，或利息是在借款到期时与本金一起偿还但利息数额不大，可以简化核算手续，不采用预提办法，而在实际支付或收到银行计息通知时，直接将利息记入“财务费用”账户。

（3）记录经济业务。企业会计人员根据审核无误的借款借据，确认借入的短期借款存入银行账户，“银行存款”账户增加记借方，“短期借款”账户增加记贷方。会计分录：

借：银行存款　　180 000

　　贷：短期借款　　180 000

【典型任务举例】

任务 7-1　2023 年 1 月 1 日东方股份有限公司向银行借入期限为 6 个月的生产经营用短期借款 180 000 元，年利率为 6%，利息按月预提，按季支付。1 月末，计提 1 月份应付利息，借款利息费用计算表见表 7-2。

表7-2　借款利息费用计算表

2023 年 1 月 31 日　　单位：元

贷款银行	贷款种类	累计积数	月利率	利息额
工商银行庆春支行	临时周转借款	180 000	5‰	900
合计				900

任务分析：计提1月份的短期借款利息金额900元，“财务费用”账户增加记借方，“应付利息”账户增加记贷方。

借：财务费用　　900

　　贷：应付利息　　900

任务7-2　接任务7-1，3月末支付第一季度短期借款利息2 700元，见表7-3。

表7-3

中国工商银行计收利息清单（第四联）

2023年3月31日

<table>
<tr><td rowspan="2">借款单位</td><td rowspan="2">东方股份有限公司</td><td colspan="4">原借金额</td><td colspan="6">180 000元</td><td rowspan="2" colspan="3">计息起讫日期或天数</td><td rowspan="2" colspan="2">一季</td><td rowspan="2" colspan="2">付出利息账户账号</td><td rowspan="2" colspan="2">33011809032591</td></tr>
<tr><td colspan="4">还款金额</td><td colspan="6"></td></tr>
<tr><td rowspan="2">放款账户</td><td colspan="11">计息总积数</td><td rowspan="2">月利率</td><td colspan="8">利息金额</td><td rowspan="4">你单位左列应偿借款利息结算如上，业经付你单位账户

此致
借款单位
（银行盖章）</td></tr>
<tr><td>亿</td><td>千</td><td>百</td><td>十</td><td>万</td><td>千</td><td>百</td><td>十</td><td>元</td><td>角</td><td>分</td><td>十</td><td>万</td><td>千</td><td>百</td><td>十</td><td>元</td><td>角</td><td>分</td></tr>
<tr><td>01-×××</td><td></td><td></td><td>¥</td><td>1</td><td>8</td><td>0</td><td>0</td><td>0</td><td>0</td><td>0</td><td>0</td><td>5‰</td><td></td><td>¥</td><td>2</td><td>7</td><td>0</td><td>0</td><td>0</td><td>0</td></tr>
<tr><td></td><td></td><td></td><td></td><td></td><td></td><td></td><td></td><td></td><td></td><td></td><td></td><td></td><td></td><td></td><td></td><td></td><td></td><td></td><td></td><td></td></tr>
<tr><td>合计</td><td></td><td></td><td>¥</td><td>1</td><td>8</td><td>0</td><td>0</td><td>0</td><td>0</td><td>0</td><td>0</td><td>5‰</td><td></td><td>¥</td><td>2</td><td>7</td><td>0</td><td>0</td><td>0</td><td>0</td><td></td></tr>
<tr><td colspan="21">人民币（大写）贰仟柒佰元整</td><td></td></tr>
</table>

中国工商银行 江城市庆春支行 2023.03.31 转讫

任务分析：3月末支付第一季度利息时，当月利息使“财务费用”账户增加记借方，前两个月已计提的“应付利息”账户减少记借方，“银行存款”账户减少记贷方。

借：财务费用　　900

　　应付利息　　1 800

　　贷：银行存款　　2 700

任务7-3　接任务7-1，7月1日，偿还到期的短期借款本金180 000元。

任务分析：偿还短期借款本金时，“短期借款”账户减少记借方，“银行存款”账户减少记贷方。

借：短期借款　　180 000

　　贷：银行存款　　180 000

【想一想】

1. 东方股份有限公司从银行借入本金为120 000元、期限为6个月、年利率为5.04%的短期借款，请计算该笔短期借款的利息。

2. 企业可否在实际支付短期借款利息时，直接将利息记入“财务费用”账户？

学习子情境7.2 应付款项业务核算

7.2.1 应付票据业务核算

【情境引例】

东方股份有限公司 2023 年 1 月 1 日从明达钢材有限公司购进一批钢材，增值税专用发票上注明价款为 50 000 元，增值税进项税额 6 500 元。该公司开出一张期限为 5 个月、面值为 56 500 元的商业承兑汇票抵付货款，钢材已验收入库。

【工作过程与岗位对照图】

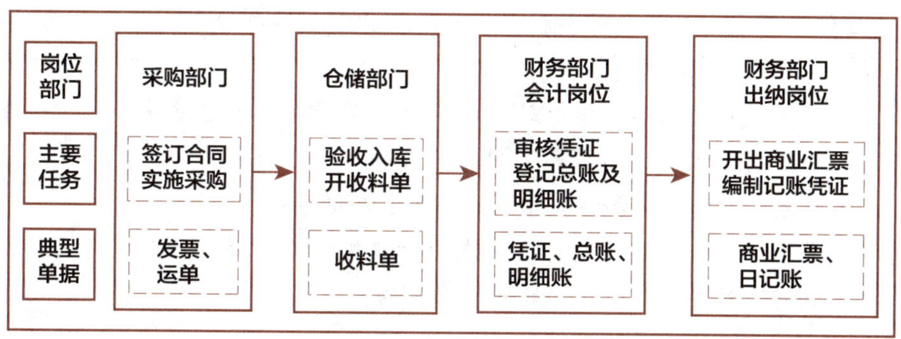

【知识准备】

应付票据是指企业购买材料、商品和接受劳务供应等而开出承兑的商业汇票。商业汇票是指收款人或付款人（或承兑申请人）签发，由承兑人承兑，并于到期日向收款人或被背书人支付款项的票据。商业汇票的承兑期限一般不超过 6 个月。

一、应付票据的种类

商业汇票根据承兑人的不同分为银行承兑汇票和商业承兑汇票。如承兑人是银行的票据，则为银行承兑汇票；如承兑人为购货单位的票据，则为商业承兑汇票。商业汇票按是否带息，分为带息票据和不带息票据。带息票据是指按票据上标明的利率，在票据票面金额上加上利息的票据。所以，票据到期承兑时，除支付票面金额外，还要支付利息。不带息票据是指票据到期时按面值支付，票据上无利息的规定。目前我国常用的是不带息票据。

当企业采用商业承兑汇票结算货款时，购买方签发商业承兑汇票后即构成一种债务，所签发承兑的汇票称为应付票据。在采用银行承兑汇票的情况下，承兑人虽为银行，但由银行承兑的票据，只是为收款方按期收回债权提供了可靠的信用保证，对付款人或承兑申请人来说，不会由于银行承兑而使这项负债消失，因此，即使是由银行承兑的汇票，付款人（或承兑申请人）的现存义务依然存在，也应将银行承兑的汇票作为应付票据。

【案例分析】

宏达贸易公司在2023年年初与三利房屋开发公司签订了为三位经理各购一套住房的协议，并从宏达贸易公司门市部（非独立核算）预付了120万元，同时承诺在拿到房后三个月内付完剩余款项。10月，三利房屋开发公司在交付房屋的同时要求宏达贸易公司提供担保或抵押，于是，宏达贸易公司从本公司账户上开出了295万元的银行承兑汇票，并编制分录：借“其他应收款——三利公司”295万元，贷“应付票据——三利公司”295万元。

税务机关对宏达贸易公司2023年账务进行例行检查时，发现上述应付票据的分录看不懂。经过仔细核查发现，到了2024年1月，宏达贸易公司又因退票如数冲回，“应付票据——三利公司”和“其他应收款——三利公司”两账户同时转平。原来宏达贸易公司2024年1月又从其门市部账户上汇款295万元给三利房屋开发公司，三利房屋开发公司遂将抵押的银行承兑汇票退回给宏达贸易公司。税务机关因此查出以前没有看到的宏达贸易公司门市部的一个银行账户，查明其5年来隐瞒收入，最后对宏达贸易公司和相关个人进行了相应的处罚。

分析思考：你能指出宏达贸易公司在应付票据核算中存在什么问题吗？税务机关是怎样发现宏达贸易公司门市部的问题账户的？

二、应付票据的核算

为了核算和监督企业应付票据的发生、偿还等情况，企业应当设置“应付票据”账户。该账户贷方登记开出承兑汇票时的票面金额，借方登记到期承兑支付的票款或转出的金额，期末余额在贷方，表示尚未到期的应付票据金额。

企业应当设置应付票据总账和应付票据明细账，分别进行企业应付票据的总分类核算和明细分类核算。应付票据明细账由会计人员根据记账凭证，按照业务发生时间登记。月度终了，应付票据明细账的余额应当与应付票据总账的余额核对，做到账账相符。

为了反映应付票据的具体情况，企业还应设置“应付票据备查簿”，详细登记每一应付票据的种类、号数、签发日期、到期日、票面金额、票面利率、合同交易号、收款人姓名或单位名称以及付款日期和金额等资料。应付票据到期结清时，应在备查簿内逐笔注销。

【课堂活动】

1. 以游戏的形式随机或按照自由组合方式将班级学生分成若干小组（5~6人为一组），不同的小组分别扮演业务经办人员、出纳人员和会计人员等工作岗位角色。

2. 各小组讨论，模拟企业办理商业汇票业务的操作流程，模拟企业持票购买货物业务的操作流程，并分析如何履行本工作岗位的职责。每位同学都要参与。

3. 每个小组推荐一位代表汇报本组任务完成情况，并说明解决相关问题的思路和方法。其他小组同学对其汇报进行评分。

4. 角色互换，完成上述工作。

5. 每个小组将汇报情况形成文字资料，并上交授课教师评阅。

【职业判断与业务操作】

根据本情境引例，业务处理如下。

（1）设置“应付票据”账户。企业会计人员开设应付票据总账和明细账，填写账簿启用登记及交接表，登记期初余额。

企业因购买材料、商品和接受劳务供应等开出、承兑商业汇票或以承兑商业汇票抵付货款、应付账款等，应当按其票面金额作为应付票据的入账金额，借记“原材料”“在途物资”“材料采购”“库存商品”“应付账款”“应交税费——应交增值税（进项税额）”等账户，贷记“应付票据”账户。

企业支付的银行承兑汇票手续费，应当计入当期财务费用，借记“财务费用”账户，贷记“银行存款”账户。

（2）审核购进材料的增值税专用发票。① 检查进项凭证的真伪，是否为全国统一印制的新版专用发票；② 专用发票票面内容填写是否正确，适用税率是否符合政策规定，税额计算是否正确；③ 项目是否填列齐全；④ 进项扣税凭证是否符合增值税准予抵扣税款的进项范围；⑤ 对准予计算扣税的进项凭证，其进项税额的计算是否正确；⑥ 检查进项扣税凭证内容是否属实。

（3）记录经济业务。企业会计人员根据审核无误的增值税专用发票及收料单，确认材料的入账价值。“原材料”账户增加记借方，“应付票据”账户增加记贷方。会计分录：

借：原材料——钢材　　50 000
　　应交税费——应交增值税（进项税额）　　6 500
　　贷：应付票据　　56 500

【典型任务举例】

任务 7-4　2023 年 6 月 5 日，东方股份有限公司开出一张面值为 22 600 元、期限 3 个月的不带息银行承兑汇票一张，见表 7-4，用以采购一批材料，公司已交纳承兑手续费 11.70 元。增值税专用发票上注明的材料价款为 20 000 元，增值税税额为 2 600 元。

表7-4

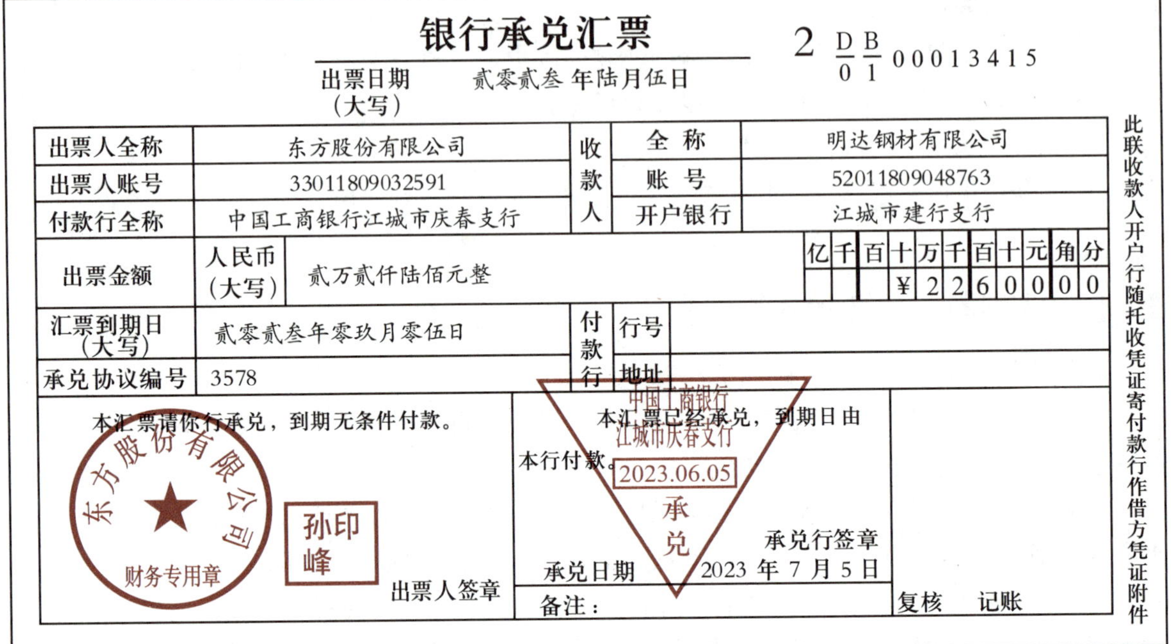

银行承兑汇票

2 DB/01 00013415

出票日期（大写） 贰零贰叁 年陆月伍日

出票人全称	东方股份有限公司	收款人	全 称	明达钢材有限公司
出票人账号	33011809032591		账 号	52011809048763
付款行全称	中国工商银行江城市庆春支行		开户银行	江城市建行支行
出票金额	人民币（大写） 贰万贰仟陆佰元整			¥2260000
汇票到期日（大写）	贰零贰叁年零玖月零伍日	付款行	行号	
承兑协议编号	3578		地址	

本汇票请你行承兑，到期无条件付款。 出票人签章

本汇票已经承兑，到期日由本行付款。 承兑行签章 承兑日期 2023 年 7 月 5 日

备注：

复核 记账

此联收款人开户行随托收凭证寄付款行作借方凭证附件

任务分析：开具银行承兑汇票，到银行办理承兑业务，支付银行承兑手续费，“财务费用”账户增加记借方，“银行存款”账户减少记贷方。

借：财务费用 11.70

　　贷：银行存款 11.70

任务 7-5 接任务 7-4，6 月 5 日，持上述银行承兑汇票购买材料（该公司材料按实际成本计价核算），增值税发票见表 7-5。

任务分析：用银行承兑汇票购买材料，“在途物资”账户增加记借方，“应交税费——应交增值税（进项税额）”账户增加记借方，“应付票据”账户增加记贷方。

借：在途物资 20 000

　　应交税费——应交增值税（进项税额） 2 600

　　贷：应付票据 22 600

任务 7-6 接任务 7-4，9 月 5 日，东方股份有限公司于 6 月 5 日开出的银行承兑汇票到期，收到开户银行通知支付票款。

任务分析：银行承兑汇票到期支付票款时，“应付票据”账户减少记借方，“银行存款”账户减少记贷方。

借：应付票据 22 600

　　贷：银行存款 22 600

若银行承兑汇票到期，企业无力支付票款时，承兑银行负责付款，企业将该笔

表7-5

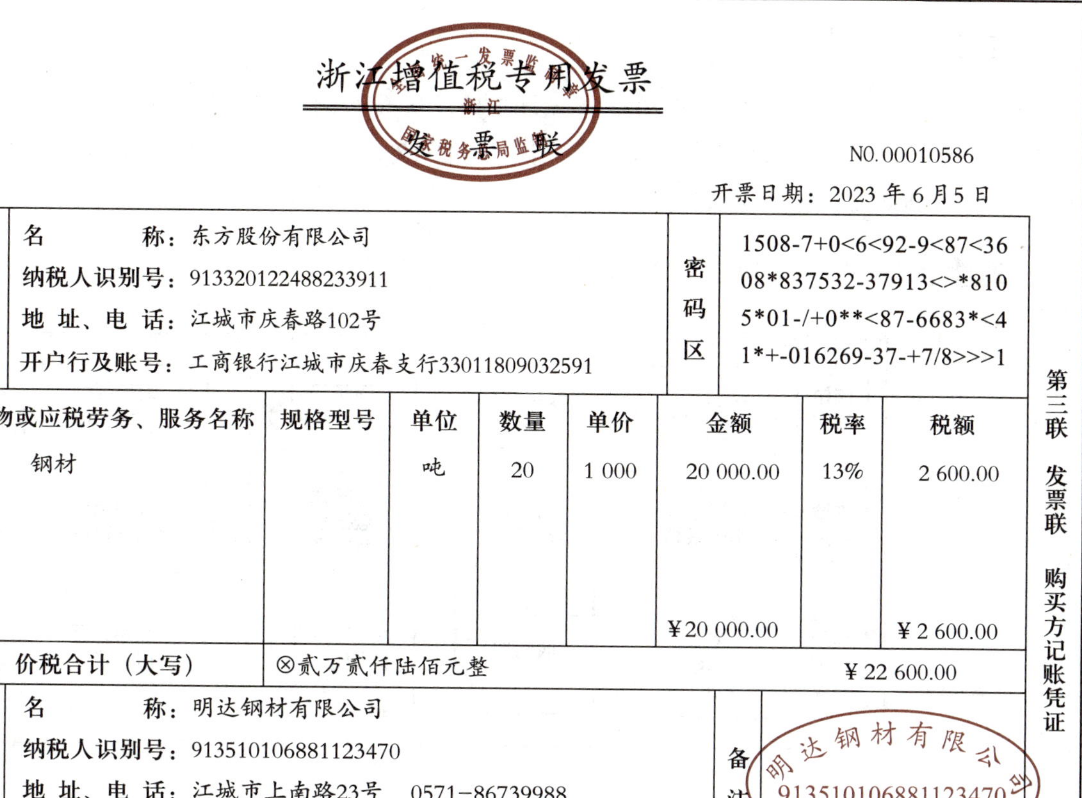

浙江增值税专用发票

发 票 联

NO.00010586

开票日期：2023 年 6 月 5 日

购买方	名　　称：东方股份有限公司 纳税人识别号：913320122488233911 地 址、电 话：江城市庆春路102号 开户行及账号：工商银行江城市庆春支行33011809032591				密码区	1508-7+0<6<92-9<87<36 08*837532-37913<>*810 5*01-/+0**<87-6683*<4 1*+-016269-37-+7/8>>>1	
货物或应税劳务、服务名称	**规格型号**	**单位**	**数量**	**单价**	**金额**	**税率**	**税额**
钢材		吨	20	1 000	20 000.00	13%	2 600.00
					¥20 000.00		¥2 600.00
价税合计（大写）	⊗贰万贰仟陆佰元整						¥22 600.00
销售方	名　　称：明达钢材有限公司 纳税人识别号：913510106881123470 地 址、电 话：江城市上南路23号　0571-86739988 开户行及账号：江城市建行支行52011809048763				备注	明达钢材有限公司 913510106881123470 发票专用章	

收款人：刘丽　　复核：张高　　开票人：李丹　　销售方：（章）

第三联 发票联 购买方记账凭证

款项视为短期借款，“应付票据”账户减少记借方，“短期借款”账户增加记贷方。

借：应付票据　　22 600

　　贷：短期借款　　22 600

若商业承兑汇票到期，企业无力支付票款时，转为应付账款，“应付票据”账户减少记借方，“应付账款”账户增加记贷方。

借：应付票据　　22 600

　　贷：应付账款　　22 600

【想一想】

1. 商业承兑汇票到期，企业无力付款时，应如何进行账务处理？为什么？

2. 商业承兑汇票到期是否都要从备查簿中注销？

7.2.2 应付账款业务核算

【情境引例】

东方股份有限公司2023年6月1日，从淮海钢材有限公司购入一批钢材并已验收入库。增值税专用发票上列明，该批钢材的价款为100 000元，增值税税额为13 000元，货款尚未支付。

【工作过程与岗位对照图】

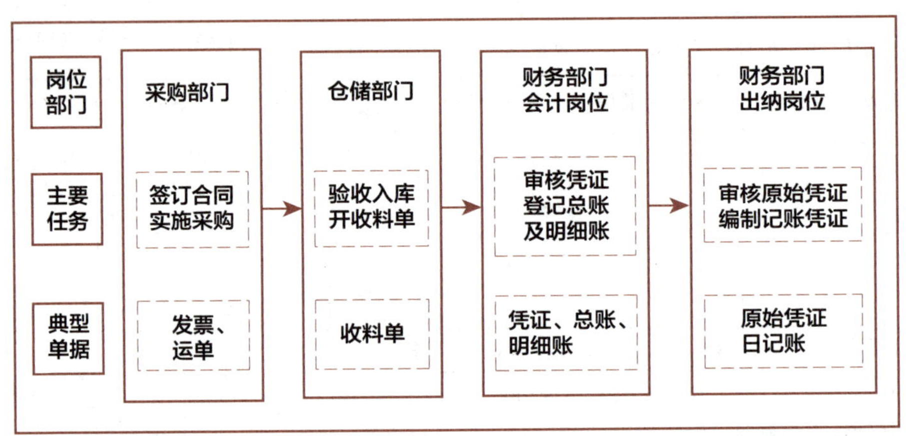

【知识准备】

应付账款是指企业因购买材料、商品或接受劳务供应等经营活动应支付的款项。

一、应付账款的入账时间

应付账款的入账时间，原则上应以所购入物资所有权相关的主要风险和报酬已经转移，或者接受劳务已发生为标志。

会计实务中，当货物和发票账单同时到达时，通常待货物验收入库后，才按发票账单登记应付账款。按发票账单登记入账主要是为了确认所购入的物资是否在质量、数量和品种上都与合同上订明的条件相符，以免因先入账而后验收入库时发现购入物资错、漏、破损等问题再行调账。在物资和发票账单不是同时到达的情况下，也要区分不同情况分别处理：在发票账单已到，其物资成本确定但物资未到的情况下，应当根据发票账单所列物资价款和运杂费等，计入有关物资的成本和应付账款；在物资已到，发票账单未到并且也无法确定物资实际成本的情况下，在月度终了，需要按照所购物资和应付债务估计入账，待下月初再用红字予以冲回。

应付账款入账时，一般不是以到期应付金额的现值为依据，而是以应付金额为依据。

【案例分析】

乙公司想向丙公司销售其产品，然而乙公司规模较小，业务量不大，不满足丙公司规定的供应商条件，但乙公司不想失去这个客户，于是找到其朋友——甲公司总经理商量此事，最后达成协议；由乙公司开具发票给甲公司，甲公司收到发票后贷方作“应付账款——乙公司”处理，再由甲公司开具相同金额发票给丙公司，产品由乙公司业务人员携带甲公司开具的发票直接以甲公司的名义送货到丙公司，一切费用均由乙公司负担，而且要向甲公司支付开票金额 3% 的手续费，结算货款通过甲公司银行账户代收，然后再将款项扣除 3% 后的余款打入乙公司银行账户，此时甲公司再借记“应付账款——乙公司”，使该应付账款账户结平。总经理认为：这样对于该公司来讲，销项税额和进项税额相同，应交增值税为零，销售收入和销售成本相等，不用缴纳所得税，还可以获得好处费，也不是赔本的买卖，再说考虑到两人的关系也不好推辞，于是就达成了这个协议。

分析思考：你能指出甲公司在应付账款核算中存在的主要问题吗？应该如何对应付账款进行核算管理？

二、应付账款的核算

为了核算和监督企业应付账款的发生、偿还、转销等情况，企业应当设置“应付账款”账户。该账户贷方登记企业购买材料、商品和接受劳务供应等而发生的应付账款；借方登记偿还的应付账款，或开出商业汇票抵付应付账款的款项，或已冲销的无法支付的应付账款；余额一般在贷方，表示企业尚未支付的应付账款的余额。本账户一般应按照债权人设置明细账户进行明细核算。

企业应当设置应付账款总账和应付账款明细账，分别进行应付账款的总分类核算和明细分类核算。应付账款明细账由会计人员根据记账凭证，按照业务发生时间登记。月度终了，应付账款明细账的余额应当与应付账款总账的余额核对，做到账账相符。

【课堂活动】

1. 以游戏的形式随机或按照自由组合方式将班级学生分成若干小组（5~6 人为一组），不同的小组分别扮演业务经办人员、出纳人员和会计人员等工作岗位角色。

2. 各小组讨论，模拟企业采购时应付账款业务的操作流程，模拟企业偿还应付账款业务的操作流程，并分析如何履行本工作岗位的职责。每位同学都要参与。

3. 每个小组推荐一位代表汇报本组任务完成情况，并说明解决相关问题的思路和方法。其他小组同学对其汇报进行评分。

4. 角色互换，完成上述工作。

5. 每个小组将汇报情况形成文字资料，并上交授课教师评阅。

【职业判断与业务操作】

根据本情境引例，业务处理如下。

（1）设置“应付账款”账户。企业会计人员开设应付账款总账和明细账，填写账簿启用登记及交接表，登记期初余额。

企业购入材料、商品等或接受劳务所产生的应付账款，应按应付金额入账。购入材料、商品等验收入库，但货款尚未支付，根据有关凭证（发票账单、随货同行发票上记载的实际价款或暂估价值），借记“原材料”“材料采购”“在途物资”等账户，按可抵扣的增值税税额，借记“应交税费——应交增值税（进项税额）”账户，按应付的价款，贷记“应付账款”账户；企业接受供应单位提供劳务而发生的应付未付款项，根据供应单位的发票账单，借记“生产成本”“管理费用”等账户，贷记“应付账款”账户。

应付账款附有现金折扣条件的，应按照发票上记载的应付金额入账，即按照扣除现金折扣前的应付账款总额入账。因在现金折扣期限内付款而获得的现金折扣，应作为理财收入，在偿还应付账款时冲减财务费用。现金折扣的这种处理方法称为总价法。

（2）审核购进材料的增值税专用发票。审核内容见学习子情境 7.2 中的 7.2.1“应付票据业务核算”。

（3）记录经济业务。企业会计人员根据审核无误的增值税专用发票和入库单，确认采购材料的应付账款。“原材料”账户增加记借方，“应交税费——应交增值税（进项税额）”账户增加记借方，“应付账款”账户增加记贷方。

借：原材料——钢材　　100 000
　　应交税费——应交增值税（进项税额）　　13 000
　　贷：应付账款　　113 000

【典型任务举例】

任务 7-7　2023 年 8 月 5 日，东方股份有限公司从滨河钢材公司购入一批钢材，货款 200 000 元，增值税 26 000 元（该公司材料按实际成本计价核算），款项尚未支付。

任务分析：购买材料未付货款、在运输途中，“在途物资”账户增加记借方，“应交税费——应交增值税（进项税额）”账户增加记借方，“应付账款”账户增加记贷方。

借：在途物资——钢材　　200 000
　　应交税费——应交增值税（进项税额）　　26 000
　　贷：应付账款　　226 000

任务 7-8 根据自来水公司通知，8 月 25 日应支付水费 8 000 元。其中生产车间水费 7 000 元，企业行政管理部门水费 1 000 元，款项尚未支付。

任务分析：确认生产车间水费时，“制造费用”账户增加记借方，确认企业行政管理部门水费时，“管理费用”账户增加记借方，“应付账款”账户增加记贷方。

借：制造费用　　7 000
　　管理费用　　1 000
　　贷：应付账款　　8 000

任务 7-9 接任务 7-7，8 月 26 日，东方股份有限公司开出转账支票支付从滨河钢材公司购入钢材的货款共计 226 000 元。

任务分析：企业开出转账支票偿还应付账款时，“应付账款”账户减少记借方，“银行存款”账户减少记贷方。

借：应付账款　　226 000
　　贷：银行存款　　226 000

任务 7-10 接任务 7-7，8 月 26 日，东方股份有限公司开出一张商业汇票支付从滨河钢材公司购入钢材的货款共计 226 000 元。

任务分析：企业若开出商业汇票抵付应付账款时，“应付账款”账户减少记借方，“应付票据”账户增加记贷方。

借：应付账款　　226 000
　　贷：应付票据　　226 000

任务 7-11 东方股份有限公司于 8 月 10 日，从大海公司购入一批钢材并已验收入库。增值税专用发票上列明，该批钢材的价款为 100 000 元，增值税税额为 13 000 元。按照购货协议的规定，东方股份有限公司如在 10 天内付清货款，将获得 1% 的现金折扣（假定计算现金折扣时需考虑增值税）。

任务分析：企业购入材料的应付账款附有现金折扣时，应按照扣除现金折扣前的应付款总额 113 000 元入账，“原材料”账户增加记借方，“应交税费——应交增值税（进项税额）”账户增加记借方，“应付账款”账户增加记贷方。

借：原材料　　100 000
　　应交税费——应交增值税（进项税额）　　13 000
　　贷：应付账款　　113 000

任务 7-12 接任务 7-11，假设东方股份有限公司于 8 月 18 日按照扣除现金折扣后的金额，用银行存款付清了所欠大海公司货款。

任务分析：东方股份有限公司在折扣期内付清所欠大海公司的货款，按照购货协议可以获得现金折扣。东方股份有限公司获得的现金折扣 = 113 000 × 1% = 1 130（元），实际支付的货款 = 113 000 − 1 130 = 111 870（元）。“应付账款”账户减少记借方，“银行存款”账户减少记贷方，获得的现金折扣使“财务费用”账户减少记贷方。

借：应付账款 113 000

　　贷：银行存款 111 870

　　　　财务费用 1 130

任务 7-13 接任务 7-11，假设东方股份有限公司于 8 月 25 日用银行存款付清了所欠大海公司货款。

任务分析：东方股份有限公司超过折扣期付款，按照购货协议不再享有现金折扣，应按全额付款。“应付账款”账户减少记借方，“银行存款”账户减少记贷方。

借：应付账款 113 000

　　贷：银行存款 113 000

任务 7-14 8 月 31 日，一笔应付账款 4 000 元确定为无法支付的款项，应予转销。

任务分析：企业转销确实无法支付的应付账款，应按其账面余额计入营业外收入，“应付账款”账户减少记借方，“营业外收入”账户增加记贷方。

借：应付账款 4 000

　　贷：营业外收入 4 000

任务 7-15 8 月 31 日，外购材料一批已验收入库，但发票尚未收到，根据以往经验估计该批材料价格为 10 000 元。

任务分析：企业外购的材料已验收入库，但月末发票账单仍未收到，应按估计价格记入“原材料”账户的借方和“应付账款”账户的贷方，待下月初再做冲回处理。

借：原材料 10 000

　　贷：应付账款——暂估应付账款 10 000

任务 7-16 接任务 7-15，9 月 1 日，冲回上月末暂估入账材料的价格 10 000 元。

任务分析：冲回上月末暂估入账材料时，用红字冲回。

借：原材料 10 000

　　贷：应付账款——暂估应付账款 10 000

【想一想】

1. 企业在现金折扣期内付款，少付的现金折扣部分如何进行账务处理？

2. 企业外购的材料已验收入库，但月末发票账单仍未收到，如何进行处理？

7.2.3　合同负债业务核算

【情境引例】

2023 年 2 月 1 日，东方股份有限公司收到大海公司购买产品预付货款 20 000 元的转账支票一张，将转账支票存入银行取得回单，见表 7-6。

表7-6

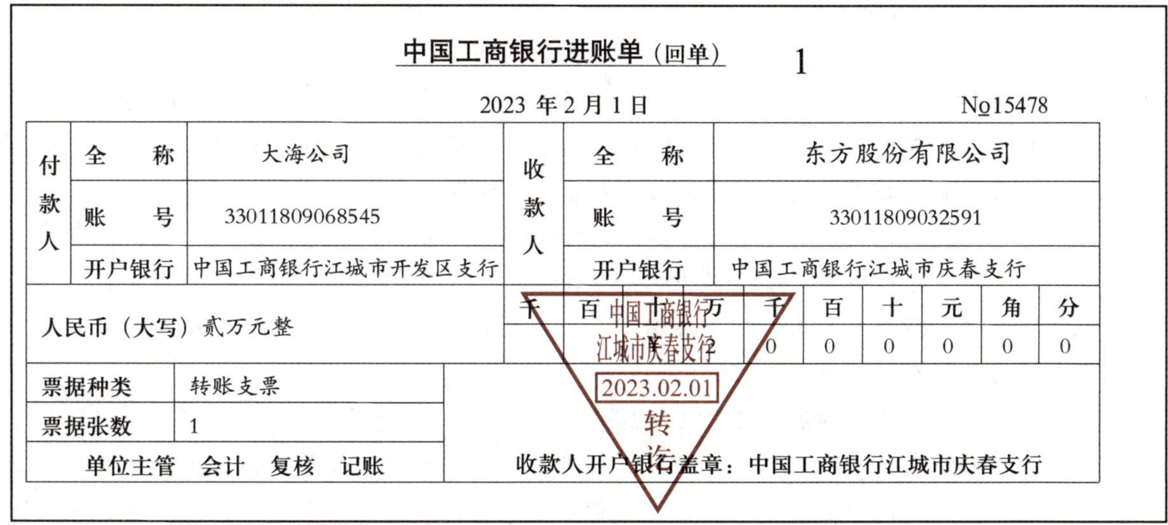

中国工商银行进账单（回单）　1

2023 年 2 月 1 日　　No15478

付款人	全称	大海公司	收款人	全称	东方股份有限公司
	账号	33011809068545		账号	33011809032591
	开户银行	中国工商银行江城市开发区支行		开户银行	中国工商银行江城市庆春支行

人民币（大写）贰万元整	千	百	十	万	千	百	十	元	角	分
			¥	2	0	0	0	0	0	0

票据种类	转账支票	
票据张数	1	
单位主管　会计　复核　记账		收款人开户银行盖章：中国工商银行江城市庆春支行

【工作过程与岗位对照图】

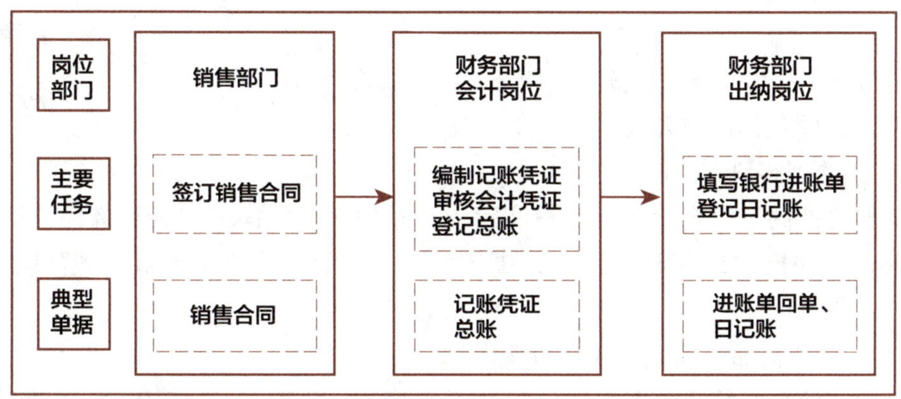

【知识准备】

合同负债是指企业已收或应收客户对价而应向客户转让商品或服务的义务。如企业按合同规定预收客户的商品采购款项，电信公司提前收取客户支付的网络数据服务使用费，航空公司提前收取的旅客购票费等。因转让商品收到的预收款项适用收入准则进行会计处理时，不再使用“预收账款”账户，企业预收的出租固定资产租金等可以通过“预收账款”账户核算。

一、合同负债的特点

企业在预收款项时，承担了将在未来导致经济利益流出企业的应履行的义务，即承诺在收款后一定日期交付商品或提供劳务，因此合同负债构成了企业的流动负债。与应付账款不同，合同负债所形成的负债不是以货币偿付，而是以货物偿付。

【案例分析】

某税务检查组到一家生产电瓶车配件的甲公司例行检查。检查发现，甲公司合同负债余额偏大。检查组陆组长重点检查了合同负债项目，发现甲公司通过合同负债结转的销售收入约占全年收入的70%，但甲公司生产的配件除两个种类外，其他大多数种类并不紧俏，不应该出现大量合同负债的情况。

通过对预收账款整个核算过程的仔细检查，陆组长发现了三个特点：

一是通过合同负债核算的绝大多数都是外地客户；

二是货款基本上是从甲公司各驻外销售处的账户定期汇回（有6家销售处还用业务员的个人信用卡汇回货款）；

三是发货日期基本集中在每月中旬。

陆组长请甲公司提供各销售处收款、汇回货款、公司发货和开具发票的详细情况，同时询问甲公司发货与开具发货单之间有无时间差。他觉得6家销售处通过个人信用卡汇回货款不正常，且这部分货款均是各销售处倒轧账后汇出的差额，这6家销售处很可能隐瞒了业务收入。最终，检查组查明甲公司在前后3个年度中，共隐瞒了360多万元收入没有入账，甲公司自然少不了被补税、罚款。

——摘自：华律网

分析思考：你觉得合同负债的检查主要应注意什么环节？

二、合同负债的核算

（一）收到客户支付价款时的核算

根据合同约定，企业收到客户实际支付款项而承担向客户转让商品或服务的义务时，按照已收或应收的金额，借记“银行存款”等账户，贷记“合同负债”账户。

（二）销售商品或提供劳务时的核算

企业按照合同约定向客户转让相关商品或服务确认收入时，借记“合同负债”账户，贷记“主营业务收入”“应交税费——应交增值税（销项税额）”等账户。

【课堂活动】

1. 以游戏的形式随机或按照自由组合方式将班级学生分成若干小组（5~6人为一组），不同的小组分别扮演业务经办人员、出纳人员和会计人员等工作岗位角色。

2. 各小组讨论，模拟企业收到合同负债业务的操作流程，模拟企业预收款后发出商品业务的操作流程，并分析如何履行本工作岗位的职责。每位同学都要参与。

3. 每个小组推荐一位代表汇报本组任务完成情况，并说明解决相关问题的思路和方法。其他小组同学对其汇报进行评分。

4. 角色互换，完成上述工作。

5. 每个小组将汇报情况形成文字资料，并上交授课教师评阅。

【职业判断与业务操作】

根据本情境引例，业务处理如下。

（1）设置“合同负债”账户。企业会计人员开设合同负债总账和明细账，填写账簿启用登记及交接表，登记期初余额。

企业向购货单位预收款项时，借记“银行存款”账户，贷记“合同负债”账户；销售实现时，按实现的收入和应缴的增值税销项税额，借记“合同负债”账户，按照实现的营业收入，贷记“主营业务收入”账户，按照增值税专用发票上注明的增值税税额，贷记“应交税费——应交增值税（销项税额）”等账户；企业收到购货单位补付的款项时，借记“银行存款”账户，贷记“合同负债”账户；向购货单位退回其多付的款项时，借记“合同负债”账户，贷记“银行存款”账户。

（2）记录经济业务。企业会计人员根据进账单回单，确认合同负债，“银行存款”账户增加记借方，“合同负债”账户增加记贷方。会计分录：

借：银行存款　　　　20 000
　　贷：合同负债——大海公司　　　　20 000

【典型任务举例】

任务 7-17　2023 年 4 月 5 日，东方股份有限公司将货物发给大海公司并开出增值税发票，发票上注明价款为 60 000 元，增值税税额为 7 800 元，大海公司原已预付货款 20 000 元。该批货物成本 45 000 元。

任务分析：销售实现时，按实现的收入和应缴的增值税销项税额，“合同负债”账户减少记借方，按照实现的营业收入，“主营业务收入”账户增加记贷方，按照增值税专用发票上注明的增值税税额，“应交税费——应交增值税（销项税额）”账户减少记贷方，并结转销售成本。

借：合同负债——大海公司　　　　67 800
　　贷：主营业务收入　　　　60 000

　　　应交税费——应交增值税（销项税额）　　　　7 800

借：主营业务成本　　　　45 000

　　贷：库存商品　　　　45 000

任务 7-18 接任务 7-17，4 月 10 日，东方股份有限公司收到大海公司补付的剩余货款 47 800 元，将转账支票送存银行，取得回单（回单见本学习情境引例）。

任务分析：收到大海公司补付的剩余货款时，"银行存款"账户增加记借方，"合同负债"账户增加记贷方。

借：银行存款　　　　47 800

　　贷：合同负债——大海公司　　　　47 800

任务 7-19 若任务 7-17 中价税合计金额为 11 300 元，少于预收账款的金额，4 月 10 日，退回多收大海公司的货款 8 700 元，开出转账支票支付。

任务分析：向购货单位退回其多付的款项时，"合同负债"账户减少记借方，"银行存款"账户减少记贷方。

借：合同负债——大海公司　　　　8 700

　　贷：银行存款　　　　8 700

【想一想】

1. 如何理解合同负债是企业的一项负债？
2. "合同负债"账户和"预收账款"账户核算内容有何异同？

7.2.4 其他应付款业务核算

【情境引例】

东方股份有限公司 2023 年 7 月 1 日起以经营租赁方式租入一幢办公用房，合同规定租赁期为两年，每月租金 10 500 元，每季度末开出转账支票支付租金，见表 7-7。

表7-7　租金费用计算表

2023 年 7 月 31 日　　单位：元

费用种类	应借账户	成本或费用项目	应借金额
预提租金费用	管理费用	租金费用	10 500
合计			10 500

【工作过程与岗位对照图】

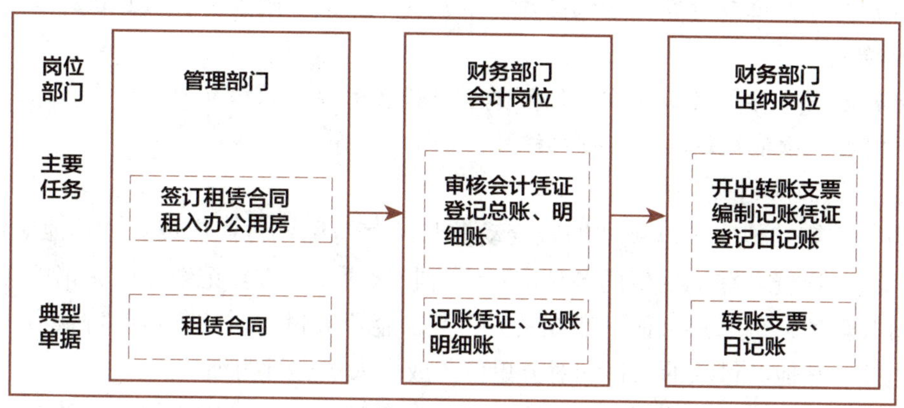

【知识准备】

其他应付款是指企业除应付票据、应付账款、预收账款、应付职工薪酬、应交税费、应付利息、应付股利等经营活动以外的其他各项应付、暂收其他单位或个人的款项，如应付租入包装物的租金、存入保证金等。其他应付款是企业经常性购销业务之外所发生的应付款项，只反映企业应付给其他单位或个人的零星款项。而企业经常发生的应上缴国家的税费、支付投资者利润等款项，分别作为应交税费、利润分配处理。

一、其他应付款的内容

其他应付款的内容包括：应付经营租入固定资产和包装物租金；存入保证金（如收入包装物押金等）；其他应付、暂收款项。

应付租入固定资产的租金是指企业采用经营性租赁方式租入固定资产所应支付的租金，而不包括应付融资租入固定资产的租赁费。

存入保证金是指其他单位或个人由于使用本企业的某项资产而交付的押金（如出租、出借包装物押金），待以后资产归还后还需退还的暂收款项。

【案例分析】

南方股份有限公司是一家单一生产电风扇的企业。近几年经营业绩尚可，但在去年实施的税务专项检查时，审计人员发现该公司报表反映平均利润率高达34%。据对该公司报表的粗略分析，光靠单一产品的生产与销售，似乎很难达到这一利润水平。经过实地观察，除了厂房、车间、办公用房外，厂部并无其他经营实体产生利润。通过对企业提供的账册凭证的仔细审核，审计人员发现总账中的“其他应付款”账户余额数大于明细账的余额数。经过询问企业财务人员，会计又去找来了一本账，这是一本公司二级核算单位（非独立）往来账。从这本账里，审计人员发现该公司下属非独立核算的某市场是该公司利润的主要来源，在出租摊位向客户收取租金的同时，还收取名目繁多的各项代垫费用，有广告费、治安费等，这些价外费用却都挂在“其他应付款——代垫费”账户贷方，支付的各项费用直接在该账户的借方冲转。

分析思考：你能指出南方股份有限公司在其他应付款核算内容中存在的主要问题吗？哪些款项能通过其他应付款核算？

二、其他应付款的核算

视频：其他应付款的核算

为了核算其他应付款项的增减变动及其结存情况，企业应设置“其他应付款”账户。该账户贷方登记发生的各种应付、暂收款项；借方登记偿还或转销的各种应付、暂收款项；该账户余额一般在贷方，反映企业应付未付的其他应付款项。本账户应当按照其他应付款的项目和对方单位（或个人）进行明细核算。

企业应当设置其他应付款总账和其他应付款明细账，分别进行企业其他应付款的总分类核算和明细分类核算。其他应付款明细账由会计人员根据记账凭证，按照业务发生顺序逐笔登记。月度终了，其他应付款明细账的余额应当与其他应付款总账的余额核对，做到账账相符。

【课堂活动】

1. 以游戏的形式随机或按照自由组合方式将班级学生分成若干小组（5~6人为一组），不同的小组分别扮演业务经办人员、出纳人员和会计人员等工作岗位角色。

2. 各小组讨论，模拟企业收到租金、押金业务的操作流程，模拟企业退回押金业务的操作流程，并分析如何履行本工作岗位的职责。每位同学都要参与。

3. 每个小组推荐一位代表汇报本组任务完成情况，并说明解决相关问题的思路和方法。其他小组同学对其汇报进行评分。

4. 角色互换，完成上述工作。

5. 每个小组将汇报情况形成文字资料，并上交授课教师评阅。

【职业判断与业务操作】

根据本情境引例，业务处理如下。

（1）设置“其他应付款”账户。企业会计人员开设其他应付款总账和明细账，填写账簿启用登记及交接表，登记期初余额。

（2）预提当月的租金费用。

（3）记录经济业务。企业会计人员根据租金费用计算表，确认当月的租金费用，“管理费用”账户增加记借方，“其他应付款”账户增加记贷方。会计分录：

借：管理费用　　10 500

　贷：其他应付款　　10 500

（4）第三季度末开出转账支票支付租金时，企业会计人员根据转账支票存根，“其他应付款”账户减少记借方，“银行存款”账户减少记贷方。会计分录：

借：其他应付款　　31 500

　贷：银行存款　　31 500

【典型任务举例】

任务 7-20　2023 年 8 月 2 日，东方股份有限公司财务部门收到包装物押金现金 500 元。

任务分析：收到包装物押金，“库存现金”账户增加记借方，“其他应付款”账户增加记贷方。

借：库存现金　　500

　贷：其他应付款　　500

任务 7-21　接任务 7-20，2023 年 9 月 5 日，东方股份有限公司财务部门退回包装物押金 500 元，开出转账支票支付。

任务分析：退回包装物押金，“其他应付款”账户减少记借方，“银行存款”账户减少记贷方。

借：其他应付款　　500

　贷：银行存款　　500

【想一想】

企业如何加强其他应付款的管理和控制？

学习子情境7.3　应付职工薪酬业务核算

【情境引例】

东方股份有限公司 2023 年 3 月应付工资总额 562 000 元，工资费用分配汇总表中列示的产品生产人员工资为 420 000 元，车间管理人员工资为 70 000 元，行政管理人员工资为 60 400 元，销售人员工资为 11 600 元。计提福利费总额为 44 000 元，其中生产人员福利费为 30 000 元，车间管理人员福利费为 6 000 元，行政管理人员福利费为 6 000 元，销售人员福利费为 2 000 元，见表 7-8。

表7-8

工资及福利费分配表

2023年3月31日　　单位：元

用途＼项目	工资总额	计提福利费	金额合计
生产产品工人	420 000	30 000	450 000
车间管理人员	70 000	6 000	76 000
行政管理人员	60 400	6 000	66 400
销售人员	11 600	2 000	13 600
合计	562 000	44 000	606 000

【工作过程与岗位对照图】

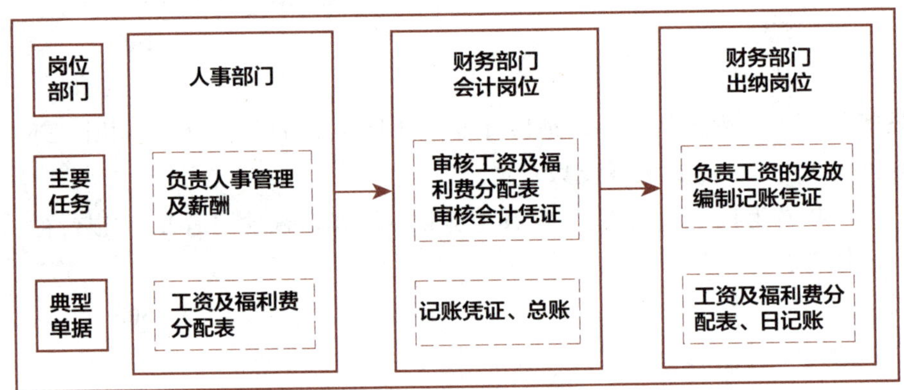

【知识准备】

职工薪酬是指企业为获得职工提供的服务或解除劳动关系而给予的各种形式的报酬或补偿。职工薪酬包括短期薪酬、离职后福利、辞退福利和其他长期职工福利。企业提供给职工配偶、子女、受赡养人、已故员工遗属及其他受益人等的福利，也属于职工薪酬。这里所称的职工，是指与企业订立劳动合同的所有人员，含全职、兼职和临时职工，也包括虽未与企业订立劳动合同但由企业正式任命的人员。未与企业订立劳动合同或未由其正式任命，但向企业所提供服务与职工所提供服务类似的人员，也属于职工的范畴，包括通过企业与劳务中介公司签订用工合同而向企业提供服务的人员。

一、应付职工薪酬的内容

应付职工薪酬包括企业提供给职工、职工配偶、子女、受赡养人、已故员工遗属及其他受益人的各种形式的报酬、补偿或福利。主要包括短期薪酬、带薪缺勤、利润分享计划、离职后福利、辞退福利和其他长期职工福利。

短期薪酬，是指企业在职工提供相关服务的年度报告期间结束后十二个月内需要全部予以支付的职工薪酬，因解除与职工的劳动关系给予的补偿除外。短期薪酬具体包括：职工工资、奖金、津贴和补贴，职工福利费，医疗保险费、工伤保险费和生育保险费等社会保险费，住房公积金，工会经费和职工教育经费，短期带薪缺勤，短期利润分享计划，非货币性福利以及其他短期薪酬。

带薪缺勤，是指企业支付工资或提供补偿的职工缺勤，包括年休假、病假、短期伤残、婚假、产假、丧假、探亲假等。

利润分享计划，是指因职工提供服务而与职工达成的基于利润或其他经营成果提供薪酬的协议。

离职后福利，是指企业为获得职工提供的服务而在职工退休或与企业解除劳动关系后，提供的各种形式的报酬和福利，短期薪酬和辞退福利除外。

辞退福利，是指企业在职工劳动合同到期之前解除与职工的劳动关系，或者为鼓励职工自愿接受裁减而给予职工的补偿。

其他长期职工福利，是指除短期薪酬、离职后福利、辞退福利之外所有的职工薪酬，包括长期带薪缺勤、长期残疾福利、长期利润分享计划等。

【案例分析】

注册会计师 2023 年 1 月 20 日在审核甲公司“应付职工薪酬”账户时，发现 2022 年 12 月第 56 号凭证摘要为发放福利费，账务处理如下：

借：管理费用　　　　6 000 000

　　贷：库存商品　　　　6 000 000

经查实所附原始凭证，证实为甲公司将自产的 500 件产品作为福利发放给公司管理人员。该批产品的单件成本为 1.2 万元，市场销售价格为每件 2 万元（不含增值税）。甲公司为增值税一般纳税人，适用的增值税税率为 13%，不考虑其他相关税费。

分析思考：假如你是注册会计师小李，请结合案情分析该公司存在的问题，并提出处理意见。

二、应付职工薪酬的核算

为了核算和监督企业应付职工薪酬的提取、结算、使用等情况，企业应当设置“应付职工薪酬”账户。该账户贷方登记已分配计入有关成本费用项目的职工薪酬的数额；借方登记实际发放职工薪酬的数额；期末贷方余额，反映企业应付未付的职工薪酬。“应付职工薪酬”账户应当按照“工资、奖金、津贴和补贴”“职工福利费”“社会保险费”“住房公积金”“工会经费”“职工教育经费”“非货币性福利”“离职后福利”“辞退福利”“其他长期职工福利”等应付职工薪酬项目设置明细账户，进行明细核算。外商投资企业按规定从净利润中提取的职工奖励及福利基金，也在本账户核算。

（一）确认应付职工薪酬

1. 关于工资的确认

企业应当在职工为其提供服务的会计期间，将应付的职工薪酬确认为负债，并根据职工提供服务的受益对象，分别下列情况处理：

（1）应由生产产品、提供劳务负担的职工薪酬，计入产品成本或劳务成本。生产产品、提供劳务中的直接生产人员和直接提供劳务人员发生的职工薪酬，根据有关的规定，计入存货成本，但非正常消耗的直接生产人员和直接提供劳务人员的职工薪酬，应当在发生时确认为当期损益。

（2）应由在建工程、无形资产负担的职工薪酬，计入建造固定资产或无形资产成本。如自行建造固定资产和自行研究开发无形资产过程中发生的职工薪酬，符合规定的，可将其计入固定资产或无形资产的成本。

（3）上述两项之外的其他职工薪酬，计入当期损益。如公司总部管理人员、董事会成员、监事会成员等的职工薪酬，因难以确定直接对应的受益对象，均应当在发生时计入当期损益。

企业应当在职工为其提供服务的会计期间，根据职工提供服务的受益对象，将应确认的职工薪酬（包括货币性薪酬和非货币性福利）计入相关资产成本或当期损益，同时确认为应付职工薪酬。生产部门人员的职工薪酬，记入“生产成本——基本生产成本”“制造费用”“劳务成本”等账户；管理部门人员的职工薪酬，记入“管理费用”账户；销售人员的职工薪酬，记入“销售费用”账户；应由在建工程、研发支出负担的职工薪酬，记入“在建工程”“研发支出”等账户；外商投资企业按规定从净利润中提取的职工奖励及福利基金，记入“利润分配——提取的职工奖励及福利基金”账户。

2. 关于职工福利的确认

对于职工福利费，企业应当在实际发生时根据实际发生额确认职工福利费，并计入当期损益或相关资产成本，借记“生产成本——基本生产成本”“制造费用”“管理费用”“销售费用”等账户，贷记“应付职工薪酬——职工福利费”账户。

3. 关于社会保险费的确认

企业计提的社会保险费，应当根据受益对象计入相关资产成本或当期损益，同时确认应付职工薪酬，借记“管理费用”“生产成本——基本生产成本”“制造费用”等账户，贷记“应付职工薪酬——社会保险费”账户。

4. 关于非货币性福利的确认

企业以其自产产品作为非货币性福利发放给职工的，应当根据受益对象，按照该产品的公允价值，计入相关资产成本或当期损益，同时确认应付职工薪酬，借记“管理费用”“生产成本——基本生产成本”“制造费用”等账户，贷记“应付职工薪酬——非货币性福利”账户。

企业将拥有的房屋等资产无偿提供给职工使用的，应当根据受益对象，将该住房每期应计提的折旧计入相关资产成本或当期损益，同时确认应付职工薪酬，借记“管理费用”“生产成本——基本生产成本”“制造费用”等账户，贷记“应付职工薪酬——非货币性福利”账户，同时借记“应付职工薪酬——非货币性福利”账户，贷记“累计折旧”账户。

企业将租赁住房等资产供职工无偿使用的，应当根据受益对象，将每期应付的租金计入相关资产成本或当期损益，并确认应付职工薪酬，借记“管理费用”“生产成本——基本生产成本”“制造费用”等账户，贷记“应付职工薪酬——非货币性福利”账户。难以认定受益对象的非货币性福利，直接计入当期损益和应付职工薪酬。

（二）发放应付职工薪酬

1. 关于工资的发放

企业按照有关规定向职工支付工资、奖金、津贴等，借记“应付职工薪酬——工资、奖金、津贴和补贴”账户，贷记“银行存款”“库存现金”等账户；企业从应付职工薪酬中扣还的各种款项（代垫的家属药费、个人所得税等），借记“应付职工薪酬——工资、奖金、津贴和补贴”账户，贷记“银行存款”“库存现金”“其他应收款”“应交税费——应交个人所得税”等账户。

2. 关于职工福利的发放

企业支付职工福利费、支付工会经费和职工教育经费用于工会运作和职工培训时，借记“应付职工薪酬——职工福利费（或工会经费、职工教育经费）”账户，贷记“银行存款”“库存现金”等账户。

3. 关于社会保险费的支付

企业按照国家有关规定缴纳社会保险费或住房公积金时，借记“应付职工薪酬——社会保险费”账户，贷记“银行存款”“库存现金”等账户。

4. 关于非货币性福利的发放

企业以自产产品作为职工薪酬发放给职工时，应确认主营业务收入，借记“应付职工薪酬——非货币性福利”账户，贷记“主营业务收入”账户，同时结转相关成本，涉及增值税销项税额的，还应进行相应的处理。企业支付租赁住房等资产供职工无偿使用所发生的租金，借记“应付职工薪酬——非货币性福利”账户，贷记“银行存款”等账户。

【课堂活动】

1. 以游戏的形式随机或按照自由组合方式将班级学生分成若干小组（5~6人为一组），不同的小组分别扮演业务经办人员、出纳人员和会计人员等工作岗位角色。

2. 各小组讨论，模拟企业应付职工薪酬业务的操作流程，并分析如何履行本工作岗位的职责。每位同学都要参与。

3. 每个小组推荐一位代表汇报本组任务完成情况，并说明解决相关问题的思路和方法。其他小组同学对其汇报进行评分。

4. 角色互换，完成上述工作。

5. 每个小组将汇报情况形成文字资料，并上交授课教师评阅。

【职业判断与业务操作】

根据本情境引例，业务处理如下。

（1）设置"应付职工薪酬"账户。企业会计人员开设应付职工薪酬总账和明细账，填写账簿启用登记及交接表，登记期初余额。

（2）审核工资及福利费分配表。根据表 7-8，"应付职工薪酬——工资、奖金、津贴和补贴"账户增加应记贷方 562 000；"应付职工薪酬——职工福利费"账户增加应记贷方 44 000。

（3）记录经济业务。企业会计人员根据审核无误的工资及福利费分配表，确认应付职工薪酬计入相关资产成本或当期损益。生产人员、车间管理人员、行政管理人员及销售人员工资分别记入"生产成本——基本生产成本""制造费用""管理费用""销售费用"账户的借方，因工资尚未发放，所以记入"应付职工薪酬——工资、奖金、津贴和补贴""应付职工薪酬——职工福利费"账户的贷方。

借：生产成本——基本生产成本	420 000	
制造费用	70 000	
管理费用	60 400	
销售费用	11 600	
贷：应付职工薪酬——工资、奖金、津贴和补贴		562 000
借：生产成本——基本生产成本	30 000	
制造费用	6 000	
管理费用	6 000	
销售费用	2 000	
贷：应付职工薪酬——职工福利费		44 000

【典型任务举例】

任务 7-22 东方股份有限公司在岗职工共计 200 人，其中生产车间 170 人，管理部门 30 人。公司下设一所职工食堂，公司对每个职工每月需补贴食堂 100 元。

任务分析： 该公司应确认职工福利费金额 = 200 × 100 = 20 000（元），其中，生产车间职工相应的福利费 17 000 元应记入“生产成本——基本生产成本”账户，管理部门职工相应的福利费 3 000 元应记入“管理费用”账户，同时贷记“应付职工薪酬——职工福利费”账户。支付补贴时，借记“应付职工薪酬——职工福利费”账户，贷记“银行存款”账户。

借：生产成本——基本生产成本　　17 000
　　管理费用　　3 000
　　贷：应付职工薪酬——职工福利费　　20 000

支付补贴时：

借：应付职工薪酬——职工福利费　　20 000
　　贷：银行存款　　20 000

任务 7-23　根据国家规定的计提标准计算，东方股份有限公司本月应向社会保险经办机构缴纳职工基本养老保险费共计 46 000 元。其中，应计入基本生产成本的金额为 32 000 元，应计入制造费用的金额为 6 000 元，应计入管理费用的金额为 8 000 元。

任务分析：向社会保险经办机构缴纳职工基本养老保险费，根据被保险人的性质分别记入“生产成本——基本生产成本”“制造费用”“管理费用”账户的借方，记入“应付职工薪酬——设定提存计划”账户的贷方。

借：生产成本——基本生产成本　　32 000
　　制造费用　　6 000
　　管理费用　　8 000
　　贷：应付职工薪酬——设定提存计划　　46 000

任务 7-24　东方股份有限公司有职工 200 名，其中 170 名为直接参加生产的职工，30 名为行政管理人员。该公司以其生产的每台成本为 900 元的产品作为中秋节福利发放给公司每名职工。该批产品市场售价为每台 1 000 元，该公司适用的增值税税率为 13%。

任务分析：应确认的应付职工薪酬 =200×1 000×（1+13%）=226 000（元），其中，应记入“生产成本——基本生产成本”账户的金额 =170×1 000×（1+13%）=192 100（元），应记入“管理费用”账户的金额 =30×1 000×（1+13%）=33 900（元）。

借：生产成本——基本生产成本　　192 100
　　管理费用　　33 900
　　贷：应付职工薪酬——非货币性福利　　226 000

任务 7-25　东方股份有限公司为部门经理级别以上职工提供汽车免费使用，该公司共有部门经理以上职工 10 名，每人提供一辆汽车免费使用，假定每辆汽车每月计提折旧 1 000 元。

任务分析：本任务中，该公司为部门经理级别以上职工提供汽车免费使用，根据受益对象，确认的应付职工薪酬应当计入管理费用。

借：管理费用　　10 000

　　贷：应付职工薪酬——非货币性福利　　10 000

借：应付职工薪酬——非货币性福利　　10 000

　　贷：累计折旧　　10 000

任务 7-26　公司根据“工资结算汇总表”结算本月应付职工工资总额 562 000 元，代扣职工个人所得税 40 000 元，企业代垫职工家属医药费 2 000 元，实发工资 520 000 元。

任务分析：发放工资，借记“应付职工薪酬——工资、奖金、津贴和补贴”，贷记“银行存款”。代垫代扣款项借记“应付职工薪酬——工资、奖金、津贴和补贴”，贷记“应交税费——应交个人所得税”“其他应收款——代垫医药费”。

（1）发放工资：

借：应付职工薪酬——工资、奖金、津贴和补贴　　520 000

　　贷：银行存款　　520 000

（2）代扣款项：

借：应付职工薪酬——工资、奖金、津贴和补贴　　42 000

　　贷：应交税费——应交个人所得税　　40 000

　　　　其他应收款——代垫医药费　　2 000

任务 7-27　东方股份有限公司以现金支付职工李某的生活困难补助 800 元。

任务分析：用现金支付给职工的生活困难补助，应借记“应付职工薪酬——职工福利费”账户，贷记“库存现金”账户。

借：应付职工薪酬——职工福利费　　800

　　贷：库存现金　　800

任务 7-28　东方股份有限公司根据国家规定的计提标准计算，该公司签发转账支票向社会保险经办机构缴纳职工基本养老保险费 46 000 元。

任务分析：签发转账支票向社会保险经办机构缴纳职工基本养老保险费，应借记“应付职工薪酬——设定提存计划”账户，贷记“银行存款”账户。

借：应付职工薪酬——设定提存计划　　46 000

　　贷：银行存款　　46 000

任务 7-29　承任务 7-24，东方股份有限公司向职工发放本公司产品作为福利，同时要根据相关税收规定，视同销售计算增值税销项税额。

任务分析：东方股份有限公司应确认的主营业务收入 = 200 × 1 000

= 200 000（元）

东方股份有限公司应确认的增值税销项税额 = 200 × 1 000 × 13%

= 26 000（元）

东方股份有限公司应结转的销售成本 = 200 × 900 = 180 000（元）

借：应付职工薪酬——非货币性福利　226 000
　贷：主营业务收入　200 000
　　应交税费——应交增值税（销项税额）　26 000
借：主营业务成本　180 000
　贷：库存商品　180 000

【想一想】

应付职工薪酬包括哪些内容？

学习子情境7.4　应交税费业务核算

【情境引例】

东方股份有限公司购入原材料一批，增值税专用发票上注明货款 40 000 元，增值税税额 5 200 元，货物尚未到达，货款和进项税款已用银行存款支付。该公司采用实际成本法对原材料进行核算。

【工作过程与岗位对照图】

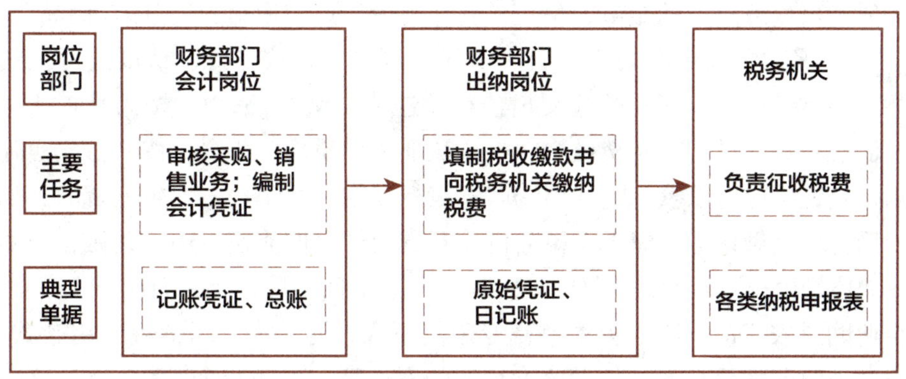

【知识准备】

企业在一定时期内取得的营业收入和实现的利润，要按照规定向国家缴纳各种税金，这些应缴的税金，应按照权责发生制的原则预提记入有关账户。这些应缴的税金在尚未缴纳之前暂时停留在企业，形成一项负债。企业根据税法规定应缴纳的各种税费包括：增值税、消费税、城市维护建设税、资源税、所得税、土地增值税、房产税、车船税、城镇土地使用税、教育费附加、印花税、耕地占用税等。

为了核算和监督企业各种税费的缴纳情况，企业应当设置“应交税费”账户。该账户贷方登记应缴纳的各种税费等，借方登记实际交纳的税费，期末余额一般在贷方，反映企业尚未缴纳的税费，期末余额如在借方，反映企业多缴或尚未抵扣的税费。企业应按照应交税费项目进行明细核算。企业缴纳的印花税、耕地占用税等不需要预计应缴数的税金，不通过“应交税费”账户核算。

一、应交增值税

（一）增值税概述

增值税是指对我国境内销售货物或者加工、修理修配劳务（简称劳务），销售服务、无形资产或者不动产以及进口货物的单位和个人的增值额征收的一种流转税。按照纳税人的经营规模及会计核算的健全程度，增值税纳税人分为一般纳税人和小规模纳税人。一般纳税人应纳增值税额，根据当期销项税额减去当期进项税额计算确定；小规模纳税人应纳增值税额，根据销售额和规定的征收率计算确定。

（二）一般纳税企业的账务处理

为了核算企业应交增值税的发生、抵扣、缴纳、退税及转出等情况，应在“应交税费”账户下设置“应交增值税”明细账户，并在“应交增值税”明细账内设置“进项税额”“已交税金”“销项税额”“进项税额转出”等专栏。

1. 取得资产或接受劳务

一般纳税人购进货物、加工修理修配劳务、服务、无形资产或不动产，按应计入相关成本费用或资产的金额，借记“在途物资”或“原材料”“库存商品”“生产成本”“无形资产”“固定资产”“管理费用”等账户，按当月已认证的可抵扣增值税税额，借记“应交税费——应交增值税（进项税额）”账户，按当月未认证的可抵扣增值税税额，借记“应交税费——待认证进项税额”账户，按应付或实际支付的金额，贷记“应付账款”“应付票据”“银行存款”等账户。发生退货的，如原增值税专用发票已做认证，应根据税务机关开具的红字增值税专用发票做相反的会计分录；如原增值税专用发票未做认证，应将发票退回并做相反的会计分录。

企业购进农产品，除取得增值税专用发票或者海关进口增值税专用缴款书外，按照农产品收购发票或者销售发票上注明的农产品买价和9%的扣除率计算进项税额，借记“应交税费——应交增值税（进项税额）”账户，按买价扣除按规定计算的进项税额后的差额，借记“材料采购”“原材料”“库存商品”等账户，按照应付或实际支付的价款，贷记“应付账款”“银行存款”等账户。

进项税额计算公式：

$$进项税额 = 买价 \times 扣除率 \tag{7.3}$$

购进以及在生产经营过程中支付运输费、装卸费、保险费等其他费用的，按照所取得增值税专用发票上注明的准予抵扣的增值税税额，借记“应交税费——应交增值税（进项税额）”账户，贷记“银行存款”等账户。

进项税额计算公式：

$$进项税额 = 相关费用金额 \times 增值税税率 \tag{7.4}$$

一般纳税人购进货物、加工修理修配劳务、服务、无形资产或不动产，用于简易计税方法计税项目、免征增值税项目、集体福利或个人消费等，其进项税额按照现行增值税制度规定不得从销项税额中抵扣的，取得增值税专用发票时，应借记相关成本费用或资产账户，借记“应交税费——待认证进项税额”账户，贷记“银行存款”“应付账款”等账户，经税务机关认证后，应借记相关成本费用或资产账户，贷记“应交税费——应交增值税（进项税额转出）”账户。

2. 进项税额转出

企业发生非正常损失的购进货物及相关的应税劳务，非正常损失（指因管理不善造成被盗、丢失、霉烂变质的损失）的在产品、产成品所耗用的购进货物或者应税劳务，以及将购进货物改变用途（如用于非应税项目、集体福利或个人消费等），其进项税额应通过“应交税费——应交增值税（进项税额转出）”账户转入有关账户，借记“待处理财产损溢——待处理流动资产损溢”“在建工程”“应付职工薪酬”等账户，贷记“原材料”“应交税费——应交增值税（进项税额转出）”账户；属于转作待处理财产损失的进项税额，应与遭受非常损失的购进货物、在产品或库存商品的成本一并处理。

3. 销售业务

一般纳税人销售货物、加工修理修配劳务、服务、无形资产或不动产，应当按应收或已收的金额，借记“应收账款”“应收票据”“银行存款”等账户，按取得的收入金额，贷记“主营业务收入”“其他业务收入”“固定资产清理”等账户，按现行增值税制度规定计算的销项税额，贷记“应交税费——应交增值税（销项税额）”账户。发生销售退回的，应根据按规定开具的红字增值税专用发票做相反的会计分录。

4. 视同销售行为

一般纳税人将自产、委托加工的货物用于免税项目、简易计税项目、集体福利或个人消费，将自产、委托加工或购买的货物作为投资、分配给股东、赠送他人等，单位或者个体工商户向其他单位或者个人无偿提供服务（但用于公益事业或者以社会公众为对象的除外）、单位或者个人向其他单位或者个人无偿转让无形资产或者不动产（但用于公益事业或者以社会公众为对象的除外），应视同销售行为。企业发生税法上视同销售的行为，应当按照企业会计准则制度相关规定进行相应的会计处理，并按照现行增值税制度规定计算的销项税额，借记“营业外支出”“应付职工薪酬”“利润分配”“长期股权投资”等账户，贷记“库存商品”“应交税费——应交增值税（销项税额）”账户。

5. 缴纳增值税

纳税人销售货物或者提供应税劳务，其应纳税额为当期销项税额抵扣当期进项税额后的余额。应纳税额计算公式：

$$应纳税额 = 当期销项税额 - 当期进项税额 \quad (7.5)$$

当期销项税额小于当期进项税额不足抵扣时，其不足部分可以结转下期继续抵扣。

月度终了，企业应当将当月应交未交或多交的增值税自“应交增值税”明细账户转入“未交增值税”明细账户。对于当月应交未交的增值税，借记“应交税费——应交增值税（转出未交增值税）”账户，贷记“应交税费——未交增值税”账户；对于当月多交的增值税，借记“应交税费——未交增值税”账户，贷记“应交税费——应交增值税（转出多交增值税）”账户。

企业交纳当月应交的增值税，借记“应交税费——应交增值税（已交税金）”账户，贷记“银行存款”账户；企业交纳以前期间未交的增值税，借记“应交税费——未交增值税”账户，贷记“银行存款”账户。

【案例分析】

甲有限责任公司为增值税一般纳税人，2023 年 12 月份销售商品 1 000 件，每件不含税售价为 200 元，该货物适用 13% 的增值税税率。该月购进原材料取得增值税专用发票，发票上注明的税款为 13 000 元，本月该公司购进免税农产品 10 000 元，支付运输费 11 000 元，其中包括装卸费、保险费等 1 000 元。

分析思考：

1. 甲有限责任公司 12 月销项税额是多少？
2. 购进农产品的进项税额应如何计算？
3. 有些纳税人认为凡是运输发票均可以按照 9% 的扣除率计算进项税额，是否正确？
4. 甲有限责任公司 12 月进项税额是多少？
5. 甲有限责任公司 12 月需要缴纳多少增值税？

（三）小规模纳税企业的账务处理

小规模纳税企业销售货物或者应税劳务，实行按照销售额和规定的增值税征收率计算应纳税额的简易办法，销售货物或提供应税劳务时不能自行开具增值税专用发票，可由税务机关代开，并不得抵扣进项税额。应纳税额计算公式：

$$应纳税额 = 销售额 \times 征收率 \quad (7.6)$$

小规模纳税企业增值税征收率为 3% 和 5%，不享有进项税额的抵扣权，其购进货物或接受应税劳务支付的增值税直接计入有关货物或劳务的成本。因此，小规模纳税企业只需在“应交税费”账户下设置“应交增值税”明细账户，不需要在“应交增值税”明细账户中设置专栏。“应交税费——应交增值税”账户贷方登记应缴纳的增值税；借方登记已缴纳的增值税；期末贷方余额为尚未缴纳的增值税，借方余额为多缴纳的增值税。

小规模纳税企业购进货物和接受应税劳务时支付的增值税，直接计入有关货物和劳务的成本，借记“材料采购”“在途物资”等账户，贷记“银行存款”账户。

1. 5% 征收率

小规模纳税人适用 5% 征收率的情况如下：

（1）小规模纳税人销售其取得（不含自建）的不动产（不含个体工商户销售购买的住房和其他个人销售不动产），应以取得的全部价款和价外费用减去该项不动产购置原价或者取得不动产时的作价后的余额为销售额，按照 5% 的征收率计算应纳税额。

（2）小规模纳税人销售其自建的不动产，应以取得的全部价款和价外费用为销售额，按照 5% 的征收率计算应纳税额。

（3）房地产开发企业中的小规模纳税人，销售自行开发的房地产项目，按照 5% 的征收率计税。

（4）其他个人销售其取得（不含自建）的不动产（不含其购买的住房），应以取得的全部价款和价外费用减去该项不动产购置原价或者取得不动产时的作价后的余额为销售额，按照 5% 的征收率计算应纳税额。

（5）小规模纳税人出租其取得的不动产（不含个人出租住房），应按照 5% 的征收率计算应纳税额。纳税人出租与机构所在地不在同一县（市）的不动产，应按照上述计税方法在不动产所在地预缴税款后，向机构所在地主管税务机关进行纳税申报。

（6）其他个人出租其取得的不动产（不含住房），应按照 5% 的征收率计算应纳税额。

（7）个人出租住房，应按照 5% 的征收率减按 1.5% 计算应纳税额。

（8）个人将购买不足 2 年的住房对外销售的，按照 5% 的征收率全额缴纳增值税；个人将购买 2 年以上（含 2 年）的住房对外销售的，免征增值税。此政策适用于北京市、上海市、广州市和深圳市之外的地区。

2. 3% 征收率

小规模纳税人适用 3% 征收率的情况如下：

（1）试点纳税人中的小规模纳税人跨县（市）提供建筑服务，应以取得的全部价款和价外费用扣除支付的分包款后的余额为销售额，按照 3% 的征收率计算应纳税额。纳税人应按照上述计税方法在建筑服务发生地预缴税款后，向机构所在地主管税务机关进行纳税申报。

（2）其他服务小规模纳税人。

3. 减免政策

增值税小规模纳税人相关减免增值税政策如下：

（1）自2023年1月1日至2023年12月31日，对月销售额10万元以下（含本数）的增值税小规模纳税人，免征增值税。

（2）自2023年1月1日至2023年12月31日，增值税小规模纳税人适用3%征收率的应税销售收入，减按1%征收率征收增值税；适用3%预征率的预缴增值税项目，减按1%预征率预缴增值税。

（3）自2023年1月1日至2023年12月31日，增值税加计抵减政策按照以下规定执行：

① 允许生产性服务业纳税人按照当期可抵扣进项税额加计5%抵减应纳税额。生产性服务业纳税人，是指提供邮政服务、电信服务、现代服务、生活服务取得的销售额占全部销售额的比重超过50%的纳税人。

② 允许生活性服务业纳税人按照当期可抵扣进项税额加计10%抵减应纳税额。生活性服务业纳税人，是指提供生活服务取得的销售额占全部销售额的比重超过50%的纳税人。

二、应交消费税

（一）消费税概述

消费税是指在我国境内生产、委托加工和进口应税消费品的单位和个人，按其流转额缴纳的一种税。消费税有从价定率、从量定额、从价定率和从量定额复合计税（以下简称复合计税）三种征收方法。应纳税额计算公式：

$$\text{实行从价定率办法计算的应纳税额} = \text{销售额} \times \text{比例税率} \tag{7.7}$$

$$\text{实行从量定额办法计算的应纳税额} = \text{销售数量} \times \text{定额税率} \tag{7.8}$$

$$\text{实行复合计税办法计算的应纳税额} = \text{销售额} \times \text{比例税率} + \text{销售数量} \times \text{定额税率} \tag{7.9}$$

纳税人销售的应税消费品，以人民币计算销售额。纳税人以人民币以外的货币结算销售额的，应当折合成人民币计算。

（二）应交消费税的账务处理

为了核算企业应交消费税的发生、缴纳等情况，企业应在“应交税费”账户下设置“应交消费税”明细账户。该账户贷方登记应缴纳的消费税，借方登记已缴纳的消费税，期末贷方余额为尚未缴纳的消费税，借方余额为多缴纳的消费税。

1. 销售应税消费品

企业销售应税消费品应缴的消费税，应借记“税金及附加”账户，贷记“应交税费——应交消费税”账户。

2. 自产自用应税消费品

企业将生产的应税消费品用于在建工程等非生产机构时，按规定应缴纳的消费税，借记“在建工程”等账户，贷记“库存商品”“应交税费——应交消费税”账户。

3. 委托加工应税消费品

企业如有需要缴纳消费税的委托加工物资，一般应由受托方代收代缴消费税，受托方按照应缴税款金额，借记“应收账款”“银行存款”等账户，贷记“应交税费——应交消费税”账户。委托加工物资收回后，直接用于销售的，应将受托方代收代缴的消费税计入委托加工物资的成本，借记“委托加工物资”“应交税费——应交增值税（进项税额）”等账户，贷记“应付账款”“银行存款”等账户；委托加工物资收回后用于继续生产应税消费品，按规定准予抵扣的，应按已由受托方代收代缴的消费税，借记“委托加工物资”“应交税费——应交消费税”账户，贷记“应付账款”“银行存款”等账户。

委托加工的应税消费品是指由委托方提供原料和主要材料，受托方只收取加工费和代垫部分辅助材料加工的应税消费品。

三、应交其他税费

对于除上述税金以外的应交城市维护建设税、资源税、土地增值税、房产税、城镇土地使用税、车船税、所得税、教育费附加等，企业应当在“应交税费”账户下设置相应的明细账户进行核算。其贷方登记应缴纳的有关税费，借方登记已缴纳的有关税费，期末贷方余额表示尚未缴纳的有关税费。

（一）应交城市维护建设税

城市维护建设税是对从事工商经营，缴纳消费税、增值税的单位和个人征收的一种税，是一种附加税。按照现行税法规定，城市维护建设税应根据应交增值税、消费税之和的一定比例计算缴纳。城市维护建设税计算公式为：

应纳城市维护建设税额 =（应交增值税 + 应交消费税）× 适用税率　（7.10）

城市维护建设税适用税率按纳税人所在地区不同，分为以下三档差别比例税率，即：纳税人所在地为城市市区的，税率为 7%；纳税人所在地为县城、建制镇的，税率为 5%；纳税人所在地不在市区、县城或者建制镇的，税率为 1%。

企业应交的城市维护建设税，借记“税金及附加”等账户，贷记“应交税费——应交城市维护建设税”账户；缴纳城市维护建设税，借记“应交税费——应交城市维护建设税”账户，贷记“银行存款”账户。

（二）应交教育费附加

教育费附加是国家为了发展我国的教育事业、提高人民的文化素质而征收的一项附加费用，按照企业缴纳流转税的一定比例计征，并与流转税一起缴纳。

应纳教育费附加 =（应交增值税 + 应交消费税）× 附加率　（7.11）

企业应交的教育费附加，借记“税金及附加”等账户，贷记“应交税费——应交教育费附加”账户；缴纳教育费附加，借记“应交税费——应交教育费附加”账户，贷记“银行存款”账户。

（三）应交资源税

资源税是对在我国领域和管辖的其他海域开发应税资源的单位和个人征收的一种税。

我国现行资源税的征税范围主要包括能源矿产、金属矿产、非金属矿产、水气矿产、盐，共五个税目，每个税目下面又设若干个子目。

（1）能源矿产，包括煤、原油、天然气、天然沥青、地热等。

（2）金属矿产，包括铁、锰、钒等黑色金属及金、银、铜、钨、稀土等有色金属。

（3）非金属矿产，包括矿物类矿产、岩石类矿产和宝玉石类矿产。

（4）水气矿产，包括二氧化碳气、硫化氢气、氦气、氡气和矿泉水。

（5）盐，包括钠盐、钾盐、镁盐、锂盐、天然卤水和海盐。

资源税只针对自然资源征收，所有加工或人造资源均不需缴纳资源税。纳税人在开采主矿产品的过程中伴采的其他应税矿产品，凡未单独规定适用税额的，一律按主矿产品或视同主矿产品税目征收资源税。

资源税实行从价定率和从量定额计征，以从价定率为主，从量定额为辅。只有地热、石灰岩、叶蜡石等矿物、其他黏土、砂石、矿泉水、天然卤水七个子税目规定了从价定率和从量定额两种税率。资源条件好的，税率高一些；资源条件差的，税率低一些。

企业对外销售应税产品应缴纳的资源税，借记“税金及附加”账户，贷记“应交税费——应交资源税”账户；企业自产自用应税产品而应缴纳的资源税，借记“生产成本”“制造费用”等账户，贷记“应交税费——应交资源税”账户。

（四）应交土地增值税

土地增值税是指在我国境内有偿转让土地使用权、地上建筑物及其附着物产权的单位和个人，就其土地增值额征收的一种税。土地增值税按照转让房地产所取得的增值额和规定的税率计算征收。其中“增值额”是转让收入减除规定扣除项目金额后的余额。转让收入包括货币收入、实物收入和其他收入。计算土地增值额的主要扣除项目有：取得土地使用权所支付的金额；开发土地的成本与费用；新建房屋及配套设施的成本、费用，或者旧房及建筑物的评估价格；与转让房地产有关的税金；财政部规定的其他扣除项目等。

企业应缴的土地增值税视情况记入不同账户：企业转让的土地使用权连同地上建筑物及其附着物一并在“固定资产”等账户核算的，转让时应缴的土地增值税，借记“固定资产清理”账户，贷记“应交税费——应交土地增值税”账户；土地使用权在“无形资产”账户核算的，按实际收到的金额，借记“银行存款”账户，按应缴的土地增值税，贷记“应交税费——应交土地增值税”账户，同时冲销土地使用权的账面价值，贷记“无形资产”账户，按其差额借记或贷记“资产处置损益”

账户。

（五）应交个人所得税

个人所得税是对个人（自然人）取得的各项应税所得征收的一种税。企业按规定计算的代扣代缴的职工个人所得税，借记“应付职工薪酬——工资、奖金、津贴和补贴”账户，贷记“应交税费——应交个人所得税”账户。

（六）应交房产税、城镇土地使用税、车船税、印花税

房产税是国家对在城市、县城、建制镇和工矿区征收的由产权所有人缴纳的一种税。房产税依照房产原值一次减除 10%～30% 后的余额计算缴纳。没有房产原值作为依据的，由房产所在地税务机关参考同类房产价格核定。房产出租的，以房产租金收入为房产税的计税依据。

城镇土地使用税是国家为了合理利用城镇土地，调节土地级差收入，提高土地使用效益，加强土地管理而征收的一种税，以纳税人实际占用的土地面积为计税依据，依照规定税额计算征收。

车船税由拥有并且使用车船的单位和个人缴纳，车船税按照适用税额计算缴纳。

印花税是对在中华人民共和国境内书立应税凭证、进行证券交易的单位和个人，以及对在中华人民共和国境外书立在境内使用的应税凭证的单位和个人所征收的一种税。

企业应缴的房产税、城镇土地使用税、车船税、借记“税金及附加”账户，贷记“应交税费——应交房产税（或应交城镇土地使用税、应交车船税、应交印花税）”账户。

企业交纳的印花税不通过“应交税费”账户核算，于购买印花税票时，直接借记“税金及附加”账户，贷记“银行存款”账户。

【课堂活动】

1. 以游戏的形式随机或按照自由组合方式将班级学生分成若干小组（5～6 人为一组），不同的小组分别扮演业务经办人员、出纳人员和会计人员等工作岗位角色。

2. 各小组讨论，模拟企业应缴各税费业务的操作流程，并分析如何履行本工作岗位的职责。每位同学都要参与。

3. 每个小组推荐一位代表汇报本组任务完成情况，并说明解决相关问题的思路和方法。其他小组同学对其汇报进行评分。

4. 角色互换，完成上述工作。

5. 每个小组将汇报情况形成文字资料，并上交授课教师评阅。

【职业判断与业务操作】

根据本情境引例，业务处理如下。

（1）设置“应交税费——应交增值税”账户。企业会计人员开设应交税费——应交增值税明细账，填写账簿启用登记及交接表，登记期初余额。

（2）审核购进材料的增值税专用发票。

（3）记录经济业务。企业会计人员根据审核无误的增值税专用发票进行相关账务处理，货物尚未到达，记入“在途物资”账户借方，同时借记“应交税费——应交增值税（进项税额）”账户，货款和进项税款已用银行存款支付，贷记“银行存款”账户。

借：在途物资 40 000

　　应交税费——应交增值税（进项税额） 5 200

　　贷：银行存款 45 200

【典型任务举例】

任务 7-30 东方股份有限公司购入不需要安装设备一台，价款及运输保险等费用合计 300 000 元，增值税专用发票上注明增值税税额 39 000 元，款项已用转账支票付讫，该固定资产支付的增值税税额可以抵扣。

任务分析：购入不需要安装设备，价款及运输保险费等记入“固定资产”账户借方，增值税税额记入“应交税费——应交增值税（进项税额）”账户借方，贷记“银行存款”账户。会计分录：

借：固定资产 300 000

　　应交税费——应交增值税（进项税额） 39 000

　　贷：银行存款 339 000

任务 7-31 东方股份有限公司因保管不善毁损库存材料一批，有关增值税专用发票确认的成本为 20 000 元，应转出增值税税额 2 600 元。

任务分析：毁损库存材料，将成本及增值税税额加总，借记“待处理财产损溢——待处理流动资产损溢”账户，贷记“原材料”“应交税费——应交增值税（进项税额转出）”账户。

借：待处理财产损溢——待处理流动资产损溢 22 600

　　贷：原材料 20 000

　　　　应交税费——应交增值税（进项税额转出） 2 600

任务 7-32 东方股份有限公司销售产品一批，价款 100 000 元，按规定应收取增值税税额 13 000 元，提货单和增值税专用发票已交给买方，收到一张面值为 113 000 的商业承兑汇票。

任务分析：销售产品收到商业承兑汇票，应借记“应收票据”账户，贷记“主营业务收入”“应交税费——应交增值税（销项税额）”账户。

借：应收票据　　113 000
　　贷：主营业务收入　　100 000
　　　　应交税费——应交增值税（销项税额）　　13 000

任务 7-33　东方股份有限公司将自己生产的产品无偿捐赠给希望工程。该批产品的成本为 20 000 元，计税价格为 30 000 元。增值税税率为 13%。

任务分析：将自己生产的产品无偿捐赠给希望工程，应视同销售，借记“营业外支出”，贷记“库存商品”“应缴税费——应交增值税（销项税额）”。销项税额 = 30 000 × 13% = 3 900（元）。

借：营业外支出　　23 900
　　贷：库存商品　　20 000
　　　　应交税费——应交增值税（销项税额）　　3 900

任务 7-34　东方股份有限公司以银行存款缴纳本月增值税 67 000 元（见表 7-9）。

表7-9

中华人民共和国增值税税收缴款书

隶属关系：　　　　　　　　　　　　　　　　　　　　经济性质：
收入机关：　　　　填发日期：2023 年 4 月 30 日　　　　国字第　号

<table>
<tr><td rowspan="4">缴款单位</td><td>代码</td><td>320122488233911</td><td rowspan="3">预算科目</td><td>款</td><td></td></tr>
<tr><td>全称</td><td>东方股份有限公司</td><td>项</td><td></td></tr>
<tr><td>开户银行</td><td>中国工商银行江城市庆春支行</td><td>级次</td><td></td></tr>
<tr><td>账户</td><td>33011809032591</td><td colspan="2">收款国库</td><td></td></tr>
<tr><td colspan="3">税款所属时期：2023 年 4 月　日</td><td colspan="3">税款限缴时期：　年　月　日</td></tr>
</table>

品目名称	课税数量	计税金额或销售收入	税率或单位税额		实缴税额
增值税					67 000
合计（小写）					￥67 000
金额合计	人民币（大写）零佰零拾陆万柒仟零佰零拾零元零角零分				
缴款单位（人）（盖章） 经办人（章）	税务机关（盖章） 填票人（章）	上列款项已受收讫，并划转收款单位账户。 国库（银行）盖章 2023 年 4 月 30 日		备注	

任务分析：以银行存款缴纳本月增值税，借记"应交税费——应交增值税（已交税金）"账户，贷记"银行存款"账户，填制增值税税收缴款书。

借：应交税费——应交增值税（已交税金）　　67 000

　　贷：银行存款　　67 000

任务 7-35　某小规模纳税企业购入材料一批，取得的增值税专用发票中注明货款 40 000 元，增值税税额 5 200 元，款项以银行存款支付，材料已验收入库（该企业材料按实际成本计价核算）。

任务分析：小规模纳税企业购进货物时支付的增值税税额 5 200 元，直接计入有关货物和劳务的成本，借记"原材料"账户，贷记"银行存款"账户。

借：原材料　　45 200

　　贷：银行存款　　45 200

任务 7-36　东方股份有限公司下属某子公司为小规模纳税企业，该企业销售产品一批，所开出的普通发票中注明的货款（含税）为 55 620 元，增值税征收率为 3%，款项已存入银行。

任务分析：增值税基本税率是 13%，此外还有 9%、6% 和零税率，都是针对一般纳税人而言的；征收率是对小规模纳税人而言的，小规模纳税人的增值税征收率有两种，3% 和 5%。

不含税销售额 = 含税销售额 ÷（1 + 征收率）

　　　　　　 = 55 620 ÷（1 + 3%）= 54 000（元）

应纳增值税 = 不含税销售额 × 征收率 = 54 000 × 3% = 1 620（元）

借：银行存款　　55 620

　　贷：主营业务收入　　54 000

　　　　应交税费——应交增值税　　1 620

任务 7-37　接任务 7-36，该小规模纳税企业月末以银行存款 1 620 元上缴增值税。

任务分析：小规模纳税企业上缴增值税，应借记"应交税费——应交增值税"账户，贷记"银行存款"账户。

借：应交税费——应交增值税　　1 620

　　贷：银行存款　　1 620

任务 7-38　东方股份有限公司销售应税消费品，价款 100 000 元（不含增值税），适用的消费税税率为 30%。

任务分析：企业销售应税消费品应缴的消费税，借记"税金及附加"账户，贷记"应交税费——应交消费税"账户。

应交消费税额 = 100 000 × 30% = 30 000（元）。

借：税金及附加　　30 000

　　贷：应交税费——应交消费税　　30 000

任务 7-39　东方股份有限公司委托丙企业代为加工一批应交消费税的材料（非金银首饰）。东方股份有限公司的材料成本为 1 000 000 元，加工费为 80 000 元，增值税税额为 10 400 元，由丙企业代收代缴消费税，消费税税率为 10%。材料已经加工完成验收入库，加工费签发转账支票付讫。公司采用实际成本法进行原材料的核算。

任务分析：若收回的委托加工物资用于继续生产应税消费品，发出用于加工的材料时，应借记“委托加工物资”账户，贷记“原材料”账户。支付加工费、增值税和消费税时，借记“委托加工物资”“应交税费——应交增值税（进项税额）”“应交税费——应交消费税”账户，贷记“银行存款”账户。收回委托加工物资时，借记“原材料”账户，贷记“委托加工物资”账户。委托加工的应税消费品，按照受托方的同类消费品的销售价格计算纳税；没有同类消费品销售价格的，按照组成计税价格计算纳税。

实行从价定率办法计算纳税的组成计税价格计算公式：

$$\text{组成计税价格}=(\text{材料成本}+\text{加工费})\div(1-\text{比例税率}) \quad (7.12)$$

实行复合计税办法计算纳税的组成计税价格计算公式：

$$\text{组成计税价格}=(\text{材料成本}+\text{加工费}+\text{委托加工数量}\times\text{定额税率})\div(1-\text{比例税率}) \quad (7.13)$$

本任务中：

消费税的组成计税价格 =（1 000 000 + 80 000）÷（1 − 10%）

= 1 200 000（元）

应纳消费税税额 = 1 200 000 × 10% = 120 000（元）

发出用于加工的材料时：

借：委托加工物资　　1 000 000

　　贷：原材料　　1 000 000

支付加工费、增值税和消费税时：

借：委托加工物资　　80 000

　　应交税费——应交增值税（进项税额）　　10 400

　　　　　　——应交消费税　　120 000

　　贷：银行存款　　210 400

收回委托加工物资时：

借：原材料　　1 080 000

　　贷：委托加工物资　　1 080 000

若收回的委托加工物资直接用于对外销售，发出用于加工的材料时，应借记“委托加工物资”账户，贷记“原材料”账户。支付加工费、增值税和消费税时，借记“委托加工物资”“应交税费——应交增值税（进项税额）”账户，贷记“银行存款”账户。收回委托加工物资时，借记“库存商品”账户，贷记“委托加工物资”账户。

发出用于加工的材料时：

借：委托加工物资　　1 000 000

　　贷：原材料　　1 000 000

支付加工费、增值税和消费税时：

借：委托加工物资　　200 000

　　应交税费——应交增值税（进项税额）　　10 400

　　贷：银行存款　　210 400

收回委托加工物资时：

借：库存商品　　1 200 000

　　贷：委托加工物资　　1 200 000

任务 7-40　2023 年 4 月，东方股份有限公司本期实际缴纳增值税 360 000 元、消费税 120 000 元。该企业城市维护建设税税率为 7%（见表 7-10）。

表7-10　城市维护建设税及教育费附加计算表

2023 年 4 月 30 日　　单位：元

项目	金额
当期销售额	略
销项税额	—
进项税额	—
应纳增值税额	360 000
应纳消费税额	120 000
流转税额合计	480 000
应纳城市维护建设税额（7%）	33 600
应交教育费附加（3%）	14 400

会计主管：王悦　　复核：李进　　制表：张红

任务分析：计算城市维护建设税时，应借记“税金及附加”账户，贷记“应交税费——应交城市维护建设税”账户。交纳城市维护建设税时，应借记“应交税费——应交城市维护建设税”账户，贷记“银行存款”账户。

（1）计提应纳城市维护建设税：

应纳城市维护建设税 =（360 000 + 120 000）× 7% = 33 600（元）

借：税金及附加　　33 600

　　贷：应交税费——应交城市维护建设税　　33 600

（2）交纳城市维护建设税：

借：应交税费——应交城市维护建设税　　33 600

　　贷：银行存款　　33 600

任务 7-41　2023 年 4 月，东方股份有限公司本期实际缴纳增值税 360 000 元、消费税 120 000 元。教育费附加征收率为 3%。

任务分析：计算教育费附加时，应借记“税金及附加”账户，贷记“应交税费——应交教育费附加”账户。缴纳教育费附加时，应借记“应交税费——应交教育费附加”账户，贷记“银行存款”账户。

应纳教育费附加 =（360 000 + 120 000）× 3% = 14 400（元）

（1）计提应纳教育费附加：

借：税金及附加　　14 400

　　贷：应交税费——应交教育费附加　　14 400

（2）交纳教育费附加：

借：应交税费——应交教育费附加　　14 400

　　贷：银行存款　　14 400

任务 7-42　东方股份有限公司下属某一子公司对外销售某种资源税应税矿产品 1 000 吨，每吨销售价为 500 元，该矿产品适应的资源税税率为 3%。

任务分析：企业对外销售应税产品而应交资源税 = 1 000 × 500 × 3% = 15 000（元），借记“税金及附加”账户，贷记“应交税费——应交资源税”账户。

借：税金及附加　　15 000

　　贷：应交税费——应交资源税　　15 000

任务 7-43　东方股份有限公司对外转让一栋厂房，根据税法规定计算的应缴土地增值税为 46 000 元。

任务分析：计算的应缴土地增值税，会计核算分两步，首先，计算应缴纳的土地增值税，借记“固定资产清理”账户，贷记“应交税费——应交土地增值税”账户；第二，用银行存款缴纳应缴土地增值税税额，借记“应交税费——应交土地增值税”账户，贷记“银行存款”账户。

（1）计算应缴纳的土地增值税：

借：固定资产清理　　46 000

　　贷：应交税费——应交土地增值税　　46 000

（2）用银行存款缴纳应缴土地增值税税额：

借：应交税费——应交土地增值税　　46 000

　　贷：银行存款　　46 000

任务 7-44 东方股份有限公司结算本月应付职工工资总额 200 000 元，代扣职工个人所得税共计 2 000 元，实发工资 198 000 元。

任务分析：核算该企业应缴个人所得税时，借记“应付职工薪酬——工资、奖金、津贴和补贴”账户，贷记“应交税费——应交个人所得税”账户。

借：应付职工薪酬——工资、奖金、津贴和补贴　　2 000

　　贷：应交税费——应交个人所得税　　2 000

【想一想】

1. 一般纳税企业和小规模纳税企业在应缴增值税方面的核算有什么不同？
2. 企业的哪些税费不通过“应交税费”核算？

【德技并修】

遵守诚信，以义制利

日昇昌票号成立于清道光三年（1823 年），由山西省平遥县西达蒲村富商李大全出资与总经理雷履泰共同创办，是我国第一家私人金融机构，开中国银行业之先河。日昇昌票号之所以能以“汇通天下”而闻名于世，除了其完善的管理制度及资金管理安全外，其成功的核心是注重口碑、遵守诚信。清末的一天，日昇昌票号接待了一位衣着破烂的老妇，她拿着一张泛黄的汇票要兑现银两。这是一张 30 多年前日昇昌张家口分号签发的汇票，数额为 12 000 两白银。伙计上下仔细打量了一番老妇并反复检查后确认汇票是真的，但却早已过了兑现期限。老妇解释道，当年丈夫去张家口做皮货生意，返家途中不幸暴病身亡。为了安葬丈夫，她花光了所有积蓄，现在只能靠乞讨度日。无意中，她发现了丈夫还留下这张银票。于是，大掌柜招呼伙计搬出了 30 多年前的老账簿，果然查到了记录，当即如数兑付了现银。消息传开，日昇昌票号的信誉迅速上升，“以义制利”的经营之道成为当年晋商的杰出代表。

“人无信不立，业无信不兴，国无信不盛。”诚实守信作为中华优秀文化传统和宝贵的历史经验，当须浸润在我们的内心，是我们为人处事、办企经商、治国安邦所需遵循的基本道德规范。企业通过诚信经营，树立良好的企业外部形象，从而使客户信任自己，产生品牌忠诚，从信任企业到信任企业的品牌和产品，再到忠诚地购买企业产品，这样，有众多这样的忠诚顾客的企业就可以最大限度地赢得市场，提高市场占有率，赢得竞争优势。

【情境小结】

1. 短期借款业务核算

业务内容	会计处理
向银行借入短期借款	借：银行存款 　贷：短期借款［借入的本金］
按月计提短期借款利息	借：财务费用［按借款本金和适用利率计算的金额］ 　贷：应付利息
按季支付短期借款利息	借：财务费用［确认本月的利息］ 　应付利息［前期已计提的利息］ 　贷：银行存款［按实际支付的利息］
归还短期借款本金	借：短期借款［偿还的短期借款本金金额］ 　贷：银行存款

2. 应付票据业务核算

业务内容		会计处理
开出商业汇票支付货款		借：原材料 / 在途物资 / 材料采购 　应交税费——应交增值税（进项税额） 　贷：应付票据［按汇票上记载的金额］
支付银行承兑汇票手续费		借：财务费用［按银行承兑手续费回单记载的金额］ 　贷：银行存款
商业汇票到期	银行承兑汇票到期企业付款	借：应付票据 　贷：银行存款
	银行承兑汇票到期企业未付款，银行代为支付票款	借：应付票据 　贷：短期借款
	商业承兑汇票到期企业无力支付票款，转为应付账款	借：应付票据 　贷：应付账款

3. 应付账款业务核算

业务内容		会计处理
购买材料等货款未支付		借：原材料 / 材料采购 / 在途物资等 　应交税费——应交增值税（进项税额） 　贷：应付账款［按应付总金额］
偿还应付账款	在现金折扣期内付款	借：应付账款［按应付总金额］ 　贷：银行存款［应付总金额扣除现金折扣后的金额］ 　　财务费用［现金折扣的金额］
	超过现金折扣期付款或无现金折扣条件	借：应付账款［按应付总金额］ 　贷：银行存款

续表

业务内容	会计处理
开出商业汇票偿付应付账款	借：应付账款［按应付总金额］ 　　贷：应付票据
应付账款无法支付转为营业外收入	借：应付账款［按无法支付的金额］ 　　贷：营业外收入
材料已验收入库但月末发票未到	借：原材料［按估计的金额］ 　　贷：应付账款——暂估应付账款
下月初冲回暂估入账的材料	借：原材料［按估计的金额］（金额红字） 　　贷：应付账款——暂估应付账款（金额红字）

4. 合同负债业务核算

业务内容	会计处理
收到购货单位预付的货款	借：银行存款 　　贷：合同负债［预收的金额］
向购货单位发出货物	借：合同负债［按发货的价税合计金额］ 　　贷：主营业务收入 　　　　应交税费——应交增值税（销项税额）
收到购货单位补付的货款	借：银行存款 　　贷：合同负债［收到补付货款的金额］
退回购货单位多付的货款	借：合同负债［按退回的金额］ 　　贷：银行存款

5. 其他应付款业务核算

业务内容	会计处理
预提经营租入资产的租金费用	借：管理费用等 　　贷：其他应付款
收到包装物押金	借：库存现金 　　贷：其他应付款
支付或退回其他各种应付、暂收款项	借：其他应付款［按实际支付的金额］ 　　贷：银行存款等

6. 应付职工薪酬业务核算

<table>
<tr><th colspan="3">业务内容</th><th>会计处理</th></tr>
<tr><td rowspan="4">确认应付职工薪酬</td><td colspan="2">工资的确认</td><td>借：生产成本——基本生产成本
制造费用
管理费用等
贷：应付职工薪酬——工资、奖金、津贴和补贴［按应付工资的金额］</td></tr>
<tr><td colspan="2">职工福利的确认</td><td>借：生产成本——基本生产成本
制造费用
管理费用等
贷：应付职工薪酬——职工福利费</td></tr>
<tr><td colspan="2">社会保险费的确认</td><td>借：管理费用
生产成本——基本生产成本
制造费用
贷：应付职工薪酬——社会保险费［按实际确认的金额］</td></tr>
<tr><td colspan="2">非货币性福利的确认</td><td>借：管理费用
生产成本——基本生产成本
制造费用
贷：应付职工薪酬——非货币性福利［按实际确认的金额］</td></tr>
<tr><td rowspan="5">发放应付职工薪酬</td><td rowspan="2">工资发放</td><td>发放工资的账务处理</td><td>借：应付职工薪酬——工资、奖金、津贴和补贴
贷：银行存款［按实际支付的金额］</td></tr>
<tr><td>代扣款项的账务处理</td><td>借：应付职工薪酬——工资、奖金、津贴和补贴
贷：银行存款
其他应收款
应交税费——应交个人所得税</td></tr>
<tr><td colspan="2">职工福利的发放</td><td>借：应付职工薪酬——职工福利费
贷：银行存款［按发放的金额］</td></tr>
<tr><td colspan="2">社会保险费的支付</td><td>借：应付职工薪酬——社会保险费［基本养老保险等］
贷：银行存款［按实际支付的金额］</td></tr>
<tr><td colspan="2">非货币性福利的发放</td><td>借：应付职工薪酬——非货币性福利
贷：主营业务收入［按商品的售价］
应交税费——应交增值税（销项税额）
借：主营业务成本
贷：库存商品［按商品的成本］</td></tr>
</table>

7. 应交税费业务核算

<table>
<tr><th colspan="3">业务内容</th><th>会计处理</th></tr>
<tr><td rowspan="8">应交增值税</td><td rowspan="5">一般纳税企业</td><td>采购物资或者接受应税劳务</td><td>借：在途物资等
应交税费——应交增值税（进项税额）
贷：银行存款</td></tr>
<tr><td>进项税额转出</td><td>借：待处理财产损溢——待处理流动资产损溢
贷：原材料等
应交税费——应交增值税（进项税额转出）</td></tr>
<tr><td>销售货物或者提供应税劳务</td><td>借：应收账款 / 应收票据 / 银行存款
贷：主营业务收入
应交税费——应交增值税（销项税额）</td></tr>
<tr><td>视同销售行为</td><td>借：营业外支出等
贷：库存商品 / 主营业务收入
应交税费——应交增值税（销项税额）</td></tr>
<tr><td>缴纳增值税</td><td>缴纳本月增值税：
借：应交税费——应交增值税（已交税金）
贷：银行存款
缴纳以前未交增值税：
借：应交税费——未交增值税
贷：银行存款</td></tr>
<tr><td rowspan="3">小规模纳税企业</td><td>采购物资或者接受应税劳务</td><td>借：原材料
贷：银行存款</td></tr>
<tr><td>销售货物或者提供应税劳务</td><td>借：银行存款
贷：主营业务收入
应交税费——应交增值税</td></tr>
<tr><td>缴纳增值税</td><td>借：应交税费——应交增值税
贷：银行存款</td></tr>
<tr><td rowspan="2">应交消费税</td><td colspan="2">销售应税消费品</td><td>借：税金及附加
贷：应交税费——应交消费税</td></tr>
<tr><td colspan="2">自产自用应税消费品</td><td>借：在建工程
贷：库存商品
应交税费——应交增值税（销项税额）
——应交消费税</td></tr>
</table>

续表

<table>
<tr><th colspan="3">业务内容</th><th>会计处理</th></tr>
<tr><td rowspan="2">应交消费税</td><td rowspan="2">委托加工
应税消费品</td><td>收回物资直接
用于对外销售</td><td>借：委托加工物资［消费税计入成本］
应交税费——应交增值税（进项税额）
贷：应付账款 / 银行存款</td></tr>
<tr><td>收回后用于继续
生产应税消费品</td><td>借：委托加工物资
应交税费——应交增值税（进项税额）
——应交消费税
贷：应付账款 / 银行存款</td></tr>
<tr><td rowspan="6">应交其他税费</td><td colspan="2">计算应交城市维护建设税</td><td>借：税金及附加
贷：应交税费——应交城市维护建设税</td></tr>
<tr><td colspan="2">计算应交教育费附加</td><td>借：税金及附加
贷：应交税费——应交教育费附加</td></tr>
<tr><td colspan="2">计算应交资源税</td><td>借：税金及附加［用于生产的记入“生产成本”］
贷：应交税费——应交资源税</td></tr>
<tr><td colspan="2">计算应交土地增值税</td><td>借：固定资产清理
贷：应交税费——应交土地增值税</td></tr>
<tr><td colspan="2">计算应交个人所得税</td><td>借：应付职工薪酬——工资、奖金、津贴和补贴
贷：应交税费——应交个人所得税</td></tr>
<tr><td colspan="2">计算应交房产税、城镇土地使用税、车船税</td><td>借：税金及附加
贷：应交税费——应交房产税［或应交城镇土地使用税、应交车船税］</td></tr>
</table>

学习情境 8

非流动负债业务核算

【职业能力目标】

知识目标

- ○ 理解长期借款的种类，掌握长期借款的取得、计息、归还的账务处理流程和核算方法
- ○ 理解应付债券的种类，掌握应付债券的取得、计息、归还的账务处理流程和核算方法

能力目标

- ○ 能准确地填制与审核借款借据、应付利息计算表等业务单据
- ○ 能根据长期借款的取得、计息、归还的业务准确地编制记账凭证
- ○ 登记银行存款日记账及总账
- ○ 能准确地填制与审核应付债券、应付利息计算表等业务单据
- ○ 能根据应付债券的取得、计息、归还的业务准确地编制记账凭证
- ○ 登记长期借款、应付债券等相关明细账及总账

素养目标

- ○ 树立依法筹资的理念，弘扬诚实守信的会计职业精神
- ○ 培养爱岗敬业、主动参与、团结协作的意识，严格遵守金融市场相关规则，积极参与企业筹资活动

【工作任务与学习子情境】

工作任务	学习子情境
取得长期借款业务核算 长期借款计息业务核算 归还长期借款业务核算	长期借款业务核算
发行应付债券业务核算 应付债券计息调整业务核算 应付债券还本付息业务核算	应付债券业务核算

非流动负债是指偿还期在一年或超过一年的一个营业周期以上的债务。它是企业向债权人筹集的、可供长期使用的资金。非流动负债主要包括长期借款、应付债券和长期应付款等。

学习子情境8.1 长期借款业务核算

【情境引例】

东方股份有限公司2023年1月1日向中国工商银行江城市庆春支行借入期限为2年的长期专门借款1 000 000元，该借款专门用于建设厂房的工程项目，款项已存入银行。借款利率为9%，每年付息一次，期满后一次还清本金。厂房于2023年年底完工并投入使用。假设实际利率与合同利率差异很小。借款借据（收账通知）见表8-1。

表8-1

中国工商银行 ⑤

借款借据（收账通知）

2023 年 1 月 1 日

收款单位	名称	东方股份有限公司	借款单位	名称	中国工商银行江城市庆春支行
	账号	33011809032591		借款账号	3301180903 0001
	开户银行	中国工商银行江城市庆春支行		开户银行	中国工商银行江城市庆春支行
借款种类	长期借款	利率 年9%	约定偿还日期		2025 年 1 月 1 日
借款用途	建设厂房		还款方式		按年付息，到期还本

借款金额	人民币(大写) 壹佰万元整	千	百	十	万	千	百	十	元	角	分
		¥	1	0	0	0	0	0	0	0	0

根据我单位与你行签订的借款合同，现立据申请办理上项贷款。贷款到期，由我单位主动归还。

东方股份有限公司 财务专用章

借款单位印章

分次还款记录				
日期	还款金额	结欠本金	记账	复核

第五联 收账通知

【工作过程与岗位对照图】

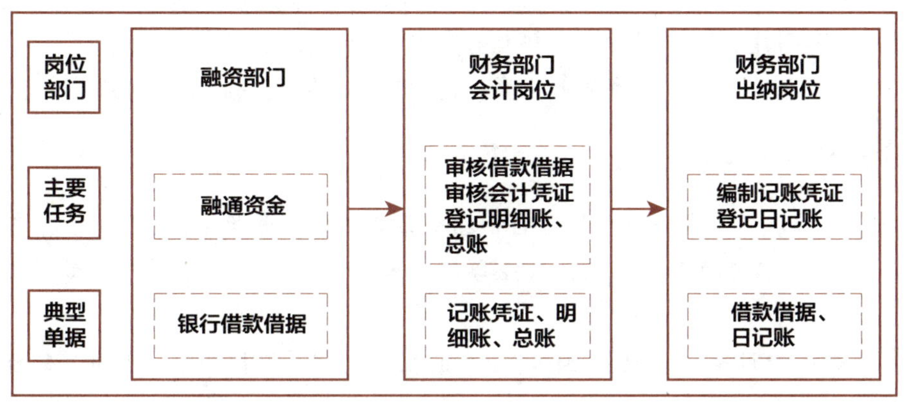

【知识准备】

长期借款是指企业从银行或其他金融机构借入的期限在一年以上（不含一年）的借款。一般用于固定资产的购建、改扩建工程、大修理工程、对外投资以及为了保持长期经营能力等方面，是企业非流动负债的重要组成部分。

长期借款按照付息方式与本金的偿还方式，可分为分期付息到期还本长期借款、到期一次还本付息长期借款、分期偿还本息长期借款。按所借币种，可分为人民币长期借款和外币长期借款。

一、长期借款的核算

视频：长期借款业务核算——借入本金和利息结算业务

为了核算企业借入的长期借款的本金、利息以及外币借款的折合差额，企业应设置“长期借款”账户。该账户贷方登记借入的本金、转销的利息差额，借方登记偿还的本金及取得借款时实收金额和借款本金的差额，期末贷方余额反映企业尚未偿还的长期借款的摊余成本。该账户按贷款单位和贷款种类，分别设“本金”“利息调整”等明细账户进行明细核算。

【案例分析】

东鹏公司准备兴建一大型项目，该项目需投资8 000万元，而公司目前仅有3 000万元货币资金。公司上年年末总资产为37 500万元，资产负债率为35%，在公司股权结构中新飞公司、亚美公司占有的持股比例分别为51%和49%。

分析思考：请你站在控股股东的立场考虑一下可从哪些渠道去筹得其余资金？

二、长期借款计息的核算

企业应在资产负债表日，按照长期借款的摊余成本和实际利率计算确定长期借款的利息费用，按合同利率计算确定应付未付的利息。长期借款计算确定的利息费用，应当按以下原则计入有关成本、费用：属于筹建期间的，计入管理费用；属于生产经营期间的，计入财务费用。如果长期借款用于购建固定资产的，在固定资产尚未达到预定可使用状态前发生的应当资本化的利息支出，计入在建工程成本；固定资产达到预定可使用状态后发生的利息支出，以及按规定不予资本化的利息支出，计入财务费用；属于研发期间并能够资本化的，计入研发支出。

如果合同利率和实际利率相差不大，也可以按合同利率确定利息费用。

【课堂活动】

1. 以游戏的形式随机或按照自由组合方式将班级学生分成若干小组（5~6人为一组），不同的小组分别扮演业务经办人员、出纳人员和会计人员等工作岗位角色。

2. 各小组讨论，模拟企业借款业务的操作流程，模拟企业还本付息的操作流程，并分析如何履行本工作岗位的职责。每位同学都要参与。

3. 每个小组推荐一位代表汇报本组任务完成情况，并说明解决相关问题的思路和方法。其他小组同学对其汇报进行评分。

4. 角色互换，完成上述工作。

5. 每个小组将汇报情况形成文字资料，并上交授课教师评阅。

【职业判断与业务操作】

根据本情境引例，业务处理如下。

（1）填写借款借据并与银行签订借款合同。出纳人员李飞根据公司决议文件填写一式五联借款借据，并在借据第二联借款凭证联上加盖预留印鉴章后，提交到中国工商银行江城市庆春支行，双方签订借款合同，东方股份有限公司取得借款 100 万元（见表 8-2）。

表8-2

中国工商银行借款合同

合同编号：2023 年　借　字第 223 号

立合同单位：

东方股份有限公司（借款方）

中国工商银行江城市庆春支行（贷款方）

根据国家规定，借款方为进行基本建设所需贷款，经贷款方审查同意发放。为明确双方责任，恪守信用，特签订本合同，共同遵守。

第一条　借款方向贷款方借款人民币（大写）壹佰万元整，用于建设厂房。预计用款为 2023 年 100 万元；2024 年 0 元。

第二条　自支用贷款之日起，按实际支用数计算利息，并计算复利。在合同规定的借款期内，年息为 9 %。借款方如果不按期归还贷款，逾期部分加收利息 3 %。

第三条　借款方保证从 2023 年 1 月 1 日起至 2025 年 1 月 1 日止，用国家规定的还贷资金偿还全部贷款。预定为：2025 年 100 万元。逾期不还的，贷款方有权限期追回贷款，或者商请借款单位的其他开户银行代为扣款清偿。

第四条　因国家调整计划、产品价格、税率，以及修正概算等原因，需要变更合同条款时，由双方签订变更合同的文件，作为本合同的组成部分。

第五条　贷款方有权检查、监督贷款的使用情况，了解借款方的经营管理、计划执行、财务活动和物资库存等情况。借款方应提供有关的统计、会计报表及资料。

第六条　贷款方保证按照本合同的规定供应资金。因贷款方责任，未按期提供贷款，应按延期天数，按违约数额的 5 %付给借款方违约金。

第七条　借款方应按合同规定使用贷款。否则，贷款方有权收回部分或全部贷款，对违约使用的部分按原定利率加收罚息 3 %。

第八条　本合同经过双方签字，盖章后生效，贷款本息全部清偿后生效。合同正本一式 2 份，借、贷双方各执 1 份。

借款方：东方股份有限公司	贷款方：中国工商银行江城市庆春支行
法人代表：（签字）孙峰	法人代表：（签字）张行
开户银行及账号：中国工商银行江城市庆春支行	
账号 33011809032591	
签约日期：2023 年　1　月　1　日	签约日期：2023 年　1　月　1　日

（2）记录经济业务。会计邓明审核借款借据的收账通知联（表 8–1），确认借款增加。

借：银行存款　　1 000 000

　　贷：长期借款——本金　　1 000 000

【典型任务举例】

任务 8–1　2023 年 1 月 1 日，东方股份有限公司因购进大型机器设备从银行借入款项 300 万元，设备购回即投入使用，借款每年付息一次。

任务分析：公司借入长期借款，“银行存款”账户增加记借方，“长期借款”账户增加记贷方。

借：银行存款　　3 000 000

　　贷：长期借款——本金　　3 000 000

任务 8–2　接任务 8–1，2023 年 12 月 31 日，东方股份有限公司计提当年长期借款利息（见表 8–3）。

表8–3　长期借款应付利息计算表

2023 年 12 月 31 日　　单位：元

借款银行	借款种类	借款时间	借款本金	年利率	本期数
工商银行	长期借款	3 年	3 000 000	9%	270 000
合计	—	—	3 000 000	—	270 000

审批：李宏　　制单：邓明

任务分析：公司计提借款利息，“在建工程（或财务费用）”账户增加记借方，“应付利息”账户增加记贷方。

借：财务费用　　270 000

　　贷：应付利息——长期借款利息　　270 000

任务 8–3　接任务 8–1 和任务 8–2，2026 年 1 月 1 日，企业开出转账支票，支付最后一期借款利息及归还本金。

任务分析：归还到期本息，“长期借款”账户减少记借方，“应付利息”账户减少记借方，“银行存款”账户减少记贷方。

借：长期借款——本金　　3 000 000

　　应付利息——长期借款利息　　270 000

　　贷：银行存款　　3 270 000

【想一想】

1. 如果企业的借款是到期一次还本付息，每期计息的会计分录应如何处理？

2. 企业与银行签订的借款合同如果是分期归还本息应如何进行账务处理？

3. 如果实际利率与企业借款合同利率不同，应如何进行利息调整？

学习子情境8.2　应付债券业务核算

【情境引例】

东方股份有限公司为了购建数控车床于 2023 年 1 月 1 日发行 3 年期债券 30 万份。该债券面值为 100 元、年利率为 8%（不计复利），到期一次还本付息，按面值发行，见表 8-4。债券发行手续费、印刷费和广告费共计 345 100 元。

表8-4

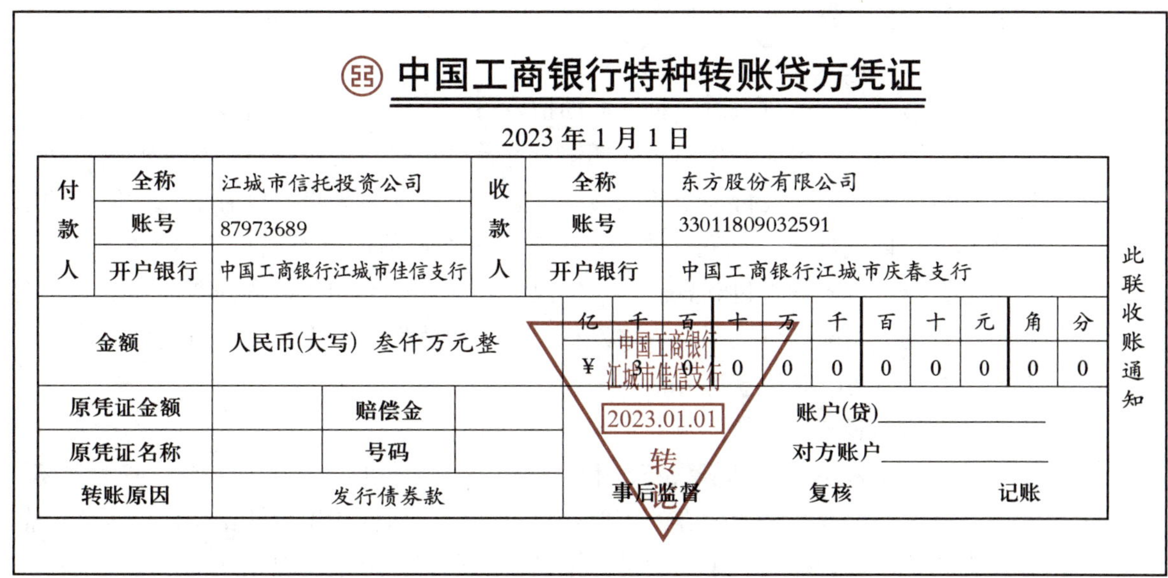

中国工商银行特种转账贷方凭证

2023 年 1 月 1 日

付款人	全称	江城市信托投资公司	收款人	全称	东方股份有限公司
	账号	87973689		账号	33011809032591
	开户银行	中国工商银行江城市佳信支行		开户银行	中国工商银行江城市庆春支行

金额	人民币(大写) 叁仟万元整	亿	千	百	十	万	千	百	十	元	角	分
		¥	3	0	0	0	0	0	0	0	0	0

原凭证金额		赔偿金		账户(贷)______
原凭证名称		号码		对方账户______
转账原因	发行债券款			事后监督　复核　记账

此联收账通知

【工作过程与岗位对照图】

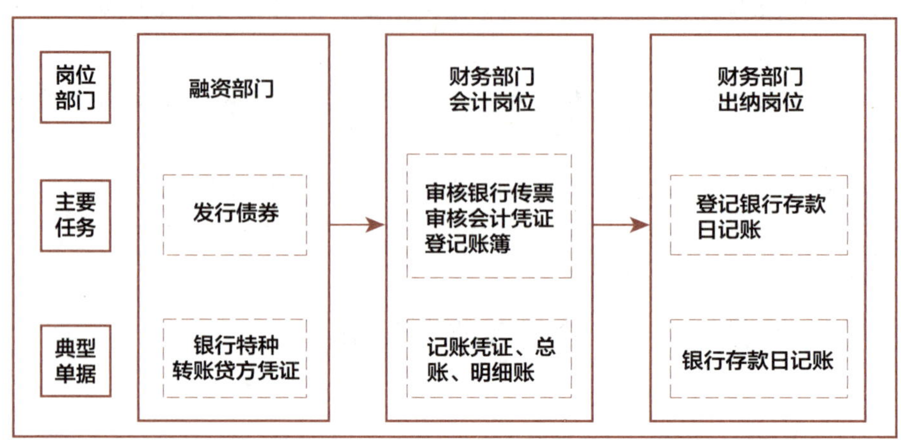

【知识准备】

应付债券是指企业为了筹集资金向社会公开发行的，约定在一定时间内还本付息的有价证券。通常企业发行债券的期限都在一年以上，属于企业长期资金筹集方式的一种，它构成了企业的非流动负债。

一、债券的发行

企业债券的发行方式有三种，即面值发行、溢价发行和折价发行。假设其他条件不变，当债券的票面利率高于同期银行存款利率时，可按超过债券面值的价格发行，称为溢价发行。溢价是企业以后各期多付利息而事先得到的补偿。当债券的票面利率低于同期银行存款利率时，可按低于债券面值的价格发行，称为折价发行。折价是企业以后各期少付利息而预付给投资者的补偿。如果债券的票面利率与同期银行存款利率相同，可按票面价格发行，称为面值发行。溢价或折价是发行债券企业在债券存续期内对利息费用的一种调整。

二、应付债券的核算

为了总括核算企业债券发行、利息调整及还本付息，企业应设置“应付债券”账户，贷方登记发行企业债券的面值、溢价、应计利息和折价摊销额，借方登记企业债券的偿还、发行时产生的溢价摊销额，期末贷方余额反映企业尚未偿还的债券的摊余成本和应计利息。

“应付债券”账户下可按“面值”“利息调整”“应计利息”等进行明细核算。

企业应当设置应付债券总账和明细账。此外，企业还应当设置“企业债券备查簿”，详细登记每一企业债券的票面金额、票面利率、还本付息期限与方式等资料，债券到期结清时逐笔注销。

（一）债券发行的核算

企业发行债券，无论是面值发行，还是溢价发行或折价发行，均应按实际收到的金额，借记“银行存款”账户，按债券票面金额，贷记“应付债券——面值”账户；按实际收到的款项与面值的差额，借记或贷记“应付债券——利息调整”账户。

企业发行债券时，如果发行费用大于发行期间冻结资金所产生的利息收入，按发行费用减去发行期间冻结资金所产生的利息收入后的差额，根据发行债券所筹集资金的用途，分别计入财务费用或相关资产成本。如果发行费用小于发行期间冻结资金所产生的利息收入，按发行期间冻结资金所产生的利息收入减去发行费用后的差额，视同发行债券的溢价收入，在债券存续期间于计提利息时摊销，分别计入财务费用或相关资产成本中。

【案例分析】

普锐斯公司有一个很好的投资机会，但是公司没有足够的现金进行投资。董事会拟折价发行 5 000 万元面值的债券，该债券的票面利率 4%，期限 5 年，估计发行日的市场利率 5%。但是公司大股东刘大力认为折价发行债券会给公司造成损失，是要亏本的。

分析思考：你认为这种说法对吗，为什么？

（二）计提利息并摊销溢、折价的核算

企业债券在计息日应当按规定计算应付给债券持有人的利息（票面利息），同时对因债券溢、折价形成的利息调整进行摊销。债券票面利息即债券发行人定期支付给债券持有人的利息。计算公式：

$$债券票面利息 = 债券面值 \times 票面利率 \quad (8.1)$$

债券票面利息一般按年度或半年计算。在分期支付债券利息的情况下它是一种流动负债，即“应付利息”；在债券到期一次支付债券利息的情况下它是一种非流动负债，即“应付债券——应计利息”。

债券利息费用按债券的摊余价值和实际利率计算确定，即采用实际利率法计算债券利息费用和对利息调整进行摊销。

实际利率法，是指按照应付债券的实际利率计算其摊余成本及各期利息费用的方法。实际利率，是指将应付债券在债券存续期内的未来现金流量，折现为该债券当前账面价值所使用的利率。计算公式：

$$债券利息费用 = 应付债券的期初账面价值 \times 实际利率 \quad (8.2)$$

$$摊销利息调整 = 债券票面利息 - 债券利息费用 \quad (8.3)$$

资产负债表日，对于分期付息、一次还本的债券，企业应按应付债券的摊余成本和实际利率计算确定的债券利息费用，借记“在建工程”“制造费用”“财务费用”等账户，按票面利率计算确定的应付未付利息，贷记“应付利息”账户，

按其差额，借记或贷记“应付债券——利息调整”账户。

对于一次还本付息的债券，应于资产负债表日按摊余成本和实际利率计算确定的债券利息费用，借记“在建工程”“制造费用”“财务费用”等账户，按票面利率计算确定的应付未付利息，贷记“应付债券——应计利息”账户，按其差额，借记或贷记“应付债券——利息调整”账户。

（三）还本付息的核算

对于一次还本付息的债券，企业应于债券到期支付债券本息时，借记“应付债券——面值”和“应付债券——应计利息”账户，贷记“银行存款”账户；对于一次还本、分期付息的债券，在每期支付利息时，借记“应付利息”账户，贷记“银行存款”账户；债券到期归还本金并支付最后一期利息时，借记“应付债券——面值”“在建工程”“制造费用”“财务费用”“研发支出”等账户，贷记“银行存款”账户；同时，存在利息调整余额的，借记或贷记“应付债券——利息调整”账户。

【课堂活动】

1. 以游戏的形式随机或按照自由组合方式将班级学生分成若干小组（5~6人为一组），不同的小组分别扮演业务经办人员、出纳人员和会计人员等工作岗位角色。

2. 各小组讨论，模拟企业发行债券业务的操作流程，模拟企业还本付息的操作流程，并分析如何履行本工作岗位的职责。要求每位同学都要参与。

3. 每个小组推荐一位代表汇报本组任务完成情况，并说明解决相关问题的思路和方法。其他小组同学对其汇报进行评分。

4. 角色互换，完成上述工作。

5. 每个小组将汇报情况形成文字资料，并上交授课教师评阅。

【职业判断与业务操作】

根据本情境引例，业务处理如下。

（1）企业会计设置“应付债券”账户并开设应付债券总账及明细账，填写账簿启用登记及交接表，登记期初余额。

（2）收集和整理原始凭证。债券全部代售完毕，收到对方转来的特种转账传票，并开出转账支票支付手续费、债券印刷费和广告宣传费。其中代理发行企业债券协议书如表 8-5 所示。

表8-5

代理发行企业债券协议书

发行债券单位：东方股份有限公司（甲方）

代理发行债券单位：江城市信托投资公司（乙方）

为解决甲方自有资金不足的困难，保证企业生产经营的正常进行，经中国证券监督管理委员会核准，发行企业债券叁仟万元，单位面值 100 元，发行 300 000 张，期限为三年，年利率为 8%，委托乙方采用代销方式代理发行，为明确责任，经双方协商，达成如下协议：

一、甲方为企业债券的债务人，承担债券的全部风险和经济、法律责任，债券的设计、印刷、广告宣传费用由甲方负责，乙方协助办理。

二、乙方为甲方债券发行的代理人，负责债券的保管、发行、兑付、销毁工作，但不负担债券到期不能按时兑付本息的经济责任和法律责任。

三、在债券发行完毕后，甲方向乙方按实际发行额的 1% 支付代理发行兑付手续费，债券发行完毕后五日内，乙方将全部所销债券资金划到甲方账户上。

四、债券到期七日前，甲方将全部债券本息划到乙方账户。甲方的发行担保单位是东方集团总公司。债券到期甲方不能如期还本付息时，担保方必须向乙方提供全部资金，确保债券按期还本付息。债券到期由乙方一次兑付本金和利息。

五、发行债券筹集的资金，甲方只能按中国人民银行批准的项目用于生产性固定资产——数控车床的构建，不得挪作他用，债券不可转让。

六、本协议一式五份，甲、乙双方各执一份，担保方一份，报送中国人民银行两份，协议自中国人民银行批准后生效。

七、甲方应将申请发行企业债券的全部资料各一份，作为协议的附件报送乙方。

发行债券单位（甲方）印章　　代理发行单位（乙方）印章　　发行担保单位印章

法人代表章　　法人代表章　　法人代表章

开户行：中国工商银行江城市庆春支行　　王海　　开户行：中国工商银行佳信支行　　李长权

账　号：33011809032591　　账　号：87973689

2023 年 1 月 1 日

（3）记录经济业务。企业会计人员根据审核无误的银行特种转账贷方凭证，确认应付债券的金额，“银行存款”账户增加记借方，“应付债券”账户增加记贷方。

① 取得债券收入。

借：银行存款　　30 000 000

　　贷：应付债券——面值　　30 000 000

② 支付发行债券手续费用、债券印刷费和广告费用。

借：应付债券——利息调整　　345 100

　　贷：银行存款　　345 100

【典型任务举例】

任务 8-4　2022 年 12 月 31 日，东方股份有限公司委托证券公司以 7 755 万元的价格发行 3 年期分期付息公司债券，该债券面值为 8 000 万元，票面年利率为 4.5%，实际年利率为 5.64%，每年付息一次，到期后按面值偿还，假定不考虑发行费用。假定所有款项均以银行存款收付。假定各年度利息的实际支付日期均为下年度的 1 月 10 日，2026 年 1 月 10 日偿付面值和最后一年利息。

任务分析：企业发行债券，按实际收到的款项借记“银行存款”账户，按债券的面值贷记“应付债券——面值”账户，按借贷方差额，借或贷记“应付债券——利息调整”账户。

借：银行存款　　77 550 000

　　应付债券——利息调整　　2 450 000

　　贷：应付债券——面值　　80 000 000

任务 8-5　接任务 8-4，2023 年 12 月 31 日、2024 年 12 月 31 日，东方股份有限公司采用实际利率法确认并支付各期利息费用（见表 8-6）。

表8-6　应付债券利息费用计算表

单位：万元

付息日期	支付利息 ①＝债券面值 ×4.5%	利息费用 ②＝上期④ × 5.64%	利息调整摊销 ③＝②－①	应付债券摊余成本 ④＝上期④＋③
2022 年 12 月 31 日				7 755
2023 年 12 月 31 日	360	437.38	77.38	7 832.38
2024 年 12 月 31 日	360	441.75	81.75	7 914.13
2025 年 12 月 31 日	360	445.87*	85.87	8 000

*尾数调整。

任务分析：确认利息费用时，按摊余成本和实际利率计算的利息费用，借记“财务费用”“在建工程”等账户，按债券面值和票面利率计算的利息，贷记“应付利息”账户，按借贷方差额，借或贷记“应付债券——利息调整”账户。

（1）2023 年 12 月 31 日，确认利息费用。

借：财务费用　　4 373 800
　贷：应付债券——利息调整　　773 800
　　应付利息　　3 600 000

（2）2024 年 1 月 10 日，支付利息。

借：应付利息　　3 600 000
　贷：银行存款　　3 600 000

（3）2024 年 12 月 31 日，确认利息费用。

借：财务费用　　4 417 500
　贷：应付债券——利息调整　　817 500
　　应付利息　　3 600 000

（4）2025 年 1 月 10 日，支付利息。

借：应付利息　　3 600 000
　贷：银行存款　　3 600 000

任务 8-6　接任务 8-4 和任务 8-5，2025 年 12 月 31 日，东方股份有限公司采用实际利率法确认当期利息费用，并偿付面值和利息。

任务分析：债券到期还本，按债券面值借记“应付债券——面值”账户，贷记“银行存款”账户。

（1）2025 年 12 月 31 日，确认利息费用。

借：财务费用　　4 458 700
　贷：应付债券——利息调整　　858 700
　　应付利息　　3 600 000

（2）2026 年 1 月 10 日，偿付面值及利息。

借：应付利息　　3 600 000
　应付债券——面值　　80 000 000
　贷：银行存款　　83 600 000

【想一想】

1. 债券的发行价格为何与其面值不一致？
2. 债券溢价或折价对筹资方企业来说，意味着什么？
3. 会计上如何确定债券的发行价格？

【德技并修】

发展绿色金融，助推产业转型

习近平总书记指出："发展绿色金融，是实现绿色发展的重要措施，也是我国供给侧结构性改革的重要内容。"绿色金融是生态文明建设的重要组成部分，对于推动经济社会绿色转型发展、实现"双碳"目标具有重要意义。目前，我国已基本形成绿色信贷、绿色债券、绿色保险、绿色基金、绿色信托、绿色租赁等多层次绿色金融产品和市场体系。绿色信贷体系不断完善，环境效益逐步显现，现在绿色信贷每年可支持节约标准煤超过5亿吨，减排二氧化碳当量超过9亿吨；绿色债券规模稳步增长，截至2021年年末，我国绿色债券累计发行量位列全球第二；绿色保险保障成效显著，2018年至2020年，保险业累计提供绿色保险保额45万亿元，支付赔款超500亿元；绿色基金发展迅速，首期国家绿色发展基金规模885亿元，在促进生态修复、国土空间绿化等绿色产业发展方面发挥了重要作用。

党的二十大报告指出，"推动经济社会发展绿色化、低碳化是实现高质量发展的关键环节。"大力发展绿色金融是实现从"绿水青山"到"金山银山"的重要桥梁，也是实现绿色低碳发展和"双碳"目标的重要举措。我国银行业等金融机构已将绿色金融上升为重要发展战略，积极贯彻绿色发展理念，不断加大对节能环保产业、清洁生产产业、清洁能源产业、基础设施绿化产业、生态保护、绿色服务业等绿色领域产业链的资金供给与信贷投放，持续创新绿色金融产品和服务，全方位满足企业融资需求。各企业应借绿色金融之势，积极拓宽绿色领域产业链，拓展绿色领域业务，积极谋求绿色金融融资渠道，有序安排绿色投资与绿色融资，谋求企业新发展。

【情境小结】

1. 长期借款业务核算

业务内容	会计处理
收到借款	借：银行存款 　　借或贷：长期借款——利息调整 　　贷：长期借款——本金
计提利息费用	借：在建工程/财务费用/管理费用/研发支出 　　贷：应付利息——长期借款利息 　　借或贷：长期借款——利息调整
归还借款本息	借：长期借款——本金 　　应付利息——长期借款利息 　　贷：银行存款

2. 应付债券业务核算

业务内容		会计处理
发行债券，取得发行收入	平价发行	借：银行存款［按实际收到的款项］ 贷：应付债券——面值［按债券的面值］
	溢价发行	借：银行存款［按实际收到的款项］ 贷：应付债券——面值［按债券的面值］ ——利息调整［借贷方差额］
	折价发行	借：银行存款［按实际收到的款项］ 应付债券——利息调整［借贷方差额］ 贷：应付债券——面值［按债券的面值］
计提利息、摊销溢折价	分期付息，到期还本债券	借：在建工程 / 财务费用等［按债券的摊余成本 × 实际利率］ 应付债券——利息调整［借贷方差额，折价在贷方］ 贷：应付利息［按债券的面值 × 票面利率］
	到期一次还本付息的债券	借：在建工程 / 财务费用等［按债券的摊余成本 × 实际利率］ 应付债券——利息调整［借贷方差额，折价在贷方］ 贷：应付债券——应计利息［按债券的面值 × 票面利率］
支付债券利息	分期付息，到期还本债券	借：应付利息——应付债券利息 贷：银行存款
债券到期偿还	分期付息，到期还本债券	借：应付债券——面值 贷：银行存款
	到期一次还本付息的债券	借：应付债券——面值［按债券的面值］ ——应计利息［按照该明细账户的余额］ 贷：银行存款［按面值 + 应计利息的金额］

学习情境 9

所有者权益业务核算

【职业能力目标】

知识目标

- ○ 熟悉实收资本的管理规定，掌握实收资本的账务处理流程和核算方法
- ○ 熟悉资本公积的来源及管理规定，掌握资本公积的账务处理流程和核算方法
- ○ 理解留存收益的内容，熟悉留存收益的管理规定，掌握盈余公积的账务处理流程和核算方法

能力目标

- ○ 能根据审核无误的募股说明书、银行进账单、相关财产转移证明及股东大会决议等原始凭证，准确进行实收资本和资本公积增减业务记账凭证的编制，并据以登记“实收资本”或“股本”“资本公积”及相关资产账户总账和明细账
- ○ 能准确进行盈余公积形成和使用、未分配利润形成和分配等业务的核算，并据以登记“本年利润”“利润分配”“盈余公积”各账户总账和明细账

素养目标

- ○ 通过实收资本业务的学习，树立创新创业意识，谋求生存和自我价值实现精神
- ○ 树立契约精神，养成诚实守信的品格，培养信誉至上，不弄虚作假，按约定出资，不抽逃出资的职业素养
- ○ 树立收益共享、风险共担的投资理念

【工作任务与学习子情境】

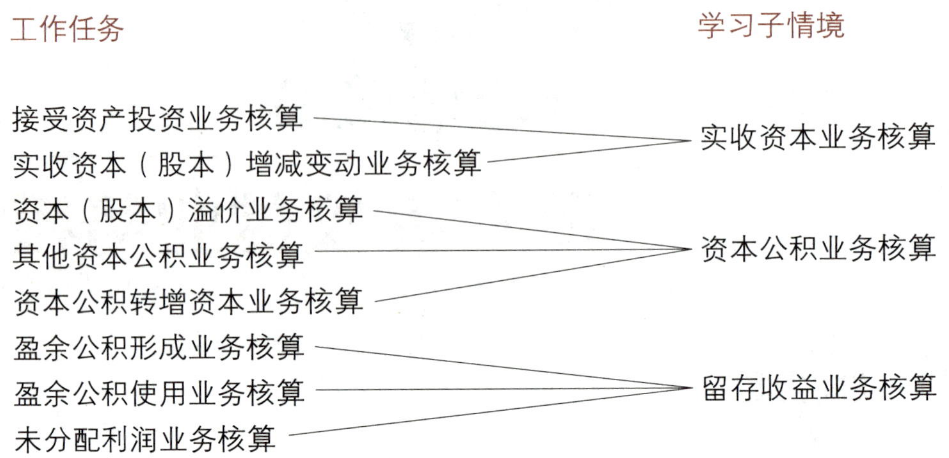

工作任务	学习子情境
接受资产投资业务核算 实收资本（股本）增减变动业务核算	实收资本业务核算
资本（股本）溢价业务核算 其他资本公积业务核算 资本公积转增资本业务核算	资本公积业务核算
盈余公积形成业务核算 盈余公积使用业务核算 未分配利润业务核算	留存收益业务核算

所有者权益是指企业资产扣除负债后由所有者享有的剩余权益。公司的所有者权益又称为股东权益，其来源包括所有者投入的资产、直接计入所有者权益的利得和损失、留存收益等。所有者权益可划分为实收资本（股本）、资本公积、盈余公积和未分配利润等部分，其中，盈余公积和未分配利润统称为留存收益。

学习子情境9.1　实收资本业务核算

【情境引例】

假设东方有限责任公司（增值税一般纳税人），于2022年7月1日注册成立，注册资金1 000万元，分别由甲、乙、丙三家公司投资设立。各方出资情况见表9-1、表9-2。

表9-1

验 资 报 告

验字（2022）第 888 号

东方有限责任公司（筹）：

我们接受委托，审验了贵公司（筹）截至 2022 年 6 月 30 日申请设立登记的注册资本实收情况。按照法律法规以及协议、章程的要求出资，提供真实、合法、完整的验资资料，保护资产的安全、完整是全体股东及贵公司（筹）的责任。我们的责任是对贵公司（筹）注册资本的实收情况发表审验意见。我们的审验是依据《中国注册会计师审计准则第 1602 号——验资》进行的。在审验过程中，我们结合贵公司（筹）的实际情况，实施了检查等必要的审验程序。

根据协议、章程的规定，贵公司（筹）申请登记的注册资本为人民币 1 000 万元，由全体股东于 2022 年 6 月 30 日之前一次缴足。经我们审验，截至 2022 年 6 月 30 日，贵公司（筹）已收到全体股东缴纳的注册资本（实收资本）合计人民币（大写）壹仟万元，各股东以货币出资伍佰万元，以实物资产出资伍佰万元。

本验资报告供贵公司（筹）申请办理设立登记及据以向全体股东签发出资证明时使用，不应被视为是对贵公司（筹）验资报告日后资本保全、偿债能力和持续经营能力等的保证。因使用不当造成的后果，与执行本验资业务的注册会计师及本会计师事务所无关。

附件：1. 注册资本实收情况明细表

2. 验资事项说明

鸿鹏有限责任会计师事务所

中 国　江城

中国注册会计师：王民

（主任会计师 / 或副主任会计师）

中国注册会计师：李伟

二〇二二年陆月三十日

表9-2

验资事项说明

一、基本情况

东方有限责任公司（筹）系由甲、乙和丙共同出资组建的有限责任公司，于 2022 年 6 月 30 日取得江城市工商行政管理局核发的（江）名称预核准私字〔2022〕第 002345 号《企业名称预先核准通知书》，正在申请办理设立登记。（如果该公司在设立登记前须经审批，还需说明审批情况。）

二、申请的注册资本及出资规定

根据协议、章程的规定，贵公司申请登记的注册资本为 1 000 万元，由全体股东于 2022 年 6 月 30 日之前一次缴足。其中：甲方认缴 500 万元，占注册资本的 50%，出资方式为货币 500 万元；乙方认缴 300 万元，占注册资本的 30%，出资方式为机器设备 300 万元；丙方认缴 200 万元，占注册资本的 20%，出资方式为原材料 200 万元。

三、审验结果

截至 2022 年 6 月 30 日，贵公司已收到甲方、乙方、丙方缴纳的注册资本（实收资本）合计人民

续表

币 1 000 万元，实收资本占注册资本的 100%。

（一）甲方实际缴纳出资额 500 万元。其中：货币出资 500 万元，于 2022 年 6 月 30 日缴存东方有限责任公司（筹）在中国工商银行开立的人民币临时存款账户 12345678 账号内。

（二）乙方实际缴纳出资额 300 万元。其中：机器设备出资 300 万元，于 2022 年 6 月 30 日经资产评估所评估确认并出具 0150 号资产评估报告。

（三）丙方实际缴纳出资额 200 万元。其中：原材料出资 200 万元，于 2022 年 6 月 30 日经资产评估所评估确认并出具 0151 号资产评估报告。

（四）全体股东的出资金额合计 1 000 万元，占注册资本总额的 100%。

四、其他事项

截至审验基准日，贵公司（筹）尚未对股东投入资本进行相应的会计处理。

【工作过程与岗位对照图】

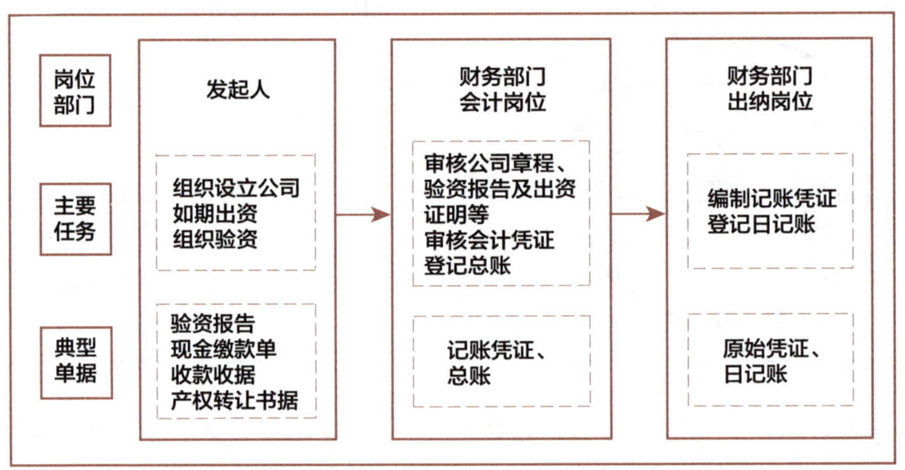

【知识准备】

一、实收资本的概念

实收资本是指企业按照章程规定或合同、协议约定，接受投资者投入企业的资本。实收资本的构成比例或股东的股份比例，是确定所有者在企业所有者权益中份额的基础，也是企业进行利润或股利分配的主要依据。

二、实收资本的管理规定

（1）有限责任公司的注册资本为在公司登记机关登记的全体股东认缴的出资额。法律、行政法规以及国务院决定对有限责任公司注册资本实缴、注册资本最低限额另有规定的，从其规定。股东应当按期足额缴纳公司章程中规定的各自所认缴的出资额。股东不按照规定缴纳出资的，除应当向公司足额缴纳外，还应当向已按期足额缴纳出资的股东承担违约责任。

（2）股份有限公司采取发起设立方式设立的，注册资本为在公司登记机关登记的全体发起人认购的股本总额。在发起人认购的股份缴足前，不得向他人募集股份。股份有限公司采取募集方式设立的，注册资本为在公司登记机关登记的实收股本总额。法律、行政法规以及国务院决定对股份有限公司注册资本实缴、注册资本最低限额另有规定的，从其规定。

（3）投资者可以用货币出资，也可以用实物、知识产权、土地使用权等可以用货币估价并可以依法转让的非货币财产作价出资；但是，法律、行政法规规定不得作为出资的财产除外。

三、实收资本的核算

为了反映和监督投资者投入资本的增减变动情况，企业应设置"实收资本"账户核算。该账户属于所有者权益类账户，贷方登记投入资本的增加数额，借方登记投入资本的减少数，期末贷方余额反映企业实收资本总额。该账户可按投资者设置明细账户，进行明细分类核算。股份有限公司实收资本通过"股本"账户核算，该账户属于所有者权益账户，用来核算股份有限公司在核定的股本总额及核定的股份总额范围内实际发行股票的数额。该账户贷方登记实际发行的股票票面总额，借方登记公司按法定程序经批准减少的股本数额，贷方余额反映公司期末股本总额。

（一）一般企业接受资产投资

1. 接受现金资产投资

企业收到投资者以现金投入的资本时，应以实际收到或存入企业开户银行的金额作为实收资本入账，借记"库存现金""银行存款"账户，贷记"实收资本"账户。实际收到或者存入企业开户银行的金额超过其在该企业注册资本中所占份额的部分，贷记"资本公积——资本溢价"账户。

2. 接受非现金资产投资

企业收到投资者以非现金资产投入的资本时，应按投资合同或协议约定价值确定非现金资产价值（但投资合同或协议约定价值不公允的除外）和在注册资本中应享有的份额。

收到投入资本在办理完有关产权转移手续后，按投资合同或协议约定价值，借记"固定资产""无形资产"等账户，按在注册资本中应享有的份额，贷记"实收资本"账户，按其差额，贷记"资本公积——资本溢价"账户。

（二）股份公司发行股票业务的核算

股份有限公司发行股票时，既可以按面值发行股票，也可以溢价发行（我国目前不允许折价发行股票）。当公司发行股票收到现金资产时，应按照实际收到的金额，借记"银行存款"账户，按股票面值和核定的股份总额的乘积计算的金额，贷记"股本"账户，按其差额，贷记"资本公积——股本溢价"账户。

（三）实收资本（股本）增减变动业务的核算

我国有关法律规定，企业（实收）资本（或股本）除下列情况外，不得随意变动：

（1）符合增资条件，并经有关部门批准增资；

（2）企业按法定程序报经批准减少注册资本。

如企业擅自改变注册资本或抽逃资金，要受到工商行政管理部门的处罚。

1. 实收资本（或股本）的增加

一般企业增加资本的途径主要有三个：接受投资者追加投资、资本公积转增资本和盈余公积转增资本。

接受投资者追加投资的核算同“一般企业接受资产投资”业务；

资本公积转增资本和盈余公积转增资本的核算见“学习子情境 9.2 资本公积业务核算”和“学习子情境 9.3 留存收益业务核算”。

2. 实收资本（或股本）的减少

在企业按照法定程序报经批准减少注册资本时，应按照减资金额，借记“实收资本”或“股本”账户，贷记“库存现金”“银行存款”等账户。

股份有限公司采用收购本公司股票方式减资的，在收购股票时，收购价格与股票面值可能不同，应按股票面值和注销股数计算的股票面值总额，借记“股本”账户，按所注销库存股的账面余额，贷记“库存股”账户，按其差额，借记“资本公积——股本溢价”账户，股本溢价不足冲减的，再冲减盈余公积直至未分配利润，应借记“盈余公积”“利润分配——未分配利润”账户；购回股票支付的价款低于面值总额的，应按股票面值总额，借记“股本”账户，按所注销库存股的账面余额，贷记“库存股”账户，按其差额，贷记“资本公积——股本溢价”账户。

【课堂活动】

1. 以游戏的形式随机或按照自由组合方式将班级学生分成若干小组（5~6人为一组），不同的小组分别扮演出资者、企业出纳人员和会计人员等工作岗位角色。

2. 各小组讨论，模拟企业设立的流程，从达成投资意向，到起草公司章程，出资者缴付出资，最后由会计人员记账，出纳人员收款并登记银行存款日记账等，要求每位同学都要参与。

3. 每个小组推荐一位代表汇报本组任务完成情况，并说明解决相关问题的思路和方法。其他小组同学对其汇报进行评分。

4. 角色互换，完成上述工作。

5. 每个小组将汇报情况形成文字资料，并上交授课教师评阅。

【职业判断与业务操作】

根据本情境引例，业务处理如下。

（1）设置“实收资本”账户。公司会计人员开设“实收资本”总账和“实收资本——甲企业”“实收资本——乙企业”“实收资本——丙企业”明细账，填写账簿启用登记及交接表，登记期初余额。

（2）审核企业章程、财产验收单等。

（3）计算原材料不含税价格和增值税进项税额。

原材料不含税价格 = 含税公允价值 /（1 + 13%）= 2 000 000 /（1 + 13%）

= 1 769 912（元）

可抵扣进项税额 = 不含税价格 × 13% = 1 769 912 × 13% = 230 088（元）

（4）记录经济业务。会计人员根据审核无误的现金缴款单、材料销售发票和设备产权转移证明及验资报告等，确认相关资产增加，“银行存款”“固定资产”“原材料”账户增加记借方；根据审核无误的增值税专用发票确认增值税进项税额，“应交税费——应交增值税（进项税额）”账户增加记借方；实收资本增加，“实收资本”账户增加记贷方。

借：银行存款　　5 000 000

　　原材料　　1 769 912

　　固定资产　　3 000 000

　　应交税费——应交增值税（进项税额）　　230 088

　　贷：实收资本——甲企业　　5 000 000

　　　　　　　　——乙企业　　3 000 000

　　　　　　　　——丙企业　　2 000 000

【典型任务举例】

任务 9-1　东方股份有限公司 2022 年以发起设立方式设立，甲公司、乙公司、丙公司、丁公司四位股东一次性认股全部普通股 4 000 万股，每股面值 1 元，四位股东各认股 25%。认股款已足额缴纳。

任务分析：采用发起设立方式设立公司时，按实际收到的认股款，借记“银行存款”，按各股东认股的股份面值贷记“股本”。

借：银行存款　　40 000 000

　　贷：股本——甲公司　　10 000 000

　　　　　　——乙公司　　10 000 000

　　　　　　——丙公司　　10 000 000

　　　　　　——丁公司　　10 000 000

任务 9-2 2023 年 7 月 5 日，东方股份有限公司经股东大会决议后，以现金回购本公司股票 1 000 万股，支付回购款 1 100 万元。

任务分析：股份公司回购普通股，按回购价款借记“库存股”账户，贷记“银行存款”账户。

借：库存股　　11 000 000

　　贷：银行存款　　11 000 000

任务 9-3 2023 年 7 月 14 日，注销已回购的库存股。

任务分析：经批准注销库存股时，按注销股份的面值借记“股本”账户，按回购成本贷记“库存股”账户，按借贷方金额借记“资本公积——股本溢价”账户。

借：股本　　10 000 000

　　资本公积——股本溢价　　1 000 000

　　贷：库存股　　11 000 000

学习子情境9.2 资本公积业务核算

【情境引例】

东方股份有限公司于 2019 年以发起设立方式成立，公司注册资本 5 000 万元。2023 年 3 月 1 日，经公司股东会决议并经证券监督管理机构核准，向社会公开发行普通股 1 000 万股，每股面值 1 元，每股发行价 2 元，发行费率 1‰。取得扣除发行费用后的股款为 1 998 万元，已存入银行。

【工作过程与岗位对照图】

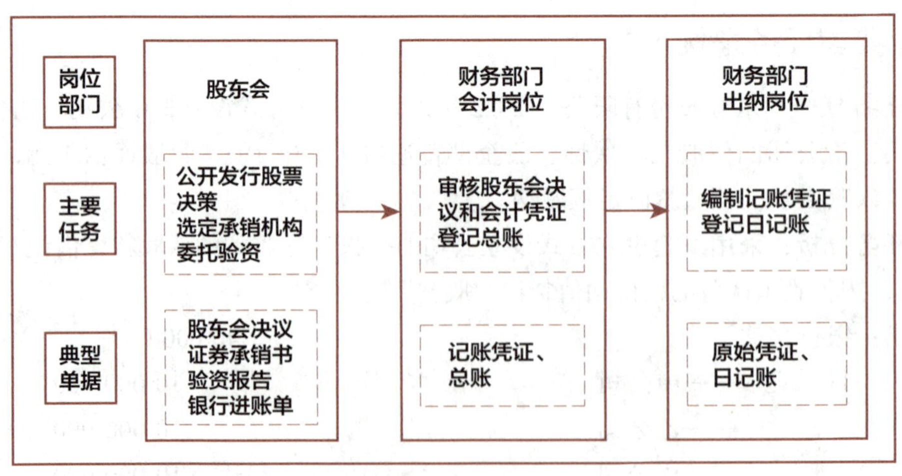

【知识准备】

一、资本公积概述

（一）资本公积的概念

资本公积是企业收到投资者出资额超出其在注册资本（或股本）中所占份额的投资，以及其他资本公积等。

（二）资本公积的来源与用途

资本公积包括资本溢价（或股本溢价）和其他资本公积等。

资本溢价（或股本溢价）形成的原因有溢价发行股票、投资者超额缴入资本等。

其他资本公积是指除净收益、其他综合收益和利润分配以外所有者权益的其他变动。如企业的长期股权投资采用权益法核算时，因被投资单位除净收益、其他综合收益和利润分配以外所有者权益的其他变动，投资企业按照应享有份额增加或减少的资本公积。

我国公司法规定，资本公积的用途主要是用来转增资本（或股本）。资本公积不体现各所有者的占有比例，也不能作为所有者参与企业财务经营决策或进行利润分配（或股利分配）的依据。

【案例分析】

华鹏公司原注册资本为 3 000 万元，由三位自然人股东 A、B、C 出资设立，每人出资 1 000 万元。三年后，另一股东 D 愿投入 2 000 万元参股，与前三位股东平均分享华鹏公司股权。则华鹏公司注册资本变更为 4 000 万元，新增实收资本 1 000 万元（D 股东出资），超额投入的 1 000 万元作为资本公积核算。不久，华鹏公司股东会决议，将新增的资本公积 1 000 万元转增资本，A、B、C、D 四位股东各增资 250 万元，注册资本变更为 5 000 万元。

分析思考：如何理解 D 股东出资 2 000 万元，却只享受 1 000 万元出资额的权利？由 D 股东超额投入的 1 000 万元资本公积用于转增资本，每位股东增资 250 万元，对原三位股东而言，实质上意味着什么？

二、资本公积的核算

为了核算企业资本公积的增减变动情况，企业应设置“资本公积”账户，该账户属于所有者权益类账户，贷方登记资本公积增加数额；借方登记资本公积减少数额；期末贷方余额，表示资本公积结余数额。该账户下应设置“资本（或股本）溢价”和“其他资本公积”两个明细账户，进行明细核算。

视频：资本溢价（股本溢价）业务核算

（一）资本（或股本）溢价的核算

资本（或股本）溢价是由企业投资者投入的资金超过了其在注册资本中所占的份额而形成的。

1. 资本溢价

除股份有限公司外的其他类型的企业，在公司初创时，投资者认缴的出资额与注册资本一致，一般不会产生资本溢价，其出资额应全部记入“实收资本”账户。但在企业重组或有新的投资者加入时，为了维护原有投资者的合法权益，新加入的投资者的出资额往往可能大于其在注册资本中所占有的份额，即会出现资本溢价。企业在收到投资者投入的资金时，按实际收到的金额或投资合同（协议）约定的价值，借记“银行存款”“固定资产”“无形资产”等账户，按其在注册资本中所占的份额，贷记“实收资本”账户，按其差额，贷记“资本公积——资本溢价”账户。

2. 股本溢价

股本溢价的数额等于公司发行股票时实际收到的款额超过股本总额（股票面值总额）的部分。股份有限公司溢价发行股票，在收到现金等资产时，应当按照实际收到的金额，借记“银行存款”等账户，按股票面值和核定的股份总额的乘积计算的金额，贷记“股本”账户，按溢价部分，贷记“资本公积——股本溢价”账户。

股份有限公司发行股票所支付的相关的手续费、佣金等交易费用，如为溢价发行，应从溢价中抵扣，冲减资本公积（股本溢价）；无溢价或溢价不足以抵扣的，应将不足抵扣的部分冲减盈余公积和未分配利润。

（二）其他资本公积的核算

其他资本公积是指除资本溢价（或股本溢价）项目以外所形成的资本公积，即主要是指企业非日常经营活动所形成的直接计入所有者权益的利得和损失。

以长期股权投资形成的其他资本公积为例。企业对外长期股权投资采用权益法核算时，在持股比例不变的情况下，被投资单位除净收益、其他综合收益和利润分配以外所有者权益的其他变动，必然也会引起投资企业经济利益流入或流出企业，对此，投资企业应按持股比例计算其应享有被投资企业所有者权益的份额。如果是利得，借记“长期股权投资——其他权益变动”账户，贷记“资本公积——其他资本公积”账户；如果是损失，则作相反的分录。当日后处置采用权益法核算的长期股权投资时，应转销与该笔投资相关的其他资本公积，借记或贷记“资本公积——其他资本公积”账户，贷记或借记“投资收益”账户。

（三）资本公积转增资本的核算

经股东大会或类似机构决议，用资本公积转增资本，应冲减资本公积，借记“资本公积——资本溢价（或股本溢价）”账户，贷记“实收资本”或“股本”账户。

【课堂活动】

1. 随机或按照自由组合方式将班级学生分成若干小组（5~6人为一组），分小组讨论分析资本公积的性质、资本公积的来源与使用。

2. 每个小组推荐一位代表归纳本组讨论分析的结果，其他小组同学对其汇报进行评分。

3. 每个小组将汇报情况形成归纳性的文字资料，并上交授课教师评阅。

【职业判断与业务操作】

根据本情境引例，业务处理如下。

（1）设置“资本公积——股本溢价”账户。企业会计人员李萍开设“资本公积”总账和明细账，明细账内设置“股本溢价”和“其他资本公积”专栏，填写账簿启用登记及交接表，登记期初余额。

（2）审核股东大会决议、证券承销协议、银行进账单等。

（3）记录经济业务。会计人员根据审核无误的银行进账单，确认银行存款、股本、资本公积增加。“银行存款”账户增加记借方，“股本”“资本公积”账户增加记贷方。会计分录：

借：银行存款　19 980 000
　贷：股本　10 000 000
　　资本公积——股本溢价　9 980 000

【典型任务举例】

任务 9-4　东方股份有限公司 2023 年 8 月 10 日增发普通股 1 000 万股，每股面值 1 元，每股发行价 5 元，支付给承销商的佣金及手续费 200 万元，所有款项均已收付。

任务分析：股份公司发行股票，按实际收到的款项借记“银行存款”账户，按发行股票的面值贷记“股本”账户，按借贷方差额记入“资本公积——股本溢价”账户。“资本公积——股本溢价”不足冲减的，冲减留存收益。

借：银行存款　48 000 000
　贷：股本　10 000 000
　　资本公积——股本溢价　38 000 000

任务 9-5　东方股份有限公司持有丙公司 20% 的长期股权投资，采用权益法核算，丙公司 2023 年除净损益、其他综合收益和利润分配以外的因素导致所有者权益增加了 500 万元，不考虑其他因素的影响。

任务分析：权益法核算长期股权投资时，被投资方除净损益、其他综合收益和利润分配以外的因素导致所有者权益增加的，投资方应按比例确认享有权益份额的增加，借记“长期股权投资——其他权益变动”账户，贷记“资本公积——其他资本公积”账户。

借：长期股权投资——其他权益变动　　1 000 000
　　贷：资本公积——其他资本公积　　1 000 000

任务 9-6 2023 年 3 月 5 日，经东方股份有限公司股东会决议，将资本公积 500 万元转增资本。

任务分析： 资本公积转增股本时，应按转增股本的金额借记“资本公积”账户，贷记“股本”账户。

借：资本公积——股本溢价　　5 000 000
　　贷：股本　　5 000 000

【想一想】

1. 结合所学过的资产、负债核算的知识，归纳直接计入所有者权益的利得和损失有哪些具体情形？

2. 股份公司发行股票过程中发生的手续费、佣金等发行费用应如何进行账务处理？

学习子情境9.3　留存收益业务核算

【情境引例】

东方股份有限公司 2023 年度实现净利润 5 000 万元，经股东会批准，按净利润的 10% 计提法定盈余公积，按净利润的 5% 计提任意盈余公积，向投资者分配利润 200 万元。

【工作过程与岗位对照图】

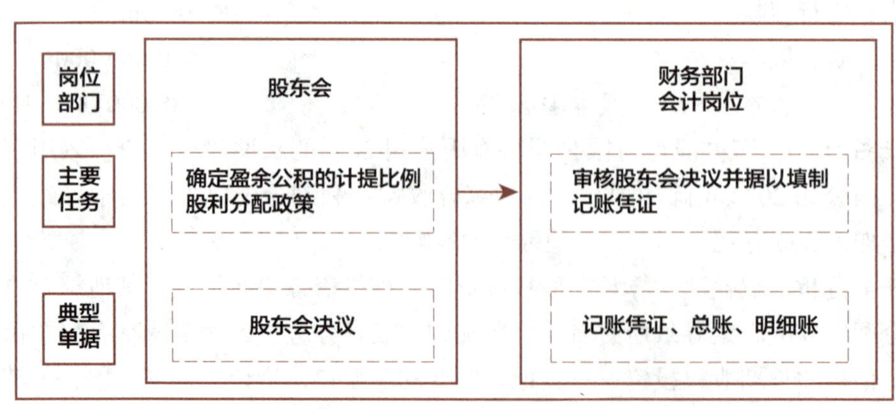

【知识准备】

留存收益是指企业从历年实现的利润中提取或形成的留存于企业的内部积累。留存收益是所有者权益的组成部分，主要包括盈余公积和未分配利润两类。

一、盈余公积

（一）盈余公积的组成及其用途

1. 盈余公积的组成

盈余公积是企业按规定从净利润中按一定比例提取的企业积累资金。公司制企业的盈余公积包括：

（1）法定盈余公积。按照《中华人民共和国公司法》有关规定，公司制企业应当按照净利润（减弥补以前年度亏损，下同）的 10% 提取法定盈余公积。计提的法定盈余公积累计达到注册资本的 50% 时，可以不再提取。非公司制企业法定盈余公积的提取比例可超过净利润的 10%。

（2）任意盈余公积。公司制企业可根据股东大会的决议按照规定的比例从净利润中提取任意盈余公积。其提取比例由企业自行决定。非公司制企业经类似权力机构批准，也可提取任意盈余公积。

2. 盈余公积的用途

企业提取的盈余公积主要可以用于以下几个方面：

（1）弥补亏损。企业发生亏损，可以用发生亏损后五年内实现的税前利润来弥补，当发生的亏损在五年内仍不足弥补的，应使用之后所实现的所得税后利润弥补。通常，当企业发生的亏损在用所得税后利润仍不足弥补的，可以用所提取的盈余公积来加以弥补。企业以提取的盈余公积弥补亏损时，应当由公司董事会提议，并经股东大会或由类似机构批准。

（2）转增资本（股本）。当企业提取的盈余公积累积比较多时，可以将盈余公积转增资本（股本），但是必须经股东大会或类似机构批准。在实际将盈余公积转增资本时，要按股东原有持股比例结转。盈余公积转增资本（股本）时，转增后留存的盈余公积的数额不得少于注册资本的 25%。

（3）发放现金股利或分配利润。在特殊情况下，当企业累积的盈余公积比较多，而未分配利润比较少时，为了维护企业形象，给投资者合理的回报，对于符合规定条件的企业，经股东大会决议，也可以用盈余公积发放现金股利或利润。

（二）盈余公积的核算

为了反映企业盈余公积的提取及使用情况，企业应设置“盈余公积”账户。该账户属于所有者权益类账户，贷方登记盈余公积的提取数；借方登记盈余公积用于补亏、转增资本以及分配现金股利或利润的数额；余额在贷方，表示盈余公积的结余数额。“盈余公积”账户下应当设置“法定盈余公积”“任意盈余公积”明细账户，进行明细核算。

（1）提取盈余公积。企业按规定提取盈余公积时，应借记“利润分配——提取法定盈余公积、提取任意盈余公积”账户，贷记“盈余公积——法定盈余公积、任意盈余公积”账户。

（2）盈余公积补亏。企业经股东大会或类似机构决议，用盈余公积弥补亏损时，应借记“盈余公积”账户，贷记“利润分配——盈余公积补亏”账户。

（3）盈余公积转增资本（或股本）。企业经批准用盈余公积转增资本时，应按照实际用于转增的盈余公积金额，借记“盈余公积”账户，贷记“实收资本”或“股本”账户。

（4）用盈余公积发放现金股利或利润。企业经股东大会或类似机构决议，用盈余公积分配现金股利或利润时，应借记“盈余公积”账户，贷记“应付股利”账户。

二、未分配利润

（一）未分配利润的形成和用途

未分配利润是企业实现的净利润经过弥补亏损、提取盈余公积和向投资者分配利润后留存在企业的、历年结存的利润。未分配利润通常用于留待以后年度向投资者进行分配。

【案例分析】

昌盛公司由甲、乙、丙三个自然人股东于2018年投资设立，三位股东出资比例为5∶3∶2，经过几年的运营，昌盛公司已累积下数额巨大的未分配利润。为扩大生产规模，增加注册资本，2023年3月1日昌盛公司经股东会议决议，用未分配利润为股东发放股票股利，每10股派送2股红股，共派送股票股利600万元。

分析思考：如何理解股票股利？发放股票股利实质上对企业所有者权益各组成部分影响如何？

（二）未分配利润的核算

企业为了核算历年累积的未分配利润，应在“利润分配”账户下设置“未分配利润”明细账户，进行明细核算。

期末，企业应将各损益类账户的金额转入“本年利润”账户，计算出净利润（或净亏损）之后，每年终了，企业应将本年度实现的净利润，自“本年利润”账户转入“利润分配——未分配利润”账户，借记“本年利润”账户，贷记“利润分配——未分配利润”账户；如果本年为净亏损，则作相反的会计分录。提取盈余公积、向投资者分配现金股利时，借记“利润分配——提取盈余公积”或“利润分配——应付现金股利”账户，贷记“应付股利”“盈余公积”等账户，同时，将该“利润分配”账户所属各其他明细账户的余额转入“利润分配——未分配利润”账户。结转后除“利润分配——未分配利润”账户外，“利润分配”其他各个明细账户均无余额。“利润分配——未分配利润”账户如为贷方余额，反映企业未分配利润；如为借方余额，即为未弥补亏损。

【课堂活动】

1. 随机或按照自由组合方式将班级学生分成若干小组（5~6人为一组），分小组讨论分析留存收益的来源、讨论盈余公积形成的条件和用途。

2. 每个小组推荐一位代表归纳本组讨论分析的结果，其他小组同学对其汇报进行评分。

3. 每个小组将汇报情况形成归纳性的文字资料，并上交授课教师评阅。

【职业判断与业务操作】

根据本情境引例，业务处理如下。

（1）设置“利润分配”“盈余公积”账户。企业会计人员开设“利润分配”总账和“利润分配——提取法定盈余公积”“利润分配——提取任意盈余公积”“利润分配——应付现金股利”“利润分配——未分配利润”明细账，开设“盈余公积”总账和“盈余公积——法定盈余公积”“盈余公积——任意盈余公积”明细账。

（2）审核股东会决议。

（3）记录经济业务。会计人员编制记账凭证，将本年实现的净利润结转入“利润分配——未分配利润”账户，并根据股东会形成的决议计提法定盈余公积、任意盈余公积，“盈余公积”账户贷方记增加，“利润分配——提取法定盈余公积”“利润分配——提取任意盈余公积”账户借方记减少；确认应付股东的现金股利，“应付股利”账户贷方记增加，“利润分配——应付现金股利”账户借方记减少；结转“利润分配”账户下各明细账余额至“利润分配——未分配利润”账户，结计年末未分配利润余额。会计分录：

借：本年利润　　5 000 000
　　贷：利润分配——未分配利润　　5 000 000
借：利润分配——提取法定盈余公积　　500 000
　　　　　　——提取任意盈余公积　　250 000
　　贷：盈余公积——法定盈余公积　　500 000
　　　　　　　　——任意盈余公积　　250 000
借：利润分配——应付现金股利　　2 000 000
　　贷：应付股利　　2 000 000
借：利润分配——未分配利润　　2 750 000
　　贷：利润分配——提取法定盈余公积　　500 000

——提取任意盈余公积 250 000
——应付现金股利 2 000 000

【典型任务举例】

任务 9-7 2023 年 3 月 20 日，经股东会批准，东方股份有限公司用以前年度提取的任意盈余公积弥补上年度发生的亏损 200 000 元。

任务分析：盈余公积弥补亏损，企业会计人员应根据股东会决议等文件，按补亏金额借记“盈余公积——任意盈余公积”账户，贷记“利润分配——盈余公积补亏”账户。

借：盈余公积——任意盈余公积 200 000
　贷：利润分配——盈余公积补亏 200 000
借：利润分配——盈余公积补亏 200 000
　贷：利润分配——未分配利润 200 000

任务 9-8 2023 年 4 月 1 日，经股东会决议，钱塘有限责任公司决定将法定盈余公积 500 000 元转增资本。 股东甲、乙、丙和丁企业持股比例各占 25%。

任务分析：企业会计人员应根据股东大会决议、验资报告等，按转增金额借记“盈余公积——法定盈余公积”账户，贷记“实收资本”账户并记入各股东明细账内。

借：盈余公积——法定盈余公积 500 000
　贷：实收资本——甲企业 125 000
　　　　——乙企业 125 000
　　　　——丙企业 125 000
　　　　——丁企业 125 000

【想一想】

1. 在所有者权益的四个项目中，资本公积和盈余公积都可以用来转增资本。请问，未分配利润是否也可以转增资本？

2. 如何计算企业可供分配利润和年末未分配利润的数额？

【德技并修】

大股若欺小股　资本未多数权

2010 年 7 月，何某和凌某作为投资人设立富阳山水公司。2014 年 2 月，富阳山水公司（出资比例 80.2%）和卢某（出资比例 19.8%）共同出资设立山水投资公司。2017 年 5 月，富阳山水公司（出资比例 95%）与另外两位投资人出资设立山水化工公司。2019 年 3 月，山水投资公司全额出资设立山水开发公司。2014 年 6 月，山水投资公司与宜昌市国土资源局签订《国有土地使用权出让合同》，约定山水投资公司取得了宜昌昌龙氯碱化工有限责任公司的土地开发权利，但前提之一是“必须异地建设一个同等规模的企业，或新建一个投资规模5 000万元以上或销售收入达到2亿元以上的企业。”后因山水投资公司没有履行义务，富阳山水公司代替山水投资公司履行了合同义务。2022年11月27日，山水投资公司召开股东会，通过股东会决议，其中一项内容为对山水化工公司化工项目补偿5 000万元，股东卢某对该项决议投了反对票。会后，卢某认为上述决议是大股东和实际控制人利用关联公司输送利益的行为，损害了公司及小股东权益并诉至法院。法院审理后认为，山水投资公司与山水化工公司之间不存在投资关系，并不能享有投入该款项而应得的相关权益；相反，富阳山水公司则因山水投资公司的补偿行为而受益。2022年11月27日的股东会决议第一项系富阳山水公司利用其大股东的优势地位而胜出。该决议使得山水投资公司的资产向山水化工公司转移，实际损害了山水投资公司的利益，进而损害了卢某作为该公司股东应享有的合法权益。故该项决议因违反了法律的强制性规定而无效。

资本多数决原则是《中华人民共和国公司法》的一项基本原则，但是当大股东利用资本多数决原则侵害公司及小股东利益时，应保护小股东的利益，不适用资本多数决的原则。公司小股东在遇到公司决议内容损害公司及小股东利益时，小股东可以诉讼的方式请求撤销或确认决议无效，从而维护自己的利益。

【情境小结】

1. 实收资本业务核算

<table>
<tr><th colspan="3">业务内容</th><th>会计处理</th></tr>
<tr><td colspan="3">有限责任公司设立时收到资产投资</td><td>借：银行存款／原材料／固定资产／无形资产等
应交税费——应交增值税（进项税额）
贷：实收资本</td></tr>
<tr><td colspan="3">股份有限公司设立时发行股票</td><td>借：银行存款
贷：股本</td></tr>
<tr><td rowspan="3">股份公司减资</td><td colspan="2">以银行存款回购本公司股票</td><td>借：库存股
贷：银行存款</td></tr>
<tr><td rowspan="2">注销库存股</td><td>回购成本大于股票面值时</td><td>借：股本
资本公积——股本溢价
盈余公积
利润分配——未分配利润
贷：库存股</td></tr>
<tr><td>回购成本小于股票面值时</td><td>借：股本
贷：库存股
资本公积——股本溢价</td></tr>
</table>

2. 资本公积业务核算

业务内容	会计处理
股份有限公司增发股票	借：银行存款 贷：股本 资本公积——股本溢价
有限责任公司接受新投资者投资	借：银行存款等 贷：实收资本 资本公积——资本溢价
直接计入所有者权益的利得和损失（权益法下被投资企业增加资本公积）	借：长期股权投资——其他权益变动 贷：资本公积——其他资本公积 如果是损失，则作相反的分录
资本公积转增资本	借：资本公积——资本溢价（或股本溢价） 贷：实收资本

3. 留存收益业务核算

业务内容	会计处理
结转净利润	借：本年利润 贷：利润分配——未分配利润
提取盈余公积	借：利润分配——提取法定盈余公积 / 任意盈余公积 贷：盈余公积——法定盈余公积 / 任意盈余公积
盈余公积弥补亏损	借：盈余公积 贷：利润分配——盈余公积补亏
盈余公积转增资本	借：盈余公积 贷：实收资本 / 股本
分配现金股利	借：盈余公积 贷：应付股利
结转利润分配各明细账余额	借：利润分配——未分配利润 贷：利润分配——提取盈余公积 ——应付现金股利

学习情境 10

收入和费用业务核算

【职业能力目标】

知识目标

- ○ 掌握收入确认和计量的五步法程序
- ○ 掌握收入确认的原则与条件
- ○ 掌握有退货选择权销售、多方交易主要责任人和代理人相关销售、附有额外购买选择权销售、售后回购业务的会计处理方法
- ○ 掌握划分各种成本耗费的界限
- ○ 掌握产品生产成本的核算方法

能力目标

- ○ 能够正确确认各单项履约义务的收入，准确编制记账凭证
- ○ 能够正确确认和计量特定交易收入，准确编制记账凭证
- ○ 能准确进行各项共同费用的分配
- ○ 能根据材料费用分配表、工资费用分配表、制造费用分配表等业务单据准确地编制记账凭证，正确完成产品成本核算
- ○ 能够准确完成销售费用、管理费用、财务费用和所得税费用核算
- ○ 登记生产成本、制造费用明细账和总账

素养目标

- ○ 通过收入业务核算的学习，树立学生严谨细致、客观公正的职业精神，培养依规办事、实事求是、不偏不倚、执业谨慎、耐

心细致的职业素养

○ 通过费用业务核算相关知识学习，培养具备节俭节约、绿色环保和风险防范意识

【工作任务与学习子情境】

工作任务	学习子情境
收入的确认和计量	收入业务核算
特定交易的收入确认和计量	收入业务核算
产品生产成本业务核算	费用业务核算
期间费用业务核算	费用业务核算
所得税费用业务核算	费用业务核算

学习子情境10.1　收入业务核算

【情境引例】

2023 年 4 月 5 日，东方股份有限公司采用托收承付结算方式销售一批 A 商品，开出的增值税专用发票上注明售价为 600 000 元，增值税税额为 78 000 元，如表 10-1 所示。商品已经发出，并已向银行办妥委托托收手续；该批商品的成本为 420 000 元。

表10-1　　增值税专用发票

浙江增值税专用发票

此联不作报销　扣税凭证使用

3700063140　　　　No. 01295763

开票日期：2023 年 4 月 5 日

购买方	名　　称：烟台利声商贸有限责任公司 纳税人识别号：913706032601654335 地 址、电 话：烟台市北马路276号0535—8654382 开户行及账号：烟台市工商银行芝罘区支行1701003506002104589	密码区	67893−+9827/16<241< 0<<>3<2+876<−6105>4+> 51*84−9319<8>9−20>750 0/−3000252/9−*+91>>4+

货物或应税劳务、服务名称	规格型号	单位	数量	单价	金额	税率	税额
A商品		件	600	1 000.00	600 000.00	13%	78 000.00
合计					¥600 000.00		¥ 78 000.00
价税合计（大写）	⊗陆拾柒万捌仟元整					（小写）¥ 678 000.00	

销售方	名　　称：东方股份有限公司 纳税人登记号：913320122488233911 地 址、电 话：江城市庆春路102号 开户行及账号：工行江城市庆春支行 33011809032591	备注	东方股份有限公司 913320122488233911 发票专用章

收款人：　　复核：陈　天　　开票人：王　海　　销售方：（章）

第一联：记账联　销售方记账凭证

国税函［2022］622号　西安印钞厂

【工作过程与岗位对照图】

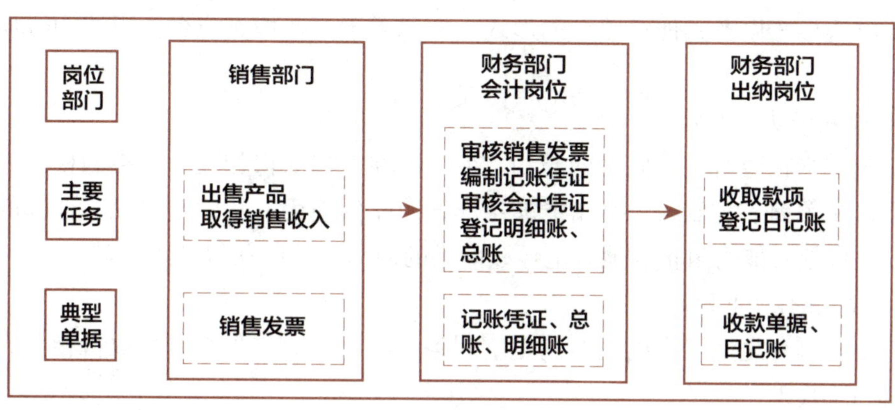

【知识准备】

一、收入的概念和特征

收入是指企业在日常活动中形成的、会导致所有者权益增加的、与所有者投入资本无关的经济利益的总流入。其中，日常活动是指企业为完成其经营目标所从事的经常性活动以及与之相关的其他活动。收入具有以下特点：

（一）收入是企业在日常活动中形成的经济利益的总流入

日常活动，是指企业为完成其经营目标所从事的经常性活动以及与之相关的活动，或虽不属于企业的经常性活动，但属于企业为完成其经营目标所从事的与经常性活动相关的活动，由此形成的经济利益的总流入也构成收入。

（二）收入会导致企业所有者权益的增加

收入形成的经济利益总流入的形式多种多样，既可能表现为资产的增加，如增加银行存款、应收账款；也可能表现为负债的减少，如减少预收账款；还可能表现为两者的组合。

（三）收入与所有者投入资本无关

所有者投入资本主要是为谋求享有企业资产的剩余权益，由此形成的经济利益的总流入不构成收入，而应确认为企业所有者权益的组成部分。

二、收入的确认和计量

收入确认和计量大致分为五步：

第一步，识别与客户订立的合同；

第二步，识别合同中的单项履约义务；

第三步，确定交易价格；

第四步，将交易价格分摊至各单项履约义务；

第五步，履行各单项履约义务时确认收入。

（一）识别与客户订立的合同

合同，是指双方或多方之间订立有法律约束力的权利义务的协议，包括书面形式、口头形式以及其他可验证的形式（如隐含于商业惯例或企业以往的习惯做法中等）。

1. 收入确认的原则

企业应当在履行了合同中的履约义务，即在客户取得相关商品控制权时确认收入。取得相关商品控制权，是指能够主导该商品的使用并从中获得几乎全部的经济利益，也包括有能力阻止其他方主导该商品的使用并从中获得经济利益。

2. 收入确认的条件

企业与客户之间的合同同时满足下列条件的，企业应当在客户取得相关商品控制权时确认收入：

（1）合同各方已批准该合同并承诺将履行各自义务；

（2）该合同明确了合同各方与所转让的商品相关的权利和义务；

（3）该合同有明确的与所转让的商品相关的支付条款；

（4）该合同具有商业实质，即履行该合同将改变企业未来现金流量的风险、时间分布或金额；

（5）企业因向客户转让商品而有权取得的对价很可能收回。

3. 合同合并

企业与同一客户（或该客户的关联方）同时订立或在相近时间内先后订立的两份或多份合同，在满足下列条件之一时，应当合并为一份合同进行会计处理：

（1）该两份或多份合同基于同一商业目的而订立并构成一揽子交易，如一份合同在不考虑另一份合同对价的情况下将会发生亏损；

（2）该两份或多份合同中的一份合同的对价金额取决于其他合同的定价或履行情况，如一份合同如果发生违约，将会影响另一份合同的对价金额；

（3）该两份或多份合同中所承诺的商品（或每份合同中所承诺的部分商品）构成单项履约义务。

4. 合同变更

合同变更，是指经合同各方同意对原合同范围或价格（或两者）做出的变更。企业应当区分下列三种情形对合同变更分别进行会计处理：

（1）合同变更部分作为单独合同进行会计处理的情形。

合同变更增加了可明确区分的商品及合同价款，且新增合同价款反映了新增商品单独售价的，应当将该合同变更作为一份单独的合同（即一项新的合同）进行会计处理。判断新增合同价款是否反映了新增商品的单独售价时，应当考虑为反映该特定合同的具体情况而对新增商品价格所做的适当调整。

（2）合同变更作为原合同终止及新合同订立进行会计处理的情形。

合同变更不属于上述第（1）种情形，且在合同变更日已转让商品与未转让商品之间可明确区分的，应当视为原合同终止，同时，将原合同未履约部分与合同变更部分合并为新合同进行会计处理。新合同的交易价格应当为下列两项金额之和：一是原合同交易价格中尚未确认为收入的部分（包括已从客户收取的金额）；二是合同变更中客户已承诺的对价金额。

（3）合同变更部分作为原合同的组成部分进行会计处理的情形。

合同变更不属于上述第（1）种情形，且在合同变更日已转让商品与未转让商品之间不可明确区分的，应当将该合同变更部分作为原合同的组成部分，在合同变更日重新计算履约进度，并调整当期收入和相应成本等。

（二）识别合同中的单项履约义务

合同开始日，企业应当对合同进行评估，识别该合同包含的各单项履约义务，并确定各单项履约义务是在某一时段内履行，还是在某一时点履行，然后，在履行了各单项履约义务时分别确认收入。

履约义务，是指合同中企业向客户转让可明确区分商品的承诺。企业向客户转让一系列实质相同且转让模式相同的、可明确区分商品的承诺，也应当作为单项履约义务。其中，转让模式相同，是指每一项可明确区分商品均满足在某一时段内履行履约义务的条件，且采用相同方法确定其履约进度。

满足下列条件之一的，属于在某一时段内履行履约义务；否则，属于在某一时点履行履约义务：① 客户在企业履约的同时即取得并消耗履约所带的经济利益；② 客户能够控制企业履约过程中在建的商品；③ 企业履约过程中所产出的商品具有不可替代用途，且该企业在整个合同期间内有权就累计至今已完成的履约部分收取款项。

（三）确定交易价格

交易价格，是指企业因向客户转让商品而预期有权收取的对价金额。企业代第三方收取的款项（例如增值税）以及企业预期将退还给客户的款项，应当作为负债进行会计处理，不计入交易价格。合同标价并不一定代表交易价格，企业在确定交易价格时，应当考虑以下因素的影响：

1. 可变对价

企业与客户的合同中约定的对价金额可能会因折扣、价格折让、返利、退款、奖励积分、激励措施、业绩奖金、索赔等因素而变化。此外，根据一项或多项或有事项的发生而收取不同对价金额的合同，也属于可变对价的情形。合同中存在可变对价的，企业应当按照期望值或最可能发生金额确定可变对价的最佳估计数。

期望值是按照各种可能发生的对价金额及相关概率计算确定的金额。如果企业拥有大量具有类似特征的合同，并估计可能产生多个结果时，通常按照期望值估计可变对价金额。

2. 合同中存在的重大融资成分

合同中存在重大融资成分的，企业应当按照假定客户在取得商品控制权时即以现金支付的应付金额（即现销价格）确定交易价格。企业确定的交易价格与合同承诺的对价金额之间的差额，应当在合同期间内采用实际利率法摊销。

3. 非现金对价

非现金对价包括实物资产、无形资产、股权、客户提供的广告服务等。客户支付非现金对价的，通常情况下，企业应当按照非现金对价在合同开始日的公允价值确定交易价格。非现金对价公允价值不能合理估计的，企业应当参照其承诺向客户转让商品的单独售价间接确定交易价格。

4. 应付客户对价

企业存在应付客户对价的，应当将该应付对价冲减交易价格，但应付客户对价是为了自客户取得其他可明确区分商品的除外。企业应付客户对价是为了向客户取得其他可明确区分商品的，应当采用与企业其他采购相一致的方式确认所购买的商品。企业应付客户对价超过向客户取得可明确区分商品公允价值的，超过金额应当冲减交易价格。向客户取得的可明确区分商品公允价值不能合理估计的，企业应当将应付客户对价全额冲减交易价格。在将应付客户对价冲减交易价格处理时，企业应当在确认相关收入与支付（或承诺支付）客户对价二者孰晚的时点冲减当期收入。

（四）将交易价格分摊至各单项履约义务

当合同中包含两项或多项履约义务时，企业应当在合同开始日，按照各单项履约义务所承诺商品的单独售价的相对比例，将交易价格分摊至各单项履约义务。单独售价即企业向客户单独销售商品的价格。单独售价无法直接观察的，企业应当综合考虑其能够合理取得的全部相关信息，采用市场调整法、成本加成法、余值法等方法合理估计单独售价。

市场调整法，是指企业根据某商品或类似商品的市场售价，考虑本企业的成本和毛利等进行适当调整后，确定其单独售价的方法。

成本加成法，是指企业根据某商品的预计成本加上其合理毛利后的价格，确定其单独售价的方法。

余值法，是指企业根据合同交易价格减去合同中其他商品可观察的单独售价后的余值，确定某商品单独售价的方法。企业应当最大限度地采用可观察的输入值，并对类似的情况采用一致的估计方法。

1. 分摊合同折扣

合同折扣，是指合同中各单项履约义务所承诺商品的单独售价之和高于合同交易价格的金额。

对于合同折扣，企业应当在各单项履约义务之间按比例分摊。有确凿证据表明合同折扣仅与合同中一项或多项（而非全部）履约义务相关的，企业应当将该合同折扣分摊至相关一项或多项履约义务。

2. 分摊可变对价

对于可变对价及可变对价的后续变动额，企业应将其分摊至与之相关的一项或多项履约义务（按照上述原则），或者分摊至构成单项履约义务的一系列可明确区分商品中的一项或多项商品。

（五）履行每一单项履约义务时确认收入

企业应当在履行了合同中的履约义务，即客户取得相关商品控制权时确认收入。企业应当根据实际情况，首先判断履约义务是否满足在某一时段内履行的条件，如不满足，则该履约义务属于在某一时点履行的履约义务。对于在某一时段内履行的履约义务，企业应当选取恰当的方法来确定履约进度；对于在某一时点履行的履约义务，企业应当综合分析控制权转移的迹象，判断其转移时点。

对于在某一时段内履行的履约义务，企业应当在该段时间内按照履约进度确认收入，履约进度不能合理确定的除外。企业应当采用恰当的方法确定履约进度，以使其如实反映企业向客户转让商品的履约情况。企业应当考虑商品的性质，采用产出法或投入法确定恰当的履约进度。当履约进度不能合理确定时，企业已经发生的成本预计能够得到补偿的，应当按照已经发生的成本金额确认收入，直到履约进度能够合理确认为止。

三、特定交易的收入确认和计量

（一）客户有退货权的销售业务处理

对于附有销售退回条款的销售，企业应当在客户取得相关商品控制权时，按照因向客户转让商品而预期有权收取的对价金额（即不包含预期因销售退回将退还的金额）确认收入，按照预期因销售退回将退还的金额确认负债；同时，按照预期将退回商品转让时的账面价值，扣除收回该商品预计发生的成本（包括退回商品的价值减损）后的余额，确认为一项资产，按照所转让商品转让时的账面价值，扣除上述资产成本的净额结转成本。每一资产负债表日，企业应当重新估计未来销售退回情况，如有变化，应当作为会计估计变更进行会计处理。

（二）多方交易主要责任人和代理人的识别与处理

企业应当根据其在向客户转让商品前是否拥有对该商品的控制权，来判断其从事交易时的身份是主要责任人还是代理人。企业在向客户转让商品前能够控制该商品的，该企业为主要责任人，应当按照已收或应收对价总额确认收入；否则，该企业为代理人，应当按照预期有权收取的佣金或手续费的金额确认收入，该金额应当按照已收或应收对价总额扣除应支付给其他相关方的价款后的净额，或者按照既定的佣金金额或比例等确定。

对在实务中常见的企业之间的委托代销和受托代销业务，账务处理如下：

1. 视同买断方式

（1）如果委托方和受托方之间的协议明确标明，受托方在取得代销商品后，无论是否能够卖出、是否获利，均与委托方无关，那么委托方和受托方之间的代销商品交易，与委托方直接销售商品给受托方没有实质区别。在符合销售商品收入确认条件时，委托方应确认相关销售商品收入。

（2）如果委托方和受托方之间的协议明确标明，将来受托方没有将商品售出时可以将商品退回给委托方，或受托方因代销商品出现亏损时可以要求委托方补偿，那么委托方在交付商品时不确认收入，受托方也不作购进商品处理；受托方将商品销售后，按实际售价确认销售收入，并向委托方开具代销清单；委托方收到代销清单时，再确认本企业的销售收入。

2. 收取手续费方式

在这种代销方式下，委托方应在受托方将商品销售后，并收到受托方开具的代销清单时，确认收入。

（三）附有客户额外购买选择权的销售

对于附有客户额外购买选择权的销售，企业应当分析判断该选择权是否向客户提供了一项实质性权利。企业提供实质性权利的，应当作为单项履约义务，将交易价格分摊至该履约义务，于客户未来行使购买选择权取得相关商品控制权时或该选择权失效时确认相应的收入。客户额外购买选择权的单独售价无法直接观察的，企业应当综合考虑客户行使和不行使该选择权所能获得的折扣、客户行使该选择权的概率等全部相关信息予以合理估计。

通常情况下，客户虽然有额外购买商品选择权，但客户行使该选择权购买商品时的销售价格反映了这些商品单独售价的，不应当被视为向该客户提供了一项重大权利。

（四）售后回购销售业务处理

对于企业的售后回购业务，修订后的收入准则根据回购价格与原售价的关系，将其细分为租赁交易和融资交易；同时对于企业负有应客户要求回购商品义务的，企业应当根据客户是否具有行使该要求权的重大经济动因这一经济实质，辨别是将其作为租赁或融资交易处理，还是将其作为附有销售退回条款的销售交易。

1. 企业将其作为租赁交易或融资交易进行相应的会计处理

企业因存在与客户的远期安排而负有回购义务或企业享有回购权利的，表明客户在销售时点并未取得相关商品控制权，企业应当作为租赁交易或融资交易进行相应的会计处理。其中：

（1）回购价格低于原售价的，应当视为租赁交易，按照《企业会计准则第 21 号——租赁》的相关规定进行会计处理；

（2）回购价格不低于原售价的，应当视为融资交易，在收到客户款项时确认金融负债，并将该款项和回购价格的差额在回购期间内确认为利息费用等。

2. 企业将其作为附有销售退回条款的销售交易进行相应的会计处理

企业负有应客户要求回购商品义务的，应当在合同开始日评估客户是否具有行使该要求权的重大经济动因。客户具有行使该要求权重大经济动因的（即客户行使该要求权的可能性很大），企业应当将售后回购作为租赁交易或融资交易，按照第 1 种情形的规定进行会计处理；否则，企业应当将其作为附有销售退回条款的销售交易，进行会计处理。

【课堂活动】

1. 将班级学生按照一般商品销售、附有退货选择权销售、多方交易主要责任人和代理人相关销售、附有额外购买选择权销售、售后回购业务为主题分成5组（9~10人为一组）。

2. 每一小组自行设计一笔销售收入相关的业务，要求每位同学都要参与，并分析得出业务相关的会计处理。

3. 每个小组推荐一位代表汇报本组任务完成情况，并说明解决相关问题的思路和方法。其他小组同学与教师参与评价。

4. 形成课堂活动相关记录。

【职业判断与业务操作】

根据本情境引例，业务操作如下：

（1）设置“主营业务收入”“应交税费——应交增值税（销项税额）”等账户。在会计核算中，对经常性、主要业务所产生的收入单独设置“主营业务收入”账户核算，对非经常性、兼营业务所产生的收入单独设置“其他业务收入”账户进行核算。

（2）记录经济业务。企业会计人员根据委托收款回单联，确认“应收账款”的金额，根据专用发票确认主营业务收入，根据出库单，结转销售成本。会计分录如下：

分录	借方金额	贷方金额
① 借：应收账款——烟台利声商贸有限责任公司	678 000	
贷：主营业务收入——A 商品		600 000
应交税费——应交增值税（销项税额）		78 000
② 借：主营业务成本——A 商品	420 000	
贷：库存商品——A 商品		420 000

【典型任务举例】

任务 10-1 甲供电公司自 2023 年 1 月 1 日起按月向乙公司供电，并在月末收取电费。在合同签订时，甲供电公司向乙公司收取了一次性入网费 1 000 元，并预期能够取得 2 年的全部电费收入，合同期限为 2 年。客户从 2023 年 7 月起未支付电费。根据当地相关法律规定，甲供电公司不能立即停止供电，需要先履行催交程序。乙公司被催告后，仍不缴费，则甲供电公司可自首次欠费后的第 5 个月（即该年 12 月）起停止供电。问题：甲公司应如何确认收入？

任务分析：（1）对于按月供电收入：7 月份，客户停止缴费，但是企业经过评估认为仍很有可能取得对价，所以此时仍满足合同成立的条件，仍应继续确认供电收入，但同时需要考虑计提应收账款的坏账准备；9 月份，客户已持续 2 个月未缴费，企业经过评估认为不是很可能收回对价，此时已不再满足合同成立的条件，不再继续确认供电收入。

（2）对于一次性入网费收入：9 月份，合同已经不再满足成立的条件，企业收取的一次性入网费（在 24 个月内摊销）无须退还，但是企业仍负有向客户转让商品（或提供服务）的剩余履约义务（需要持续供电到 12 月份），所以此时不应将入网费确认为收入，而应作为负债；12 月份，此时企业收取的一次性入网费无须退还，并且企业不再负有向客户转让商品（或提供服务）的剩余履约义务（已经持续供电到 12 月份），所以此时可将尚未摊销的入网费确认为收入。

任务 10-2　A 酒店与 B 公司于 2023 年 3 月 3 日签订了一份会议室租赁合同，每天 5 000 元，共 4 天。3 月 4 日 A 酒店与 B 公司又签订了一份增加会议室投影仪、音响、会议主持和会务服务等内容的合同，在原租赁合同的基础上，每天增加 500 元。

任务分析：A 酒店与 B 公司签订的两份合同的商业目的一样，都是服务于客户的会议，两份合同的价格构成了承办会议的总收入，两份合同的义务又必须同时履行，其形成了单项履约义务。因此，应将两份合同合并，成为一项“会议服务”的合同。

任务 10-3　甲公司与客户乙公司签订销售合同，向客户出售 120 件产品，每件合同价格产品 100 元，共计 12 000 元（120 件 × 100 元），这些产品在 6 个月内移交。在企业将 60 件产品移交之后，合同进行了修订，要求企业额外向客户再支付 30 件产品，额外 30 件产品按照每件 90 元价格销售，共计 2 700 元（30 件 × 90 元），该价格反映了这些产品当时的市场价格并且可以与原产品区别开来。如何确认收入？

任务分析：本任务中，该 30 件额外产品进行的合同修订，事实上构成了一项关于未来产品的单独合同，且该合同并不影响对现有合同的会计处理。企业应对原合同中的 120 件产品，每件确认 100 元的销售收入；对新合同中的 30 件产品，每件确认 90 元的收入。

任务 10-4　A 公司与客户签订合同，每周为客户的办公楼提供保洁服务，合同期为三年，客户每年向 A 公司支付服务费 10 万元（假定该价格反映了合同开始日该项服务的单独售价）。在第二年年末，合同双方对合同进行了变更，将第三年的服务费调整为 8 万元（假定该价格反映了合同变更日该项服务的单独售价），同时以 20 万元的价格将合同期限延长三年（假定该价格不反映合同变更日该三年服务的单独售价），即每年的服务费为 6.67 万元（20 万元 /3 年），于每年年初支付。上述价格均不包含增值税。

任务分析：本任务中，在合同开始日，A公司认为其每周为客户提供的保洁服务是可明确区分的，但由于A公司向客户转让的是一系列实质相同且转让模式相同的、可明确区分的服务，因此将其作为单项履约义务。在合同开始的前两年，即合同变更之前，A公司每年确认收入10万元。在合同变更日，由于新增的三年保洁服务的价格不能反映该项服务在合同变更时的单独售价，因此，该合同变更不能作为单独的合同进行会计处理，由于在剩余合同期间需提供的服务与已提供的服务是可明确区分的，A公司应当将该合同变更作为原合同终止，同时，将原合同中未履约的部分与合同变更合并为一份新合同进行会计处理。

该新合同的合同期限为四年，对价为28万元，即原合同下尚未确认收入的对价8万元与新增的三年服务相应的对价20万元之和，新合同中A公司每年确认的收入为7万元（28万元/4年）。

任务10-5 2023年1月15日，乙建筑公司和客户签订了一项总金额为1 000万元的固定造价合同，在客户自有土地上建造一幢办公楼，预计合同总成本为700万元。假定该建造服务属于在某一时段内履行的履约义务，并根据累计发生的合同成本占合同预计成本的比例确定履约进度。

截至2023年年末，乙公司累计已发生成本420万元，履约进度为60%（420万元/700万元）。因此，乙公司在2023年确认收入600万元（1 000万元×60%）。

2024年年初，合同双方同意更改该办公楼屋顶的设计，合同价格和预计总成本因此而分别增加200万元和120万元。

任务分析：在本任务中，由于合同变更后拟提供的剩余服务与在合同交更日或之前已提供的服务不可明确区分（即该合同仍为单项履约义务），因此，乙公司应当将合同变更作为原合同的组成部分进行会计处理。合同变更后的交易价格为1 200万元（1 000万元+200万元），乙公司重新估计的履约进度为51.2%［420万元/(700万元+120万元)］，乙公司在合同变更日应额外确认收入14.4万元（51.2%×1 200万元－600万元）。

任务10-6 某物业管理客户签订一份服务合同，合同期限为一年，打包价格150万元，合同内容包括：保洁服务、保安服务、设备维护服务以及清扫道路积雪服务。

任务分析：按照履约义务的定义，合同中的每一项服务都属于可明确区分商品，因此都可以作为一项单独履约义务。但是，由于保洁服务、保安服务和设备维护服务实质相同，每一项服务均满足在某一时段内履行履约义务的条件，而且可采用相同方法确定其履约进度，所以应当将保洁服务、保安服务和设备维护服务合并作为一个单项履约义务。对于清扫道路积雪服务，由于只有在冬季才会下雪，且清扫时间短暂，因而该项服务与保洁服务、保安服务和设备维护服务的实质并不相同，转让模式也不相同，因此应将清扫道路积雪服务作为一个单项履约义务。

任务 10-7　甲公司与乙公司于 2023 年 1 月 1 日签订了产品生产合同，生产产品数量为 50 000 件，完成日为 2023 年 6 月 30 日，价格为 10 万元，如果 6 月 30 日前完工，每提前一天承诺对价将增加 1 万元。如何计算交易价格？

任务分析：交易价格计算表如表 10-2 所示。

表10-2　交易价格计算表

可能的结果	金额	概率	期望值
提前 10 天	100 000 元	15%	15 000 元
提前 8 天	80 000 元	30%	24 000 元
提前 6 天	60 000 元	30%	18 000 元
提前 4 天	40 000 元	10%	4 000 元
按时	—	15%	—
合计			61 000 元

任务 10-8　甲公司向客户销售一批产品，合同规定：销售价格为 121 万元，必须在交货后的 24 个月内支付，客户在合同开始时即获得该产品的控制权。该产品的现金售价为 100 万元，它代表了在合同开始时点，按相同条件和条款出售相同产品、并于交货时支付货款的价格，该产品的成本为 80 万元，假定不考虑相关税费。

任务分析：

（1）发货时：

借：应收账款　　1 000 000

　　贷：主营业务收入　　1 000 000

（2）结转成本时：

借：主营业务成本　　800 000

　　贷：库存商品　　800 000

（3）分 24 个月确认利息收入，累计分录为：

借：应收账款　　210 000

　　贷：财务费用　　210 000

（4）收到款项时：

借：银行存款　　1 210 000

　　贷：应收账款　　1 210 000

任务 10-9　2023 年 1 月 1 日，A 公司与 B 公司签订一项购货合同，B 公司向 A 公司销售其生产的一台大型设备。合同约定，B 公司采用分期收款方式销售商品。该设备合同价款共计 4 000 000 元，A 公司在 2023 年至 2027 年的 5 年内每年支付

800 000 元，每年的付款日期分别为当年 12 月 31 日。

2023 年 1 月 1 日，商品已经发出，该大型设备的成本为 1 656 789 元。在现销方式下，该大型设备的销售价格为 3 032 632 元。假定 A 公司与 B 公司均为增值税一般纳税人，该设备适用的增值税税率为 13%。假定产品发出时有关的增值税纳税义务尚未发生，在合同约定的收款日期，发生有关的增值税纳税义务。

任务分析：根据本任务的资料，B 公司应当确认的销售商品收入金额为 3 032 632 元。

根据公式：未来五年收款额的现值 = 现销方式下应收款项金额

可以得出：800 000 ×（P/A，r，5）= 3 032 632（元）

由此，可在多次测试的基础上，用插值法计算出折现率：r = 10%。

B 公司相关会计处理如下：

（1）2023 年 1 月 1 日销售实现时：

借：长期应收款　　4 000 000
　　贷：主营业务收入　　3 032 632
　　　　未实现融资收益　　967 368
借：主营业务成本　　1 656 789
　　贷：库存商品　　1 656 789

（2）2023 年 12 月 31 日：

确认的融资收益 =（4 000 000 − 967 368）× 10% = 303 263.20（元）

借：未实现融资收益　　303 263.20
　　贷：财务费用　　303 263.20
借：银行存款　　904 000
　　贷：长期应收款　　800 000
　　　　应交税费——应交增值税（销项税额）　　104 000

（3）2024 年 12 月 31 日：

确认的融资收益 =［（4 000 000 − 800 000）−（967 368 − 303 263.20）］× 10%
　　= 253 589.52（元）

借：未实现融资收益　　253 589.52
　　贷：财务费用　　253 589.52
借：银行存款　　904 000
　　贷：长期应收款　　800 000
　　　　应交税费——应交增值税（销项税额）　　104 000

以后期间的账务处理与 2024 年 12 月 31 日的账务处理类似，此处略。

任务 10-10　某消费品制造企业与大型连锁超市签订一年期合同，约定超市在当年内至少购买价值 1 500 万元的产品。合同规定：企业需要在合同开始日向超市支付 150 万元的不可返还款项，以补偿超市为了摆放商品更改货架发生的支出。

任务分析：（1）企业支付给超市的 150 万元并未取得可明确区分的商品或服务，因此视为交易价格的抵减。

（2）企业应在确认商品销售收入的同时，按比例抵减销售收入的 10%（150 万元 /15 000 万元）。例如：企业在某月实现了发票金额为 200 万元的销售收入，则应当按照收入准则减去给超市的对价 20 万元，从而确认商品销售收入为 180 万元。

任务 10-11　2023 年 3 月 1 日，甲公司与客户签订合同，向其销售 A 和 B 两项商品，A 商品的单独售价为 6 000 元，B 商品的单独售价为 24 000 元，合同价款为 25 000 元。合同约定，A 商品于合同开始日交付，B 商品在一个月之后交付，只有当两项商品全部交付之后，甲公司才有权收取 25 000 元的合同对价。假定 A 商品和 B 商品分别构成单项履约义务，其控制权在交付时转移给客户。上述价格均不包含增值税，且假定不考虑相关税费影响。

任务分析：分摊至 A 商品的合同价款 = 25 000 × 6 000/(6 000 + 24 000)=5 000（元）

分摊至 B 商品的合同价款 = 25 000 × 24 000/(6 000 + 24 000) = 20 000（元）

甲公司的账务处理如下：

（1）交付 A 商品时：

借：合同资产　　5 000

　贷：主营业务收入　　5 000

（2）交付 B 商品时：

借：应收账款　　25 000

　贷：合同资产　　5 000

　　主营业务收入　　20 000

【提示】合同资产，是指企业已向客户转让商品而有权收取对价的权利，且该权利取决于时间流逝之外的其他因素。应收款项是企业无条件收取合同对价的权利，该权利应当作为应收款项单独列示。二者的区别在于，应收款项代表的是无条件收取合同对价的权利，即企业仅仅随着时间的流逝即可收款，而合同资产并不是一项无条件收款权，该权利除了时间流逝的因素之外，还取决于其他条件（例如，履行合同中的其他履约义务）才能收取相应的合同对价。因此，与合同资产和应收款项相关的风险是不同的，应收款项仅承担信用风险，而合同资产除信用风险之外，还可能承担其他风险，如履约风险等。合同资产减值的计量、列报和披露应当按照相关金融工具准则的要求进行会计处理。

任务 10-12　A 公司与客户签订合同，向其销售甲、乙、丙三种产品，合同总价款为 100 万元，这三种产品构成 3 个单项履约义务。企业经常单独出售甲产品，其可直接观察的单独售价为 50 万元；B 产品和 C 产品的单独售价不可直接观察，企业采用市场调整法估计 B 产品的单独售价为 25 万元，采用成本加成法估计 C 产品的单独售价为 75 万元。

任务分析：本任务中，由于单独售价之和 150 万元（50 万元 + 25 万元 + 75 万元）超过所承诺对价 100 万元，因此客户实际上是因购买一揽子商品而获得的折扣。A 公司将折扣在甲、乙、丙三种产品之间按照单独售价比例进行分摊。因此，各产品分摊的交易价格分别为：

A 产品 = 100 × 50/(50 + 25 + 75) = 33.33（万元）

B 产品 = 100 × 25/(50 + 25 + 75) = 16.67（万元）

C 产品 = 100 × 75/(50 + 25 + 75) = 50（万元）

合计 = 33.33 + 16.67 + 50 = 100（万元）

任务 10-13 甲公司与客户签订合同，为该客户拥有的一条铁路更换 100 根铁轨，合同价格为 10 万元（不含税价）。截至 2022 年 12 月 31 日，甲公司共更换铁轨 60 根，剩余部分预计在 2023 年 3 月 31 日之前完成。该合同仅包含一项履约义务，且该履约义务满足在某一时段内履行的条件。假定不考虑其他情况。

任务分析：本任务中，甲公司提供的更换铁轨的服务属于在某一时段内履行的履约义务，甲公司按照已完成的工作量确定履约进度。因此，截至 2022 年 12 月 31 日，该合同的履约进度为 60%（60 万元 / 100 万元），甲公司应确认的收入为 6 万元（10 万元 × 60%）。

任务 10-14 零售商以每件 200 元的价格销售 50 件甲产品，收到 10 000 元的货款。按照销售合同，客户可以在 30 天内退回任何没有损坏的产品，并得到全额现金退款。每件甲产品的成本为 150 元。零售商预计会有 3 件（即 6%）甲产品被退回，而且即使估算发生后续变化，也不会导致大量收入的转回。零售商预计收回产品的成本不会太高，并认为再次出售产品时还能获得利润。假设不考虑相关税费。

任务分析：将产品的控制权转移给客户时，应确认的收入 =(50 − 3) × 200 = 9 400（元）。

	借方	贷方
借：银行存款	10 000	
贷：主营业务收入		9 400
预计负债		600
借：主营业务成本	7 050	
应收退货成本	450	
贷：库存商品		7 500

如果实际退货 2 件，则：

	借方	贷方
借：库存商品	300	
贷：应收退货成本		300

对未退回的 1 件产品：

借：主营业务成本　150

　　贷：应收退货成本　150

同时冲减合同负债：

借：预计负债　600

　　贷：主营业务收入　400

　　　　银行存款　200

任务 10-15　A 企业委托 B 企业销售甲商品 100 件，协议价为 100 元 / 件，该商品实际成本为 60 元 / 件，增值税税率为 13%。A 企业收到 B 企业开来的代销清单时确认销售收入并开具增值税专用发票，发票上注明售价 10 000 元，增值税 1 300 元。B 企业实际销售时开具的增值税专用发票上注明售价 12 000 元，增值税为 1 560 元。假设 B 企业对代销商品采用进价核算。

任务分析：

（1）A 企业应作如下会计分录：

① A 企业将甲商品交付 B 企业时：

借：发出商品　6 000

　　贷：库存商品　6 000

② A 企业收到代销清单时：

借：应收账款——B 企业　11 300

　　贷：主营业务收入　10 000

　　　　应交税费——应交增值税（销项税额）　1 300

借：主营业务成本　6 000

　　贷：发出商品　6 000

③ 收到 B 企业汇来的货款 11 300 元时：

借：银行存款　11 300

　　贷：应收账款——B 企业　11 300

（2）B 企业应作如下会计分录：

① 收到甲商品时：

借：受托代销商品　10 000

　　贷：受托代销商品款　10 000

② 实际销售时：

借：银行存款　13 560

　　贷：应付账款　12 000

　　　　应交税费——应交增值税（销项税额）　1 560

借：受托代销商品款　10 000

　　贷：受托代销商品　10 000

③ 收到 A 企业开具的增值税专用发票时：

借：应交税费——应交增值税（进项税额）　　1 300

　　贷：应付账款——A 企业　　1 300

④ 确认手续费收入时：

借：应付账款　　11 300

　　贷：主营业务收入　　11 300

⑤ 实际向 A 企业付款时：

借：应付账款——A 企业　　11 300

　　贷：银行存款　　11 300

任务 10-16 2023 年 1 月 1 日，甲公司开始推行一项奖励积分计划。根据该计划，客户在甲公司每消费 10 元可获得 1 个积分，每个积分从次月开始在购物时可以抵减 1 元。截至 2023 年 1 月 31 日，客户共消费 100 000 元，可获得 10 000 个积分，根据历史经验，甲公司估计该积分的兑换率为 95%。假定上述金额均不包含增值税等的影响。

任务分析：本任务中，甲公司认为其授予客户的积分是为客户提供了一项重大权利，应当作为一项单独的履约义务。客户购买商品的单独售价合计为 100 000 元，考虑积分的兑换率，甲公司估计积分的单独售价为 9 500 元（1 元 × 10 000 积分 × 95%）。甲公司按照商品和积分单独售价的相对比例对交易价格进行分摊，具体如下：

分摊至商品的交易价格 = 100 000 × 100 000/（100 000 + 9 500）= 91 324（元）

分摊至积分的交易价格 = 100 000 × 9 500/（100 000 + 9 500）= 8 676（元）

因此，甲公司应当在商品的控制权转移时确认收入 91 324 元，同时确认合同负债 8 676 元。

借：银行存款　　100 000

　　贷：主营业务收入　　91 324

　　　　合同负债　　8 676

截至 2023 年 12 月 31 日，客户共兑换了 4 500 积分，甲公司对该积分的兑换率进行了重新估计，仍然预计客户总共将会兑换 9 500 积分（10 000 积分 × 95%）。因此，甲公司以客户兑换的积分数占预期将兑换的积分总数的比例为基础确认收入。

积分应当确认的收入 = 8 676 × 4 500/9 500 = 4 110（元）

剩余未兑换的积分的金额 = 8 676 − 4 110 = 4 566（元），仍然作为合同负债。

借：合同负债　　4 110

　　贷：主营业务收入　　4 110

截至 2024 年 12 月 31 日，客户累计兑换了 8 500 个积分。甲公司对该积分的兑换率进行了重新估计，预计客户总共将会兑换 9 700 个积分。

积分应当确认的收入 = 8 676 × 8 500/9 700 − 4 110 = 3 493（元）

借：合同负债　　3 493

　　贷：主营业务收入　　3 493

剩余未兑换的积分的金额 = 8 676 − 4 110 − 3 493 = 1 073（元），仍然作为合同负债。

任务 10-17　甲公司向乙公司销售一台设备，销售价格为 200 万元，同时双方约定两年之后，甲公司将以 120 万元的价格回购该设备。假定不考虑货币时间价值等其他因素影响。

任务分析：本任务中，根据合同有关甲公司在两年后回购该设备的约定，乙公司并未取得该设备的控制权。不考虑货币时间价值等影响，该交易的实质是乙公司支付了 80 万元（200 万元 − 120 万元）的对价取得了该设备 2 年的使用权。因此，甲公司应当将该交易作为租赁交易进行会计处理。

任务 10-18　2023 年 2 月 1 日，甲公司向乙公司销售一批商品，开出的增值税专用发票上注明的销售价款为 1 000 万元，增值税税额为 130 万元。该批商品的成本为 600 万元；商品尚未发出，款项已经收到。协议约定，甲公司应于 6 月 30 日将所售商品购回，回购价为 1 050 万元（不含增值税税额）。甲公司的账务处理如下：

任务分析：

（1）2 月 1 日，甲公司的账务处理如下：

借：银行存款　　11 300 000

　　贷：其他应付款　　10 000 000

　　　　应交税费——应交增值税（销项税额）　　1 300 000

（2）回购价大于原售价的差额，应在回购期间按期计提利息费用，计入当期财务费用。由于回购期间为 5 个月，货币时间价值影响不大，故采用直线法计提利息费用，每月计提利息费用 = 50 ÷ 5 = 10（万元）。

借：财务费用　　100 000

　　贷：其他应付款　　100 000

（3）6 月 30 日，甲公司回购商品时，收到的增值税专用发票上注明的商品价格为 1 050 万元，增值税税额为 136.5 万元。款项已经支付。

借：财务费用　　100 000

　　贷：其他应付款　　100 000

借：其他应付款　　10 500 000

　　应交税费——应交增值税（进项税额）　　1 365 000

　　贷：银行存款　　11 865 000

企业到期未行使回购权利的，应当在该回购权利到期时终止确认金融负债，同时确认收入。

任务 10-19 甲公司向乙公司销售其生产的一台设备，销售价格为 2 000 万元，双方约定，乙公司在 5 年后有权要求甲公司以 1 500 万元的价格回购该设备。甲公司预计该设备在回购时的市场价值将远低于 1 500 万元。

任务分析：本任务中，假定不考虑时间价值的影响，甲公司的回购价格低于原售价，但远高于该设备在回购时的市场价值，甲公司判断乙公司有重大的经济动因行使其权利，要求甲公司回购该设备。因此，甲公司应当将该交易作为租赁交易进行会计处理。

【想一想】

1. 收入确认的五步法分别是什么？相互之间的逻辑关系如何？

2. 交易价格等同于合同标价吗？哪些因素会导致两者之间产生差异？试举例说明。

3. 合同资产与应收账款的区别是什么？

学习子情境10.2 费用业务核算

【情境引例】

2023 年 12 月东方股份有限公司车间领用材料的有关原始凭证如表 10-3、表 10-4 所示。

表10-3

领 料 单

凭证编号：1980

领料单位：注塑车间　　2023 年 12 月 20 日　　发料仓库：1号仓库

材料编号	材料名称	材料用途	数量/千克		材料成本/元	
			请领	实发	单位成本	金额
101	白色塑料粒	生产电水壶塑料元件	800	800	10.00	8 000
102	蓝色塑料粒	生产果汁机塑料元件	600	600	10.50	6 300

料已发

仓库负责人：王　刚　　领料人：张　举　　会计：王　强　　发料人：李　东

根据上述类似的多张领料单编制的材料费用分配表如下：

表10-4　材料费用分配表

2023 年 12 月

总账账户	二级明细账户	成本项目	金额
生产成本	电磁炉	直接材料	200 000
	电火锅	直接材料	60 000
	果汁机	直接材料	86 000
	电水壶	直接材料	65 000
制造费用	装配车间	机物料消耗	1 870
	注塑车间	机物料消耗	1 200
合计			414 070

【工作过程与岗位对照图】

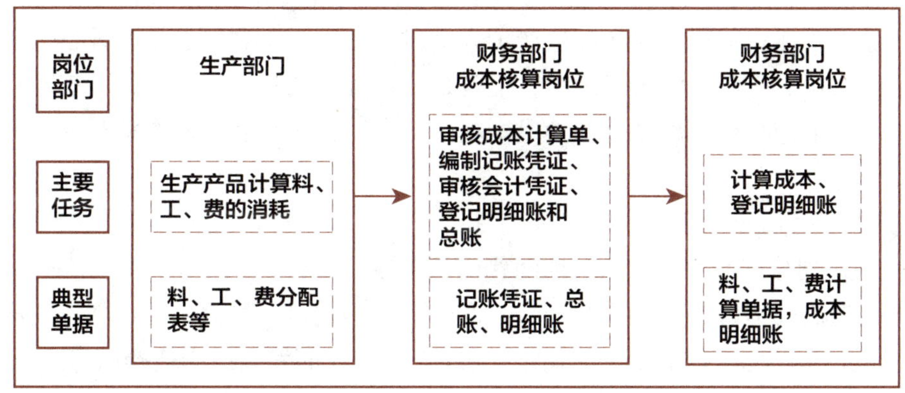

【知识准备】

一、费用的概述

费用是企业在日常活动中发生的、会导致所有者权益减少的、与向所有者分配利润无关的经济利益的总流出。

费用包括企业日常活动所产生的经济利益的总流出，主要是企业为取得营业收入进行产品销售等营业活动所发生的企业货币资金的流出，具体包括成本费用和期间费用。这些费用的发生与企业日常经营活动关系密切，是与企业一定会计期间经营成果有直接关系的经济利益流出，最终会导致企业所有者权益减少。

企业为生产产品、提供劳务等发生的可归属于产品成本、劳务成本等的费用，应当在确认产品销售收入、劳务收入等时，将已销售产品、已提供劳务的成本等计入当期损益，包括主营业务成本、其他业务成本。

主营业务成本是企业销售商品、提供劳务等经常性活动所发生的成本。企业一般在确认销售商品、提供劳务等主营业务收入时，或在月末，将已销售商品、已提供劳务的成本转入主营业务成本。主营业务成本按主营业务的种类进行明细核算。期末将主营业务成本的余额转入“本年利润”账户，结转后本账户无余额。

其他业务成本是企业确认的除主营业务活动以外的其他经营活动所发生的支出。其他业务成本包括销售材料的成本、出租固定资产的折旧额、出租无形资产的摊销额、出租包装物的成本或摊销额等。

税金及附加是企业经营活动应负担的相关税费，包括消费税、城市维护建设税、教育费附加、资源税及房产税、城镇土地使用税、车船税、印花税等。

期间费用是企业日常活动发生的不能计入特定核算对象的成本，而应计入发生当期损益的费用。期间费用发生时直接计入当期损益。期间费用包括销售费用、管理费用和财务费用。

二、产品生产成本

产品生产成本是指企业为生产产品而发生的各种经济资源的耗费。例如，为生产产品需要耗费材料、向产品生产工人支付工资等职工薪酬、生产设备等固定资产的价值损耗等。产品的生产过程，也就是这些资产的耗费过程。为了正确核算产品的生产成本，必须正确划分各种成本耗费的界限，认真做好成本核算的各项基础工作。

（一）正确划分各种成本耗费的界限

1. 正确划分产品生产成本与期间费用的界限

产品生产成本是企业为生产产品而发生的各项支出，如为生产产品而消耗的材料费用、生产工人的工资费用、车间为组织产品生产而发生的制造费用等。

期间费用是企业在一定会计期间为生产经营的正常进行而发生的各项费用，必须从当期收入得到补偿，因此不应计入产品成本，而直接计入当期损益。

2. 正确划分各个期间的成本界限

划清各期产品成本的依据是权责发生制基础。某项耗费是否应计入本月产品成本以及应计入多少，取决于该耗费是否应由本月负担以及受益量的大小。也就是说，只要是本月产品受益的耗费，就应计入本月产品成本；只要是由本月和以后各月共同受益的耗费，就应在相关期间内采用适当的方法进行合理分摊。

3. 正确划分各种产品的成本界限

企业发生的各种生产成本，还必须划清应由哪种产品负担。划分的依据是谁受益谁负担的原则。凡是能直接确定应由某种产品负担的直接耗费，就应直接计入该种产品成本。凡是由几种产品共同负担的耗费，则应采用合理的分配标准分配计入各相关产品的生产成本。

4. 正确划分完工产品和期末在产品的成本界限

通过以上成本界限的划分，确定了各种产品本月应负担的生产成本。月末，如果某种产品已全部完工，则本月发生的生产成本全部计入该完工产品；如果某种产品全部尚未完工，则本月发生的生产成本全部计入未完工产品。如果某种产品月末既有完工产品又有在产品，那就需要采用适当的分配方法，将该产品应负担的生产成本在完工产品和在产品之间进行分配，分别计算出本月完工产品成本和月末在产品成本。成本计算公式如下：

$$\begin{matrix}\text{月初在}\\\text{产品成本}\end{matrix}+\begin{matrix}\text{本月发生}\\\text{生产成本}\end{matrix}=\begin{matrix}\text{本月完工}\\\text{产品成本}\end{matrix}+\begin{matrix}\text{月末在}\\\text{产品成本}\end{matrix}\qquad(10.1)$$

在公式10.1中，月初在产品成本是上月末的在产品成本，可以直接从有关的生产成本明细账中取得；本月生产成本是通过本月的核算，计入在相应产品的生产成本明细账中，可以加计汇总得到。确定出本月全部生产成本后，在本月完工产品与月末在产品之间进行分配，就可以计算出月末在产品成本和本月完工产品的总成本和单位成本。

（二）认真做好成本核算的各项基础工作

1. 制定成本控制定额

定额是企业在一定的生产技术和生产组织条件下，在充分考虑人的积极因素的基础上，对于人力、物力、财力的配备、利用和消耗等方面所确定的标准量或规定应达到的水平。企业应对材料、燃料、动力消耗和设备、工时利用等制定科学合理的控制定额，为编制成本计划、加强成本控制、做好成本核算提供依据。

2. 建立健全原始记录

成本核算是否真实、可靠，与原始记录是否准确、及时关系极大。企业对物资消耗、工时考勤、设备利用、费用开支、质量检验、在产品和半成品内部转移，以及产成品入库、出库等，都必须有原始记录，并严格审核，防止弄虚作假。

3. 制定内部结算价格

内部结算价格是进行企业内部经济结算的依据。为了明确企业内部各单位的经济责任和考核成本计划的完成情况，企业内部对材料物资、在产品、半成品和产成品在各单位之间的流动，以及相互提供的劳务，应当制定内部价格进行结算。内部结算价格通常以标准成本或计划成本为基础制定，并应根据实际执行情况适时进行修订，但要保持相对的稳定性。

4. 严格材料物资的计量、验收和盘点工作

企业对材料物资的收发、在产品和半成品的内部转移，以及产成品的入库、出库等，都应经过计量、验收，并严格执行收发、领退制度；对库存材料物资，还应定期清查盘点，以保证成本计算的准确性。

（三）产品生产成本的核算

为了按照用途归集各项成本，划清有关成本的界限，正确计算产品成本，企业应当设置“生产成本”“制造费用”账户。

1. “生产成本”账户

“生产成本”账户属于成本类账户，核算企业发生的各项产品生产成本，包括直接材料、直接人工和制造费用。其借方登记产品生产过程中实际发生的生产成本；贷方登记生产完工并已验收入库的产成品成本；期末余额在借方，反映月末尚未完工的各项在产品成本。该账户应当设置“基本生产成本”“辅助生产成本”两个二级账户，并分别按照基本生产成本和成本核算对象设置三级明细账和规定的成本项目专栏。

2. “制造费用”账户

“制造费用”账户属于成本类账户，核算企业生产车间（或部门）为生产产品而发生的各项间接费用，包括车间管理人员薪酬、折旧费、修理费、办公费、水电费、机物料消耗、劳动保护费、季节性和修理期间发生的停工损失等。其借方登记产品生产过程中实际发生的各项间接费用；贷方登记期末转入生产成本的费用；分配结转后一般无余额。该账户应当按不同的车间、部门设置二级账户，并分别按照费用项目设置三级明细账。

三、期间费用

期间费用是企业日常活动发生的不能计入特定核算对象的成本，而应计入发生当期损益的费用。

期间费用包含以下两种情况：一是企业发生的支出不产生经济利益，或者即使产生经济利益但不符合或者不再符合资产确认条件的，应当在发生时确认为费用，计入当期损益。二是企业发生的交易或者事项导致其承担了一项负债，而又不确认为一项资产的，应当在发生时确认为费用计入当期损益。

期间费用是企业日常活动中所发生的经济利益的流出。之所以不计入一定的成本核算对象，主要是因为期间费用是为组织和管理企业整个经营活动所发生的费用，与可以确定一定成本核算对象的材料采购、产成品生产等支出没有直接关系，因而期间费用不计入有关核算对象的成本，而是直接计入当期损益。期间费用包括销售费用、管理费用和财务费用三类。

（一）销售费用

销售费用是企业销售商品和材料、提供劳务的过程中发生的各种费用，包括保险费、包装费、展览费、广告费、商品维修费、预计产品质量保证损失、运输费、装卸费等以及为销售本企业商品而专设的销售机构（含销售网点、售后服务网点等）的职工薪酬、业务费、折旧费等经营费用。企业发生的与专设销售机构相关的固定资产修理费用等后续支出也属于销售费用。

销售费用是与企业销售商品活动有关的费用，但不包括销售商品本身的成本和劳务成本。已售产品的成本属于“主营业务成本”，提供劳务所发生的成本属于“劳务成本”。

企业应通过“销售费用”账户，核算销售费用的发生和结转情况。

企业在销售商品过程中发生的包装费、保险费、展览费、广告费、运输费、装卸费等费用，借记“销售费用”账户，贷记“库存现金”或“银行存款”等账户；企业发生的为销售商品而专设的销售机构的职工薪酬、业务费等经营费用，借记“销售费用”账户，贷记“应付职工薪酬”“银行存款”“累计折旧”等账户。期末，应将“销售费用”账户余额转入“本年利润”账户，借记“本年利润”账户，贷记“销售费用”账户。

（二）管理费用

管理费用是企业为组织和管理企业生产经营发生的各种费用，包括企业在筹建期间内发生的开办费、企业董事会和行政管理部门在企业的经营管理中发生的，或者应由企业统一负担的公司经费（包括行政管理部门职工工资、修理费、物料消耗、低值易耗品摊销、办公费和差旅费等）、工会经费、待业保险费、劳动保险费、董事会会费（包括董事会成员津贴、会议费和差旅费等）、聘请中介机构费、咨询费（含顾问费）、诉讼费、业务招待费、房产税、车船税、城镇土地使用税、印花税、技术转让费、矿产资源补偿费、研究费用、排污费以及企业生产车间和行政管理部门发生的固定资产修理费用等。

商品流通企业管理费用不多的，可不设“管理费用”账户，该账户的核算内容可并入“销售费用”账户核算。

企业应通过“管理费用”账户核算管理费用的发生和结转情况。该账户借方登记企业发生的各项管理费用，贷方登记期末转入“本年利润”账户的管理费用，结转后该账户无余额。该账户按管理费用的费用项目进行明细核算。

企业在筹建期间发生的开办费，包括人员工资、办公费、培训费、差旅费、印刷费、注册登记费等，借记“管理费用”账户，贷记“银行存款”账户；企业行政管理部门人员的职工薪酬，借记“管理费用”账户，贷记“应付职工薪酬”账户；企业行政管理部门发生的办公费、水电费、差旅费等以及企业发生的业务招待费、咨询费、研究费用等其他费用，借记“管理费用”账户，贷记“银行存款”“研发支出”等账户。期末，应将“管理费用”账户余额转入“本年利润”账户，借记“本年利润”账户，贷记“管理费用”账户。

【案例分析】

ABC公司2020年净亏损8.3亿元，2021年净亏损15.6亿元，2022年净利润1亿元。2021年巨亏的主要原因之一是：补提减值准备6.35亿元。2022年报表利润的调整：2023年4月1日该电器公司公布2022年报，实现净利润2亿元，但此份年报被注册会计师出具了保留意见，公司董事长王某同意调账，该公司的账面利润在24小时之内由2亿元降为1亿元。

2022年主要会计事项：

1. 转回减值准备3.5亿元——2022年应收账款余额比2021年多1.1亿元，但计提的坏账准备却少0.5亿元；应收票据挂账5.14亿元，比2021年的1.7亿元多3.4亿元。

2. 预提费用（广告费）、预计负债（质量保证金）减少2.3亿元——2022年广告并没有减少，而预提的广告费却比2021年减少了1.78亿元；2022年开发了新产品，而预计负债由2021年的1.6亿元减少到1.1亿元。

3. 综合上述两因素，该公司2022年不是盈利而是亏损4.8亿元。

该公司存在资金任意划拨，而且董事长王某通过ABC公司及其他渠道，可能从该公司套走了至少5.92亿元的资金。

ABC公司的不正常现金流向有三个：一是在无任何业务支持的情况下，该公司部分所属公司和ABC公司资金之间的互相划拨，此项不正常现金流向涉及现金流出金额为人民币21.14亿元，现金流入金额为人民币24.62亿元；二是从ABC公司购入与该公司业务需求不配比的原材料，此项不正常现金流向涉及现金流出金额为人民币0.13亿元；三是代某些授权维修商向ABC公司支付若干费用，此项不正常现金流向涉及现金流出金额为人民币0.42亿元。

总的来说，ABC公司的现金还是净流入，但通过怀疑与ABC公司有关的公司，董事长王某把该公司当成了自己的“提款机”。直接资金划拨、购买与相关公司之间业务消耗量不配比的原材料、以高于资产值的价格购买资产、支付咨询及顾问费用等，通过这些手段，董事长王某从该公司拿走了8.85亿元。

分析思考：分析该公司成本费用等项目会计核算的造假手段和原因。

（三）财务费用

财务费用是企业为筹集生产经营所需资金等而发生的筹资费用，包括利息支出（减利息收入）、汇兑损益以及相关的手续费、企业发生或收到的现金折扣等。企业应通过“财务费用”账户，核算财务费用的发生和结转情况。

企业发生的各项财务费用，借记“财务费用”账户，贷记“银行存款”“应付账款”等账户；企业发生的应冲减财务费用的利息收入、汇兑差额、现金折扣，借记“银行存款”“应付账款”等账户，贷记“财务费用”账户。期末，应将“财务费用”账户余额转入“本年利润”账户，借记“本年利润”账户，贷记“财务费用”账户，结转后该账户无余额。

四、所得税费用

所得税是根据企业应纳税所得额的一定比例上缴的一种税金。企业在计算确定当期所得税以及递延所得税费用（或收益）的基础上，应将两者之和确认为利润表中的所得税费用（或收益）。所得税费用（收益）的计算公式如下：

所得税费用 = 当期所得税 + 递延所得税费用（− 递延所得税收益）　（10.2）

递延所得税 = 递延所得税负债增加额（或收益）− 递延所得税负债减少额 + 递延所得税资产减少额 − 递延所得税资产增加额　（10.3）

（一）当期所得税的计算原理

应纳税所得额是在企业税前会计利润（即利润总额）的基础上调整确定的。计算公式为：

视频：所得税费用核算 1

应纳税所得额 = 税前会计利润 + 纳税调整增加额 − 纳税调整减少额　（10.4）

纳税调整增加额主要包括税法规定允许扣除项目中，企业已计入当期费用但超过税法规定扣除标准的金额（如超过税法规定标准的利息支出、业务招待费支出等），以及企业已计入当期损失但税法规定不允许扣除项目的金额（如税收滞纳金、罚款、罚金）。纳税调整减少额主要包括按税法规定允许弥补的亏损和准予免税的项目，如前五年内的未弥补亏损和国债利息收入等。企业当期所得税的计算公式为：

应交所得税 = 应纳税所得额 × 所得税税率　（10.5）

（二）资产负债表债务法

1. 资产负债表债务法基本原理

视频：所得税费用核算 3

资产负债表债务法是从资产负债表出发，通过比较资产负债表上列示的资产、负债按照企业会计准则规定确定的账面价值与按照税法规定确定的计税基础。对于两者之间的差额分别确定为应纳税暂时性差异与可抵扣暂时性差异，确认相关的递延所得税负债与递延所得税资产。例如，从资产负债表角度考虑，一项资产的账面价值小于其计税基础的，两者之间的差额对未来期间计税产生影响。假定一项资产的账面价值为 300 万元，其计税基础为 350 万元，根据资产、负债的账面价值与计税基础的经济含义分析，表明该项资产于未来期间产生的经济利益流入 300 万元低于按照税法规定允许税前扣除的金额 350 万元，产生可抵减未来期间应纳税所得额的因素，减少未来期间以应缴所得税的方式流出企业的经济利益。从其产生时点看，对企业是经济利益流入的概念，应确认为资产；反之，一项资产的账面价值大于其计税基础的，如一项资产的账面价值为 300 万元，计税基础为 250 万元，两者之间的差额将会于未来期间产生应税金额 50 万元，增加未来期间的应纳税所得额及应缴所得税，对企业形成经济利益流出的义务，应确认为负债。

视频：所得税费用核算 4

2. 资产负债表债务法的核算程序

采用资产负债表债务法进行所得税费用核算时通常遵循以下六个步骤：① 确定一项资产或负债的账面价值；② 确定一项资产或负债的计税基础；③ 分析、计算暂时性差异；④ 确定递延所得税资产和递延所得税负债的期末余额；⑤ 确定递延所得税资产和递延所得税负债的本期发生额；⑥ 确定利润表中的所得税费用。

（三）所得税费用的账务处理

1.“所得税费用”账户

“所得税费用”账户核算企业确认的应从当期利润总额中扣除的所得税费用。该账户可按“当期所得税费用”“递延所得税费用”进行明细核算。资产负债表日，企业按照税法规定计算确定的当期应缴所得税，借记“所得税费用”账户，贷记“应交税费——应交所得税”账户。资产负债表日，根据递延所得税资产的应有余额大于“递延所得税资产”账户余额的差额，借记“递延所得税资产”账户，贷记“所得税费用”账户、“资本公积——其他资本公积”等账户；递延所得税资产的应有余额小于“递延所得税资产”账户余额的差额做相反的会计分录。企业应予确认的递延所得税负债，应当比照上述原则调整本账户、“递延所得税负债”账户及有关账户。期末，应将该账户余额转入“本年利润”账户，结转后账户无余额。

2.“递延所得税资产”账户

“递延所得税资产”账户核算可抵扣暂时性差异产生的递延所得税资产，以及根据税法规定可用以后年度税前利润弥补的亏损产生的所得税资产。其借方登记应予确认的递延所得税资产，贷方登记应减记的递延所得税资产，期末借方余额反映企业已确认的递延所得税资产的余额。

3.“递延所得税负债”账户

“递延所得税负债”账户核算应纳税暂时性差异产生的所得税负债。其贷方登记应予确认的递延所得税负债，借方登记应减记的递延所得税负债，期末贷方余额反映企业已确认的递延所得税负债的余额。

【课堂活动】

1. 将班级学生按照一般生产成本、期间费用、所得税费用为主题分成若干组（5~6人为一组）。
2. 每一小组根据提供的原始凭证分析相关的经济业务，要求每位同学都要参与，并思考做出业务相关的会计处理。
3. 每个小组推荐一位代表汇报本组任务完成情况，并说明解决相关问题的思路和方法。其他小组同学与教师参与评价。
4. 形成课堂活动相关记录，并上交授课教师评阅。

【职业判断与业务操作】

根据本情境引例，业务处理如下。

（1）企业在生产过程中应设置“生产成本”“制造费用”等账户来反映生产过

程中的料、工、费的核算过程。

（2）记录经济业务。企业会计人员根据领料单编制的材料费用分配表，确认“生产成本”的金额。会计分录：

借：生产成本——电磁炉（直接材料）　　200 000
　　　　　　——电火锅（直接材料）　　60 000
　　　　　　——果汁机（直接材料）　　86 000
　　　　　　——电水壶（直接材料）　　65 000
　　制造费用——装配车间　　1 870
　　　　　　——注塑车间　　1 200
　　贷：原材料　　414 070

【典型任务举例】

任务 10-20　2023 年 4 月 30 日，东方股份有限公司会计人员根据企业本月所有的领料单编制发料凭证汇总表，并据以编制记账凭证和登记账簿。

任务分析：公司发出材料，应按材料的用途分别记入“生产成本”“制造费用”等相关账户。直接用于产品生产的记入“生产成本——基本生产成本”账户的直接材料项目，用于辅助生产车间的记入“生产成本——辅助生产成本”账户，而属于基本生产车间一般耗用的则记入“制造费用”账户。具体业务流程如下：

（1）领料单的分类。会计人员应将企业本月所有的领料单（包括限额领料单）按照材料类别和材料用途进行分类。

（2）编制发料凭证汇总表。会计人员将各领料单的相关数据按材料类别和材料用途分别汇总，编制发料凭证汇总表（见表 10-5）。

表10-5　发料凭证汇总表

2023 年 4 月　　单位：元

部门及用途 / 材料名称	基本生产成本		制造费用	合计
	基本车间		基本车间	
	车床	铣床		
圆钢	10 000	5 000	500	15 500
焦炭	7 000	4 700		11 700
合计	17 000	9 700	500	27 200

（3）记录经济业务。会计人员根据发料凭证汇总表进行会计核算，会计分录如下：

借：生产成本——基本生产成本（车床）　　17 000

生产成本——基本生产成本（铣床） 9 700
制造费用——基本车间 500
贷：原材料——圆钢 15 500
——焦炭 11 700

任务 10-21 2023 年 4 月 30 日，东方股份有限公司会计人员根据企业本月职工工资发放的原始记录编制工资费用分配表，并据以编制记账凭证和登记账簿。

任务分析：公司发生的工资费用，应按工资的用途和发生地点归集并分配，分别记入“生产成本”“制造费用”等相关账户。产品生产工人工资记入“生产成本——基本生产成本”的直接人工项目，基本生产车间的管理人员工资记入“制造费用”账户，辅助生产车间的工人工资记入“生产成本——辅助生产成本”账户，而企业行政管理部门人员的工资则记入“管理费用”账户。具体业务流程如下：

（1）取得本月职工工资发放的原始记录。

（2）编制工资费用分配表。会计人员根据工资发放的原始记录，将工资费用按用途进行汇总，对应由多种产品共同负担的直接生产工人工资按规定的方法进行分配（见表 10-6）。

工资费用分配率 = 60 000 ÷（3 500 + 1 500）= 12（元 / 工时）

车床应分配的工资费用 = 3 500 × 12 = 42 000（元）

铣床应分配的工资费用 = 1 500 × 12 = 18 000（元）

表10-6 工资费用分配表

2023 年 4 月 单位：元

项目	基本生产成本		制造费用	管理费用	合计
	基本车间		基本车间	管理部门	
	车床	铣床			
分配标准（工时）	3 500	1 500			
分配率（元 / 工时）	12	12			
工资费用	42 000	18 000	2 000	8 000	70 000

（3）记录经济业务。会计人员根据工资费用分配表进行会计核算，会计分录如下：

借：生产成本——基本生产成本（车床） 42 000
生产成本——基本生产成本（铣床） 18 000
制造费用——基本车间 2 000
管理费用 8 000
贷：应付职工薪酬 70 000

任务 10-22　2023 年 4 月 30 日，东方股份有限公司会计人员根据企业本月“制造费用”账户归集的借方金额进行加总，算出合计数，再按合理的标准（如生产工时或生产工人工资等）分配到各个产品中去。这一分配过程，会计人员应编制制造费用分配表，并据以编制记账凭证和登记账簿。

任务分析： 公司发生的制造费用，平时在“制造费用”账户进行归集，月末应按一定标准分配到各产品成本中去，分别记入各产品的“生产成本”账户。具体业务流程如下：

（1）计算“制造费用”账户本月发生额合计数。假定公司“制造费用”账户本月登记内容如表 10-7 所示。

表10-7　“制造费用”账户本月发生额

单位：元

项目	金额
材料费	500
职工薪酬	2 000
水电费	800
折旧费	3 600
本月合计	6 900

（2）编制制造费用分配表（见表 10-8）。会计人员按照生产工时比例进行本月制造费用的分配。

制造费用分配率 = 6 900 ÷（3 500 + 1 500）= 1.38（元 / 工时）

车床应分配的制造费用 = 3 500 × 1.38 = 4 830（元）

铣床应分配的制造费用 = 1 500 × 1.38 = 2 070（元）

表10-8　制造费用分配表

2023 年 4 月

项目		分配标准 / 工时	分配率	制造费用分配额 / 元
基本车间	车床	3 500	1.38	4 830
	铣床	1 500	1.38	2 070
	合计	5 000	1.38	6 900

（3）记录经济业务。会计人员根据制造费用分配表进行会计核算，会计分录如下：

借：生产成本——基本生产成本（车床）　　4 830

　　生产成本——基本生产成本（铣床）　　2 070

　　贷：制造费用——基本车间　　6 900

任务 10-23 2023 年 4 月，东方股份有限公司月初在产品车床 8 台；当月完工车床 40 台，已全部验收入库；月末尚有在产品 10 台。月初铣床无在产品，当月铣床无完工产品。会计人员根据有关资料编制车床的产品成本计算表，并据以编制记账凭证和登记账簿。

任务分析：公司制造完工验收入库的产成品，应当将其生产成本从“生产成本”账户转入“库存商品”账户。而对于仍在生产的在产品，不需要转入“生产成本”账户，其已经发生的生产成本，仍保留在“生产成本”账户中，成为“生产成本”账户的期末余额。具体业务流程如下：

（1）根据“生产成本”明细账的记录，计算本月全部生产成本。然后按照企业的在产品单位定额成本计算月末在产品成本，再根据成本计算公式计算本月完工产品总成本与单位成本，并根据计算过程与结果编制产品成本计算表。

车床的在产品单位定额成本分别为：直接材料 400 元，直接人工 500 元，制造费用 70 元。计算过程如下：

本月全部生产成本 = 7 760 + 63 830 = 71 590（元）

月末在产品成本 =（400 + 500 + 70）× 10 = 9 700（元）

本月完工产品总成本 = 71 590 − 9 700 = 61 890（元）

完工产品单位成本 = 61 890 ÷ 40 = 1 547.25（元）

编制产品成本计算表如表 10-9 所示。

表10-9　产品成本计算表

产品名称：车床　　完工数量：40 台　　单位：元

项目	直接材料	直接人工	制造费用	合计
月初在产品成本	3 200	4 000	560	7 760
本月生产成本	17 000	42 000	4 830	63 830
本月全部生产成本	20 200	46 000	5 390	71 590
减：月末在产品成本	4 000	5 000	700	9 700
本月完工产品成本	16 200	41 000	4 690	61 890
完工产品单位成本	405	1 025	117.25	1 547.25

（2）记录经济业务。会计人员根据产品成本计算表进行会计核算，会计分录如下：

借：库存商品——车床　　61 890

　　贷：生产成本——基本生产成本（车床）　　61 890

任务 10-24 2023 年 4 月 4 日，东方股份有限公司科研处张波报销外出学习培训差旅费 1 200 元，财务处以现金支付。

任务分析：管理人员报销差旅费，“管理费用”账户增加记借方，“库存现金”账户减少记贷方。具体业务流程如下：

（1）审核原始单据。出纳当场审核业务人员上交的原始单据。

（2）出纳按照报销单上填列的金额，支付现金并进行复点；同时在报销单上加盖“现金付讫”，要求业务人员当面点清并在报销单上签字。

（3）记录经济业务。会计人员根据收费票据和报销单进行会计核算，会计分录如下：

借：管理费用　　1 200

　贷：库存现金　　1 200

任务 10-25　2023 年 4 月 8 日，公司人事部门编制销售人员工资结算表，工资总额 5 000 元，并将工资结算表交予出纳。

任务分析：计算销售部门人员职工薪酬，“销售费用”账户增加记借方，“应付职工薪酬”账户增加记贷方。具体业务流程如下：

（1）计算工资。人事部门根据“考勤卡”编制销售部门人员的工资结算表。

（2）审核工资结算表。审核是否按照企业相关财务会计制度的规定，经会计主管审批。在审核无误后，在工资结算单上加盖会计人员印章。

（3）记录经济业务。会计人员根据审核无误的工资结算单进行会计核算，会计分录如下：

借：销售费用　　5 000

　贷：应付职工薪酬　　5 000

任务 10-26　东方股份有限公司 2023 年实现税前收入总额 2 000 万元（其中包括产品销售收入 1 800 万元、购买国库券利息收入 100 万元），发生各项成本费用共计 1 000 万元，其中包括：合理的工资薪金总额 200 万元，业务招待费 100 万元，职工福利费 50 万元，职工教育经费 2 万元，工会经费 10 万元，税收滞纳金 10 万元，提取的各项准备金支出 100 万元。另外，企业当年购置环境保护专用设备 500 万元（可按设备成本的 10% 准予抵免企业所得税），购置完毕即投入使用。（五年内尚未弥补的亏损为 30 万元。）

任务分析：公司应计算利润总额，确定应纳税所得额，计算当期应缴所得税。具体业务流程如下：

（1）计算利润总额。

利润总额 = 2 000 − 1 000 = 1 000（万元）

（2）编制企业所得税纳税调整项目表（见表 10-10）。

表10-10 所得税纳税调整项目表

单位：元

项目	行次	本期数	累计数
一、纳税调整增加额	1		
1. 超过规定标准项目	2		
（1）工资支出	3		
（2）职工福利费	4	220 000	
（3）职工教育经费	5		
（4）工会经费	6	60 000	
（5）利息支出	7		
（6）业务招待费	8	910 000	
（7）公益救济性捐赠	9		
（8）提取折旧费	10		
（9）无形资产摊销	11		
（10）其他	12		
2. 不允许扣除项目	13		
（1）资本性支出	14		
（2）无形资产受让、开发支出	15		
（3）违法经营罚款和被没收财务损失	16		
（4）税收滞纳金、罚金、罚款	17	100 000	
（5）灾害事故损失赔偿	18		
（6）非公益救济性捐赠	19		
（7）各种赞助支出	20		
（8）与收入无关的支出	21	1 000 000	
3. 应税收益项目	22		
（1）少计应税收益	23		
（2）未计应税收益	24		
二、纳税调整减少额	25		
（1）弥补亏损	26	300 000	
（2）联营企业分回利润	27		
（3）境外收益	28		
（4）技术转让收益	29		
（5）治理“三废”收益	30		
（6）股息收入	31		
（7）国库券利息收入	32	1 000 000	
（8）国家补贴收入	33		
（9）其他	34		

（3）确定应纳税所得额，计算应缴所得税。

应纳税所得额 = 1 000 + 229 − 130 = 1 099（万元）

应缴所得税 = 1 099 × 25% − 500 × 10%

= 274.75 − 50 = 224.75（万元）

（4）记录经济业务。“所得税费用”账户增加记借方，“应交税费”账户增加记贷方，会计分录如下：

借：所得税费用　　2 247 500

　贷：应交税费——应交所得税　　2 247 500

任务 10-27　东方股份有限公司 2023 年年初递延所得税资产和递延所得税负债均为 0 元，预计该公司会持续盈利，能够获得足够的应纳税所得额。当年发生了如下经济业务：

（1）交易性金融资产公允价值变动为 700 万元；

（2）计提存货跌价准备 3 000 万元；

（3）计提固定资产减值准备 1 600 万元；

（4）当期确认为无形资产的开发支出 4 500 万元；

（5）当期确认预计负债 200 万元。

该公司适用的所得税税率为 25%。2023 年按照税法规定应纳税所得额为 2 600 万元。

任务分析：确定所得税费用，完成所得税费用账务处理。具体业务流程如下：

（1）编制递延所得税计算表（见表 10-11）。

表10-11　东方股份有限公司2023年年末递延所得税计算表

单位：万元

项目	暂时性差异	
	应纳税	可抵扣
交易性金融资产	700	
无形资产	4 500	
存货		3 000
固定资产		1 600
预计负债		200
合计	5 200	4 800

计算如下：

公司应缴所得税 = 2 600 × 25% = 650（万元）

应纳税暂时性差异 = 700 + 4 500 = 5 200（万元）

可抵扣暂时性差异 = 3 000 + 1 600 + 200 = 4 800（万元）

公司递延所得税负债 = 5 200 × 25% = 1 300（万元）

公司递延所得税资产 = 4 800 × 25% = 1 200（万元）

递延所得税费用 = 1 300 − 1 200 = 100（万元）

所得税费用 = 当期所得税费用 + 递延所得税费用

= 650 + 100 = 750（万元）

（2）记录经济业务。所得税费用增加记借方，“递延所得税资产”账户增加记借方，“递延所得税负债”账户增加记贷方，“应交税费”账户增加记贷方，会计分录如下：

借：所得税费用	7 500 000	
递延所得税资产	12 000 000	
贷：应交税费——应交所得税		6 500 000
递延所得税负债		13 000 000

【想一想】

1. 谈谈成本与费用是什么关系。
2. 简述产品成本的核算流程。

【德技并修】

新收入准则修订助力企业发展

目前，新《企业会计准则第 14 号——收入》（简称新收入准则）已在所有上市公司和执行《企业会计准则》的企业中全面实施。收入准则修订主要基于两方面原因：一方面是将原收入准则和建造合同准则进行统一；另一方面是与《国际财务报告准则第 15 号——与客户之间的合同产生的收入》准则相接轨。

新收入准则的全面实施对我国企业会计准则体系的建设及企业经营管理的各方面都产生了深远而广泛的影响，主要表现在：① 明确以规范的合同为收入确认的基本原则，将后续收入确认与计量相关的权利、义务条款以更加明确的方式体现在合同当中，有助于企业增强合同意识、规范合同管理；② 将现行收入和建造合同两项准则纳入统一的收入确认模型，有助于提升企业收入信息的质量与透明度，增加企业间收入信息的可比性；③ 以控制权转移替代风险报酬转移作为收入确认时点的判断标准，从而能够更加科学合理地反映企业的收入确认过程；④ 对于包含多重交易安排合同（如单项履约义务的判断、交易价格的分摊等）的会计处理提供更明确的指引，有助于解决此类合同的收入确认问题；⑤ 对于某些特定交易（或事项）的收入确认和计量给出了明确规定，如：包含可变对价的合同、总额法和净额法的区分、附有质保条款的销售、附有客户额外购买选择权的销售等，有助于更好地指导实务操作。

新收入准则修订后，有助于企业增强合同意识、规范合同管理，提升企业收入信息的质量与透明度，增加企业间收入信息的可比性，促进企业业务管理与会计管理的有机融合，全面提升企业的管理水平。

【情境小结】

1. 收入业务的核算

业务内容	会计处理
合同中存在重大融资成分	（1）一次收款销售。 确认收入： 借：应收账款/应收票据/银行存款［按现销价格］ 　　贷：主营业务收入［按现销价格］ 　　　　应交税费——应交增值税（销项税额） 结转成本时： 借：主营业务成本 　　贷：库存商品 分期按月确认利息收入： 借：应收账款［按实际利率计算］ 　　贷：财务费用［按实际利率计算］ 收到款项时： 借：银行存款 　　贷：应收账款 （2）分期收款销售。 确认收入： 借：长期应收款［按合同总价］ 　　贷：主营业务收入［按现销价格］ 　　　　应交税费——应交增值税（销项税额） 　　　　未实现融资收益 结转成本： 借：主营业务成本 　　贷：库存商品 分期确认利息收益： 借：未实现融资收益［按实际利率计算］ 　　贷：财务费用［按实际利率计算］ 分期收款时： 借：银行存款 　　贷：长期应收款 　　　　应交税费——应交增值税（销项税额）

续表

业务内容	会计处理
客户有退货权的销售业务处理	确认收入时： 借：银行存款 　　贷：主营业务收入 　　　　应交税费——应交增值税（销项税额） 　　　　预计负债［按预计退货金额］ 结转成本时： 借：主营业务成本 　　应收退货成本［按预计退货成本］ 　　贷：库存商品 实际退货冲减退货成本： 借：库存商品 　　贷：应收退货成本［按实际退货成本］ 实际退货退还现金： 借：预计负债 　　贷：银行存款 未退回的商品结转成本： 借：主营业务成本 　　贷：应收退货成本［按未退货商品成本］ 未退回的商品确认收入： 借：预计负债 　　贷：主营业务收入
收取手续费方式委托代销业务	（1）委托方会计处理 将商品交受托方时： 借：发出商品 　　贷：库存商品 收到代销清单时： 借：应收账款 　　贷：主营业务收入 　　　　应交税费——应交增值税（销项税额） 借：主营业务成本 　　贷：发出商品 确认手续费时： 借：销售费用 　　贷：应收账款 收到受托方支付货款时： 借：银行存款 　　贷：应收账款

续表

业务内容	会计处理
收取手续费方式委托代销业务	（2）受托方会计处理 收到商品时： 借：受托代销商品 　　贷：受托代销商品款 实际销售时： 借：银行存款 　　贷：应付账款 　　　　应交税费——应交增值税（销项税额） 借：受托代销商品款 　　贷：受托代销商品 收到委托方开具的增值税专用发票时： 借：应交税费——应交增值税（进项税额） 　　贷：应付账款 确认手续费收入时： 借：应付账款 　　贷：主营业务收入 实际向委托方付款时： 借：应付账款 　　贷：银行存款
授予客户奖励积分业务	（1）确认收入时： 借：银行存款 　　贷：主营业务收入［按商品销售分摊的交易价格］ 　　　　合同负债［按积分分摊的交易价格］ （2）客户使用积分时： 借：合同负债 　　贷：主营业务收入
售后回购业务（回购价大于原售价）	（1）售出商品时： 借：银行存款 　　贷：其他应付款 　　　　应交税费——应交增值税（销项税额） （2）回购期内计提利息费用： 借：财务费用 　　贷：其他应付款 （3）回购商品时： 借：其他应付款 　　应交税费——应交增值税（进项税额） 　　贷：银行存款

2. 费用业务的核算

业务内容	会计处理
生产成本核算	**发生的各项直接生产费用：** 借：生产成本——基本生产成本 　　　　　　——辅助生产成本 　　贷：库存现金 / 银行存款 　　　　原材料 　　　　应付职工薪酬 **生产车间应负担的制造费用：** 借：生产成本——基本生产成本 　　　　　　——辅助生产成本 　　贷：制造费用 **月份终了分配辅助生产车间费用：** 借：生产成本——基本生产成本 　　管理费用 　　销售费用 　　其他业务支出 　　贷：生产成本——辅助生产成本
制造费用核算	**发生各项间接费用时：** 借：制造费用 　　贷：银行存款 　　　　原材料 　　　　应付职工薪酬 **月份终了分配制造费用：** 借：生产成本——基本生产成本 　　　　　　——辅助生产成本 　　贷：制造费用
劳务成本核算	**发生各项劳务成本时：** 借：合同履约成本 　　贷：应付职工薪酬 　　　　银行存款 **结转完成劳务的成本：** 借：主营业务成本 　　其他业务成本 　　贷：合同履约成本

续表

业务内容	会计处理
主营业务成本核算	实现销售结转成本时： 借：主营业务成本 　　贷：库存商品 月末转入本年利润： 借：本年利润 　　贷：主营业务成本
其他业务成本核算	实现销售结转成本时： 借：其他业务成本 　　贷：原材料 　　　　累计摊销等 月末转入本年利润： 借：本年利润 　　贷：其他业务成本
税金及附加核算	计算企业应缴纳消费税、城市维护建设税、教育费附加和资源税等时： 借：税金及附加 　　贷：应交税费——应交消费税等 月末转入本年利润： 借：本年利润 　　贷：税金及附加 缴纳消费税、城市维护建设税、教育费附加和资源税等时： 借：应交税费——应交消费税等 　　贷：银行存款
销售费用核算	在销售环节中发生各项运输费、广告费等时： 借：销售费用 　　贷：银行存款 / 库存现金 在销售环节中发生各项专设销售机构职工的工资福利费等时： 借：销售费用 　　贷：银行存款 　　　　应付职工薪酬 月末转入本年利润： 借：本年利润 　　贷：销售费用

续表

业务内容	会计处理
管理费用核算	发生各项管理费用时： 借：管理费用 　　贷：银行存款 　　　　应付职工薪酬 　　　　应交税费等 月末转入本年利润： 借：本年利润 　　贷：管理费用
财务费用核算	发生时： 借：财务费用 　　贷：银行存款 　　　　应付账款等 发生利息或汇兑收益： 借：银行存款等 　　贷：财务费用 月末转入本年利润： 借：本年利润 　　贷：财务费用
所得税费用核算	计算应交所得税时： 借：所得税费用 　　贷：应交税费——应交所得税 　　　　递延所得税负债［根据其是增加还是减少来判断方向］ 　　　　递延所得税资产［根据其是增加还是减少来判断方向］ 月末转入本年利润： 借：本年利润 　　贷：所得税费用

学习情境 11

利润业务核算

【职业能力目标】

知识目标

- ○ 正确理解企业一定会计期间的经营成果形成过程，掌握收入、费用结转业务的会计处理，掌握直接计入当期损益的利得、损失的产生及结转的会计核算方法
- ○ 正确解读企业利润分配政策及相关法律法规规定，掌握利润分配业务的会计处理

能力目标

- ○ 能计算企业营业利润、利润总额、净利润的金额
- ○ 能对企业利润进行分配
- ○ 能编制利得、损失发生的记账凭证
- ○ 能编制损益结转、本年利润结转、利润分配等相关业务的记账凭证
- ○ 掌握本年利润、利润分配等相关账簿的登记

素养目标

- ○ 强化遵纪守法观念，熟悉利润业务相关法律法规，依法进行利润分配
- ○ 树立主人翁意识和服务意识，强化服务，提高服务质量，合理制订股利政策，努力维护和提升企业社会形象

【工作任务与学习子情境】

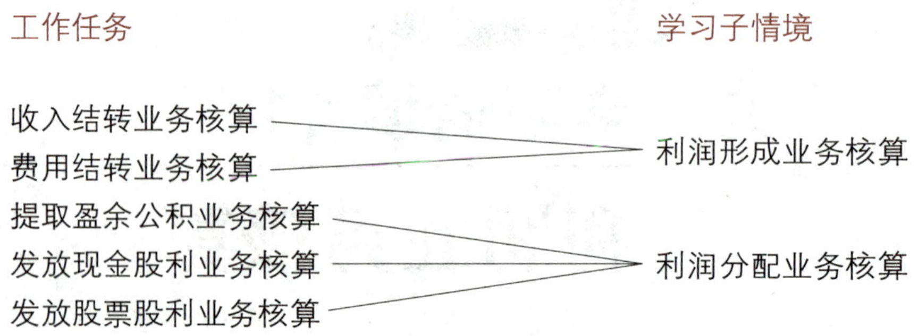

工作任务	学习子情境
收入结转业务核算 费用结转业务核算	利润形成业务核算
提取盈余公积业务核算 发放现金股利业务核算 发放股票股利业务核算	利润分配业务核算

利润是某一会计主体在一定期间内经营活动的成果。利润包括收入与成本费用的差额，以及其他直接计入损益的利得和损失等。扣除了所得税费用以后的净利润进行分配，主要包括弥补以前年度亏损、提取盈余公积和向投资者分配利润。

学习子情境11.1 利润形成业务核算

【情境引例】

2023 年 12 月 31 日，东方股份有限公司部分损益类账户的余额如表 11−1 所示。

表11−1 损益类账户余额表

单位：元

账户	借方余额	账户	贷方余额
主营业务成本	83 000	主营业务收入	129 000
税金及附加	6 120	其他业务收入	3 900
其他业务成本	2 900	营业外收入	1 000
销售费用	1 540	投资收益	660
管理费用	2 300		
财务费用	1 120		
营业外支出	1 580		
所得税费用	3 220		
合计	101 780		134 560

【工作过程与岗位对照图】

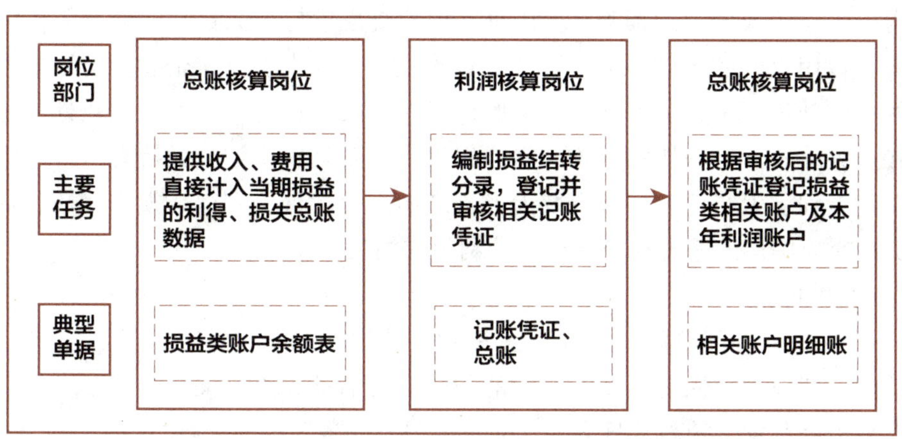

【知识准备】

企业一定时期的财务成果即企业的利润，在很大程度上集中反映了企业生产经营的经济利益，反映了企业向整个社会所做的贡献，也是衡量企业生产经营管理水平的综合性指标。从利润的构成看，既有通过生产经营活动获得的利润，也有通过投资、筹资活动形成的利润，同时还有与生产经营活动无直接关系的事项所引起的盈亏。任何企业在一个会计期间内所取得的收入与其所发生的费用配比后，如果收入大于费用，企业就可获得盈利；如果收入小于费用，企业就会亏损。

一、利润的形成

利润包括收入减去费用后的净额、直接计入当期利润的利得和损失等。直接计入当期利润的利得和损失，是指应当计入当期损益、会导致所有者权益发生增减变动的、与所有者投入资本或者向所有者分配利润无关的利得或者损失。企业的利润其实有三层含义：营业利润、利润总额和净利润。

（一）营业利润

营业利润 = 营业收入 − 营业成本 − 税金及附加 − 销售费用 −
管理费用 − 研发费用 − 财务费用 − 资产减值损失 −
信用减值损失 + 公允价值变动收益（− 公允价值变动损失）+
投资收益（− 投资损失）+ 其他收益 + 资产处置收益
（− 资产处置损失）　（11.1）

其中：营业收入是指企业经营业务所取得的收入总额，包括主营业务收入和其他业务收入；营业成本是指企业经营业务所发生的实际成本总额，包括主营业务成本和其他业务成本；资产减值损失是指企业计提各项资产减值准备所形成的损失；信用减值损失是指计提的坏账准备以及金融资产计提的减值准备所形成的损失；公允价值变动收益（或损失）是指企业交易性金融资产等公允价值变动形成的应当计入当期损益的利得（或损失）；投资收益（或损失）是指企业以各种方式对外投资所取得的收益（或发生的损失）；其他收益主要是指与企业日常活动相关，除冲减相关成本费用以外的政府补助；资产处置收益（或损失）反映企业出售划分为持有待售的非流动资产（金融工具、长期股权投资和投资性房地产除外）或处置组（子公司和业务除外）时确认的处置利得或损失，以及处置未划分为持有待售的固定资产、在建工程、生产性生物资产及无形资产而产生的处置利得或损失，还包括非货币性资产交换中换出非流动资产产生的利得或损失。

（二）利润总额

利润总额 = 营业利润 + 营业外收入 − 营业外支出　　（11.2）

其中：营业外收入是指企业发生的与其日常活动无直接关系的各项利得；营业外支出是指企业发生的与其日常活动无直接关系的各项损失。

（三）净利润

净利润 = 利润总额 − 所得税费用　　（11.3）

其中：所得税费用是指企业确认的应从当期利润总额中扣除的所得税费用。

二、利润的核算

（一）直接计入当期损益的利得和损失的核算

1. 营业外收入的核算

营业外收入并不是企业经营资金耗费所产生的，不需要企业付出代价，实际上是经济利益的净流入，不可能也不需要与有关的费用进行配比。营业外收入主要包括：非流动资产处置利得、政府补助、盘盈利得、罚没利得、捐赠利得、确实无法支付的应付款等。

其中：非流动资产处置利得包括固定资产处置利得和无形资产处置利得。固定资产处置利得，指企业处置固定资产所取得的价款及变价收入，扣除处置固定资产的账面价值、清理税费后的净收益；无形资产处置利得，指企业出售无形资产所取得的价款，扣除出售无形资产的账面价值及相关税费后的净收益。

政府补助，指企业从政府无偿取得的货币性资产或非货币性资产（不包括政府作为企业所有者投入的资本）。

盘盈利得，主要指现金盘盈，报经批准后计入营业外收入的金额。

罚没利得，指企业取得的各项罚款、没收收入在弥补由于对违反合同或协议而造成的经济损失后的罚款净收益。

捐赠利得，指企业接受捐赠产生的利得。

确实无法支付的应付款，指因债权人原因确实无法支付的款项，包括超过三年以上未支付的应付账款，转入营业外收入的余额。

企业应设置“营业外收入”账户，核算营业外收入的取得及结转。该账户的贷方登记企业确认的各项营业外收入，借方登记期末将营业外收入转入“本年利润”的数额。该账户应按照营业外收入的项目进行明细核算。

2. 营业外支出的核算

营业外支出主要包括：非流动资产处置损失、捐赠支出、非常损失、罚款支出、盘亏损失等。

其中：非流动资产处置损失包括固定资产处置损失和无形资产处置损失。固定资产处置损失，指企业处置固定资产所取得的价款或变价收入不足以抵补处置固定资产的账面价值、清理税费后的净损失；无形资产处置损失是指出售无形资产所取得的价款不足以抵补出售无形资产的账面价值及相关税费后的净损失。

捐赠支出，指企业对外捐赠产生的损失，包括公益救济性捐赠支出和非公益救济性捐赠支出。

非常损失，指企业对于因客观因素（如自然灾害）等造成的损失，在扣除保险公司赔款后计入营业外支出的经济损失。

罚款支出，指企业由于违反税收法律法规、经济合同等支付的各种滞纳金和罚款。

盘亏损失，主要指对于固定资产清查中盘亏的固定资产，在按规定程序批准转销损失时计入营业外支出的金额。

企业应设置“营业外支出”账户，核算营业外支出的发生及结转。该账户的借方登记企业发生的各项营业外支出，贷方登记期末将营业外支出转入“本年利润”账户的数额。该账户应按照营业外支出的项目进行明细核算。

【案例分析】

李国华为一家公司的主办会计，由于强台风影响，2022 年 8 月公司一间仓库被毁，具体损失财产为：毁损仓库账面原价 30 万元，已提折旧 18 万元；毁损原材料账面价值 5 万元，该公司的增值税税率为 13%。李国华将这些损失计入管理费用，总金额为 17 万元。

分析思考：你认为该主办会计对财产损失的会计处理做法正确吗？公司具体损失金额为多少？

（二）损益类账户结转核算

企业应设置“本年利润”账户，核算企业在本年内实现的净利润（或发生的净亏损）。期末，将各收入、利得账户的余额转入“本年利润”账户的贷方；将各费用、损失账户的余额转入“本年利润”账户的借方，结转后本账户的贷方余额为当期实现的净利润，借方余额为当期产生的净亏损。年度终了将“本年利润”账户余额转入“利润分配——未分配利润”，结转后“本年利润”账户无余额。在会计处理上，对于本月利润总额和本年累计利润总额可以采用账结法和表结法两种方式。

1. 账结法

账结法是指每月月末将损益类账户的余额转入“本年利润”账户。结转后，损益类账户月末无余额，“本年利润”账户的贷方余额表示年度内累计实现的净利润，借方余额表示年度内累计发生的净亏损。

2. 表结法

表结法是指1—11月保留损益类账户的余额，不做结转，每年年末一次性将损益类账户的余额转入“本年利润”账户。在表结法下，每月结账时，结出各损益类账户的本年累计余额，并逐项填列利润表中“本年累计数”栏目的有关项目，然后再减去上月利润表中的“本年累计数”，其差额就是本月有关项目的数字。在运用表结法时，“本年利润”账户平时不使用，只在年终使用。

【课堂活动】

1. 随机或按照自由组合方式将班级学生分成若干小组（5~6人为一组），不同的小组分别扮演会计人员和会计主管人员等工作岗位角色。

2. 各小组讨论，模拟企业利润形成业务的操作流程，并分析如何履行本工作岗位的职责。

3. 每个小组推荐一位代表汇报本组任务完成情况，并说明解决相关问题的思路和方法。其他小组同学对其汇报进行评分。

4. 角色互换，完成上述工作。

5. 每个小组将汇报情况形成文字资料，并上交授课教师评阅。

【职业判断与业务操作】

根据本情境引例，业务处理如下。

（1）设置“本年利润”账户。企业利润核算岗位会计人员张捷开设本年利润总账和明细账，填写账簿启用登记及交接表。

（2）分步计算企业利润。

营业利润＝129 000＋3 900＋660－83 000－6 120－2 900－1 540－2 300－1 120
＝36 580（元）

利润总额＝36 580＋1 000－1 580＝36 000（元）

净利润＝36 000－3 220＝32 780（元）

（3）记录经济业务。

① 结转费用、损失的会计分录为：

借：本年利润　　101 780

　　贷：主营业务成本　　83 000

其他业务成本　　2 900
税金及附加　　6 120
销售费用　　1 540
管理费用　　2 300
财务费用　　1 120
营业外支出　　1 580
所得税费用　　3 220

② 结转收入、利得的会计分录为：

借：主营业务收入　　129 000
　　其他业务收入　　3 900
　　营业外收入　　1 000
　　投资收益　　660
　　贷：本年利润　　134 560

【典型任务举例】

任务 11-1　东方股份有限公司在 2023 年 5 月 13 日的现金清点中发现长款 2 500 元，未查明原因，经单位负责人审核同意作为营业外收入入账，现金清查盘点报告单见表 11-2。

表11-2

现金清查盘点报告单

单位：　　2023 年 5 月 13 日　　BV　03012

账面余额	实存金额	清查结果		说明
		盘盈	盘亏	
25 660.38	28 160.38	2 500.00		当日营业收入长款
单位负责人处理意见：无法查明长款原因，同意财务部门差异调整。				

财务负责人：张宏　　出纳：李晓　　监盘人：张捷　　盘点人：李浩

任务分析：企业发现现金长款记入“待处理财产损溢”账户，现金长款处理时由“待处理财产损溢”账户转入“营业外收入”账户。

借：库存现金　　2 500
　　贷：待处理财产损溢——待处理流动资产损溢　　2 500

借：待处理财产损溢——待处理流动资产损溢　　2 500
　　贷：营业外收入——盘盈利得　　2 500

【想一想】

1. 实际业务处理中，企业如何选择账结法、表结法？
2. 收入及费用中是否包含直接计入当期损益的利得和损失？

学习子情境11.2　利润分配业务核算

【情境引例】

东方股份有限公司2023年12月31日年末结账前，“利润分配——未分配利润”账户的贷方余额为70 000元，“本年利润”余额为贷方32 780元。企业法定盈余公积计提比例为净利润的10%，任意盈余公积计提比例为净利润的5%，现金股利分配比例为50%。

【工作过程与岗位对照图】

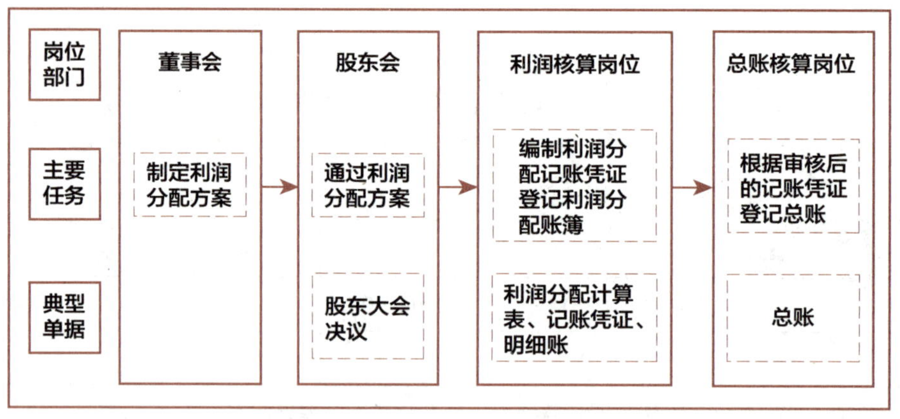

【知识准备】

利润分配是指企业根据国家有关规定和企业章程、投资者协议等，对企业当年可供分配的利润在投资主体和企业之间进行划分。通过利润分配，一方面可以满足企业投资者获得投资回报的要求，另一方面，也是企业留存收益积累的源泉。

一、利润分配顺序

（一）弥补以前年度亏损

企业发生的亏损，可以用以后年度实现的税前利润进行弥补，但连续弥补期限不得超过五年。超过五年的亏损用税后净利润弥补。企业当期实现的净利润，加上年初未分配利润（或减去年初未弥补亏损）和其他转入后的余额即为可供分配的利润。只有可供分配的利润大于零时，企业才能进行后续分配。

（二）提取盈余公积

盈余公积是企业按规定从净利润中提取的积累资金。公司制企业的盈余公积包括法定盈余公积和任意盈余公积。公司应按当年税后利润扣除弥补以前年度亏损等后的 10% 提取法定盈余公积，当企业法定盈余公积金累计达到注册资本的 50% 以上时可不再提取。法定盈余公积可以用于弥补亏损、扩大再生产或者转增资本、分配股利。

公司从税后利润中提取法定盈余公积金后，经股东会或股东大会决议，可以从税后利润中提取任意盈余公积。

（三）向投资者分配利润

公司弥补亏损、提取盈余公积金后所余税后利润，向股东按持股比例（或出资比例）分配利润。在公司弥补亏损、提取法定盈余公积之前，不得向所有者或股东分配股利。

企业向所有者分配利润的主要形式有现金股利和股票股利两种方式。分派现金股利，使用现金形式将税后利润的一部分支付给所有者，不会减少或增加股本；分派股票股利，以公司额外发行股票的形式将税后利润的一部分分派给所有者，不会影响所有者权益总额，但会引起所有者权益内部结构的调整，减少企业的“未分配利润”账户，增加“股本”账户。

企业的可供分配利润，在经过上述分配后，如果有剩余即为年末未分配利润。

$$\text{年末的未分配利润} = \text{当年实现的净利润} \pm \text{年初未分配利润（或未弥补亏损）} + \text{其他转入} - \text{当年实际分配的利润} \quad (11.4)$$

【案例分析】

甲公司是一家以服装、地产开发为主的集团企业，1998 年在上海证券交易所上市，对外公开股份数 1 000 万股，近几年股利分配情况如下：

2019 年，公司净利润 6 111 万元，股利分配方案为每 10 股派 2 元；

2020 年，公司净利润 7 021 万元，股利分配方案为每 10 股派 2 元；

2021 年，公司净利润 7 044 万元，股利分配方案为每 10 股转增 7 股派 1 元；

2022 年，公司净利润 5 178 万元，股利分配方案为每 10 股转增 5 股派 1 元。

公司每年分配的现金股利不低于当年净利润的 30%，与同行业、同期其他上市公司相比，该公司的股利分配比例高。公司历年的业绩一直较好，每年按10%提取法定盈余公积。

分析思考：你会对该公司的利润分配方案做出相应的会计处理吗？应该如何看待公司高于一般企业的股利分配政策？

二、利润分配核算

企业应设置“利润分配”账户，核算企业利润的分配（或弥补）以及历年分配（或弥补）后的积存余额。“利润分配”账户设置的明细账户包括：提取法定盈余公积、提取任意盈余公积、应付现金股利或利润、转作股本的股利、盈余公积补亏和未分配利润等。

（一）弥补以前年度亏损

企业弥补以前年度亏损有三种渠道：税前利润补亏、税后利润补亏、盈余公积补亏。

用利润弥补以前年度亏损，无论是税前利润补亏还是税后利润补亏，均无须专门编制记账凭证。因为亏损和盈利，在企业年终结账后，均结转至“利润分配——未分配利润”账户，该账户的借方（亏损额）自然会与贷方（盈利额）进行抵轧。用税前利润补亏与用税后利润补亏，区别在于应纳所得税额不同。

若企业出现无法用税前利润弥补的亏损时，为了进行股利分配，或为了维护企业信誉，可以用以前年度提取的盈余公积补亏。以盈余公积弥补亏损时，借记“盈余公积”账户，贷记“利润分配——盈余公积补亏”账户。

（二）提取盈余公积

企业按照规定从净利润中提取法定盈余公积和任意盈余公积时，借记“利润分配——提取法定盈余公积（或提取任意盈余公积）”账户，贷记“盈余公积——法定盈余公积（或任意盈余公积）”账户。

（三）分配现金股利

企业应分配给投资者现金股利或利润时，借记“利润分配——应付现金股利”账户，贷记“应付股利”账户。

（四）派发股票股利

企业经股东大会或类似机构决议分配给股东的股票股利，在办理增资手续后借记“利润分配——转作股本的股利”账户，贷记“股本”账户，差额贷记“资本公积——股本溢价”账户。

（五）年末结账

年末，“利润分配”账户除了“未分配利润”明细项目外，其他明细项目的余额都结转为零，反映期末可供分配的利润。

【课堂活动】

1. 将学生平均分成若干组，各小组内成员分别担任：董事长、总经理、财务经理、会计、股东的角色。

2. 根据教师给定的公司利润情况，各组进行利润分配讨论，制定利润分配方案，并由相关人员做出会计处理。

3. 每个小组推荐一位代表讲解本组任务完成情况，并说明制定利润分配方案的步骤和思路，其他小组同学对其汇报进行评分。

4. 教师讲评，各小组对活动结果进行更正，上交文字资料。

【职业判断与业务操作】

根据本情境引例，业务处理如下。

（1）设置“利润分配”账户。企业利润核算岗位会计人员开设利润分配总账和明细账，填写账簿启用登记及交接表。

（2）计算各利润分配项目金额

法定盈余公积提取额 = 32 780 × 10% = 3 278（元）

任意盈余公积提取额 = 32 780 × 5% = 1 639（元）

现金股利分配额 = 32 780 × 50% = 16 390（元）

年末结账后未分配利润金额 = 70 000 + 32 780 − 3 278 − 1 639 − 16 390
= 81 473（元）

（3）记录经济业务。

① 计提盈余公积的会计分录：

借：利润分配——提取法定盈余公积　　3 278
　　　　　　——提取任意盈余公积　　1 639
　贷：盈余公积——法定盈余公积　　3 278
　　　　　　　——任意盈余公积　　1 639

② 分派现金股利的会计分录：

借：利润分配——应付现金股利　　16 390
　贷：应付股利　　16 390

【典型任务举例】

任务 11-2 东方股份有限公司 2022 年全年实现净利润 1 000 万元，年末，结转本年净利润。

任务分析：年末，结转本年净利润时，借记“本年利润”，贷记“利润分配——

未分配利润”，结转本年净亏损时，借记“利润分配——未分配利润”，贷记“本年利润”。

借：本年利润　　10 000 000

　　贷：利润分配——未分配利润　　10 000 000

任务 11-3　2023 年 2 月 10 日，经股东会批准，东方股份有限公司按上年实现净利润 1 000 万元的 10% 的比例分别计提法定盈余公积金和任意盈余公积金，同时，结转利润分配各明细账户的金额。

任务分析：公司计提盈余公积时，借记“利润分配——提取法定盈余公积”“利润分配——提取任意盈余公积”，贷记“盈余公积——法定盈余公积”“盈余公积——任意盈余公积”。结转利润分配各明细账户时，借记“利润分配——未分配利润”，贷记“利润分配——提取法定盈余公积”“利润分配——提取任意盈余公积”。

（1）计提盈余公积。

借：利润分配——提取法定盈余公积　　1 000 000

　　　　　　——提取任意盈余公积　　1 000 000

　　贷：盈余公积——法定盈余公积　　1 000 000

　　　　　　　　——任意盈余公积　　1 000 000

（2）结转利润分配各明细账户。

借：利润分配——未分配利润　　2 000 000

　　贷：利润分配——提取法定盈余公积　　1 000 000

　　　　　　　　——提取任意盈余公积　　1 000 000

任务 11-4　2023 年 2 月 10 日，东方股份有限公司宣告分派上年度现金股利 800 万元。同时，结转利润分配明细账户的金额。

任务分析：公司宣告分派现金股利时，借记“利润分配——应付现金股利”，贷记“应付股利”。

（1）宣告分派现金股利。

借：利润分配——应付现金股利　　8 000 000

　　贷：应付股利　　8 000 000

（2）结转利润分配明细账户。

借：利润分配——未分配利润　　8 000 000

　　贷：利润分配——应付现金股利　　8 000 000

任务 11-5　2023 年 2 月 10 日，经股东会表决通过，东方股份有限公司决定向股东分派股票股利，共送红股 30 000 股，每股面值 1 元，每股市价 5 元，假设股票股利金额按股票市价计算。

任务分析：公司宣告发放股票股利时，按股票股利的金额借记“利润分配——

转作股本的利润”，按发放股票的面值贷记“股本”，按借贷平衡差额贷记“资本公积——股本溢价”。

（1）宣告发放股票股利时。

借：利润分配——转作股本的利润 150 000

贷：股本 30 000

资本公积——股本溢价 120 000

（2）结转利润分配明细账户。

借：利润分配——未分配利润 150 000

贷：利润分配——转作股本的利润 150 000

【想一想】

1. 派发现金股利与派发股票股利的会计处理有何不同？

2. 企业年末结账后，“本年利润”账户有无余额？“利润分配”账户有无余额？

【德技并修】

履行依法纳税义务

近年来，随着我国经济的不断发展，大中型企业和小微企业经济实力不断壮大以及新的行业职业层出不穷，在创造出大量社会财富的同时，依法纳税也成为了每个纳税义务人应尽的社会义务。格力电器作为空调行业的龙头企业，在谈到销售额能否突破千亿元大关时，公司表示，迈过千亿元大关并非是格力电器的首位目标，一年能实现缴税 100 亿元才是格力电器最看重也是最有价值的追求。然而，一些企业和个人，在法律的边缘打“擦边球”，甚至钻法律的漏洞，进行偷税漏税行为。仅 2022 年一年全国税务行政要案数据统计显示：国家税务总局共曝光 5 起文娱、网络直播领域偷逃个人所得税案，共计追缴税款、滞纳金并罚款近 9 亿元；2022 年 7 月 14 日，国家税务总局北京市税务部门公告送达一份《土地增值税清算审核意见书》中显示，某一房地产项目追缴税款金额超过 10 亿元；2022 年 7 月 22 日，杭州市税务局对杭州某文化艺术策划有限公司下达了杭税稽罚〔2022〕44 号税务行政处罚决定，追缴企业所得税税款并处罚款共计 2.37 亿元。

税，取之于民，用之于民。依法纳税，主动承担社会责任，是每个公民、每个企业应尽的社会义务。作为企业和公民，在享受公共资源、实现个体财富增加、实现利润增长的同时，必须考虑社会的整体利益，自觉承担相应的社会责任。只有这样才能在价值发展的道路上走得更长更远。如果割裂与社会的脐带关系，终将一事无成。

【情境小结】

1. 利润形成业务核算

业务内容	会计处理
营业外收入发生的核算	借：银行存款 / 固定资产清理等 　贷：营业外收入
营业外支出发生的核算	借：营业外支出 　贷：银行存款 / 固定资产清理等
成本、费用、损失结转至本年利润	借：本年利润 　贷：各成本、费用、损失账户
收入、收益、利得结转至本年利润	借：各收入、收益、利得账户 　贷：本年利润

2. 利润分配业务核算

业务内容		会计处理
本年利润结转		**盈利时：** 借：本年利润 　贷：利润分配——未分配利润 **亏损时：** 借：利润分配——未分配利润 　贷：本年利润
利润分配	提取盈余公积	借：利润分配——提取法定盈余公积 / 任意盈余公积 　贷：盈余公积——法定盈余公积 / 任意盈余公积
	应付现金股利	借：利润分配——应付现金股利 　贷：应付股利
	应付股票股利	借：利润分配——转作股本的股利 　贷：股本 　　资本公积——股本溢价
	盈余公积补亏	借：盈余公积 　贷：利润分配——盈余公积补亏
结转利润分配		借：利润分配——未分配利润 　　　　　——盈余公积补亏 　贷：利润分配——提取法定盈余公积 / 任意盈余公积 　　　　　　——应付现金股利 　　　　　　——转作股本的股利

学习情境 12

财务报告编制

【职业能力目标】

知识目标

- ○ 掌握资产负债表的编制方法
- ○ 掌握利润表的编制方法
- ○ 掌握现金流量表的编制方法
- ○ 掌握所有者权益变动表的编制方法
- ○ 掌握报表附注的披露内容

能力目标

- ○ 能根据科目余额表及相关的账簿资料编制资产负债表、利润表、现金流量表及所有者权益变动表
- ○ 能根据会计准则的要求在附注中披露相关的信息
- ○ 能按照会计基本规范将财务报表装订成册

素养目标

- ○ 通过资产负债表的编制依据及编制方法的学习，树立一丝不苟的职业态度，增强工作责任感，培养精益求精的工匠精神
- ○ 培养“诚信为本、操守为重、坚持准则、不做假账”的会计人员基本素养

【工作任务与学习子情境】

工作任务	学习子情境
编制资产负债表	资产负债表编制
编制利润表	利润表编制
编制现金流量表	现金流量表编制
编制所有者权益变动表	所有者权益变动表编制
编制会计报表附注，披露企业相关的会计政策、会计基础等信息	会计报表附注编制

财务报告是企业对外提供的反映企业某一特定日期的财务状况和某一会计期间的经营成果、现金流量等会计信息的文件。财务报告是会计主体单位会计核算工作的结果，是提供会计信息的一种重要手段。投资者、债权人等财务信息使用者主要是通过财务报告来了解企业的财务状况、经营成果和现金流量等情况，从而预测未来发展趋势、作出经济决策。因此，财务报告是向投资者等财务报告使用者提供决策有用信息的媒介和渠道，是沟通投资者、债权人等使用者与企业管理层之间信息的桥梁和纽带。财务报告包括财务报表和其他应当在财务报告中披露的相关信息和资料。其中，财务报表是对企业财务状况、经营成果和现金流量的结构性表述。财务报表至少应当包括资产负债表、利润表、现金流量表、所有者权益或股东权益变动表及附注。财务报表上述组成部分具有同等的重要程度。

学习子情境12.1　资产负债表编制

【情境引例】

东方股份有限公司（增值税一般纳税人）2022 年 12 月 31 日的资产负债表和 2023 年年初的科目余额表如表 12-1、表 12-2 所示。

表12-1 资产负债表

会企 01 表

编制单位：东方股份有限公司 2022 年 12 月 31 日 单位：元

资产	期末余额	年初余额	负债和所有者权益（或股东权益）	期末余额	年初余额
流动资产：			流动负债：		
货币资金	2 372 000		短期借款	300 000	
交易性金融资产	85 000		交易性金融负债		
应收票据	300 000		应付票据	200 000	
应收账款	290 800		应付账款	950 000	
应收款项融资			预收款项		
预付款项			合同负债		
其他应收款	11 000		应付职工薪酬	22 800	
存货	882 000		应交税费	500	
合同资产			其他应付款	67 500	
持有待售资产			持有待售负债		
一年内到期的非流动资产			一年内到期的非流动负债		
其他流动资产			其他流动负债		
流动资产合计	3 940 800		流动负债合计	1 540 800	
非流动资产：			非流动负债：		
债权投资			长期借款	420 000	
其他债权投资			应付债券		
长期应收款			租赁负债		
长期股权投资	200 000		长期应付款		
其他权益工具投资			预计负债		
其他非流动金融资产			递延收益		
投资性房地产			递延所得税负债		
固定资产	685 000		其他非流动负债		
在建工程	2 600 000		非流动负债合计	420 000	

续表

资产	期末余额	年初余额	负债和所有者权益（或股东权益）	期末余额	年初余额
生产性生物资产			负债合计	1 960 800	
油气资产			所有者权益（或股东权益）：		
使用权资产			实收资本（或股本）	5 000 000	
无形资产	230 000		其他权益工具		
开发支出			资本公积		
商誉			减：库存股		
长期待摊费用	100 000		其他综合收益		
递延所得税资产			专项储备		
其他非流动资产			盈余公积	655 000	
非流动资产合计	3 815 000		未分配利润	140 000	
			所有者权益（或股东权益）合计	5 795 000	
资产总计	7 755 800		负债和所有者权益（或股东权益）合计	7 755 800	

表12-2　　东方股份有限公司2023年年初科目余额表

单位：元

账户名称	借方余额	账户名称	贷方余额
库存现金	1 800	短期借款	300 000
银行存款	2 370 200	应付票据	200 000
交易性金融资产	85 000	应付账款	950 000
应收票据	300 000	其他应付款	60 000
应收账款	300 000	应付职工薪酬	22 800
其他应收款	5 000	应交税费	500
坏账准备	−9 200	应付股利	0
应收股利	6 000	应付利息	7 500
原材料	270 000	长期借款	420 000

续表

账户名称	借方余额	账户名称	贷方余额
周转材料	212 000	股本	5 000 000
库存商品	400 000	盈余公积	655 000
存货跌价准备	0	利润分配	
长期股权投资	200 000	（未分配利润）	140 000
固定资产	3 275 000		
累计折旧	−2 590 000		
工程物资	70 000		
在建工程	2 530 000		
无形资产	230 000		
长期待摊费用	100 000		
合计	7 755 800	合计	7 755 800

注：坏账准备是对应收账款的计提

请根据所给资料和【典型业务举例】中，东方股份有限公司 2023 年发生的经济业务，为东方股份有限公司编制 2023 年的资产负债表。

【工作过程与岗位对照图】

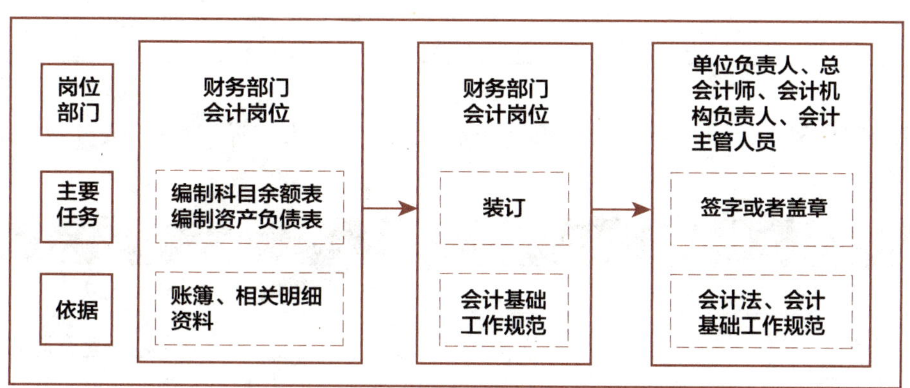

【知识准备】

财务报表是对企业财务状况、经营成果和现金流量的结构性表述。一套完整的财务报表至少应当包括：资产负债表、利润表、现金流量表、所有者权益（或股东权益）变动表以及附注的有关内容。

一、资产负债表的含义

资产负债表，又称财务状况表，是指反映企业在某一特定日期的财务状况的会计报表，即反映企业某一特定日期所拥有或控制的经济资源、所承担的现时义务和所有者对净资产的要求权的会计报表。它是根据“资产 = 负债 + 所有者权益（或股东权益）”这一会计等式的基本原理，按照一定分类标准和顺序，将企业一定日期的资产、负债、所有者权益各项目予以适当排列编制而成的。该表能够提供企业在某一特定日期资产、负债和所有者权益的全貌。通过资产负债表所列示的相关内容有助于分析、评价并预测企业的财务弹性、资本结构及偿债能力。此外，通过资产负债表和利润表有关指标的结合分析，有助于评价、预测企业的获利能力和发展前景。

【案例分析】

小王不懂专业会计，但他想搞清楚自己的家庭财产的增值状况，于是，他选择了一年，对自己的收支、拥有财产的情况进行了详细的记录。

1. 1月1日，小王首先列出了现有的财产及货币价值，如表12–3所示（单位：人民币元，下同）。

表12–3

项目	金额 / 元
一幢与他人相连的房屋	2 240 000
家具、家庭用品	240 000
一辆已用了3年的小汽车	72 000
银行存款	25 500
欠银行的借款	30 000

2. 12月31日，小王再次总结他一年来所发生的收支状况，如表12–4所示。

表12–4

项目	金额 / 元
收入	每月工资（扣除个人所得税）14 000
支出（平均每月费用）：	
支付给银行欠款	1 000（含利息）
电费、电话费、暖气费等	500
汽车日常费用	1 000
衣服、度假等	2 200
日常事务	1 200
收支抵消后净额	8 100

3. 12 月 31 日，小王又将年末的财产重新列了一张表格，如表 12-5 所示。

表12-5

项目	金额 / 元
一幢与他人相连的房屋	2 320 000
家具、家庭用品	230 000
一辆已用了 4 年的小汽车	66 000
银行存款	122 700
欠银行的借款	19 000

分析思考：从这些表格中可以看出，小王一年来的财富有所增加，可是，财富是如何增加的呢？请你给他编制一张表来显示他一年来财富增加的情况。

二、资产负债表的结构

在我国，资产负债表按账户式反映，即报表分为左方和右方，左方列示资产各项目，反映全部资产的分布及存在形态；右方列示负债和所有者权益各项目，反映全部负债和所有者权益的内容及构成情况。通过账户式资产负债表，反映资产、负债和所有者权益之间的内在关系，并达到资产负债表左方和右方平衡，即资产各项目的合计等于负债和所有者权益各项目的合计。同时，资产负债表还提供年初数和期末数的比较资料。资产负债表的格式见表 12-7。

三、资产负债表的编制方法

资产负债表各项目数据的来源，是通过有关账簿记录及备查记录取得的。有的项目直接根据总账账户余额填列；有的项目根据若干个总账账户余额合计数填列；有的项目直接根据明细账户余额填列；有的项目根据总账账户和明细账户的余额分析填列；还有的项目根据总账账户与其备抵账户抵消后的净额填列。这里主要介绍一般企业资产负债表的编制方法。

（一）“年初余额”的填列方法

本表“年初余额”栏内各项目数字，应根据上年末资产负债表“期末余额”栏内所列数字填列。如果本年度资产负债表规定的各个项目的名称和内容同上年度不一致，应对上年年末资产负债表各项目的名称和数字按照本年度的规定进行调整，填入本表“年初余额”栏内。

（二）“期末余额”各项目的内容和填列方法

“货币资金”项目，反映企业库存现金、银行结算户存款、外埠存款、银行汇票存款、银行本票存款、信用卡存款、信用证保证金存款等的合计数。本项目应根据“库存现金”“银行存款”“其他货币资金”账户的期末余额合计填列。

“交易性金融资产”项目，反映资产负债表日企业分类为以公允价值计量且其变动计入当期损益的金融资产，以及企业持有的指定为以公允价值计量且其变动计入当期损益的金融资产的期末账面价值。本项目应根据“交易性金融资产”账户的相关明细账户的期末余额分析填列。

“应收票据”项目，反映资产负债表日以摊余成本计量的、企业因销售商品、提供服务等收到的商业汇票，包括银行承兑汇票和商业承兑汇票。本项目应根据“应收票据”账户的期末余额，减去“坏账准备”账户中相关坏账准备期末余额后的金额分析填列。

“应收账款”项目，反映资产负债表日以摊余成本计量的、企业因销售商品、提供服务等经营活动应收取的款项。本项目应根据“应收账款”账户的期末余额，减去“坏账准备”账户中相关坏账准备期末余额后的金额分析填列。

“预付款项”项目，反映资产负债表日企业按照合同规定预付给供应单位的款项等。本项目应根据“预付账款”和“应付账款”账户所属各明细账户的期末借方余额合计数，减去“坏账准备”账户中有关预付账款计提的坏账准备期末余额后的金额填列。如“预付账款”账户所属有关明细账户期末有贷方余额的，应在本表“应付账款”项目内填列。

“其他应收款”项目，反映企业除应收票据、应收账款、预付款项等经营活动外的其他各种应收和暂付的款项。本项目应根据“应收利息”“应收股利”和“其他应收款”账户的期末余额合计数，减去“坏账准备”账户中相关坏账准备期末余额后的金额填列。

“存货”项目，反映资产负债表日企业期末在库、在途和在加工中的各项存货的可变现净值，包括各种材料、商品、在产品、半成品、周转材料、发出商品、消耗性生物资产等。本项目应根据“材料采购”“原材料”“周转材料”“库存商品”“发出商品”“委托加工物资”“受托代销商品”“生产成本”等账户的期末余额合计，减去“受托代销商品款”“存货跌价准备”账户期末余额后的金额填列。材料采用计划成本核算，以及库存商品采用计划成本或售价核算的企业，还应按加或减材料成本差异、商品进销差价后的金额填列。

“合同资产”项目，反映企业依照《企业会计准则第 14 号——收入》的相关规定，根据本企业履行履约义务与客户付款之间的关系在资产负债表中列示合同资产。本项目应根据“合同资产”账户的相关明细账户期末余额分析填列。

“持有待售资产”项目，反映资产负债表日划分为持有待售类别的非流动资产及划分为持有待售类别的处置组中的流动资产和非流动资产的期末账面价值。本项目应根据“持有待售资产”账户的期末余额，减去“持有待售资产减值准备”账户的期末余额后的金额填列。

“一年内到期的非流动资产”项目，反映企业将于一年内到期的非流动资产项目金额。本项目应根据相关的非流动资产账户期末余额分析填列。

“其他流动资产”项目，反映企业除以上流动资产项目外的其他流动资产，本项目应根据有关账户的期末余额填列。如其他流动资产价值较大的，应在会计报表附注中披露其内容和金额。

“债权投资”项目，反映资产负债表日企业以摊余成本计量的长期债权投资的期末账面价值。本项目应根据“债权投资”账户的相关明细账户期末余额，减去“债权投资减值准备”账户中相关减值准备的期末余额后的金额分析填列。

“其他债权投资”项目，反映资产负债表日企业分类为以公允价值计量且其变动计入其他综合收益的长期债权投资的期末账面价值。本项目应根据“其他债权投资”账户的相关明细账户的期末余额分析填列。

“长期应收款”项目，反映企业融资租赁产生的应收款项、采用递延方式具有融资性质的销售商品和提供劳务等产生的应收款项。本项目应根据“长期应收款”账户的期末余额，减去“未实现融资收益”账户期末余额、一年内到期的长期应收款和“坏账准备”账户中有关长期应收款计提的“坏账准备”账户期末余额后的金额填列。

“长期股权投资”项目，反映投资方对被投资单位实施控制、重大影响的权益性投资，以及对其合营企业的权益性投资。本项目应根据“长期股权投资”账户的期末余额，减去“长期股权投资减值准备”账户期末余额后的金额填列。

“其他权益工具投资”项目，反映资产负债表日企业指定为以公允价值计量且其变动计入其他综合收益的非交易性权益工具投资的期末账面价值。本项目应根据“其他权益工具投资”账户的期末余额填列。

“投资性房地产”项目，反映企业为赚取租金或资本增值，或两者兼有而持有的房地产的成本或公允价值，包括已出租的土地使用权、持有并准备增值后转让的土地使用权及已出租的建筑物等。本项目应根据“投资性房地产”账户的期末余额，减去“投资性房地产累计折旧（摊销）”和“投资性房地产减值准备”账户期末余额后的金额填列。

“固定资产”项目，反映企业的各种固定资产可收回金额。融资租入的固定资产也包括在内。本项目应根据“固定资产”账户的期末余额，减去“累计折旧”和“固定资产减值准备”账户期末余额后的金额填列。

“在建工程”项目，反映企业期末尚未达到预定可使用状态的在建工程的期末账面价值和企业为在建工程准备的各种物资的期末账面价值。本项目应根据“在建工程”账户的期末余额，减去“在建工程减值准备”账户期末余额后的金额，以及“工程物资”账户的期末余额，减去“工程物资减值准备”账户的期末余额后的金额填列。

“生产性生物资产”项目，反映企业为产出农产品、提供劳务或出租等目的而持有的生物资产的可收回金额，包括经济林、新碳林、产畜和役畜等。本项目应根据“生产性生物资产”账户的期末余额，减去“生产性生物资产减值准备”账户期末余额后的金额填列。

“油气资产”项目，反映企业（石油天然气开采）持有的矿区权益和油气井及相关设施的可收回金额。本项目应根据“油气资产”账户的期末余额，减去“累计折耗”账户期末余额后的金额填列。

“无形资产”项目，反映企业各项无形资产的期末可收回金额。本项目应根据“无形资产”账户的期末余额，减去“累计摊销”和“无形资产减值准备”账户期末余额后的金额填列。

“开发支出”项目，反映企业进行研究与开发无形资产过程中发生的各项支出。本项目应根据“研发支出”账户期末余额直接填列。

“商誉”项目，反映企业在合并中形成的商誉的价值。本项目应根据“商誉”账户的期末余额，减去“商誉减值准备”账户期末余额后的金额填列。

“长期待摊费用”项目，反映企业尚未摊销的摊销期限在1年以上的各种费用，如以经营租赁方式租入固定资产改良支出等。本项目应根据“长期待摊费用”账户的期末余额，减去将于一年内（含一年）摊销的数额后的余额填列。

“递延所得税资产”项目，反映企业确认的可抵扣暂时性差异产生的递延所得税资产。本项目应根据“递延所得税资产”账户的期末余额填列。

“其他非流动资产”项目，反映企业除以上非流动资产以外的其他非流动资产。本项目应根据有关账户的期末余额填列。

“短期借款”项目，反映企业向银行或其他金融机构等借入的期限在1年期以下（含1年）的借款。本项目应根据“短期借款”账户的期末余额填列。

“交易性金融负债”项目，反映资产负债表日企业承担的交易性金融负债，以及企业持有的指定为以公允价值计量且其变动计入当期损益的金融负债的期末账面价值。本项目应根据“交易性金融负债”账户的相关明细账户的期末余额填列。

“应付票据”项目，反映资产负债表日以摊余成本计量的、企业因购买材料、商品和接受服务等开出、承兑的商业汇票，包括银行承兑汇票和商业承兑汇票。本项目应根据“应付票据”账户的期末余额填列。

“应付账款”项目，反映资产负债表日以摊余成本计量的、企业因购买材料、商品和接受服务等经营活动应支付的款项。本项目应根据“应付账款”和“预付账款”账户所属的相关明细账户的期末贷方余额合计数填列。

“预收账款”项目，反映企业按合同规定预收的款项。本项目应根据“预收账款”账户所属各有关明细账户的期末贷方余额和“应收账款”账户所属各有关明细账户的期末贷方余额合计填列。

“应付职工薪酬”项目，反映企业根据有关规定应付未付给职工的各种薪酬。本项目应根据“应付职工薪酬”账户期末贷方余额填列。如“应付职工薪酬”账户期末为借方余额，以“-”号填列。

“应交税费”项目，反映企业期末未交、多交的各种税费。本项目应根据“应交税费”账户的期末贷方余额填列。如“应交税费”账户期末为借方余额，以“-”号填列。

“其他应付款”项目，反映企业除应付票据、应付账款、预收账款、应付职工薪酬、应交税费等经营活动以外的其他各项应付和暂收的款项。本项目应根据“应付利息”“应付股利”和“其他应付款”账户期末余额合计数填列。

“持有待售负债”项目，反映资产负债表日处置组中与划分为持有待售类别的资产直接相关的负债的期末账面价值。本项目应根据“持有待售负债”账户的期末余额填列。

“一年内到期的非流动负债”项目，反映企业非流动负债中将于资产负债表日后一年到期部分的金额，如将于一年内偿还的长期借款。本项目应根据相关的非流动负债账户期末余额分析填列。

“其他流动负债”项目，反映企业除以上流动负债以外的其他流动负债。本项目应根据有关账户的期末余额填列。

“长期借款”项目，反映企业借入尚未归还的1年期以上（不含1年）的借款本息。本项目应根据“长期借款”账户的期末余额填列。

“应付债券”项目，反映企业发行的尚未偿还的各种长期债券的摊余成本。本项目应根据“应付债券”账户的期末余额填列。

“租赁负债”项目，反映资产负债表日承租人企业尚未支付的租赁付款额的期末账面价值。本项目应根据“租赁负债”账户的期末余额填列。

“长期应付款”项目，反映企业除长期借款和应付债券以外的其他各种长期应付款。本项目应根据“长期应付款”账户的期末余额，减去“未确认融资费用”账户期末余额后的金额，以及“专项应付款”账户的期末余额填列。

“预计负债”项目，反映企业已确认尚未支付的预计负债。本项目应根据“预计负债”账户的期末余额填列。

“递延收益”项目，反映尚待确认的收入或收益。本项目包括企业根据政府补助准则确认的应在以后期间计入当期损益的政府补助金额、售后租回形成融资租赁的售价与资产账面价值差额等其他递延性收入。本项目应根据“递延收益”账户的期末余额填列。

“递延所得税负债”项目，反映企业已确认的应纳税时间性差异产生的递延所得税负债。本项目应根据“递延所得税负债”账户的期末余额填列。

“其他非流动负债”项目，反映企业除以上长期负债项目以外的其他长期负债。本项目应根据有关账户的期末余额填列。

上述长期负债各项目中将于1年内（含1年）到期的非流动负债，应在“1年内到期的非流动负债”项目内单独反映。上述非流动负债各项目均应根据有关账户期末余额减去将于 1 年内（含 1 年）到期的非流动负债后的金额填列。

“实收资本（或股本）”项目，反映企业各投资者实际投入的资本（或股本）总额。本项目应根据“实收资本”（或“股本”）账户的期末余额填列。

“其他权益工具”项目，反映资产负债表日企业发行在外的除普通股以外分类为权益工具的金融工具的期末账面价值，下设“优先股”和“永续债”两个项目，分别反映企业发行的分类为权益工具的优先股和永续债的账面价值。

“资本公积”项目，反映企业资本公积的期末余额。本项目应根据“资本公积”账户的期末余额填列。

“其他综合收益”项目，反映企业其他综合收益的期末余额。本项目应根据“其他综合收益”账户期末余额填列。

“专项储备”项目，反映高危行业企业按国家规定提取的安全生产费的期末账面价值。本项目应根据“专项储备”账户的期末余额填列。

“盈余公积”项目，反映企业盈余公积的期末余额。本项目应根据“盈余公积”账户的期末余额填列。

“未分配利润”项目，反映企业尚未分配的利润。本项目应根据“本年利润”账户和“利润分配”账户的余额计算填列。未弥补的亏损，在本项目内以“–”号填列。

【职业判断与业务操作】

根据本情境引例，业务处理如下。

（1）处理日常业务。正确进行日常业务的核算，将东方股份有限公司 2023 年度发生的交易或事项进行会计处理。具体会计处理见【典型任务举例】的【任务 12–1】。

（2）编制科目余额表。编制东方股份有限公司 2023 年 12 月 31 日科目余额表。具体会计处理见【典型任务举例】的【任务 12–2】。

（3）编制资产负债表。按照财务报表列报要求编制东方股份有限公司 2023 年度的资产负债表。具体会计处理见【典型任务举例】的【任务 12–3】。

【典型任务举例】

任务 12–1　东方股份有限公司 2023 年发生下列经济业务，增值税税率为 13%。要求编制相应的会计分录。

（1）公司出售交易性金融资产，收到银行存款 69 000 元，该笔交易性金融资产的账面余额为 65 000 元。该交易性金融资产原来没有公允价值变动。

（2）将一张将要到期的面值为 300 000 元的银行承兑汇票，连同解讫通知和进账单交银行办理转账，银行盖章后退回进账单一联。款项银行已收妥。

（3）从银行提取现金 22 800 元，用于发放职工工资。

（4）结算并支付职工薪酬，其中生产工人工资 14 820 元，车间管理人员工资 4 560 元，行政管理部人员工资 3 420 元。

（5）收到应收账款（不含增值税）60 000 元，存入银行。

（6）收到应收现金股利 6 000 元（按成本法核算，该公司及其投资企业所得税税率均为 25%），已存入银行。

（7）销售一批产品，售价 500 000 元，收取的增值税税额为 65 000 元，该产品成本为 270 000 元，价款尚未收到。

（8）购入一批原材料，价款 250 000 元，应支付的增值税税额 32 500 元，款项一半用银行存款支付，另一半开出银行承兑汇票。材料已入库。

（9）基本生产领用原材料 220 000 元，领用低值易耗品 50 000 元。

（10）用银行存款 200 000 元投资另一家企业，获得该企业 15% 有表决权股份，该项投资准备长期持有。

（11）购入高级轿车一辆，价款 970 000 元，支付的增值税税额 164 900 元（不可抵扣），包装费、运杂费共计 3 100 元。轿车价款、包装费和运杂费均以银行存款支付。

（12）计提车间应负担的折旧费用 180 000 元，公司应负担的折旧费用 40 000 元。

（13）购入一批工程物资用于自建房屋，价款 200 000 元，支付的增值税税额 26 000 元。款项用银行存款支付。

（14）工程领用一批工程物资 110 000 元，该工程应付职工薪酬 79 800 元，缴纳耕地占用税 10 000 元。

（15）完成对原有生产线的更新改造，该项目累计支出 430 000 元。工程竣工已交付使用。

（16）出售一台设备收到款项 40 000 元，该设备账面价值 75 000 元，已提折旧 30 000 元。

（17）企业归还短期借款本金 150 000 元，利息 7 500 元（已计提）。

（18）从银行借入 5 年期借款 600 000 元，已存入银行账户，该项借款用于购建固定资产。

（19）提取应计入本期损益的借款利息共 6 000 元，其中短期借款利息 1 500 元，长期借款利息 4 500 元。

（20）用银行存款支付广告费 50 000 元。

（21）摊销无形资产 20 000 元；缴纳印花税 3 000 元；支付基本生产车间固定资产修理费 45 000 元。

（22）计算并结转本期完工产品成本 469 380 元。公司没有期初在产品，本期生产的产品全部完工入库。

（23）年末计提应收账款的坏账准备 2 500 元。

（24）年末计提存货跌价准备 10 000 元。

（25）本期产品销售应缴纳的教育费附加为 850 元。

（26）用银行存款缴纳当月增值税 32 500 元、教育费附加 850 元。

（27）将各损益类账户结转本年利润。

（28）计算并结转应缴的所得税税额（所得税税率为 25%）12 057.50 元。

（29）提取法定盈余公积金 3 617.25 元，向投资者分配股利 21 955.49 元。

（30）将利润分配各账户的余额转入“未分配利润”明细账户，结转本年净利润 36 172.50 元。

任务分析：根据前述学习情境所掌握的专业知识对经济业务进行分类，分别编制相应的会计分录。

（1）借：银行存款　　69 000
　　贷：交易性金融资产　　65 000
　　　　投资收益　　4 000

（2）借：银行存款　　300 000
　　贷：应收票据　　300 000

（3）借：库存现金　　22 800
　　贷：银行存款　　22 800

（4）借：生产成本　　14 820
　　　　制造费用　　4 560
　　　　管理费用　　3 420
　　贷：应付职工薪酬　　22 800
　　借：应付职工薪酬　　22 800
　　贷：库存现金　　22 800

（5）借：银行存款　　60 000
　　贷：应收账款　　60 000

（6）借：银行存款　　6 000
　　贷：应收股利　　6 000

（7）借：应收账款　　565 000
　　贷：主营业务收入　　500 000
　　　　应交税费——应交增值税（销项税额）　　65 000
　　借：主营业务成本　　270 000
　　贷：库存商品　　270 000

（8）借：原材料 250 000
应交税费——应交增值税（进项税额） 32 500
贷：银行存款 141 250
应付票据 141 250
（9）借：生产成本 220 000
贷：原材料 220 000
借：制造费用 50 000
贷：周转材料 50 000
（10）借：长期股权投资 200 000
贷：银行存款 200 000
（11）借：固定资产 1 138 000
贷：银行存款 1 138 000
（12）借：制造费用 180 000
管理费用 40 000
贷：累计折旧 220 000
（13）借：工程物资 226 000
贷：银行存款 226 000
（14）借：在建工程 199 800
贷：工程物资 110 000
应付职工薪酬 79 800
银行存款 10 000
（15）借：固定资产 430 000
贷：在建工程 430 000
（16）借：固定资产清理 45 000
累计折旧 30 000
贷：固定资产 75 000
借：银行存款 40 000
贷：固定资产清理 40 000
借：资产处置损益 5 000
贷：固定资产清理 5 000
（17）借：短期借款 150 000
应付利息 7 500
贷：银行存款 157 500
（18）借：银行存款 600 000
贷：长期借款 600 000

（19）借：财务费用　　6 000
　　　贷：应付利息　　6 000
（20）借：销售费用　　50 000
　　　贷：银行存款　　50 000
（21）借：管理费用　　20 000
　　　贷：累计摊销　　20 000
　　借：管理费用　　48 000
　　　贷：银行存款　　48 000
（22）借：生产成本　　234 560
　　　贷：制造费用　　234 560
　　借：库存商品　　469 380
　　　贷：生产成本　　469 380
（23）借：信用减值损失　　2 500
　　　贷：坏账准备　　2 500
（24）借：资产减值损失　　10 000
　　　贷：存货跌价准备　　10 000
（25）借：税金及附加　　850
　　　贷：应交税费——教育费附加　　850
（26）借：应交税费——应交增值税（已交税金）　　32 500
　　　　　　　——教育费附加　　850
　　　贷：银行存款　　33 350
（27）借：主营业务收入　　500 000
　　　　投资收益　　4 000
　　　贷：本年利润　　504 000
　　借：本年利润　　455 770
　　　贷：主营业务成本　　270 000
　　　　　税金及附加　　850
　　　　　销售费用　　50 000
　　　　　管理费用　　111 420
　　　　　财务费用　　6 000
　　　　　信用减值损失　　2 500
　　　　　资产减值损失　　10 000
　　　　　资产处置损益　　5 000
（28）本年应交所得税：48 230 × 25% = 12 057.50 元
　　借：所得税费用　　12 057.50

贷：应交税费——应交所得税　　12 057.50

借：本年利润　　12 057.50

贷：所得税费用　　12 057.50

（29）本年应提法定盈余公积：（48 230 − 12 057.50）× 10% = 3 617.25 元

借：利润分配——提取法定盈余公积　　3 617.25

贷：盈余公积——法定盈余公积　　3 617.25

向投资者分配股利 21 955.49 元：

借：利润分配——应付股利　　21 955.49

贷：应付股利　　21 955.49

（30）借：本年利润　　36 172.50

贷：利润分配——未分配利润　　36 172.50

借：利润分配——未分配利润　　25 572.74

贷：利润分配——提取法定盈余公积　　3 617.25

利润分配——应付股利　　21 955.49

任务 12-2　根据任务 12-1 的业务编制东方股份有限公司 2023 年 12 月 31 日的科目余额表。

任务分析：根据东方股份有限公司 2023 年 1 月 1 日有关账户的余额，结合该年度发生的经济业务结出 12 月 31 日有关账户的期末余额。见表 12-6。

表12-6　东方股份有限公司2023年12月31日科目余额表

单位：元

账户名称	借方余额	账户名称	贷方余额
库存现金	1 800	短期借款	150 000
银行存款	1 418 300	应付票据	341 250
交易性金融资产	20 000	应付账款	950 000
应收票据	0	其他应付款	60 000
应收股利	0	应付职工薪酬	102 600
应收账款	805 000	应交税费	12 557.50
其他应收款	5 000	应付股利	21 955.49
坏账准备	−11 700	应付利息	6 000
原材料	300 000	长期借款	1 020 000
周转材料	162 000	股本	5 000 000
库存商品	599 380	盈余公积	658 617.25

续表

账户名称	借方余额	账户名称	贷方余额
存货跌价准备	−10 000	利润分配	
长期股权投资	400 000	（未分配利润）	150 599.76
固定资产	4 768 000		
累计折旧	−2 780 000		
工程物资	186 000		
在建工程	2 299 800		
无形资产	230 000		
累计摊销	−20 000		
长期待摊费用	100 000		
合计	8 473 580	合计	8 473 580

任务 12–3 编制东方股份有限公司 2023 年度资产负债表。

任务分析：根据科目余额表和相关的账簿资料，按照一定的方法编制东方股份有限公司 2023 年度资产负债表（见表 12–7）。

表12–7 资产负债表

会企 01 表

编制单位：东方股份有限公司 2023 年 12 月 31 日 单位：元

资产	期末余额	年初余额	负债和所有者权益（或股东权益）	期末余额	年初余额
流动资产：			流动负债：		
货币资金	1 420 100	2 372 000	短期借款	150 000	300 000
交易性金融资产	20 000	85 000	交易性金融负债		
应收票据	0	300 000	应付票据	341 250	200 000
应收账款	793 300	290 800	应付账款	950 000	950 000
应收款项融资			预收款项		
预付款项			合同负债		
其他应收款	5 000	11 000	应付职工薪酬	102 600	22 800
存货	1 051 380	882 000	应交税费	12 557.50	500
合同资产			其他应付款	87 955.49	67 500
持有待售资产			持有待售负债		

续表

资产	期末余额	年初余额	负债和所有者权益（或股东权益）	期末余额	年初余额
一年内到期的非流动资产			一年内到期的非流动负债		
其他流动资产			其他流动负债		
流动资产合计	3 289 780	3 940 800	流动负债合计	1 644 362.99	1 540 800
非流动资产：			非流动负债：		
债权投资			长期借款	1 020 000	420 000
其他债权投资			应付债券		
长期应收款			租赁负债		
长期股权投资	400 000	200 000	长期应付款		
其他权益工具投资			预计负债		
其他非流动金融资产			递延收益		
投资性房地产			递延所得税负债		
固定资产	1 988 000	685 000	其他非流动负债		
在建工程	2 485 800	2 600 000	非流动负债合计	1 020 000	420 000
生产性生物资产			负债合计	2 664 362.99	1 960 800
油气资产			所有者权益（或股东权益）：		
使用权资产			实收资本（或股本）	5 000 000	5 000 000
无形资产	210 000	230 000	其他权益工具		
开发支出			资本公积		
商誉			减：库存股		
长期待摊费用	100 000	100 000	其他综合收益		
递延所得税资产			专项储备		
其他非流动资产			盈余公积	658 617.25	655 000
非流动资产合计	5 183 800	3 815 000	未分配利润	150 599.76	140 000
			所有者权益（或股东权益）合计	5 809 217.01	5 795 000
资产总计	8 473 580	7 755 800	负债和所有者权益（或股东权益）合计	8 473 580	7 755 800

【想一想】

1. 企业为什么要编报资产负债表?
2. 企业对外公告财务报表需要由哪些人员签字、盖章?

学习子情境12.2 利润表编制

【情境引例】

东方股份有限公司 2023 年发生的经济业务见学习子情境 12.1 资产负债表的编制。根据所给资料为东方股份有限公司编制 2023 年的利润表。

【工作过程与岗位对照图】

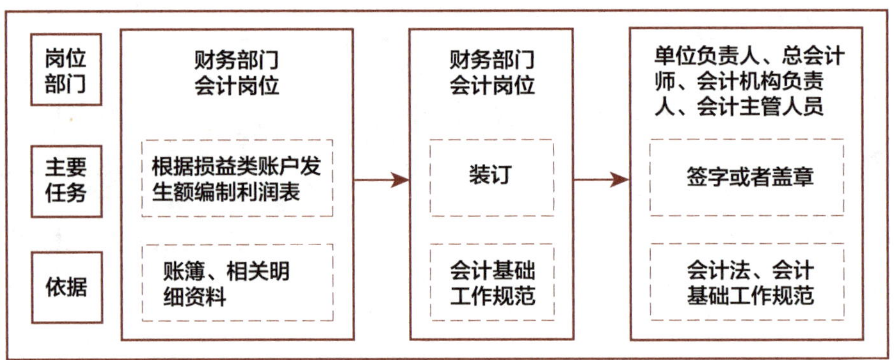

【知识准备】

一、利润表的含义

利润表是反映企业一定会计期间经营成果的会计报表。利润表把一定会计期间的收入与同期相关的费用、成本进行配比，计算出企业当期的净利润。通过利润表反映的收入、成本与费用，能够反映企业经营的业绩和管理者的经营能力；通过利润表的分析，可以评价企业的获利能力，预测企业的经营前途及利润增减趋势。这些都为报表的使用者在评估投资价值、考核管理工作、掌握信用价值等经济决策中提供了重要的财务信息。

二、利润表的内容

在利润表中，费用应当按照功能分类，分为从事经营业务发生的成本、管理费用、销售费用和财务费用等。根据我国企业会计准则的规定，企业利润表主要包括以下七个方面的内容：

（1）营业收入。营业收入由主营业务收入和其他业务收入组成。

（2）营业利润。营业收入减去营业成本（主营业务成本和其他业务成本）、税金及附加、销售费用、管理费用、研发费用、财务费用、信用减值损失、资产减值损失，加上公允价值变动收益、投资收益、其他收益、资产处置收益，即为营业利润。

（3）利润总额。营业利润加上营业外收入，减去营业外支出，即为利润总额。

（4）净利润。利润总额减去所得税费用，即为净利润。

（5）其他综合收益。其他综合收益主要指计入所有者权益的利得和损失。

（6）综合收益总额。净利润加上其他综合收益，即为综合收益总额。

（7）每股收益。每股收益包括基本每股收益和稀释每股收益。

【案例分析】

民生商场 2023 年 12 月份发生以下经济业务：

1. 12 月 2 日，支付上月份电费 6 000 元；
2. 12 月 3 日，收回上月的应收账款 29 000 元；
3. 12 月 10 日，收到本月的营业收入款 35 000 元；
4. 12 月 15 日，支付本月应负担的办公费 1 200 元；
5. 12 月 20 日，支付下年度保险费 4 500 元；
6. 12 月 22 日，应收营业收入 30 000 元，款项尚未收到；
7. 12 月 25 日，为养老院捐赠 10 000 元；
8. 12 月 28 日，预收客户货款 8 000 元。

小王计算出民生商场 12 月份的营业利润

=29 000+35 000+8 000−6 000−1 200−4 500−10 000=50 300（元）

小李计算出民生商场 12 月份的营业利润

=35 000+30 000−1 200−10 000=53 800（元）

分析思考：请分析小王和小李的计算有何问题，并请你为民生商场计算一下 12 月份的营业利润是多少？

三、利润表的结构

利润表的格式主要有单步式利润表和多步式利润表两种。单步式利润表是将当期各项收入汇总，然后将各项费用汇总，一次扣减计算出当期损益。多步式利润表是从营业收入开始，依次分步计算出营业利润、利润总额及净利润。在我国，企业利润表采用的基本上是多步式格式，格式见表 12–9。

四、利润表的编制方法

（一）利润表各栏反映情况

1.“本期金额”栏

除“其他综合收益”项目及其各组成部分根据“资本公积——其他资本公积”明细账户的本期发生额分析填列外，“本期金额”栏根据各损益类账户的发生额以及“资本公积”账户的明细发生额分析填列。其中“营业利润”“利润总额”“净利润”“综合收益总额”项目根据本表中相关项目计算填列。

2.“上期金额”栏

该栏反映各项目的上年同期实际发生数。

（二）利润表各项目内容及编制方法

“营业收入”项目，反映企业从事经营业务所取得的收入总额。本项目应根据“主营业务收入”和“其他业务收入”账户的发生额分析填列。

“营业成本”项目，反映企业从事经营业务发生的实际成本。本项目应根据“主营业务成本”和“其他业务成本”账户的发生额分析填列。

“税金及附加”项目，反映企业从事经营业务应负担的消费税、城市维护建设税、教育费附加、资源税、土地增值税、房产税、车船税、印花税等。本项目应根据“税金及附加”账户的发生额分析填列。

“销售费用”项目，反映企业在销售商品和材料、提供劳务的过程中发生的各种费用。本项目应根据“销售费用”账户的发生额分析填列。

“管理费用”项目，反映企业为组织和管理企业生产经营所发生的管理费用。本项目应根据“管理费用”账户的发生额分析填列。

“研发费用”项目，反映企业进行研究与开发过程中发生的费用化支出。本项目应根据“管理费用”账户下的“研发费用”明细账的发生额分析填列。

“财务费用”项目，反映企业为筹集生产经营所需资金等而发生的筹资费用。本项目应根据“财务费用”账户的发生额分析填列。

“资产减值损失”项目，反映企业计提各项资产减值准备所形成的损失。本项目应根据“资产减值损失”账户的发生额分析填列。

“信用减值损失”项目，反映企业计提的各项金融工具减值准备所形成的预期信用损失。本项目应根据“信用减值损失”账户的发生额分析填列。

“其他收益”项目，反映计入其他收益的政府补助等。该项目应根据“其他收益”科目的发生额分析填列。

“投资收益”项目，反映企业确认的投资收益或投资损失。本项目应根据“投资收益”账户的发生额分析填列，如为投资损失，以“−”号填列。

“净敞口套期收益”项目，反映净敞口套期下被套期项目累计公允价值变动转入当期损益的金额或现金流量套期储备转入当期损益的金额。本项目应根据“净敞口套期损益”账户的发生额分析填列。

“公允价值变动损益”项目，反映企业应当计入当期损益的资产或负债公允价值变动收益。本项目应根据“公允价值变动损益”账户的发生额分析填列，如为净损失，以“-”填列。

“资产处置收益”项目，反映企业出售划分为持有待售的非流动资产（金融工具、长期股权投资和投资性房地产除外）或处置组时确认的处置利得或损失，以及处置未划分为持有待售的固定资产、在建工程、生产性生物资产及无形资产而产生的处置利得或损失。

“营利利润”项目，反映企业实现的营业利润。如为亏损，以“-”号填列。

“营业外收入”项目和“营业外支出”项目，反映企业发生的营业利润以外的收益和支出。这两个项目应分别根据“营业外收入”账户和“营业外支出”账户的发生额分析填列。

“利润总额”项目，反映企业实现的利润总额，如为亏损，以“-”号填列。

“所得税费用”项目，反映企业确认的应从当期利润中扣除的所得税费用。本项目应根据“所得税费用”账户的发生额分析填列。

“净利润”项目，反映企业实现的净利润，如为净亏损，以“-”号填列。

“其他综合收益的税后净额”项目，反映企业根据企业会计准则规定未在损益中确认的各项利得和损失扣除所得税影响后的净额。

“综合收益总额”项目，反映企业净利润与其他综合收益税后净额的合计金额。

“每股收益”项目，反映普通股或潜在普通股已公开交易的企业，以及正处于公开发行普通股或潜在普通股过程中的企业的每股收益信息，包括基本每股收益和稀释每股收益。

【职业判断与业务操作】

根据本情景引例，业务处理如下。

（1）处理日常业务。正确进行日常业务的核算，将东方股份有限公司 2023 年度发生的交易或事项进行会计处理，见任务 12-1。

（2）计算损益。结出东方股份有限公司 2023 年 1 月 1 日至 12 月 31 日损益类账户的发生额、直接计入所有者权益的利得和损失。

（3）编制利润表。按照财务报表列报要求，根据损益类账户的发生额及“资本公积——其他资本公积”账户及“其他综合收益”账户的发生额，分析编制东方股份有限公司 2023 年的利润表。

【典型任务举例】

任务 12-4　根据【任务 12-1】所做的会计分录，结出东方股份有限公司 2023 年 1 月 1 日至 12 月 31 日损益类账户的发生额。

任务分析：除了“投资收益”账户外，反映收入和利得的账户有贷方发生额，反映费用和损失的账户有借方发生额。“投资收益”账户可能出现借方发生额，也可能出现贷方发生额。

结出“资本公积——其他资本公积”账户及“其他综合收益”账户的发生额，该账户可能出现借方发生额，也可能出现贷方发生额。

东方股份有限公司 2023 年损益类账户的发生额见表 12-8。

表12-8　损益类账户发生额

单位：元

账户名称	借方发生额	贷方发生额
主营业务收入		500 000
主营业务成本	270 000	
税金及附加	850	
销售费用	50 000	
管理费用	111 420	
财务费用	6 000	
信用减值损失	2 500	
资产减值损失	10 000	
投资收益		4 000
资产处置损益	5 000	
营业外收入	0	
所得税费用	12 057.50	

任务 12-5　结出东方股份有限公司 2023 年 1 月 1 日至 12 月 31 日直接计入所有者权益的利得和损失的金额。

任务分析：根据东方股份有限公司 2023 年度发生的经济业务判断，东方股份有限公司本年度没有发生直接计入所有者权益的利得和损失。

任务 12-6　编制东方股份有限公司 2023 年利润表。

任务分析：根据损益类账户 2023 年的发生额，按照专门的方法编制东方股份有限公司 2023 年利润表，见表 12-9。

表12-9　利润表

会企 02 表

编制单位：东方股份有限公司　2023 年　单位：元

项目	本期金额	上期金额（略）
一、营业收入	500 000	
减：营业成本	270 000	
税金及附加	850	
销售费用	50 000	
管理费用	111 420	
研发费用		
财务费用	6 000	
其中：利息费用	6 000	
利息收入		
加：其他收益		
投资收益（损失以“-”号填列）	4 000	
其中：对联营企业和合营企业的投资收益		
以摊余成本计量的金融资产终止确认收益（损失以“-”号填列）		
净敞口套期收益（损失以“-”号填列）		
公允价值变动收益（损失以“-”号填列）		
信用减值损失（损失以“-”号填列）	-2 500	
资产减值损失（损失以“-”号填列）	-10 000	
资产处置收益（损失以“-”号填列）	-5 000	
二、营业利润（亏损以“-”号填列）	48 230	
加：营业外收入		
减：营业外支出		
三、利润总额（亏损总额以“-”号填列）	48 230	
减：所得税费用	12 507.50	
四、净利润（净亏损以“-”号填列）	35 722.50	

续表

项目	本期金额	上期金额（略）
（一）持续经营净利润（净亏损以“-”号填列）		
（二）终止经营净利润（净亏损以“-”号填列）		
五、其他综合收益的税后净额		
（一）不能重分类进损益的其他综合收益		
1. 重新计量设定受益计划变动额		
2. 权益法下不能转损益的其他综合收益		
3. 其他权益工具投资公允价值变动		
4. 企业自身信用风险公允价值变动		
……		
（二）将重分类进损益的其他综合收益		
1. 权益法下可转损益的其他综合收益		
2. 其他债权投资公允价值变动		
3. 金融资产重分类计入其他综合收益的金额		
4. 其他债权投资信用减值准备		
5. 现金流量套期储备		
6. 外币财务报表折算差额		
……		
六、综合收益总额		
七、每股收益：		
（一）基本每股收益		
（二）稀释每股收益		

【想一想】

1. 企业为什么需要编报利润表？
2. 营业利润、利润总额、净利润之间有什么勾稽关系？

学习子情境12.3　现金流量表编制

【情境引例】

东方股份有限公司2023年发生的经济业务见学习子情境12.1中的任务12-1。根据所给资料逐项分析哪些内容应列入现金流量表。

【工作过程与岗位对照图】

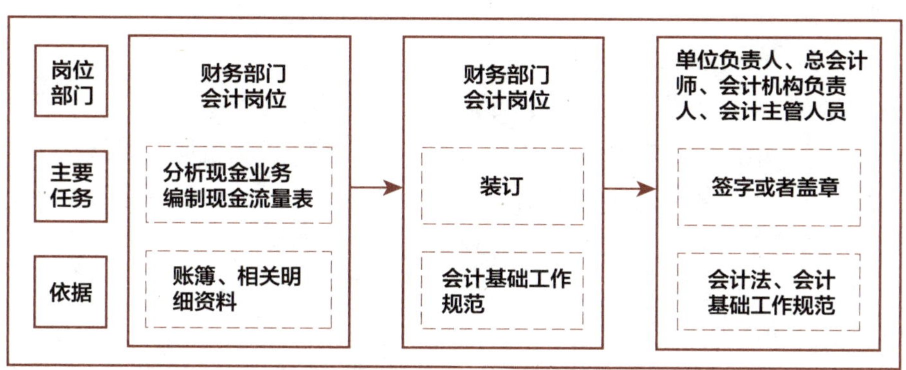

【知识准备】

一、现金流量表的含义

现金流量表，是指反映企业在一定会计期间现金和现金等价物的流入和流出的报表。通过现金流量表提供的信息，报表使用者可以了解和评价企业获得现金和现金等价物的能力，并据以预测企业未来现金流量。

（一）现金的含义

现金，是指企业库存现金以及可以随时用于支付的存款，主要包括：

（1）库存现金，是指企业持有可随时用于支付的现金数额，即与会计核算中“库存现金”账户所包括的内容一致。

（2）银行存款，是指企业存放在银行或其他金融机构可以随时用于支付的存款，即与会计核算中“银行存款”账户所包括的内容基本一致。区别在于：如果存在银行或其他金融机构的款项中不能随时用于支付的存款，如不能随时支取的定期存款，不作为现金流量表中的现金，但提前通知银行或其他金融机构便可支取的定期存款，则包括在现金流量表中的现金概念中。

（3）其他货币资金，是指企业存放在银行有特定用途的资金，如外埠存款、银行汇票存款、银行本票存款、信用证保证金存款、信用卡存款等。

（4）现金等价物，是指企业持有的期限短、流动性强、易于转换为已知金额现金、价值变动风险很小的投资。期限短，一般是指从购买日起三个月内到期。现金等价物通常包括三个月内到期的债券投资等。权益性投资变现的金额通常不确定，因而不属于现金等价物。企业应当根据具体情况，确定现金等价物的范围，一经确定不得随意变更。

（二）现金流量的含义及分类

现金流量，是指企业一定会计期间内现金流入和流出的数量。衡量企业经营状况是否良好、是否有足够的现金偿还债务、资产的变现能力等，现金流量是非常重要的指标。现金流量表应按照企业经济业务发生的性质将企业一定期间内产生的现金流量划分为以下三类。

1. 经营活动产生的现金流量

经营活动，是指企业投资活动和筹资活动以外的所有交易和事项，包括销售商品或提供劳务、购买商品或接受劳务、收到的税费返还、支付职工薪酬、支付广告费用、支付各项税费等。通过经营活动产生的现金流量，可以说明企业的经营活动对现金流入和流出的影响程度，判断企业在不动用对外筹得资金的情况下，是否足以维持生产经营、偿还债务、支付股利、对外投资等。

2. 投资活动产生的现金流量

投资活动，是指企业长期资产购建和不包括在现金等价物范围内的投资及其处置活动。编制现金流量表所指的“投资”既包括对外投资，又包括长期资产的购建和处置，包括取得和收回权益性投资、购买和收回债权性投资、购建和处置固定资产、无形资产和其他长期资产等。投资活动产生的现金流量中不包括作为现金等价物的投资，作为现金等价物的投资属于现金自身的增减变动，如购买还有 1 个月到期的债券等，都属于现金内部各项目转换，不会影响现金流量净额的变动。通过投资活动产生的现金流量，可以分析企业通过投资获取现金流量的能力，以及投资活动对企业现金流量净额的影响程度。

3. 筹资活动产生的现金流量

筹资活动，是指导致企业资本及债务规模和构成发生变化的活动，包括吸收权益性资本、发行债券、借入资金、支付股利、偿还债务等。通过筹资活动产生的现金流量，可以分析企业筹资的能力，判断筹资活动对企业现金流量净额的影响程度。

企业编制现金流量表进行现金流量分类时，对于未特别指明的现金流量，应当按照现金流量的分类方法和重要性原则，判断某项交易或事项所产生的现金流量应当归属的类别和项目，对于重要的现金流入或流出项目应当单独反映。

（三）影响现金流量的因素

企业日常经营业务是影响现金流量的重要因素，但并不是所有的经营业务都影响现金流量。影响或不影响现金流量的因素主要包括：

（1）现金各项目之间的增减变动，不会影响现金流量净额的变动，如从银行提取现金、将现金存入银行、用现金购买 2 个月到期的债券等，均属于现金各项目之间内部资金转换，不会使现金流量增加或减少。

（2）非现金各项目之间的增减变动，也不会影响现金流量净额的变动，如用固定资产清偿债务、用原材料对外投资、用存货清偿债务、用固定资产对外投资等，均属于非现金各项目之间的增减变动，不涉及现金的收支，不会使现金流量增加或减少。

（3）现金各项目与非现金各项目之间的增减变动，会影响现金流量净额的变动，如用现金购买原材料、用现金对外投资、收回长期债券等，均涉及现金各项目与非现金各项目之间的增减变动，这些变动会引起现金流入或现金流出。现金流量表主要反映现金各项目与非现金各项目之间的增减变动情况对现金流量净额的影响，非现金各项目之间的增减变动虽然不影响现金流量净额，但属于重要的投资和筹资活动，在现金流量表的附注中反映。

【案例分析】

王晓丽于一年前对华能公司进行了投资。她在投资前查看了该公司的财务状况与经营成果，该公司的利润表上有 480 000 元的销售收入，净利润达 140 000 元，资产负债表显示该公司应收账款与存货都增加，厂房设备也在增加，数据显示的结果似乎十分不错。可令她伤心的是华能公司居然在不到一年的时间内破产了！她在伤心之余又很困惑，赚钱的公司也会破产？不解之余，她找到一位在会计师事务所执业的朋友常会计师咨询，常会计师找来了该公司的现金流量表如表 12-10 所示。

表12-10　现金流量表

项目	金额
经营活动产生的现金流量	
净利润	140 000
调整项目：	
应收账款增加	（108 000）
存货增加	（90 000）
折旧费用	44 000
经营活动产生的现金流量净额	（14 000）
投资活动产生的现金流量	
购买设备	（80 000）

续表

项目	金额
投资活动产生的现金流量净额	（80 000）
筹资活动产生的现金流量	
筹资活动产生的现金流量净额	110 000
短期借款	110 000
现金净增加额	16 000

注：（ ）内为上述项目的减少项

分析思考：假设你是常会计师，请为王晓丽指点迷津。

二、现金流量表的内容与结构

（一）经营活动产生的现金流量

1.“销售商品、提供劳务收到的现金”项目

该项目反映企业销售商品、提供劳务实际收到的现金（含销售收入和应向购买者收取的增值税销项税额），包括本期销售商品、提供劳务收到的现金，以及前期销售和前期提供劳务本期收到的现金和本期预收的账款，减去本期退回本期销售的商品和前期销售本期退回的商品支付的现金。企业销售材料和代购代销业务收到的现金，也在本项目反映。本项目可以根据“库存现金”“银行存款”“应收账款”“应收票据”“预收账款”“主营业务收入”“其他业务收入”等账户的记录分析填列。

2.“收到的税费返还”项目

该项目反映企业收到返还的各种税费，如收到的增值税、消费税、关税、所得税、教育费附加返还等。本项目可以根据“库存现金”“银行存款”“营业外收入”“其他应收款”等账户的记录分析填列。

3.“收到的其他与经营活动有关的现金”项目

该项目反映企业除了上述各项目外，收到的其他与经营活动有关的现金流入，如罚款、流动资产损失中由个人赔偿的现金、经营租赁租金等。若某项其他与经营活动有关的现金流入金额较大，应单列项目反映。本项目可以根据“库存现金”“银行存款”“营业外收入”等账户的记录分析填列。

4.“购买商品、接受劳务支付的现金”项目

该项目反映企业购买材料、商品，接受劳务实际支付的现金（包括增值税进项税额），包括本期购入材料、商品，接受劳务支付的现金，以及本期支付前期购入商品、接受劳务的未付款项和本期预付款项，减去本期发生的购货退回收到的现金。企业代购代销业务支付的现金，也在本项目反映。本项目可以根据“库存现金”“银行

存款”“应付账款”“应付票据”“主营业务成本”“其他业务成本”等账户的记录分析填列。

5.“支付给职工以及为职工支付的现金”项目

该项目反映企业实际支付给职工，以及为职工支付的现金，包括本期实际支付给职工的工资、奖金、各种津贴和补贴等，以及为职工支付的其他费用。其代扣代缴的职工个人所得税，也在本项目反映。本项目不包括支付的离退休人员的各项费用和支付给在建工程人员的工资等。企业支付给离退休人员的各项费用，包括支付的统筹退休金以及未参加统筹的退休人员的费用，在“支付的其他与经营活动有关的现金”项目中反映；支付给在建工程人员的工资，在“购建固定资产、无形资产和其他长期资产所支付的现金”项目反映。本项目可以根据“应付职工薪酬”“库存现金”“银行存款”等账户的记录分析填列。

企业为职工支付的养老、失业等社会保险基金、补充养老保险、住房公积金、支付给职工的住房困难补助，以及企业支付给职工或为职工支付的其他福利费用等，应按职工的工作性质和服务对象，分别在本项目和在“购建固定资产、无形资产和其他长期资产所支付的现金”项目反映。

6.“支付的各项税费”项目

该项目反映企业按规定支付的各种税费，包括本期发生并支付的税费，以及本期支付以前各期发生的税费和本期预缴的税费，包括所得税、增值税、消费税、印花税、房产税、土地增值税、车船税、教育费附加、矿产资源补偿费等，但不包括计入固定资产价值、实际支付的耕地占用税等，也不包括本期退回的增值税、所得税。本期退回的增值税、所得税在“收到的税费返还”项目反映。本项目可以根据“应交税费”“库存现金”“银行存款”等账户的记录分析填列。

7.“支付的其他与经营活动有关的现金”项目

该项目反映企业除上述各项目外，支付的其他与经营活动有关的现金，如罚款支出、支付的差旅费、业务招待费现金支出、支付的保险费、经营租赁支付的租金等。若其他与经营活动有关的现金流出金额较大，应单列项目反映。本项目可以根据“库存现金”“银行存款”“管理费用”“营业外支出”等账户的记录分析填列。

（二）投资活动产生的现金流量

1.“收回投资所收到的现金”项目

该项目反映企业出售、转让或到期收回除现金等价物以外的对其他企业的权益工具、债务工具和合营中的权益等投资收到的现金。收回债务工具实现的投资收益、处置子公司及其他营业单位收到的现金净额不包括在本项目内。本项目可以根据“债权投资”“其他债权投资”“其他权益工具投资”“长期股权投资”“库存现金”“银行存款”等账户的记录分析填列。

2.“取得投资收益所收到的现金”项目

该项目反映企业除现金等价物以外的对其他企业的权益工具、债务工具和合营中的权益投资分回的现金股利和利息等，不包括股票股利。本项目可以根据“库存现金”“银行存款”“投资收益”等账户的记录分析填列。

3.“处置固定资产、无形资产和其他长期资产收回的现金净额”项目

该项目反映企业出售、报废固定资产、无形资产和其他长期资产收到的现金（包括因资产毁损收到的保险赔偿款），减去为处置这些资产而支付的有关费用后的净额。如所收回的现金净额为负数，则应在“支付其他与投资活动有关的现金”项目反映。本项目可以根据“固定资产清理”“库存现金”“银行存款”等账户的记录分析填列。

4.“处置子公司及其他营业单位收到的现金净额”项目

该项目反映企业处置子公司及其他营业单位所取得的现金，减去相关处置费用以及子公司及其他营业单位持有的现金和现金等价物后的净额。本项目可以根据“长期股权投资”“银行存款”“库存现金”等账户的记录分析填列。

5.“收到的其他与投资活动有关的现金”项目

该项目反映企业除了上述各项目以外，收到的其他与投资活动有关的现金流入。若其他与投资活动有关的现金流入金额较大，应单列项目反映。本项目可以根据“应收股利”“应收利息”“银行存款”“库存现金”等账户的记录分析填列。

6.“购建固定资产、无形资产和其他长期资产所支付的现金”项目

该项目反映企业购买、建造固定资产，取得无形资产和其他长期资产实际支付的现金，以及用现金支付的在建工程和无形资产负担的职工薪酬，不包括为购建固定资产而发生的借款利息资本化的部分，以及融资租入固定资产支付的租赁费。企业支付的借款利息和融资租入固定资产支付的租赁费，在筹资活动产生的现金流量中反映。本项目可以根据“固定资产”“在建工程”“无形资产”“库存现金”“银行存款”等账户的记录分析填列。

7.“投资支付的现金”项目

该项目反映企业取得除现金等价物以外的对其他企业的权益工具、债务工具和合营中的权益投资所支付的现金，以及支付的佣金、手续费等交易费用，但取得子公司及其他营业单位支付的现金净额除外。本项目可以根据“债权投资”“其他债权投资”“其他权益工具投资”“长期股权投资”“库存现金”“银行存款”等账户的记录分析填列。

8.“取得子公司及其他营业单位支付的现金净额”项目

该项目反映企业购买子公司及其他营业单位购买出价中以现金支付的部分，减去子公司及其他营业单位持有的现金和现金等价物后的净额。本项目可以根据“长期股权投资”“库存现金”“银行存款”等账户的记录分析填列。

9.“支付的其他与投资活动有关的现金”项目

该项目反映企业除了上述各项目以外，支付的其他与投资活动有关的现金流出，如企业购买股票时实际支付的价款中包含的已宣告而尚未领取的现金股利，购买债券时支付的价款中包含的已到期尚未领取的债券利息等。若某项与投资活动有关的现金流出金额较大，应单列项目反映。本项目可以根据“应收股利”“应收利息”“银行存款”“库存现金”等账户的记录分析填列。

（三）筹资活动产生的现金流量

1.“吸收投资收到的现金”项目

该项目反映企业以发行股票、债券等方式筹集资金实际收到款项，减去直接支付的佣金、手续费、宣传费、咨询费、印刷费等发行费用后的净额。本项目可以根据“实收资本（或股本）”“库存现金”“银行存款”等账户的记录分析填列。

2.“取得借款收到的现金”项目

该项目反映企业举借各种短期、长期借款所收到的现金。本项目可以根据“短期借款”“长期借款”“库存现金”“银行存款”等账户的记录分析填列。

3.“收到其他与筹资活动有关的现金”项目

该项目反映企业除上述各项目外，收到的其他与筹资活动有关的现金流入，如接受现金捐赠等。若某项其他与筹资活动有关的现金流入金额较大，应单列项目反映。本项目可以根据“银行存款”“库存现金”“营业外收入”等账户的记录分析填列。

4.“偿还债务支付的现金”项目

该项目反映企业偿还债务本金所支付的现金，包括偿还金融企业的借款本金、偿还债券本金等。企业支付的借款利息、债券利息，在“分配股利、利润或偿付利息所支付的现金”项目反映，不包括在本项目内。本项目可以根据“短期借款”“长期借款”“应付债券”“库存现金”“银行存款”等账户的记录分析填列。

5.“分配股利、利润或偿付利息支付的现金”项目

该项目反映企业实际支付的现金股利，支付给其他投资单位的利润以及支付的借款利息、债券利息等。本项目可以根据“应付股利”“财务费用”“长期借款”“库存现金”“银行存款”等账户的记录分析填列。

6.“支付其他与筹资活动有关的现金”项目

该项目反映企业除了上述各项目外，支付的其他与筹资活动有关的现金流出，如捐赠现金支出、融资租入固定资产支付的租赁费等。若某项其他与筹资活动有关的现金流出金额较大，应单列项目反映。本项目可以根据“营业外支出”“长期应付款”“银行存款”“库存现金”等账户的记录分析填列。

（四）汇率变动对现金及现金等价物的影响

该项目反映企业外币现金流量及境外子公司的现金流量折算为人民币时，所采

用的现金流量发生日的即期汇率或按照系统合理的方法确定的、与现金流量发生日即期汇率近似汇率折算的人民币金额与“现金及现金等价物净增加额”中的外币现金净增加额按期末汇率折算的人民币金额之间的差额。

在编制现金流量表时，可逐笔计算外币业务发生的汇率变动对现金的影响，也可不必逐笔计算而采用简化的计算方法，即通过现金流量表补充资料中“现金及现金等价物净增加额”数额与现金流量表中“经营活动产生的现金流量净额”“投资活动产生的现金流量净额”“筹资活动产生的现金流量净额”三项之和比较，其差额即为“汇率变动对现金及现金等价物的影响”项目的金额。

现金流量表的基本格式见表 12-11。

三、现金流量表的编制方法

在具体编制现金流量表时，企业可根据业务量的大小及复杂程度，采用工作底稿法或 T 形账户法，也可以直接根据有关账户的记录分析填列。

（一）工作底稿法

工作底稿法是以工作底稿为手段，以利润表和资产负债表数据为基础，结合有关账户的记录，对现金流量表的每一项目进行分析并编制调整分录，从而编制出现金流量表的一种方法。

在直接法下，整个工作底稿纵向分成三段，第一段是资产负债表项目，其中又分为借方项目和贷方项目两部分；第二段是利润表项目；第三段是现金流量表项目。工作底稿横向分为五栏，在资产负债表部分，第一栏是项目栏，填列资产负债表各项目名称；第二栏是期初数，用来填列资产负债表项目的期初数；第三栏是调整分录的借方；第四栏是调整分录的贷方；第五栏是期末数，用来填列资产负债表项目的期末数。在利润表和现金流量表部分，第一栏也是项目栏，用来填列利润表和现金流量表项目名称；第二栏空置不填；第三、第四栏分别是调整分录的借方和贷方；第五栏是本期数，根据这一栏的数字可直接编制正式的现金流量表。

采用工作底稿法编制现金流量表的步骤是：

第一步，将资产负债表的期初数和期末数填入工作底稿的期初数栏和期末数栏。

第二步，对当期业务进行分析并编制调整分录。调整分录大体有以下几类：第一类涉及利润表中的收入、成本和费用项目以及资产负债表中的资产、负债及所有者权益项目，通过调整，将权责发生制下的收入、费用转换为现金基础；第二类是涉及资产负债表和现金流量表中的投资、筹资项目，反映投资和筹资活动的现金流量；第三类是涉及利润表和现金流量表中的投资和筹资项目，目的是将利润表中有关投资和筹资方面的收入和费用列入现金流量表投资、筹资现金流量中去。此外，还有一些调整分录并不涉及现金收支，只是为了核对资产负债表项目的期末期初变动数。

在调整分录中，有关现金和现金等价物的事项，并不直接借记或贷记现金，而是分别记入“经营活动产生的现金流量”“投资活动产生的现金流量”“筹资活动产生的现金流量”有关项目，借记表明现金流入，贷记表明现金流出。

第三步，将调整分录过入工作底稿中的相应部分。

第四步，核对调整分录，借贷合计应当相等，资产负债表项目期初数加减调整分录中的借贷金额以后，应当等于期末数。

第五步，根据工作底稿中的现金流量表项目部分编制正式的现金流量表。

（二）T 形账户法

T 形账户法，就是以 T 形账户为手段，以利润表和资产负债表数据为基础，结合有关账户的记录，对现金流量表的每一项目进行分析并编制调整分录，从而编制出现金流量表的一种方法。

采用 T 形账户法编制现金流量表的程序如下：

第一步，为所有的非现金项目（包括资产负债表项目和利润表项目）分别开设 T 形账户，并将各自的期末期初变动数过入各该账户。

第二步，开设一个大的“现金及现金等价物”T 形账户，每边分为经营活动、投资活动和筹资活动三个部分，左边计现金流入，右边计现金流出。与其他账户一样，过入期末期初变动数。

第三步，以利润表项目为基础，结合资产负债表分析每一个非现金项目的增减变动，并据此编制调整分录。

第四步，将调整分录过入各 T 形账户并进行核对，该账户借贷相抵后的余额与原先过入的期末期初变动数应当一致。

第五步，根据大的“现金及现金等价物”T 形账户编制正式的现金流量表。

（三）分析填列法

分析填列法是直接根据资产负债表、利润表和有关明细账户的记录，分析计算出现金流量表各项目的金额，并据以编制现金流量表的一种方法。

四、现金流量表补充资料

（一）将净利润调节为经营活动的现金流量

1. 资产减值准备

该项目反映企业本期实际计提的各项资产减值准备。本项目可以根据“资产减值损失”账户的记录分析填列。

2. 固定资产折旧、油气资产折耗、生产性生物资产折旧

该项目反映企业本期累计计提的固定资产折旧、油气资产折耗、生产性生物资产折旧。本项目可以根据“累计折旧”“累计折耗”等账户的贷方发生额分析填列。

3. 无形资产摊销

该项目反映企业本期累计摊入成本费用的无形资产价值。本项目可以根据“累

计摊销”账户的贷方发生额分析填列。

4. 长期待摊费用摊销

该项目反映企业本期累计摊入成本费用的长期待摊费用。本项目可以根据“长期待摊费用”账户的贷方发生额分析填列。

5. 处置固定资产、无形资产和其他长期资产的损失情况

该项目反映企业本期处置固定资产、无形资产和其他长期资产发生的净损失（或净收益），如为净收益，以“–”号填列。本项目可以根据“资产处置损益”“营业外收入”“营业外支出”等账户所属有关明细账户的记录分析填列。

6. 固定资产报废损失

该项目反映企业本期固定资产盘亏净损失。本项目可以根据“营业外支出”账户所属有关明细账户的记录分析填列。

7. 公允价值变动损失

该项目反映企业持有的交易性金融资产、交易性金融负债、采用公允价值模式计量的投资性房地产等公允价值变动形成的净损失，如为净收益以“–”号填列。本项目可以根据“公允价值变动损益”账户所属明细账户的记录分析填列。

8. 财务费用

该项目反映企业本期发生的属于投资活动或筹资活动的财务费用。本项目可以根据“财务费用”账户的本期借方发生额分析填列，如为收益，以“–”号填列。

9. 投资损失

该项目反映企业对外投资实际发生的投资损失减去收益后的净损失。本项目可以根据利润表“投资收益”项目的数字填列，如为投资收益，以“–”号填列。

10. 递延所得税资产减少

该项目反映企业资产负债表“递延所得税资产”项目的期初余额与期末余额的差额。本项目可以根据“递延所得税资产”账户发生额分析填列。

11. 递延所得税负债增加

该项目反映企业资产负债表“递延所得税负债”项目的期初余额与期末余额的差额。本项目可以根据“递延所得税负债”账户发生额分析填列。

12. 存货的减少

该项目反映企业资产负债表“存货”项目的期初与期末余额的差额。“存货”项目期末数大于期初数的差额，以“–”号填列。

13. 经营性应收项目的减少

该项目反映企业本期经营性应收项目（包括应收账款、应收票据、预付账款、长期应收款和其他应收款等经营性应收项目中与经营活动有关的部分及应收的增值税销项税额等）的期初与期末余额的差额。该项目期末数大于期初数的差额，以“–”号填列。

14. 经营性应付项目的增加

该项目反映企业本期经营性应付项目（包括应付账款、应付票据、预收账款、应付职工薪酬、应交税费、其他应付款等经营性应付项目中与经营活动有关的部分以及应付的增值税进项税额等）的期初与期末余额的差额。该项目期末数小于期初数的差额，以“-”号填列。

（二）不涉及现金收支的重大投资和筹资活动

该项目反映企业一定期间内影响资产或负债但不形成该期现金收支的所有重大投资和筹资活动的信息。不涉及现金收支的重大投资和筹资活动主要有以下几项：

（1）“债务转为资本”项目，反映企业本期转为资本的债务金额。

（2）“一年内到期的可转换公司债券”项目，反映企业一年内到期的可转换公司债券的本息。

（3）“融资租入固定资产”项目，反映企业本期融资租入固定资产的最低租赁付款额扣除应分期计入利息费用的未确认融资费用后的净额。

（三）现金及现金等价物净增加情况

该项目反映企业一定会计期间现金及现金等价物的期末余额减去期初余额后的净增加额（或净减少额），是对现金流量表中“现金及现金等价物净增加额”项目的补充说明。该项目的金额应与现金流量表“现金及现金等价物净增加额”项目的金额核对相符。

现金流量表补充资料的基本格式见表 12-12。

【课堂活动】

1. 以游戏的形式随机或按照自由组合方式将班级学生分成若干小组（5～6 人为一组），不同的小组分别扮演会计人员、会计主管、总会计师等工作岗位角色。

2. 各小组讨论，模拟企业现金流量表的编制流程和方法，分析如何履行本工作岗位的职责。每位同学都要参与。

3. 每个小组推荐一位代表汇报本组任务完成情况，并说明解决相关问题的思路和方法。其他小组同学对其汇报进行评分。

【职业判断与业务操作】

根据本情境引例，业务处理如下。

东方股份有限公司 2023 年度发生的交易或事项，增值税税率为 13%，只有影响现金及现金等价物的交易或事项才能进入现金流量表。

（1）公司出售交易性金融资产，收到银行存款 69 000 元，该笔交易性金融资产的账面余额为 65 000 元。该交易性金融资产原来没有公允价值变动。

分析：该业务属于投资活动。在“收回投资收到的现金”项目填列 69 000 元。

（2）将一张将要到期的面值为 300 000 元的银行承兑汇票，连同解讫通知和进账单交银行办理转账，银行盖章后退回进账单一联。款项银行已收妥。

分析：该业务属于经营活动。在“销售商品、提供劳务收到的现金”项目填列 300 000 元。

（3）从银行提取现金 22 800 元，用于发放职工工资。

分析：该业务不影响现金流量，不进入现金流量表。

（4）结算并用现金支付职工薪酬，其中生产工人工资 14 820 元，车间管理人员工资 4 560 元，行政管理部人员工资 3 420 元。

分析：该业务属于经营活动。在“支付给职工以及为职工支付的现金”项目填列 22 800 元。

（5）收到应收账款（不含增值税）60 000 元，存入银行。

分析：该业务属于经营活动。在“销售商品、提供劳务收到的现金”项目填列 60 000 元。

（6）收到应收现金股利 6 000 元（按成本法核算，该公司及其投资企业所得税税率均为 25%），已存入银行。

分析：该业务属于投资活动。在“取得投资收益收到的现金”项目填列 6 000 元。

（7）销售一批产品，售价 500 000 元，收取的增值税税额 65 000 元，该产品成本为 270 000 元，价款尚未收到。

分析：该业务不涉及现金流量，不进入现金流量表。

（8）购入一批原材料，价款 250 000 元，应支付的增值税税额 32 500 元，款项一半用银行存款支付，另一半开出银行承兑汇票。材料已入库。

分析：该业务属于经营活动。在“购买商品、接受劳务支付的现金”项目填列 141 250 元。

（9）基本生产领用原材料 220 000 元，领用低值易耗品 50 000 元。

分析：该业务不涉及现金流量，不进入现金流量表。

（10）用银行存款 200 000 元投资另一家企业，获得该企业 15% 有表决权股份，该项投资准备长期持有。

分析：该业务属于投资活动。在“投资所支付的现金”项目填列 200 000 元。

（11）购入高级轿车一台，价款 970 000 元，支付的增值税税额 164 900 元，包装费、运杂费共计 3 100 元。轿车价款、包装费和运杂费均以银行存款支付。

分析：该业务属于投资活动。在“购建固定资产、无形资产和其他长期资产支付的现金”项目填列 1 138 000 元。

（12）计提车间应负担的折旧费用180 000元，公司应负担的折旧费用40 000元。

分析：该业务不涉及现金流量，不进入现金流量表。

（13）购入一批工程物资用于自建房屋，价款200 000元，支付的增值税税额26 000元。款项用银行存款支付。

分析：该业务属于投资活动。在“购建固定资产、无形资产和其他长期资产支付的现金”项目填列226 000元。

（14）工程领用一批工程物资110 000元，该工程应付职工薪酬79 800元，缴纳耕地占用税10 000元。

分析：该业务属于投资活动。在“购建固定资产、无形资产和其他长期资产支付的现金”项目填列10 000元。

（15）完成对原有生产线的更新改造，该项目累计支出430 000元。工程竣工已交付使用。

分析：该业务不涉及现金流量，不进入现金流量表。

（16）出售一台设备收到款项40 000元，该设备账面原值75 000元，已提折旧30 000元。

分析：该业务属于投资活动。在“处置固定资产、无形资产和其他长期资产收回的现金净额”项目填列40 000元。

（17）企业归还短期借款本金150 000元，利息7 500元（已计提）。

分析：该业务属于筹资活动。在“偿还债务支付的现金”项目中填列150 000元。在“分配股利、利润和偿付利息支付的现金”项目填列7 500元。

（18）从银行借入5年期借款600 000元，已存入银行账户，该项借款用于购建固定资产。

分析：该业务属于筹资活动。在“借款收到的现金”项目中填列600 000元。

（19）提取应计入本期损益的借款利息共6 000元，其中短期借款利息1 500元，长期借款利息4 500元。

分析：该业务不涉及现金流量，不进入现金流量表。

（20）用银行存款支付广告费50 000元。

分析：该业务属于经营活动。在“支付其他与经营活动有关的现金”项目中填列50 000元。

（21）摊销无形资产20 000元；缴纳印花税3 000元；支付基本生产车间固定资产修理费45 000元。

分析：该业务属于经营活动。在“支付的各项税费”项目填列3 000元。在“支付其他与经营活动有关的现金”项目中填列45 000元。

（22）计算并结转本期完工产品成本514 380元。公司没有期初在产品，本期生产的产品全部完工入库。

分析：该业务不涉及现金流量，不进入现金流量表。

（23）年末计提应收账款的坏账准备 2 500 元。

分析：该业务不涉及现金流量，不进入现金流量表。

（24）年末计提存货跌价准备 10 000 元。

分析：该业务不涉及现金流量，不进入现金流量表。

（25）本期产品销售应缴纳的教育费附加为 850 元。

分析：该业务不涉及现金流量，不进入现金流量表。

（26）用银行存款缴纳增值税 32 500 元，教育费附加 850 元。

分析：该业务属于经营活动。在“支付的各项税费”项目填列 33 350 元。

（27）将各损益类账户结转本年利润。

分析：该业务不涉及现金流量，不进入现金流量表。

（28）计算并结转应缴的所得税（所得税税率为 25%）12 057.50 元。

分析：该业务不涉及现金流量，不进入现金流量表。

（29）提取法定盈余公积金 3 617.25 元，向投资者分配股利 21 955.49 元。

分析：该业务不涉及现金流量，不进入现金流量表。

（30）将利润分配各账户的余额转入“未分配利润”明细账户，结转本年净利润 36 172.50 元。

分析：该业务不涉及现金流量，不进入现金流量表。

【典型任务举例】

任务 12-7 2023 年度发生的经济业务见学习子情境 12.1，采用分析填列的方法，编制东方股份有限公司 2023 年度的现金流量表。

任务分析：

（1）销售商品、提供劳务收到的现金

= 主营业务收入 + 应交税费（应交增值税——销项税额）+（应收账款年初余额 − 应收账款期末余额）+（应收票据年初余额 − 应收票据期末余额）− 当期计提的坏账准备

= 500 000 + 65 000 +（290 800 − 793 300）+（300 000 − 0）− 2 500

= 360 000（元）

（2）购买商品、接受劳务支付的现金

= 主营业务成本 + 应交税费（应交增值税——进项税额）−（存货年初余额 − 存货期末余额）+（应付账款年初余额 − 应付账款期末余额）+（应付票据年初余额 − 应付票据期末余额）− 当期列入生产成本、制造费用的职工薪酬 − 当期列入生产成本、制造费用的折旧费 + 当期计提的存货跌价准备

=270 000+32 500-(882 000-1 051 380)+(950 000-950 000)

+(200 000-341 250)-19 380-180 000+10 000

=141 250（元）

（3）支付给职工以及为职工支付的现金

=生产成本、制造费用、管理费用中职工薪酬+（应付职工薪酬年初余额-应付职工薪酬期末余额）-[应付职工薪酬（在建工程）年初余额-应付职工薪酬（在建工程）期末余额]

=22 800+(22 800-102 600)-(0-79 800)

=22 800（元）

（4）支付的各项税费

=当期所得税费用+税金及附加+应交税费（增值税——已交税金）-（应交所得税期末余额-应交所得税年初余额）

=12 057.50+850+32 500-(12 057.50-0)+3 000

=36 350（元）

（5）支付其他与经营活动有关的现金

=其他管理费用+销售费用

=45 000+50 000

=95 000（元）

（6）收回投资收到的现金

=交易性金融资产贷方发生额+与交易性金融资产一起收回的投资收益

=65 000+4 000

=69 000（元）

（7）取得投资收益所收到的现金

=收到的股息收入

=6 000（元）

（8）处置固定资产收回的现金净额

=40 000（元）

（9）购建固定资产支付的现金

=用现金购买的固定资产、工程物资+支付给在建工程人员的薪酬+支付的耕地占用税

=(1 138 000+226 000)+0+10 000=1 374 000（元）

（10）投资支付的现金=200 000（元）

（11）取得借款所收到的现金=600 000（元）

（12）偿还债务支付的现金=150 000（元）

（13）偿还利息支付的现金=7 500（元）

根据上述数据，编制现金流量表（见表 12-11）及补充资料（见表 12-12）。

表12-11 现金流量表

会企 03 表

编制单位：东方股份有限公司 2023 年 单位：元

项目	本期金额	上期金额
一、经营活动产生的现金流量：		（略）
销售商品、提供劳务收到的现金	360 000	
收到的税费返还		
收到的其他与经营活动有关的现金		
经营活动现金流入小计	360 000	
购买商品、接受劳务支付的现金	141 250	
支付给职工以及为职工支付的现金	22 800	
支付的各项税费	36 350	
支付其他与经营活动有关的现金	95 000	
经营活动现金流出小计	295 400	
经营活动产生的现金流量净额	64 600	
二、投资活动产生的现金流量：		
收回投资收到的现金	69 000	
取得投资收益收到的现金	6 000	
处置固定资产、无形资产和其他长期资产收回的现金净额	40 000	
处置子公司及其他营业单位收到的现金净额		
收到其他与投资活动有关的现金		
投资活动现金流入小计	115 000	
购建固定资产、无形资产和其他长期资产支付的现金	1 374 000	
投资所支付的现金	200 000	
取得子公司及其他营业单位支付的现金净额		
支付其他与投资活动有关的现金		
投资活动现金流出小计	1 574 000	
投资活动产生的现金流量净额	−1 459 000	

续表

项目	本期金额	上期金额
三、筹资活动产生的现金流量：		
吸收投资收到的现金		
取得借款收到的现金	600 000	
收到其他与投资活动有关的现金		
筹资活动现金流入小计	600 000	
偿还债务支付的现金	150 000	
分配股利、利润或偿付利息支付的现金	7 500	
支付其他与筹资活动有关的现金		
筹资活动现金流出小计	157 500	
筹资活动产生现金流量净额	442 500	
四、汇率变动对现金及现金等价物的影响		
五、现金及现金等价物净增加额	−951 900	
加：期初现金及现金等价物余额	2 372 000	
六、期末现金及现金等价物余额	1 420 100	

表12-12　　现金流量表补充资料

项目	金额
1. 将净利润调节为经营活动现金流量：	
净利润	36 172.5
加：资产减值准备	12 500
固定资产折旧、油气资产折耗、生产性生物资产折旧	220 000
无形资产摊销	20 000
长期待摊费用摊销	
处置固定资产、无形资产和其他长期资产的损失（收益以“−”号填列）	5 000
固定资产报废损失（收益以“−”号填列）	
公允价值变动损失（收益以“−”号填列）	

续表

项目	金额
财务费用（收益以“−”号填列）	6 000
投资损失（收益以“−”号填列）	−4 000
递延所得税资产减少（增加以“−”号填列）	
递延所得税负债增加（减少以“−”号填列）	
存货的减少（增加以“−”号填列）	−169 380
经营性应收项目的减少（增加以“−”号填列）	−202 500
经营性应付项目的增加（减少以“−”号填列）	140 807.5
其他	
经营活动产生的现金流量净额	64 600
2. 不涉及现金收支的重大投资和筹资活动	
债务转为资本	
一年内到期的可转换公司债券	
融资租入固定资产	
3. 现金及现金等价物净增加情况：	
现金的期末余额	1 420 100
减：现金的期初余额	2 372 000
加：现金等价物的期末余额	0
减：现金等价物的期初余额	0
现金及现金等价物净增加额	−951 900

【想一想】

1. 资产负债表和利润表已全面反映了企业的财务状况和经营成果，为什么还要单独编制现金流量表？

2. 现金流量表正表与现金流量表补充资料有什么勾稽关系？

3. 什么是现金等价物？在实际工作中企业如何判断现金等价物？

学习子情境12.4 所有者权益变动表编制

【情境引例】

东方股份有限公司 2023 年发生的经济业务见学习子情境 12.1 资产负债表的编制。根据所给资料为东方股份有限责任公司编制 2023 年的所有者权益变动表。

【工作过程与岗位对照图】

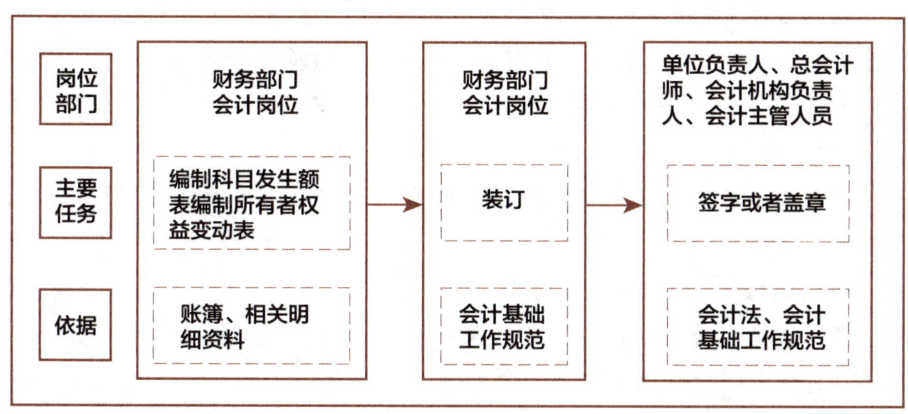

【知识准备】

所有者权益变动表是指反映企业某一会计期间内构成所有者权益各组成部分增减变动情况的报表，又称为股东权益变动表。综合收益和与所有者（或股东）的资本交易导致的所有者权益的变动，应当分别列示。与所有者的资本交易，是指企业与所有者以其所有者身份进行的、导致企业所有者权益变动的交易。它全面反映了企业所有者权益（或称为股东权益）的变动情况，不仅反映在一定期间内所有者权益总量的增减变动，还反映了所有者权益增减变动的重要结构性信息，能让报表使用者准确理解所有者权益增减变动的根源，深入分析企业股东权益的增减变化情况，分析其增资扩股能力和资金来源，以便对企业资本的保值增值情况作出正确判断，从而提供对决策有用的信息。

一、所有者权益变动表的内容

基于反映企业所有者权益结构及其变动情况的需要，在所有者权益变动表中，应当反映构成所有者权益的各组成部分当期的增减变动情况。综合收益和与所有者（或股东）的资本交易导致的所有者权益的变动，应当分别列示。

所有者权益变动表至少应当单独列示反映下列信息的项目：

（1）综合收益总额；

（2）会计政策变更和前期差错更正的累积影响金额；

（3）所有者投入资本和向所有者分配利润等；

（4）按照规定提取的盈余公积；

（5）所有者权益各组成部分的期初和期末余额及其调节情况。

【案例分析】

李滢准备利用手中闲资进行投资，以求保值、增值。通过筛选资料，她选中了几家公司。被其选中的海州股份有限公司 2023 年所有者权益变动表中显示如下信息：年末所有者权益总额为 3 000 万元，其中股本 2 400 万元，资本公积（均为股本溢价）300 万元，盈余公积 200 万元，未分配利润 100 万元；年初所有者权益总额为 2 100 万元；本年净利润 50 万元。该公司目前没有重大盈利项目投资，也没有重大筹资项目和管理政策调整，日常生产经营活动正常进行。

分析思考：以目前状况分析，公司发展能力如何？李滢投资这家公司能够实现保值、增值的愿望吗？

二、所有者权益变动表的结构

为了能够清楚地披露会计主体单位某一期间所有者权益的来源构成及其当期的变动情况，所有者权益变动表分为两个部分：

表首。表首列示报表名称、编制单位、会计期间、报表编号、货币名称、计量单位等。

正表。正表是所有者权益变动表的主体。为了提供所有者权益各项内容变动的信息，就要按照所有者权益内容分别列示，详细揭示各项内容增减变动情况。从纵向看，该表分为“本年金额”和“上年金额”两个金额栏列示，以便对比，每个金额栏的列示内容都包括实收资本（股本）、资本公积、库存股、盈余公积、未分配利润等项目；从横向看，针对所有者权益的每项内容还列示导致所有者权益变动的交易或事项，并分为四个部分说明交易或事项对所有者权益变动的影响：

第一部分是上年年末余额；

第二部分是本年年初余额；

第三部分是本年增减变动金额；

第四部分是本年年末余额。

所有者权益变动表的格式见表 12-14。

三、所有者权益变动表的填列方法

（一）上年金额栏的填列方法

所有者权益变动表“上年金额”栏内各项数字，应根据上年度所有者权益变动表“本年金额”栏内所列数字填列，或者根据上年资产负债表中的实收资本（股本）、资本公积、盈余公积、未分配利润等项目的年末余额填列。如果上年度所有者权益变动表规定的各个项目的名称和内容同本年度不一致，应将上年度所有者权益变动表各项目的名称和数字调整为与本年度一致后，再填入所有者权益变动表“上年金额”栏内。

（二）本年金额栏的填列方法

所有者权益变动表“本年金额”栏内各项数字一般应根据“实收资本（或股本）”“资本公积”“盈余公积”“利润分配”“库存股”“以前年度损益调整”及其相关账户的发生额分析填列。

具体填列方法是：

1.“上年年末余额”项目

该项目反映企业上年资产负债表中实收资本（或股本）、资本公积、盈余公积、未分配利润的年末余额，分别根据上年度所有者权益变动表“本年年末余额”填列。

“会计政策变更”项目，反映企业采用追溯调整法处理的会计政策变更对所有者权益的累积影响金额；“前期差错更正”项目，反映企业采用追溯重述法处理的前期差错更正对所有者权益的累积影响金额。这两个项目分别根据“盈余公积”和“利润分配——未分配利润”账户分析填列。

2.“本年年初余额”项目

该项目根据本表“上年年末余额”项目的金额，加上上一年度的“会计政策变更”及“前期差错更正”两个项目金额后的数额填列。

3.“本年增减变动金额”项目（减少以“-”号填列）

“本年增减变动金额”项目反映当年导致企业各项所有者权益增减变动的金额，应根据与导致所有者权益变动的交易或事项有关的账户发生额分析填列。

“综合收益总额”项目，是指企业在某一期间除与所有者以其所有者身份进行的交易之外的其他交易或事项所引起的所有者权益变动。“综合收益总额”项目反映净利润和其他综合收益扣除所得税影响后的净额相加后的合计金额。

“所有者投入和减少资本”项目，反映企业当年所有者投入的资本和减少的资本，细分为以下三个明细项目：①“所有者投入的普通股”项目，反映企业当年接受投资者投入的实收资本（或股本）和资本（或股本）溢价；②“其他权益工具持有者投入资本”项目，反映企业接受其他权益工具持有者投入资本；③“股份支付计入所有者权益的金额”项目，反映企业当年的股份支付中计入资本公积的金额。

“利润分配”项目，反映企业当年的利润分配金额，又细分为三个明细项目：①“提取盈余公积”项目，反映企业按规定提取的盈余公积；②“对所有者（或股东）的分配”项目，反映企业对所有者（或股东）分配的利润（或股利）金额；③ 其他，分别根据“利润分配”相关明细账户的净发生额填列。

“所有者权益内部结转”项目，反映企业构成所有者权益的组成部分之间的增减变动情况，具体又分为："资本公积转增资本（或股本）""盈余公积转增资本（或股本）""盈余公积弥补亏损"和"其他"几个明细项目，分别根据"实收资本（或股本）""资本公积""盈余公积"和"利润分配——盈余公积补亏"账户的净发生额分析填列。

4. "本年年末余额"项目

该项目根据本表的"本年年初余额"项目的金额，加上"净利润"项目的金额，加上或减去"直接计入所有者权益的利得和损失"中各明细项目的金额，再加上或减去"利润分配"中各明细项目金额和"所有者权益内部结转"中各明细项目的金额后的数额填列。

【课堂活动】

1. 以游戏的形式随机或按照自由组合方式将班级学生分成若干小组（5～6人为一组），不同的小组分别扮演会计人员、会计主管、总会计师等工作岗位角色。

2. 各小组讨论，模拟企业所有者权益变动表的编制流程和方法，分析如何履行本工作岗位的职责。每位同学都要参与。

3. 每个小组推荐一位代表汇报本组任务完成情况，并说明解决相关问题的思路和方法。其他小组同学对其汇报进行评分。

【职业判断与业务操作】

根据情境引例，业务处理如下。

（1）处理日常业务。正确进行日常业务的核算，将东方股份有限公司2023年度发生的交易或事项进行会计处理。

（2）结算发生额。结出东方股份有限公司2023年1月1日至12月31日所有者权益类账户及各有关明细账户的发生额、所有者投入和减少资本。

（3）编制所有者权益变动表。按照财务报表报列要求、根据所有者权益类明细账户的发生额及"管理费用""其他权益工具投资——公允价值变动""长期股权投资——其他权益变动"账户的发生额分析编制东方股份有限公司2023年的所有者权益变动表。

【典型任务举例】

任务12-8 根据任务12-1结出东方股份有限公司2023年1月1日至12月31日所有者权益类账户的发生额。

任务分析：结出"资本公积""利润分配"所属各明细账账户的本期发生额。所有者权益类账户可能出现借方发生额，也可能出现贷方发生额。

结出“其他权益工具投资——公允价值变动”“长期股权投资——其他权益变动”“递延所得税负债”“管理费用”账户的发生额，“管理费用”账户有借方发生额，“其他权益工具投资——公允价值变动”“长期股权投资——其他权益变动”“递延所得税负债”账户可能出现借方发生额，也可能出现贷方发生额。

东方股份有限公司 2023 年所有者权益类账户发生额见表 12-13。

表12-13　所有者权益类账户发生额表

单位：元

账户名称	借方发生额	贷方发生额
实收资本	0	0
库存股	0	0
资本公积	0	0
盈余公积（法定盈余公积）	0	3 617.25
本年利润	467 827.50	504 000
利润分配（盈余公积补亏）	0	0
利润分配（提取法定盈余公积）	3 617.25	0
利润分配（应付股利）	21 955.49	0
利润分配（未分配利润）	25 572.74	36 172.50

任务 12-9　结出东方股份有限公司 2023 年 1 月 1 日至 12 月 31 日所有者投入和减少资本。

任务分析：根据东方股份有限公司 2023 年度发生的经济业务判断，东方股份有限公司本年度没有发生所有者投入和减少资本。

任务 12-10　编制东方股份有限公司 2023 年度所有者权益变动表。

任务分析：根据所有者权益类账户 2023 年的发生额，按照一定的方法编制东方股份有限公司本年度所有者权益变动表。见表 12-14。

【想一想】

1. 在所有者权益变动表中，为何要单独列示“综合收益总额”？

2. 股份支付计入所有者的金额为什么根据“资本公积——其他资本公积”和“管理费用”账户发生额分析填列？

表12-14

所有者权益变动表

会企 04 表

编制单位：东方股份有限公司　　　　2023 年　　　　单位：元

项目	行次	本年金额										上年金额								
		实收资本（或股本）	其他权益工具			资本公积	减：库存股	其他综合收益	盈余公积	未分配利润	所有者权益合计	实收资本（或股本）	其他权益工具			资本公积	减：库存股	盈余公积	未分配利润	所有者权益合计
			优先股	永续债	其他								优先股	永续债	其他					
一、上年年末余额		5 000 000					0		655 000	140 000	5 795 000									
加：会计政策变更																				
前期差错更正																				
其他																				
二、本年年初余额		5 000 000					0		655 000	140 000	5 795 000									
三、本年增减变动金额									3 617.25	10 599.76	14 217.01									
（一）综合收益总额										36 172.50	36 172.50									
（二）所有者投入和减少资本																				
1. 所有者投入的普通股																				
2. 其他权益工具持有者投入资本																				
3. 股份支付计入所有者权益的金额																				

续表

项目	行次	本年金额										上年金额								
		实收资本（或股本）	其他权益工具			资本公积	减：库存股	其他综合收益	盈余公积	未分配利润	所有者权益合计	实收资本（或股本）	其他权益工具			资本公积	减：库存股	盈余公积	未分配利润	所有者权益合计
			优先股	永续债	其他								优先股	永续债	其他					
4. 其他																				
（三）利润分配									3 617.25	−25 572.74	−21 955.49									
1. 提取盈余公积									3 617.25	−3 617.25	0									
2. 对所有者（或股东）的分配										−21 955.49	−21 955.49									
3. 其他																				
（四）所有者权益内部结转																				
1. 资本公积转增资本（或股本）																				
2. 盈余公积转增资本（或股本）																				
3. 盈余公积弥补亏损																				
4. 设定受益计划变动额结转留存收益																				
5. 其他综合收益转留存收益																				
6. 其他																				
四、本年年末余额		5 000 000					0		658 617.25	150 599.76	5 809 217.01									

学习子情境12.5　会计报表附注编制

【情境引例】

东方股份有限公司2023年发生的经济业务见学习子情境12.1资产负债表的编制。2023年度的会计报表见表12-7、表12-9、表12-11、表12-14。根据所给资料为东方股份有限公司编制2023年的会计报表附注。

会计报表的使用者能够真正地理解这些会计报表中的数据信息吗？会计报表中的这些数据是在什么政策前提下、采用什么方法计算出来的？它能真实地反映公司财务状况、本期经营成果和公司现金流变动情况吗？能为会计报表的使用者提供有用的信息吗？为了提供能够充分反映公司财务状况的会计信息，在完成会计报表的编制工作的同时，还应收集各种相关的文字和数字资料，以期进一步说明解释报表中的有关数据指标。

【工作过程与岗位对照图】

【知识准备】

会计报表附注是对资产负债表、利润表、现金流量表和所有者权益变动表等报表中列示项目的文字描述或明细资料，以及对未能在这些报表中列示项目的说明等。它是为了让会计报表使用者能够充分理解会计报表的内容，而对报表的编制基础、编制依据、编制原则和方法及主要项目等所作的更进一步解释、说明和补充，是财务会计报告的重要组成部分。因此，阅读附注便于会计报表使用者全面了解企业的财务状况、经营情况，深入理解会计信息。

一、会计报表附注的基本作用

（一）有利于会计报表使用者全面掌握会计信息

会计报表是按照固定格式、以数字为手段反映企业财务状况和经营成果的。非数字信息以及不便以报表形式披露的信息无法在报表中列示，如关联方关系、企业的业务性质等就用文字叙述的方式进行补充说明。会计报表使用者阅读附注就能够比较全面地掌握会计信息。

（二）有利于加深对会计信息的理解，提高会计报表信息的价值

报表是以数据形式提供反映经济活动情况的信息的。但是，在处理会计事项时，会计计量的基础不同，采用的会计原则和会计处理方法不同，得出的数据就不同；有些报表的非数据信息也无法在报表中体现。会计报表使用者仅从报表书面数据中不能获得充分的经济信息，甚至会误读报表，获得错误信息，做出错误决策。在附注中对报表项目进行进一步说明，阅读附注后，会计报表使用者能了解报表数据的形成来源和基础，理解报表数据反映的经济信息，便于进行正确决策。例如企业资产负债表中反映的应收账款项目，是应收账款扣除坏账准备后的余额，但应收账款的账龄构成如何、坏账准备的提取是否合理、应收账款的质量如何等，报表使用者就只能通过报表附注了解其答案了。

（三）增加会计信息透明度，降低会计操作利润、粉饰报表的风险

企业会计政策和会计估计变更、或有事项、资产负债表日后非调整事项、关联方关系及其交易等事项，往往是企业操作利润、粉饰报表的高发领域。会计报表附注披露了这些事项，可以更加透明地提供会计信息，会计报表使用者可以从中判读企业资产质量高低和盈利能否持续，从而降低企业操作利润、粉饰报表的风险。

【案例分析】

大同公司 2023 年度利润表中“利润总额”为 8 500 万元。其中：“其他业务利润”为 1 000 万元，“投资收益”为 2 000 万元，“资产处置收益”为 2500 万元。在会计报表附注及相关明细表中反映：1 000 万元其他业务利润中有 800 万元来自关联企业交付的商标使用费，2 000 万元投资收益中有 1 800 万元来自向关联方转让的股权投资收益，在 2 500 万元资产处置收益中有 1 500 万元来自用房产向关联企业置换生产流水线的收益。

根据附注披露，可以发现各项目中关联交易产生的盈利分别占其他业务利润的 80%（800÷1 000），投资收益的 90%（1 800÷2 000）、资产处置收益的 60%（1 500÷2 500），合计约占利润总额的 48%［（800＋1 800＋1 500）÷8 500］。这反映出该企业利润对关联企业的依赖程度极高。如果通过进一步的定价政策分析，发现上述交易均为非公正交易，属于利润操纵行为，就应该将这些盈利剔除，调减利润总额 4 100 万元。剔除虚增盈利后结果为：“其他业务利润”200 万元，“投资收益”200 万元，“资产处置收益”1 000 万元。

分析思考：你能体会出会计报表附注对理解本公司利润表的作用吗？为了让报表使用者充分理解财务会计报告信息，应该如何编制会计报表附注？

二、会计报表附注的主要形式

会计报表附注的编制形式有以下四种：

尾注说明，一般适用说明内容较多的项目，例如报表中存货项目数字的构成说明等。

括弧说明，为会计报表主体提供补充信息，例如，资产负债表中有“实收资本（或股本）”、利润表中有“投资收益（损失以“-”号填列）”等。

脚注说明，是在报表下端进行的说明，例如：资产负债表下端一般有几条信息显示如“已贴现的应收票据　元”等。

补充说明，解释一些无法列入会计报表主体中的内容，如企业基本情况说明、关联方关系及其交易等内容的说明。

三、会计报表附注的主要内容

企业应当按照《企业会计准则第 30 号——财务报表列报》的规定，以附注的形式对会计报表中列示项目进行明细说明，对报表中未能列示的项目进行说明，有助于报表使用者更好地理解企业信息。企业应当按照规定披露附注信息，主要包括下列内容：

（一）企业的基本情况

企业注册地、组织形式和总部地址；企业的业务性质和主要经营活动；母公司以及集团最终母公司的名称；财务报告的批准报出者和财务报告批准报出日，或者以签字人及其签字日期为准；营业期限有限的企业，还应当披露有关营业期限的信息。

（二）财务报表的编制基础

编制基础是指会计报表在持续经营基础还是非持续经营基础上编制。企业一般在持续经营基础上编制会计报表，并对会计年度、记账本位币、会计计量所运用的计量基础、现金和现金等价物的构成等进行说明。

（三）遵循企业会计准则的声明

企业应当声明编制的会计报表符合企业会计准则的要求，真实、完整地反映了企业的财务状况、经营成果和现金流量等有关信息。

（四）重要会计政策和会计估计

企业应当披露采用的重要会计政策和会计估计，不重要的会计政策和会计估计可以不披露。

重要会计政策的说明，包括财务报表项目的计量基础和在运用会计政策过程中所做的重要判断等。重要会计估计的说明，包括可能导致下一个会计期间内资产、负债账面价值重大调整的会计估计的确定依据等。

企业应当披露采用的重要会计政策和会计估计，并结合企业的具体实际披露其重要会计政策的确定依据和财务报表项目的计量基础，及其会计估计所采用的关键假设和不确定因素。

（五）会计政策和会计估计变更以及差错更正的说明

企业应当按照《企业会计准则第 28 号——会计政策、会计估计变更和差错更正》的规定，披露会计政策和会计估计变更以及差错更正的有关情况。

（六）报表重要项目的说明

企业对报表重要项目的说明，应当按照资产负债表、利润表、现金流量表、所有者权益变动表及其项目列示的顺序，采用文字和数字描述相结合的方式进行披露。报表重要项目的明细金额合计，应当与报表项目金额相衔接。

（七）或有事项

需要在会计报表附注中披露说明的或有事项主要有以下几项：预计负债的种类、形成原因和经济利益流出的不确定性说明；与预计负债有关的预期补偿金额和本期已确认的预期补偿金额；或有负债的种类、形成原因和经济利益流出的不确定性说明；或有负债预计产生的财务影响和获得补偿的可能性，无法预计的原因说明；或有资产很有可能给企业带来经济利益的，要说明原因以及预计产生的财务影响；未决诉讼、未决仲裁的性质以及没有披露的原因。

（八）资产负债表日后非调整事项

如果资产负债表日后才发生或存在的重大事项，应加以说明，以便信息使用者正确理解会计报表。

（九）关联方关系及其交易

该项说明内容包括：

母公司和子公司的名称。母公司不是该企业最终控制方的，说明最终控制方名称；母公司和最终控制方均不对外提供会计报表的，说明母公司之上与其最相近的对外提供会计报表的母公司名称。

母公司和子公司的业务性质、注册地、注册资本（或实收资本、股本）及其当期发生的变化。

母公司对该企业或该企业对子公司的持股比例和表决权比例。

企业与关联方发生关联交易的，说明关联方关系的性质、交易类型和交易要素。交易要素至少应当包括交易的金额；未结算项目的金额、条款和条件；有关提供或取得担保的信息；未结算应收项目的坏账准备金额；定价政策。

企业应当区分关联方以及交易类型来披露关联交易。

（十）有助于财务报表使用者评价企业管理资本的目标、政策及程序的信息

【课堂活动】

1. 以游戏的形式随机或按照自由组合方式将班级学生分成若干小组（5~6人为一组），不同的小组分别扮演会计人员、会计主管、总会计师等工作岗位角色。

2. 各小组讨论，模拟企业财务会计报告报送的流程，分析如何履行本工作岗位的职责。每位同学都要参与。

3. 每个小组推荐一位代表汇报本组任务完成情况，并说明解决相关问题的思路和方法。其他小组同学对其汇报进行评分。

【职业判断与业务操作】

根据本情境引例，业务处理如下。

（1）整理材料。分类整理能够进一步解释、说明财务会计报表信息的各种文字材料和明细账资料。有关材料如下：

① 反映企业基本情况的材料：

企业名称：东方股份有限公司；

设立时间：2010 年 1 月；

法定代表人：孙峰；

业务范围：钢材制品的生产与销售；

开户银行及账号：中国工商银行江城市庆春支行 33011809032591；

统一社会信用代码：320122545687123042。

② 分类整理反映企业会计报表的编制基础、企业经营期间适用的会计政策和会计估计、会计差错的更正、或有事项、资产负债表日后非调整事项、关联方关系及其交易等方面的文字材料。

东方股份有限公司日常核算中按期计提、摊销各种费用，期末根据日常核算资料编制会计报表，说明其是在持续经营基础上编制的会计报表；在日常会计核算及年末会计报表的编制过程中遵循企业会计准则的要求；本年没有重要会计政策和会计估计变更，未发现会计差错；没有或有事项和资产负债表日后非调整事项；无关联方关系。

③ 准备能够补充说明报表各项目数据的明细账资料。准备与会计报表项目相关的各种资产类、负债类、所有者权益类、损益类等账户的明细账、备查账。

（2）编制会计报表附注。按照财务会计报表附注的编报要求，根据整理出来的文字资料和相关明细账资料编制东方股份有限公司 2023 年度的会计报表附注。

【典型任务举例】

任务 12-11　根据各种资料，编制东方股份有限公司 2023 年度的会计报表附注。

任务分析：根据整理出的东方股份有限公司文字材料和明细账资料，按照一定的顺序和方法为东方股份有限公司编制 2023 年度的会计报表附注。（这里仅就会计报表附注要求的部分信息披露，不完整的信息均为省略内容）。

（1）企业基本情况。东方股份有限公司是于 2010 年 1 月份在江城市注册成立的股份制公司，总部设在江城市庆春路，至今已经经营发展 13 年。本公司注册资本为 5 000 000 元，开户银行是中国工商银行江城市庆春支行，基本账户账号 33011809032591，主要经营钢材制品的生产与销售，为增值税一般纳税人。统一社会信用代码：320122545687123042。

（2）财务会计报告的编制基础及遵循会计准则的声明。

持续经营。本公司以持续经营为基础，按照《企业会计准则——基本准则》和其他各项会计准则的规定及时确认和计量发生的交易或事项，并登记入账，在此基础上编制会计报表。

会计年度。本公司的会计年度采用公历年度，即每年自 1 月 1 日起至 12 月 31 日止。

记账本位币。记账本位币和编制本会计报表所采用的货币均为人民币，除有特别说明外，均以人民币元为单位表示。

记账基础和计价原则。本公司的会计核算以权责发生制为基础。在对会计要素进行计量时，一般采用历史成本，在保证所确定的会计要素能够取得并可靠计量下，按照准则规定采用重置成本、可变现净值、现值和公允价值。

本公司自 2010 年起执行中华人民共和国财政部颁布的《企业会计准则》及其具体准则的修订等。会计报表列示的有关财务状况、经营成果和现金流量等信息是真实、完整的。

（3）需要附注披露的资产负债表项目。

① 交易性金融资产：

年初数 85 000 元，年末数 20 000 元，是由于本年出售而减少的，没有公允价值变动。

② 应收款项：

本公司对应收账款计提坏账准备（见表 12-15），对应收票据和其他应收款不计提坏账准备。公司坏账确认标准为：因债务人破产或死亡，以其破产财产或遗产清偿后，仍不能收回的应收款项；因债务人逾期未履行偿债义务且有确凿证据表明不能收回或收回可能性不大的应收款项。

表12-15　坏账准备计提情况表

计量单位：元

项目	年初数	本期增加	本期减少	年末数
应收账款	300 000	585 000	60 000	825 000
坏账准备（贷方）	9 200	2 500		11 700
应收账款净额	290 800			813 300
账龄	1 年以上：240 000		1 年以内：585 000	
客户信誉	一般			

公司坏账采用备抵法核算，坏账准备按应收账款的一定比例计提坏账准备。

有确凿证据表明不能收回的应收款项，或收回的可能性不大的，全额提取坏账准备。

③ 存货：

存货日常核算采用实际成本计价，发出存货成本按先进先出法确定；期末，公司对存货遭受毁损、全部或部分陈旧过时或销售价格低于成本等原因，使存货成本不可收回的部分，按照存货项目的账面价值高于可变现净值的差额综合计提存货跌价准备（见表 12-16）。

表12-16　存货跌价准备计提表

计量单位：元

类别	年初数	本期增加	本期减少	年末数	跌价准备	账面价值
原材料	270 000	250 000	220 000	300 000	10 000	
周转材料	212 000		50 000	162 000		
产成品	400 000	469 380	270 000	599 380		
合计	882 000	719 380	540 000	1 061 380	10 000	1 051 380

④ 固定资产：

固定资产按成本进行初始计量并考虑预计的弃置费用的影响。与固定资产有关的后续支出，如果与该固定资产有关的经济利益很可能流入且其成本能可靠地计量，则计入固定资产成本，除此以外的其他后续支出，在发生时计入当期损益。固定资产（包括融资租入固定资产）折旧采用直线法计算，并按原价减去预计净残值后从其达到预定可使用状态的次月起在预计使用年限内平均计提。预计净残值是指假定固定资产预计使用寿命已满并处于使用寿命终了时的预期状态，本公司目前从该资产处置中获得的扣除预计处置费用后的金额。固定资产增减变动及折旧情况如表 12-17 所示。

表12-17　固定资产增减变动及折旧情况表

计量单位：元

项目	年初数	本期增加	本期减少	年末数
固定资产原值	3 275 000	1 568 000	75 000	4 768 000
累计折旧	2 590 000	220 000	30 000	2 780 000
固定资产净值	685 000			1 988 000

固定资产盘亏、报废、毁损及转让出售的处置收入扣除其账面价值和相关税费后的差额计入当期损益。

⑤ 信用减值损失、资产减值损失和资产处置损益：

本公司本年信用减值损失发生于计提坏账准备 2 500 元，资产减值损失发生于计提存货跌价准备 10 000 元。（其他信息，如上年信息，略）

本公司本年资产处置损益来源于出售生产设备净损失 5 000 元。（其他信息，略）

【想一想】

1. 在会计报表附注中，为什么还要披露资产负债表日后事项？
2. 说明企业的基本情况有什么意义。

【德技并修】

*ST 凯乐财务报告造假，虚增营收 512 亿元

2022 年 12 月 2 日晚间，*ST 凯乐发布公告称，公司收到中国证监会《行政处罚和市场禁入事先告知书》。告知书显示，2016 年至 2020 年，*ST 凯乐与 ST 宏达实际控制人合作开展“专网通信”业务期间，*ST 凯乐仅在 2016 年存在少量专网通信业务。其他专网通信业务均为虚假，仅是按照合同规定伪造采购入库、生产入库、销售入库等单据，没有与虚假专网通信业务匹配的生产及物流，以此虚增收入、利润。2016 年至 2020 年间，*ST 凯乐合计虚增营业收入达 512.25 亿元，虚增收入金额占当年披露营业收入的比例分别为 48.99%，73.31%，86.32%，85.85% 和 91.13%；合计虚增利润总额 59.36 亿元，虚增利润总额占当年披露利润总额的比例分别为 64.97%，99.99%，144.84%，183.71% 和 247.45%。此外，*ST 凯乐在这 5 年间合计虚增营业成本 443.52 亿元，合计虚增研发费用 9.37 亿元。该公司可能触及《上海证券交易所上市公司重大违法强制退市实施办法》等相关规则，被实施重大违法强制退市。

自 2021 年 7 月份以来，上海证券交易所督促公司发布涉及股票交易、立案调查等风险提示公告 13 次，并就公司存在控股股东大额非经营性资金占用等违规事项，对公司相

关责任人员予以纪律处分或监管措施。

*ST凯乐财务造假的手段主要包括虚构业务、虚增收入、虚增资产、虚增利润等，严重违背了财务报告的质量要求，其财务造假将给整个社会面带来巨大的危害，经过粉饰造假的财务报表必然会误导资本市场和投资者，导致有限资源的逆向错误配置，投资者根据失真的财务信息往往会做出错误的判断和决策，从而遭受投资损失。财务造假行为性质恶劣、后果严重，不符合会计职业道德和企业伦理。会计人员应严格执行会计准则制度，确保会计信息真实完整。坚持诚实守信、勤勉敬业，恪尽职守、敢于斗争，自觉抵制会计舞弊、财务造假行为，坚决维护国家财经纪律和市场经济秩序。

【情境小结】

1. 资产负债表编制

业务内容		会计处理
表首		单位名称全称，报表所属期间，计量单位名称
年初数		“年初数”栏的各项数字，应根据上年末资产负债表“期末数”栏内所列数字填列
期末数	1. 根据有关总账账户的期末余额直接填列	报表中的“应收票据”“短期借款”“应付票据”“应付职工薪酬”（若期末为借方余额，以“-”号填列）、“应交税费”（若期末为借方余额，以“-”号填列）、“预计负债”“长期借款”“专项应付款”“递延所得税负债”“实收资本”“资本公积”“盈余公积”等项目，应根据相关总账账户的期末余额直接填列
	2. 根据几个总账账户期末余额分析计算填列	“货币资金”应根据“库存现金”“银行存款”“其他货币资金”账户的期末余额合计填列；“存货”应根据“材料采购”“材料成本差异”“原材料”“周转材料”“库存商品”“发出商品”“委托代销商品”“受托代销商品”“生产成本”等账户的期末余额合计，减去“存货跌价准备”“受托代销商品款”账户期末余额后的金额填列
	3. 根据有关明细账户期末余额分析计算填列	“应收账款”项目，应根据“应收账款”账户所属各明细账户的期末借方余额合计，减去“坏账准备”账户中有关应收账款计提的坏账准备期末余额后的金额填列，若“预收账款”账户所属有关明细账户有借方余额的，也应在本表“应收账款”项目内填列；“预收账款”项目，应根据“预收账款”账户所属各有关明细账户的期末贷方余额合计填列，若“应收账款”账户所属明细账户有贷方余额的，也应包括在本项目内；“预付账款”项目，应根据“预付账款”账户所属各明细账户的期末借方余额合计填列，若“应付账款”账户所属明细账户有借方余额的，也应包括在本项目内；“应付账款”项目，应根据“应付账款”账户所属各有关明细账户的期末贷方余额合计填列，若“预付账款”账户所属有关明细账户期末有贷方余额的，应在本表“应付账款”项目内填列

续表

业务内容		会计处理
期末数	4. 根据有关总账账户及相关明细账户期末余额分析计算填列	如“一年内到期的非流动资产”项目和“一年内到期的非流动负债”项目，应根据有关非流动资产和非流动负债总账账户及所属明细账户的期末余额分析计算填列
加盖公章，报送有关部门，装订存档		在“编制单位”处加盖企业法人章，与其他会计报表一起装订，并办理存档手续，适时报送有关部门

2. 利润表编制

业务内容		会计处理
表首		单位名称全称，报表所属期间，计量单位名称
上年数		根据本公司上年度利润表的“本年数”直接填列
本年数	1. 根据相应账户的发生额分析填列	如“主营业务收入”“主营业务成本”“其他业务收入”“其他业务成本”“税金及附加”“销售费用”“管理费用”“研发费用”“财务费用”“公允价值变动收益”“投资收益”“营业外收入”“营业外支出”“所得税费用”等
	2. 根据计算公式计算填列	“营业利润”“利润总额”“净利润”应根据表中的计算公式计算填列，若亏损应以“-”号填列。“每股收益”应根据有关公式和表中数据计算填列
加盖公章，报送有关部门，装订存档		在“编制单位”处加盖企业法人章，与其他会计报表一起装订，并办理存档手续，适时报送有关部门

3. 现金流量表编制

业务内容		会计处理
表首		单位名称全称，报表所属期间，计量单位名称
上年数		根据本公司上年度现金流量表的“本年数”直接填列
本年数	1. 经营活动产生的现金流量	根据每一项目涉及的会计科目发生额分析填列
	2. 投资活动产生的现金流量	根据每一项目涉及的会计科目发生额分析填列
	3. 筹资活动产生的现金流量	根据每一项目涉及的会计科目发生额分析填列

续表

业务内容		会计处理
本年数	4. 汇率变动对现金及现金等价物的影响	可逐笔计算外币业务发生的汇率变动对现金的影响，也可不必逐笔计算而采用简化的计算方法，即通过现金流量表补充资料中“现金及现金等价物净增加额”与现金流量表中“经营活动产生的现金流量净额”“投资活动产生的现金流量净额”“筹资活动产生的现金流量净额”三项之和比较，其差额即为“汇率变动对现金及现金等价物的影响”项目的金额
	5. 现金及现金等价物净增加额	上述四项之和
加盖公章，报送有关部门，装订存档		在“编制单位”处加盖企业法人章，与其他会计报表一起装订，并办理存档手续，适时报送有关部门

4. 所有者权益变动表编制

业务内容		会计处理
表首		单位名称全称，报表所属期间，计量单位名称
上年年末余额		根据本公司上年度所有者权益变动表的“本年年末余额”直接填列
本年年初余额		根据“会计政策变更、前期差错更正”数额，在“上年年末余额”的基础上计算填列
本年增减变动金额	综合收益总额	根据本年净利润和其他综合收益扣除所得税影响后的净额分析填列
	所有者投入和减少资本	根据“资本公积——资本溢价”和“实收资本（或股本）”账户发生额分析、“资本公积——其他资本公积”和“管理费用”账户发生额分析填列
	利润分配	根据“利润分配——提取盈余公积”和“盈余公积”账户发生额分析、“利润分配——应付利润（或股利）”和“应付利润（或股利）”账户发生额分析填列
	所有者权益内部结转	根据“资本公积——资本溢价”“盈余公积”和“实收资本（或股本）”账户发生额分析填列；根据“盈余公积”和“利润分配——盈余公积补亏”账户发生额分析填列
本年年末余额		根据本表的“本年年初余额”和“本年增减变动金额”项目计算填写
加盖公章，报送有关部门，装订存档		在“编制单位”处加盖企业法人章，与其他会计报表一起装订，并办理存档手续，适时报送有关部门

5. 会计报表附注编制

业务内容	会计处理
企业的基本情况	说明企业注册地、组织形式和总部地址；企业的业务性质和主要经营活动；母公司以及集团最终母公司的名称；财务报告的批准报出者和财务报告批准报出日
财务报表的编制基础	说明会计年度；记账本位币；会计计量所运用的计量基础；现金和现金等价物的构成；企业的持续经营情况
遵循企业会计准则的声明	声明编制的会计报表符合企业会计准则的要求，真实、完整地反映了企业的财务状况、经营成果和现金流量等有关信息
重要会计政策和会计估计	披露采用的重要会计政策和会计估计，不重要的会计政策和会计估计可以不披露。在披露重要会计政策和会计估计时，应当披露重要会计政策的确定依据和会计报表项目的计量基础，以及会计估计中所采用的关键假设和不确定因素
会计政策和会计估计变更以及差错更正的说明	披露会计政策和会计估计变更以及差错更正的有关情况
报表重要项目的说明	按照资产负债表、利润表、现金流量表、所有者权益变动表及其项目列示的顺序，采用文字和数字描述相结合的方式进行披露。报表重要项目的明细金额合计，应当与报表项目金额相衔接
或有事项	披露说明预计负债、或有负债、或有资产、未决诉讼、未决仲裁的情况及其预计产生的财务影响
资产负债表日后非调整事项	说明资产负债表日后发生或存在的重大事项
关联方关系及其交易	披露关联方及与其关系情况，说明关联交易的类型和交易要素
有助于财务报表使用者评价企业管理资本的目标、政策及程序的信息	披露企业管理资本的目标、政策及程序的信息
加盖公章，报送有关部门，装订存档	加盖企业法人章，与会计报表一起装订，并办理存档手续，适时报送有关部门

参考文献

[1] 财政部会计司. 企业会计准则 2006 [M]. 北京：经济科学出版社，2006.

[2] 财政部会计司. 企业会计准则讲解 2010 [M]. 北京：人民出版社，2010.

[3] 财政部会计资格评价中心. 初级会计实务 [M]. 北京：中国财政出版传媒集团、经济科学出版社，2022.

[4] 财政部会计资格评价中心. 中级会计实务 [M]. 北京：中国财政出版传媒集团、经济科学出版社，2022.

[5] 中国注册会计师协会. 会计 [M]. 北京：中国财政出版传媒集团、中国财政经济出版社，2022.

主编简介

孔德兰 二级教授，国家“万人计划”领军人才，国家教学名师，国务院特殊津贴专家，注册会计师。现任浙江金融职业学院党委委员、教务处处长。全国高职高专会计系主任（院长）联席会秘书长，中国商业会计学会常务理事，全国财政职业教育教学指导委员会委员，中国会计教育专家指导委员会委员。

国家示范性重点专业会计专业负责人，浙江省专业带头人；国家级精品资源共享课“财务管理实务”负责人；国家职业教育大数据与会计专业教学资源库“企业财务会计”课程主持人。浙江省新世纪“151”人才工程第二层次人才，浙江省高校教学名师，获国家级教学成果奖一等奖 1 项、二等奖 3 项，浙江省高等教育教学成果奖一等奖 3 项；浙江省优秀教师、浙江省先进会计工作者、浙江省“三八红旗手”、浙江省职业教育教师教学创新团队等省级荣誉。

主要研究方向为财务与会计、高等职业教育，公开出版学术专著 3 部，公开发表论文 50 余篇，其中 8 篇被中国人民大学复印全文并转载；主持省部级研究课题 8 项，厅级课题 9 项。主编“十四五”职业教育国家规划教材 3 部，主编“十三五”职业教育国家规划教材 3 部，主编“十二五”职业教育国家规划教材 6 部，主编普通高等教育“十一五”国家级规划教材 1 部，主编浙江省重点教材 3 部，主编其他会计统编教材 27 部，主编会计专业论著 7 部，其中，主编的《企业财务会计》（第四版）获首届全国教材建设奖全国优秀教材二等奖。

郑重声明

读者意见反馈

为收集对教材的意见建议，进一步完善教材编写并做好服务工作，读者可将对本教材的意见建议通过如下渠道反馈至我社。

咨询电话　400-810-0598

反馈邮箱　gjdzfwb@pub.hep.cn

通信地址　北京市朝阳区惠新东街 4 号富盛大厦 1 座
　　　　　高等教育出版社总编辑办公室

邮政编码　100029

防伪查询说明

用户购书后刮开封底防伪涂层，使用手机微信等软件扫描二维码，会跳转至防伪查询网页，获得所购图书详细信息。

防伪客服电话　(010) 58582300

资源服务提示

授课教师如需获取本书配套教辅资源，请登录“高等教育出版社产品信息检索系统”(http://xuanshu.hep.com.cn/)，搜索本书并下载资源。首次使用本系统的用户，请先注册并进行教师资格认证。

高教社高职会计教师交流及资源服务 QQ 群（在其中之一即可，请勿重复加入）：

QQ3 群：675544928　　　　QQ2 群：708994051（已满）

QQ1 群：229393181（已满）